FRENCH PROSE AND POETRY:

BEING

AN ADVANCED FRENCH READER;

CONTAINING

SELECTIONS FROM THE PRINCIPAL CLASSICAL FRENCH POETS AND PROSE WRITERS DURING THE PAST TWO HUNDRED YEARS; OR FROM THE AGE OF LOUIS XIV. TO THE PRESENT DAY, WITH BIOGRAPHICAL NOTICES OF THE AUTHORS; THE WHOLE CHRONOLOGICALLY ARRANGED;

FORMING A BRIEF

COMPENDIUM OF FRENCH LITERATURE.

ALSO A TREATISE UPON

FRENCH VERSIFICATION,

AND

NOTES UPON THE SELECTIONS, EXPLANATORY AND CRITICAL.

BY

EDWARD H. MAGILL, A. M.,

PROFESSOR OF ANCIENT AND MODERN LANGUAGES IN SWARTHMORE COLLEGE, PA.
AUTHOR OF "A FRENCH GRAMMAR," "AN INTRODUCTORY FRENCH READER," ETC., ETC.

NEW YORK:
WOOLWORTH, AINSWORTH, AND COMPANY,
51, 53, & 55 JOHN STREET.
1870.

Electrotyped at the Boston Stereotype Foundry,
No. 19 Spring Lane.

PREFACE.

THIS volume of selections has been prepared as a sequel to the author's "Introductory French Reader." As it is more especially designed for the use of pupils who have made considerable progress in the study of the French language, no attempt has been made to adopt a progressive arrangement, either with reference to the nature of the subjects treated, or the difficulties which the style presents; it was deemed of more importance to introduce the authors in chronological order, that the introductory notices and the selections might together form a brief outline of the history of French literature during the past two hundred years.

Many excellent teachers have of late adopted the practice, when giving instruction in a foreign tongue, of introducing the pupils, very early in their course, to the study of some entire work of a single author, instead of a compilation of selections from various sources, like the present — a course which cannot be too strongly deprecated. What judicious teacher would adopt such a method in giving instruction in his own language? Think of rejecting our excellent school Readers, — which present us choice specimens of English prose and poetry, to which we always revert in after life with the greatest pleasure, and which have doubtless served, however unconsciously to ourselves, as models upon which we have formed our style, — and introducing our children at once into a consecutive work of Lowell or Longfellow, of Macaulay or Walter Scott, after passing safely through the mazes of the Primer, the Speller, and the Primary Reader! No one would, for a moment, defend such a course in teaching English; and yet, so superficially are the foreign modern languages frequently taught in our schools and colleges, that the ability to make out the meaning of an author by a painfully literal translation of the words which he employs is deemed quite sufficient; and hence the course of training which all admit to be absolutely necessary for a proper understanding and appreciation of our native authors, is but too frequently, in the study of French and German, entirely omitted. As the importance of studying these languages is more widely felt, as it must be, — and that not merely as an accomplishment, and an imperfect means of conveying a few commonplace ideas, and holding a broken conversation upon ordinary topics, but as a means of thorough intellectual discipline, scarcely second to that afforded by the ancient classics, — the demand for the best selections, such as will most thoroughly train the pupils in the idiomatic usages and complete understanding of the languages in question, as well as render them familiar with the treasures of their literature, must continue to increase.

Part I. of the present volume is devoted to Selections in Prose, beginning with Balzac, one of the earliest French authors who wrote his native tongue in its purity, and who is justly regarded as the father and founder of modern French prose literature, and ending with extracts from some of the most illustrious French prose writers of our own day.

Part II., containing Selections in Poetry, similarly arranged, begins with Malherbe, — who first, bringing order out of chaos, reduced the lawless and inharmonious French muse of earlier times to established rules, and made a mark upon the literary character of his age, which was at once acknowledged by the authors of his own time, and is felt with equal force to-day, after the lapse of more than two hundred years, — and, like Part I., coming down to our own times, closes with some specimens of the poetry of the renowned critic Sainte-Beuve.

PART III. contains a brief treatise on French Versification, chiefly translated from a recent work by Quicherat, containing, it is believed, as full a statement of this subject as will be of especial interest to the American student.

THE NOTES which follow are chiefly critical and explanatory, referring to such cases only of grammatical structure as may present some difficulty to one who has made considerable progress in the study of the language. Many of the notes on Part II. refer to the treatise on Versification in Part III., as it is believed that the attention of the student can thus best be directed to this interesting, though much neglected, portion of instruction in French.

In the preparation of this volume, free use has been made of the various materials at the author's command, collected during a residence of some months in France. While many of the selections have been taken directly from the original sources, and have not heretofore appeared in any similar work, so far as the author is aware, it is equally true that many of the articles have been selected by other compilers, and by long usage in the schools of France, and to some extent in this country, have received the seal of public approbation. It is indeed quite obvious that a selection carefully made from the best authors, with a view to the exclusion of every article selected by others, can be, at best, but a second-rate collection. The articles not directly derived from the original sources are chiefly taken from a valuable series of Readers by M. Léon Feugère, late Professor of Rhetoric in the Imperial Lycées of Napoléon and Louis-le-Grand, a series highly recommended by the French Minister of Public Instruction, and generally used in the public schools under his jurisdiction; from a varied and most excellent selection from ancient and modern French writers, made by Boniface, entitled "*Une lecture par jour;*" from the standard work of Noël and de La Place, "*Leçons françaises de Littérature et de Morale*," and an occasional article from sources of lesser note.

The Notices of the Authors are chiefly from Feugère, Boniface, and Bescherelle; from Michaud's "*Biographie Universelle;*" Dr. Hoeffer's "*Nouvelle Biographie générale;*" Vapereau's "*Biographie des Contemporains*," and the various volumes of his "*Année Littéraire.*"

As everything in this volume is taken from works printed in France, and nothing from reprints of French works which have appeared in this country, one fruitful source of typographical errors has been avoided; and for the accuracy of the work the author is further indebted to his friends, Francis Gardner, LL. D., head master, and A. M. Gay, A. M., master of the Public Latin School of the city of Boston, M. P. Morand, Professor of French in the Latin School and in the Girls' High and Normal School of the same city, Professor A. H. Mixer, of Rochester University, and Professor Clement L. Smith, of this institution, all of whom have kindly offered their services to examine the plate-proofs before going to press.

SWARTHMORE COLLEGE, PA., NOV. 4, 1869.

CONTENTS.

PART I.

SELECTIONS IN PROSE.

Chronological List of Authors.

PART II.

SELECTIONS IN POETRY.

Chronological List of Authors.

PART III.

FRENCH VERSIFICATION.

FRENCH PROSE AND POETRY.

PART I.

SELECTIONS IN PROSE.

§ 1. BALZAC, 1594–1655.

BALZAC, dont l'éloquence a excité l'enthousiasme de son époque, peut offrir à la nôtre plus d'un modèle oratoire. Né à Angoulême vers le temps où Henri IV faisait sa rentrée dans Paris, il mourut lorsque Louis XIV, majeur, laissait encore son pouvoir aux mains de Mazarin. C'est le premier des auteurs français qui ait écrit supérieurement, dans ses moments heureux, la langue de son pays parvenue à sa maturité. Ses principaux ouvrages sont le *Socrate chrétien*, où une teinte antique relève la beauté de la morale moderne; le *Prince*, où il trace à Louis XIII ses devoirs et célèbre Richelieu son protecteur; ses *Dissertations politiques* et *critiques ; Aristippe ou la Cour*, et la *Relation à Ménandre*, en d'autres termes sa justification ou sa réponse aux ennemis que lui avait faits sa gloire.[1]

DISTINCTION DE LA VRAIE ET DE LA FAUSSE ÉLOQUENCE.

L'éclat ne présuppose pas toujours la solidité, et les paroles qui brillent le plus sont souvent celles qui pèsent le moins. Il y a une faiseuse[2] de bouquets, je ne l'ose nommer Éloquence, qui est toute peinte et toute dorée, qui semble toujours sortir d'une boîte, qui n'a soin que de s'ajuster et ne songe qu'à faire la belle; qui, par conséquent, est plus propre pour les fêtes que pour les combats, et plaît davantage[3] qu'elle ne sert, quoique néanmoins il y ait des fêtes dont elle déshonorerait la solennité et des personnes à qui elle ne donnerait point de plaisir.

Ne se soutenant que d'apparence et n'étant animée que de couleur, elle agit principalement sur l'esprit du peuple, parce que le peuple a tout son esprit dans les yeux et dans les oreilles. Faute de raisons et d'autorité, elle use de charmes et de flatterie. Elle est creuse et vide de choses essentielles, bien qu'elle soit résonnante de tons agréables. Elle est au moins plus délicate que forte, et, ayant sa puissance bornée, ou elle ne porte pas plus loin que les sens, ou, pour le plus, elle ne touche que légèrement le dehors de l'âme.

La vraie éloquence est bien différente de cette causeuse des places publiques, et son style est bien éloigné du jargon ambitieux des sophistes grecs. Disons que c'est une éloquence d'affaires et de service, née pour le commandement et la souveraineté, tout efficace et toute pleine de force. Disons qu'elle agit, s'il se peut, par la parole plus qu'elle ne parle ; qu'elle ne donne pas seulement à ses ouvrages un visage et de la grâce, mais un cœur, de la vie et du mouvement.

Elle ne s'amuse point à cueillir des fleurs et à les lier ensemble ; mais les fleurs naissent sous ses pas. En visant ailleurs, elle les produit. Sa mine est d'une amazone, et sa négligence même ne fait point de tort à sa dignité. Elle ne laisse pas toutefois de se parer, quand il en est besoin, quoiqu'elle soit moins curieuse de ses ornements que de ses armes.

BALZAC RAPPELLE LES PLAISIRS DONT IL A JOUI DANS UN SÉJOUR A LA CAMPAGNE.

J'ai été assez longtemps dans le monde, mais je n'ai vécu qu'autant que dura l'automne passé ; et pour ce qu'il[4] n'est pas possible de faire revenir ces jours bienheureux et qui me furent si chers, je tâche le plus que je puis de les regoûter par le souvenir et par le discours. La liberté dans laquelle je me trouvais, après une captivité de trois ans (j'appelle ainsi le séjour que j'avais fait à la ville), la pureté de l'air que je commençais à respirer, et que je recevais avidement, comme une nourriture qui m'était nouvelle, et la face riante de la campagne, qui montrait encore sur soi une partie de ses biens et se parait des derniers présents qu'elle devait faire aux hommes, me donnaient des pensées si douces et si tranquilles, que, sans être agité de l'émotion qu'excite la joie, j'avais tout le plaisir qu'elle cause.

Les autres maladies de l'âme, plus importunes, qui tourmentent les cours et les assemblées, n'approchaient point de notre village. Je ne savais ce que c'était de craindre ni d'espérer, et ne connaissais plus le soupçon, la défiance, ni la jalousie. Toutes mes passions se reposaient, et celles d'autrui ne parvenaient point jusques à moi.

La première partie de la journée se passait en une conversation familière, d'où nous avions banni les affaires d'État, les controverses de la religion et les questions de philosophie. On ne se mettait point en peine d'accorder les princes chrétiens pour faire une ligue contre le Turc; on ne débattait point à outrance qui était le plus grand capitaine, du marquis de Spinola ou du comte de Tilly.[5] Personne ne réformait les royaumes, ni ne voulait changer leur gouvernement. Nous ne parlions que de la bonté de nos melons, de la récolte de nos blés et de l'espérance de nos vendanges.

LA RELIGION CHRÉTIENNE; SON PRINCIPE SURNATUREL; SA PROPAGATION PAR LES SUPPLICES DES MARTYRS.

Il ne paraît rien ici de l'homme, rien qui porte sa marque et qui soit de sa façon. Je ne vois rien qui ne me semble plus que naturel, dans la naissance et dans le progrès de cette doctrine. Les ignorants l'ont persuadée aux philosophes. De pauvres pêcheurs ont été érigés en docteurs des rois et des nations. Ils ont pris dans leurs filets les orateurs et les poètes, les jurisconsultes et les mathématiciens.

Ce peuple choisi s'est accru par les pertes et par les défaites;

il a combattu, il a vaincu étant désarmé. Le monde, en apparence, avait ruiné l'Église, mais elle a accablé le monde sous ses ruines. La force des tyrans s'est rendue au courage des condamnés. La patience de nos pères a lassé toutes les mains, toutes les machines, toutes les inventions de la cruauté.

Chose étrange et digne d'une longue considération! reprochons-la plus d'une fois à la lâcheté de notre foi et à la tiédeur de notre zèle: en ce temps-là il y avait de la presse à se faire déchirer, à se faire brûler pour Jésus-Christ. L'extrême douleur et la dernière infamie attiraient les hommes au christianisme: c'étaient les appâts et les promesses de cette nouvelle secte. Ceux qui la suivaient et qui avaient faveur à la cour, avaient peur d'être oubliés dans la commune persécution; ils allaient s'accuser eux-mêmes, s'ils manquaient de délateurs. Le lieu où les feux étaient allumés et les bêtes déchaînées s'appelait, en la langue de la primitive Église, la *place où l'on donnait les couronnes.* Voilà le style de ces grandes âmes qui méprisaient la mort comme si elles eussent eu une vie empruntée.

Je ne m'étonne point que les Césars aient régné, et que le parti qui a été le victorieux ait été le maître. Mais si c'eût été le vaincu à qui l'avantage fût demeuré; si les déroutes eussent fortifié Pompée et rétabli sa fortune; si les proscriptions eussent grossi le parti d'un mort et lui eussent fait naître des partisans, véritablement il y aurait de quoi s'étonner d'un succès si éloigné du cours ordinaire des choses humaines. Nous voyons pourtant ici cet événement irrégulier et directement opposé à la coutume des choses du monde. Le sang des martyrs a été fertile, et la persécution a peuplé le monde de chrétiens. Les premiers persécuteurs, voulant éteindre la lumière qui naissait et étouffer l'Église au berceau, ont été contraints d'avouer leur faiblesse, après avoir épuisé leurs forces. Les autres qui l'attaquèrent depuis, ne réussirent pas mieux dans leurs entreprises. L'ouvrage de Dieu n'a pu être défait par la main des hommes. Disons-le hardiment à la gloire de notre Jésus-Christ et à la honte de leur Dioclétien: "Les tyrans passent, mais la vérité demeure."

BALZAC AU CARDINAL DE LA VALETTE, QUI ALLAIT PARTIR POUR L'ITALIE.

Monseigneur, l'espérance, que l'on me donne depuis trois mois, que vous devez passer tous les jours en ce pays, m'a empêché jusqu'ici de vous écrire, et de me servir de ce seul moyen qui me reste de me rapprocher de votre personne.

A Rome, vous marcherez sur des pierres qui ont été les dieux de César et de Pompée; vous considérerez les ruines de ces grands ouvrages, dont la vieillesse est encore belle, et vous vous promènerez tous les jours parmi les histoires et les fables: mais ce sont des amusements d'un esprit qui se contente de peu, et non pas les occupations d'un homme qui prend plaisir de naviguer dans l'orage.[6] Quand vous aurez vu le Tibre, au bord duquel les Romains ont fait l'apprentissage de leurs victoires et commencé ce long dessein qu'ils n'achevèrent qu'aux extrémités de la terre; quand vous serez monté au Capitole, où ils croyaient que Dieu était aussi présent que dans le ciel, et qu'il avait enfermé le destin de la monarchie universelle; après que vous aurez passé au travers de ce grand espace qui était dédié aux plaisirs du peuple, je ne doute point qu'après avoir regardé encore beaucoup d'autres choses, vous ne vous lassiez à la fin du repos et de la tranquillité de Rome.[7]

Il est besoin, pour une infinité de considérations importantes, que vous soyez au premier conclave.[8] Quelque grand objet que se propose votre ambition, elle ne saurait rien concevoir de si haut que de donner en même temps un successeur aux consuls, aux empereurs et aux apôtres, et d'aller faire de votre bouche celui qui a la conduite de toutes les âmes.

§ 2. DESCARTES,[1] 1596–1650.

DESCARTES, natif de la Touraine, élève du collége de la Flèche, dans les dernières années de Henri IV, et militaire à vingt ans, ne renversa pas seulement l'édifice de l'ancienne philosophie pour créer une philosophie nouvelle; plusieurs de ses travaux furent pour la langue le signal d'un grand progrès. Son chef-d'œuvre philosophique, le *Discours de la Méthode*, passera pour un chef-d'œuvre, tant que la netteté, la justesse et l'exactitude seront les qualités dominantes de l'esprit français. Il avait cependant vécu beaucoup d'années à l'étranger, et il mourut à Stockholm, un an avant que Louis XIV fût déclaré majeur. Il était un philosophe qui, comme le dit ingénieusement le P. Guénard, dans son *Éloge de Descartes*, enfermé dans le labyrinthe avec tous les autres philosophes, se fit lui-même des ailes et s'envola, frayant ainsi une route nouvelle à la raison captive. C'est à cette salutaire audace que nous devons, et les trois grands hommes qui ont profité des travaux du précurseur: Bacon, Leibnitz et Newton, et les penseurs qui ont, au dernier siècle, jeté les fondements de la société moderne.

MAXIMES[2] DE DESCARTES.

Comme ce n'est pas assez, avant de commencer à rebâtir le logis où on demeure, que de l'abattre, et de faire provision de matériaux et d'architectes, ou s'exercer soi-même à l'architecture, et outre cela d'en avoir soigneusement tracé le dessin, mais qu'il faut aussi s'être pourvu de quelque autre où on puisse être logé commodément pendant le temps qu'on y travaillera; ainsi, afin que je ne demeurasse point irrésolu en mes actions, pendant que la raison m'obligerait de l'être en mes jugements, et que je ne laissasse pas de vivre[3] dès lors le plus heureusement que je pourrais, je me formai une morale par provision, qui ne consistait qu'en trois ou quatre maximes dont je veux bien vous faire part.

La première était d'obéir aux lois et aux coutumes de mon pays, retenant constamment la religion en laquelle Dieu m'a fait la grâce d'être instruit dès mon enfance, et me gouvernant en toute autre chose suivant les opinions les plus modérées et les plus éloignées de l'excès qui fussent communément reçues en pratique par les mieux sensés de ceux avec lesquels j'aurais à vivre. Car,[4] commençant dès lors, à ne compter pour rien les miennes propres, à cause que[5] je les voulais toutes remettre à l'examen, j'étais assuré de ne pouvoir mieux faire que de suivre celles des mieux sensés: et, encore qu'[6]il y en ait peut-être d'aussi bien sensés parmi les Perses ou les Chinois que parmi nous, il me semblait que le plus utile était de me régler selon ceux avec lesquels j'aurais à vivre; et que, pour savoir quelles étaient véritablement leurs opinions, je devais plutôt prendre garde à ce qu'ils pratiquaient qu'à ce qu'ils disaient, non-seulement à cause qu'en la corruption de nos mœurs il y a peu de gens qui veuillent dire tout ce qu'ils croient, mais aussi, à cause que plusieurs l'ignorent eux-mêmes; car, l'action de la pensée par laquelle on croit une chose étant différente de celle par laquelle on connaît qu'on la croit, elles sont souvent l'une sans l'autre; et, entre plusieurs opinions également reçues, je ne choisissais que les plus modérées, tant à cause que ce sont toujours les plus commodes pour la pratique, et vraisemblablement les meilleures, tout excès ayant coutume d'être mauvais, comme aussi afin de me détourner moins du vrai chemin, en cas que je faillisse, que si, ayant choisi l'un des extrêmes, c'eût été l'autre qu'il eût fallu suivre. Et, particulièrement, je mettais entre les excès toutes les promesses par lesquelles on retranche quelque chose de sa liberté; non que je désapprouvasse les lois qui, pour remédier à l'inconstance des esprits faibles, permettent, lorsqu'on a quelque bon dessein, ou même, pour la sûreté du commerce, quelque dessein qui n'est qu'indifférent, qu'on fasse des vœux ou des contrats qui obligent à y persévérer; mais à cause que je ne voyais au monde aucune chose qui demeurât toujours en même état, et que, pour mon particulier, je me promettais de perfectionner de plus en plus mes jugements, et non point de les rendre pires, j'eusse pensé commettre une grande faute contre le bon sens, si pour ce que[7] j'approuvais alors quelque chose, je me fusse obligé de la prendre pour bonne encore après, lorsqu'elle aurait peut-être cessé de l'être, ou que j'aurais cessé de l'estimer telle.

Ma seconde maxime était d'être le plus ferme et le plus

résolu en mes actions que je pourrais, et de ne suivre pas moins constamment les opinions les plus douteuses, lorsque je m'y serais une fois déterminé, que si elles eussent été très assurées : imitant en ceci les voyageurs qui, se trouvant égarés en quelque forêt, ne doivent pas errer en tournoyant tantôt d'un côté, tantôt d'un autre, ni encore moins s'arrêter en une place, mais marcher toujours le plus droit qu'ils peuvent vers un même côté, et ne le changer point pour de faibles raisons, encore que[6] ce n'ait peut-être été, au commencement, que le hasard seul qui les ait déterminés à le choisir ; car, par ce moyen, s'ils ne vont justement où ils désirent, ils arriveront au moins, à la fin, quelque part où vraisemblablement ils seront mieux que dans le milieu d'une forêt. Et ainsi les actions de la vie ne souffrant souvent aucun délai, c'est une vérité très certaine que, lorsqu'il n'est pas en notre pouvoir de discerner les plus vraies opinions, nous devons suivre les plus probables ; et même qu'encore que nous ne remarquions point davantage de probabilité aux unes qu'aux autres, nous devons néanmoins nous déterminer à quelques-unes, et les considérer après, non plus comme douteuses en tant qu'elles se rapportent à la pratique, mais comme très vraies et très certaines, à cause que la raison, qui nous y a fait déterminer, se trouve telle. Et ceci fut capable dès lors de me délivrer de tous les repentirs et les remords qui ont coutume d'agiter les consciences de ces esprits faibles et chancelants qui se laissent aller inconstamment à pratiquer comme bonnes les choses qu'ils jugent après être mauvaises.

Ma troisième maxime était de tâcher toujours plutôt à me vaincre que la fortune, et à changer mes désirs que l'ordre du monde, et généralement de m'accoutumer à croire qu'il n'y a rien qui soit entièrement en notre pouvoir que nos pensées, en sorte qu'après que nous avons fait notre mieux touchant les choses qui nous sont extérieures, tout ce qui manque de nous réussir est, au regard de nous, absolument impossible. Et ceci seul me semblait être suffisant pour m'empêcher de rien désirer à l'avenir que je n'acquisse, et ainsi pour me rendre content : car, notre volonté ne se portant naturellement à désirer que les choses que notre entendement lui représente en quelque façon comme possibles, il est certain que, si nous considérons tous les biens qui sont hors de nous comme également éloignés de notre pouvoir, nous n'aurons pas plus de regret de manquer de ceux qui semblent être dus à notre naissance, lorsque nous en serons privés sans notre faute, que nous avons de ne posséder pas les royaumes de la Chine ou de Mexique; et que, faisant, comme on dit, de nécessité vertu, nous ne désirerons pas davantage d'être sains, étant malades, ou d'être libres, étant en prison, que nous faisons maintenant d'avoir des corps d'une matière aussi peu corruptible que les diamants, ou des ailes pour voler comme les oiseaux. Mais j'avoue qu'il est besoin d'un long exercice et d'une méditation souvent réitérée, pour s'accoutumer à regarder de ce biais toutes les choses; et je crois que c'est principalement en ceci que consistait le secret de ces philosophes qui ont pu autrefois se soustraire de l'empire de la fortune, et, malgré les douleurs et la pauvreté, disputer de la félicité avec leurs dieux. Car, s'occupant sans cesse à considérer les bornes qui leur étaient prescrites par la nature, ils se persuadaient si parfaitement que rien n'était en leur pouvoir que leurs pensées, que cela seul était suffisant pour les empêcher d'avoir aucune affection pour d'autres choses; et ils disposaient d'elles si absolument, qu'ils avaient en cela quelque raison de s'estimer plus riches et plus puissants, et plus libres et plus heureux qu'aucun des autres hommes, qui, n'ayant point cette philosophie, tant favorisés de la nature et de la fortune qu'ils puissent être, ne disposent jamais ainsi de tout ce qu'ils veulent.

Enfin, pour conclusion de cette morale, je m'avisai de faire une revue sur les diverses occupations qu'ont les hommes en cette vie, pour tâcher à faire choix de la meilleure; et, sans que je veuille rien dire de celles des autres, je pensai que je ne pouvais mieux que de continuer en celle-là même où je me trouvais, c'est-à-dire, que d'employer toute ma vie à cultiver ma raison, et m'avancer, autant que je pourrais, en la connaissance de la vérité, suivant la méthode que je m'étais prescrite.

J'avais éprouvé de si extrêmes contentements depuis que j'avais commencé à me servir de cette méthode, que je ne croyais pas qu'on en pût recevoir de plus doux ni de plus innocents en cette vie; et découvrant tous les jours, par son moyen, quelques vérités qui me semblaient assez importantes et communément ignorées des autres hommes, la satisfaction que j'en avais remplissait tellement mon esprit, que tout le reste ne me touchait point.

§ 3. VOITURE, 1598–1648.

VOITURE, né quatre ans après Balzac, en 1598, a, de son temps, obtenu une aussi brillante réputation que lui, par un talent d'une tout autre nature. Il avait au plus haut point l'esprit de société; il tournait fort bien les vers; par là il mérita la faveur de ce qu'il y avait de plus grand en France, où l'on commençait alors à goûter beaucoup les choses de l'esprit. Sa réputation comme poète ne lui a guère survécu, et ses pièces si vantées ne nous offrent aujourd'hui presque aucun charme; mais, comme prosateur, il a laissé des pages dignes encore d'être relues. "Je ne sais," a dit La Bruyère, "si l'on pourra mettre jamais dans les lettres plus de tour, d'agrément et de style que l'on n'en voit dans celles de Voiture." Son plus grand défaut est de manquer de naturel: toutefois on l'excusera, en songeant que l'on ne pouvait arriver à la grâce qu'en passant par la subtilité et la recherche.

Voiture, dont un enjouement délicat est la principale qualité, ne contribua pas peu à polir, à épurer la langue française et à lui donner plus de facilité et de finesse, tandis que Balzac la rendait plus forte, plus généreuse et plus sonore. Par là, comme le précédent, il doit conserver une place dans l'histoire de la langage et de la littérature de son pays natal.

Voiture mourut en 1648. Il était natif d'Amiens, et il avait appartenu l'un des premiers à l'Académie française.

ÉLOGE DU CARDINAL DE RICHELIEU.[1]

Je ne suis pas de ceux qui font des miracles de toutes les actions de monsieur le cardinal, portent ses louanges au delà de ce que peuvent et doivent aller celles des hommes, et, à force de vouloir trop faire croire de bien de lui, n'en disent que des choses incroyables; mais aussi n'ai-je pas cette basse malignité de haïr un homme parce qu'il est au-dessus des autres. Je le considère avec un jugement que la passion ne fait pencher ni d'un côté ni de l'autre, et je le vois des mêmes yeux dont la postérité le verra. Mais lorsque, dans deux cents ans, ceux qui viendront après nous liront en notre histoire que le cardinal de Richelieu a démoli la Rochelle et abattu l'hérésie,[2] et que par un seul traité,[3] comme par un coup de rets, il a pris trente ou quarante de ses villes pour une fois; lorsqu'ils apprendront que, du temps de son ministère, les Anglais ont été battus et chassés, Pignerol conquis, Casal secouru, toute la Lorraine jointe à cette couronne, la plus grande partie de l'Alsace mise sous notre pouvoir, les Espagnols défaits à Veillane et à Avein,[4] et qu'ils verront que, tant qu'il a présidé à nos affaires, la France n'a pas un voisin sur lequel elle n'ait gagné des places ou des batailles; s'ils ont quelque goutte de sang français dans les veines et quelque amour pour la gloire de leur pays, pourront-ils lire ces choses sans s'affectionner à lui?

Vous me direz qu'il a beaucoup à se louer de la fortune, puisqu'elle l'a servi fidèlement dans la plupart de ses entreprises; que c'est elle qui lui a fait prendre des places, sans qu'il en eût jamais assiégé auparavant; qui lui a fait commander heureusement des armées, sans aucune expérience; qui l'a mené toujours comme par la main, et sauvé d'entre les précipices; et enfin, qui l'a fait souvent paraître hardi, sage et prévoyant. Voyons-le donc dans la mauvaise fortune, et examinons s'il y a eu moins de hardiesse, de sagesse et de prévoyance. Nos affaires n'allaient pas trop bien en Italie; et, comme c'est le destin de la France de gagner des batailles et de perdre des armées, la nôtre avait fort dépéri depuis la dernière victoire qu'elle avait remportée sur les Espagnols. Nous n'avions guère plus de bonheur devant Dôle, où la longueur du siége nous en faisait attendre une mauvaise issue, quand on sut que les ennemis étaient entrés en Picardie, qu'ils avaient pris d'abord la Capelle, le Catelet et Corbie; et que ces trois places, qui les devaient arrêter plusieurs mois, les avaient à peine arrêtés huit jours. Tout est en feu, jusque sur les bords de la rivière d'Oise. Nous pouvons voir de nos faubourgs la fumée des villages qu'ils nous brûlent. Tout le monde prend l'alarme, et la capitale du royaume est en effroi. Sur cela, on a avis de Bourgogne que le siége de Dôle était levé, et de Saintonge, qu'il y a quinze mille paysans révoltés qui tiennent la campagne, et que l'on craint que le Poitou et la Guyenne ne suivent cet exemple. Les mauvaises nouvelles viennent en foule, le ciel est couvert de tous côtés, l'orage nous bat de toutes parts. Durant cette tempête, M. le cardinal n'a-t-il pas toujours tenu le gouvernail d'une main et la boussole de l'autre? et si le grand vaisseau qu'il conduisait avait à se perdre, n'a-t-il pas témoigné qu'il y voulait mourir avant tous les autres? Est-ce la fortune qui l'a tiré de ce labyrinthe; ou si ç'a été sa prudence, sa constance et sa magnanimité? Il a songé aux périls de l'État, et non pas aux siens; et tout le changement que l'on a vu en lui, durant ce temps-là, est qu'au lieu qu'il n'avait coutume de sortir qu'accompagné de deux cents gardes, il s'est promené tous les jours suivi seulement de cinq ou six gentilshommes.

FÉLICITATIONS ADRESSÉES AU DUC D'ENGHIEN.[5]

Monseigneur, à cette heure que je suis loin de votre altesse, je suis résolu de lui dire tout ce que je pense d'elle il y a longtemps, et que je n'avais osé lui déclarer, pour ne pas tomber dans les inconvénients où j'avais vu ceux qui avaient pris avec vous de pareilles libertés. Mais, monseigneur, vous en faites trop, pour le pouvoir[6] souffrir en silence; et vous seriez injuste, si vous pensiez faire les actions que vous faites sans qu'il en fût autre chose, ni que l'on prît la liberté de vous en parler. Si vous saviez de quelle sorte tout le monde est déchaîné dans Paris à discourir de vous, je suis assuré que vous en auriez honte, et que vous seriez étonné de voir avec combien peu de respect et peu de crainte de vous déplaire tout le monde s'entretient de ce que vous avez fait. A dire la vérité, monseigneur, je ne sais à quoi vous avez pensé: et ç'a été, sans mentir, trop de hardiesse, et une extrême violence à vous d'avoir, à votre âge, choqué deux ou trois vieux capitaines que vous deviez respecter, quand ce n'eût été que pour leur ancienneté; fait tuer le pauvre comte de Fontaine, qui était un des meilleurs hommes de Flandre, et à qui le prince d'Orange n'avait jamais osé toucher; pris seize pièces de canon qui appartenaient à un prince qui est oncle du roi et frère de la reine,[7] avec qui vous n'aviez jamais eu de différend; et mis en désordre les meilleures troupes des Espagnols, qui vous avaient laissé passer avec tant de bonté. J'avais bien ouï dire que vous étiez opiniâtre comme un diable, et qu'il ne faisait pas bon vous rien disputer. Mais j'avoue que je n'eusse pas cru que vous vous fussiez emporté à ce point-là; et si vous continuez, vous vous rendrez insupportable à toute l'Europe; et ni l'empereur ni le roi d'Espagne ne pourront durer avec vous. Cependant, monseigneur, politiquement parlant, je me réjouis avec V. A. de ce que j'entends dire qu'elle a gagné la plus belle victoire et de la plus grande importance que nous ayons vue de notre siècle. La France, que vous venez de mettre à couvert de tous les orages qu'elle craignait, s'étonne qu'à l'entrée de votre vie vous ayez fait une action[8] dont César eût voulu couronner toutes les siennes, et qui redonne aux rois vos ancêtres autant de lustre que vous en avez reçu d'eux.

A MADEMOISELLE DE RAMBOUILLET.[9]

Mademoiselle, *Car* étant d'une si grande considération dans notre langue, j'approuve extrêmement le ressentiment que vous avez du tort qu'on lui veut faire; et je ne puis bien espérer de l'Académie[10] dont vous me parlez, voyant qu'elle se veut établir par une si grande violence. Je ne vois rien de si digne de pitié que de faire le procès à un mot qui s'est toujours montré bon français. Pour moi, je ne sais pour quel intérêt ils tâchent d'ôter à *Car* ce qui lui appartient, pour le donner à *Pour ce que*, ni pourquoi ils veulent dire avec trois mots ce qu'ils peuvent dire avec trois lettres.[11] Ce qui est le plus à craindre, mademoiselle, c'est qu'après cette injustice on en entreprendra d'autres.[12] On ne fera point de difficulté d'attaquer *Mais*, et je ne sais si *Si* demeurera en sûreté. De sorte qu'après nous avoir ôté toutes les paroles qui lient les autres, les beaux esprits nous voudront réduire à ne parler que par signes. Certes, j'avoue qu'il est vrai ce que vous dites,[13] qu'on ne peut mieux connaître par aucun autre exemple l'incertitude des choses humaines. Qui m'eût dit, il y a quelques années, que j'eusse dû vivre plus longtemps que *Car*, j'eusse cru qu'il m'eût promis une vie plus longue que celle des patriarches. Cependant il se trouve qu'après avoir vécu onze cents ans plein de force et de crédit, après avoir été employé dans les plus importants traités et avoir assisté toujours honorablement dans le conseil de nos rois, il tombe tout d'un coup en disgrâce et est menacé d'une fin violente. Je sais que si l'on consulte là-dessus un des plus beaux esprits de notre siècle, et que j'aime extrêmement,[14] il dira qu'il faut condamner cette nouveauté; qu'il faut user du *Car* de nos pères, aussi bien que de leur terre et de leur soleil; et que l'on ne doit point chasser un mot qui a été dans la bouche de Charlemagne et de saint Louis. Mais c'est vous principalement, mademoiselle, qui êtes obligée d'en prendre la protection.[15]

§ 4. MÉZERAY, 1610–1683.

François Eudes de Mézeray naquit, en 1610, près de Falaise, dans une condition assez médiocre (il emprunta son nom à un hameau voisin de cette ville). Attaché d'abord à l'armée en qualité de commissaire des guerres, l'amour des lettres l'attira bientôt à Paris, où il ne tarda pas à s'appliquer aux travaux de l'histoire. Pour écrire celle de son pays, il s'enferma au collége Sainte-Barbe, déjà florissant, et se livra à l'étude avec une ardeur qui mit sa vie en danger. L'Académie française le récompensa en l'admettant dans son sein en 1649; elle le choisit pour son secrétaire perpétuel en 1675: il fut de plus historiographe du roi et mourut en 1683, la même année que Colbert, qui avait eu le tort de lui retirer sa pension parce qu'il avait parlé librement de l'origine des impôts.

Mézeray a laissé une *Histoire de France depuis Pharamond jusqu'à maintenant* (elle va jusqu'en 1598): de plus il a publié un *Abrégé* de sa grande Histoire, et celui-ci est même préféré en général à l'ouvrage dont il est tiré.

LE DUC DE BIRON, ACCUSÉ D'AVOIR CONSPIRÉ CONTRE HENRI IV, PRONONCE SA DÉFENSE DEVANT SES JUGES, LES MEMBRES DU PARLEMENT DE PARIS (1602).

Je vous ai rétablis, messieurs, sur les fleurs de lis, d'où les saturnales de la Ligue vous avaient chassés. Ce corps, qui dépend de vous aujourd'hui, n'a veine qui n'ait saigné pour vous. Cette main, qui a écrit ces lettres produites contre moi, a fait tout le contraire de ce qu'elle écrivait. . . .

Il est vrai, j'ai écrit, j'ai pensé, j'ai dit, j'ai parlé plus que je ne devais faire. Mais où est la loi qui punit de mort la légèreté de la langue et le mouvement de la pensée? Ne pouvais-je pas desservir le roi en Angleterre et en Suisse? Cependant j'ai été irréprochable dans ces deux ambassades; et si vous considérez avec quel cortége je suis venu, dans quel état j'ai laissé les places de Bourgogne, vous reconnaîtrez la confiance d'un homme qui compte sur la parole de son roi et la fidélité d'un sujet bien éloigné de se rendre souverain dans son gouvernement.

J'ai voulu mal faire: mais ma volonté n'a point passé les

bornes d'une première pensée, enveloppée dans les nuages de la colère et du dépit; et ce serait chose bien dure, que l'on commençât par moi à punir les pensées. La reine d'Angleterre m'a dit que si le comte d'Essex eût demandé pardon, il l'aurait obtenu: je le demande aujourd'hui. Le comte d'Essex était coupable, et moi je suis innocent.

Est-il possible que le roi ait oublié mes services? Ne se souvient-il plus du siége d'Amiens, où il m'a vu tant de fois, couvert de feu et de plomb, courir tant de hasards pour donner ou recevoir la mort? Le cruel! il ne m'a jamais aimé que tant qu'il a cru que je lui étais nécessaire. Il éteint le flambeau en mon sang, après qu'il s'en est servi. Mon père a souffert la mort pour lui mettre la couronne sur la tête; j'ai reçu quarante blessures pour la maintenir, et, pour récompense, il m'abat la tête des épaules. C'est à vous, messieurs, d'empêcher une injustice qui déshonorerait son règne, et de lui conserver un serviteur, à l'État un bon guerrier, et au roi d'Espagne un grand ennemi.[1]

CONSEIL DU DUC DE BIRON A HENRI IV.[2]

C'est donc tout de bon, sire, que l'on vous conseille de monter sur mer, comme s'il n'y avait point d'autre moyen de conserver votre royaume que de le quitter. Si vous n'étiez pas en France, il faudrait percer au travers de tous les hasards et de tous les obstacles du monde pour y venir; et maintenant que vous y êtes, on voudrait que vous en sortissiez! et vos amis seraient d'avis que vous fissiez de votre bon gré ce que le plus grand effort de vos ennemis ne nous saurait contraindre de faire. En l'état que sont les choses, sortir de France seulement pour vingt-quatre heures, c'est s'en bannir pour jamais. On peut bien dire que vos espérances s'en iront au vent avec le vaisseau qui vous emportera; et il ne faut point parler de retour; il serait aussi impossible que de la mort à la vie. Le péril, au reste, n'est pas si grand qu'on vous le dépeint. Ceux qui nous pensent à envelopper sont ou ceux même que nous avons tenus enfermés si lâchement dans Paris, ou gens qui ne valent pas mieux, et qui auront plus d'affaires entre eux-mêmes que contre nous. Enfin, sire, nous sommes en France, il nous y faut enterrer: il s'agit d'un royaume, il faut l'emporter ou y perdre la vie. Et quand même il n'y aurait point d'autre sûreté pour votre sacrée personne que la fuite, je sais bien que vous aimeriez mieux mille fois mourir de pied ferme que de vous sauver par ce moyen. Votre Majesté ne souffrirait jamais qu'on dît qu'un cadet de la maison de Lorraine lui aurait fait perdre terre, encore moins qu'on la vît mendier à la porte d'un prince étranger. Non, non, sire, il n'y a ni couronne ni honneur pour vous delà la mer: si vous allez au-devant du secours d'Angleterre, il reculera; si vous vous présentez au port de la Rochelle en homme qui se sauve, vous n'y trouverez que des reproches et du mépris. Je ne puis croire, pour moi, que vous deviez plutôt fier[3] votre personne à l'inconstance des flots et à la merci de l'étranger qu'à tant de braves gentilshommes et tant de vieux soldats qui sont prêts de lui servir de rempart et de bouclier; et je suis trop serviteur de Votre Majesté pour lui dissimuler que, si elle cherchait sa sûreté ailleurs que dans leur vertu, ils seraient obligés de chercher la leur dans un autre parti que dans le sien.[4]

§ 5. LA ROCHEFOUCAULD, 1613–1680.

Doué d'un coup d'œil plein de pénétration et de justesse, qui s'exerçait autour de lui sur une cour spirituelle et brillante où la nature et l'art avaient singulièrement varié les physionomies, LA ROCHEFOUCAULD, par le talent de définir et de peindre, se plaça au rang des écrivains illustres du XVIIe siècle. D'abord homme d'intrigue et de guerre, pendant les désordres de la régence d'Anne d'Autriche, il finit par être sous l'autorité de Louis XIV, qui lui pardonna son humeur turbulente, un observateur calme et impartial. Il raconta, dans ses *Mémoires* attachants, ce qu'il avait vu, et fit paraître, sous le nom de *Sentences* ou *Maximes morales*, les réflexions qu'il avait eu le loisir de faire et qui annoncent, par malheur, un esprit et un temps trop préoccupés de l'intérêt et de l'amour-propre. En blâmant très souvent le fond de ses idées, on ne peut qu'en louer la forme, puisqu'il offre un des plus parfaits modèles d'une concision vive et piquante. Il excelle, ce qui est le caractère des maîtres, à ne montrer qu'à moitié sa pensée, pour donner au lecteur le plaisir d'une sorte de découverte; il provoque les esprits à s'éveiller et à s'exercer, en leur faisant deviner beaucoup au delà de ce que semblent exprimer ses paroles.

DE LA DIFFÉRENCE DES ESPRITS.

Bien que toutes les qualités de l'esprit se puissent rencontrer dans un grand génie, il y en a néanmoins qui lui sont propres et particulières: ses lumières n'ont point de bornes, il agit toujours également et avec la même activité; il discerne les objets éloignés comme s'ils étaient présents; il comprend, il imagine les plus grandes choses; il voit et connaît les plus petites; ses pensées sont relevées, étendues, justes et intelligibles: rien n'échappe à sa pénétration, et elle lui fait souvent découvrir la vérité au travers des obscurités qui la cachent aux autres.

Un bel esprit pense toujours noblement: il produit avec facilité les choses claires, agréables et naturelles; il les fait voir dans leur plus beau jour, et il les pare de tous les ornements qui leur conviennent: il entre dans le goût des autres, et retranche de ses pensées ce qui est inutile ou ce qui peut déplaire.

Un esprit adroit, facile, insinuant, sait éviter et surmonter les difficultés: il se plie aisément à ce qu'il veut; il sait connaître l'esprit et l'humeur de ceux avec qui il traite; et, en ménageant leurs intérêts, il avance et il établit les siens.

Un bon esprit voit toutes choses comme elles doivent être vues: il leur donne le prix qu'elles méritent; il les fait tourner du côté qui est le plus avantageux, et il s'attache avec fermeté à ses pensées, parce qu'il en connaît toute la force et toute la raison.

Il y a de la différence entre un esprit utile et un esprit d'affaires: on peut entendre les affaires, sans s'appliquer à son intérêt particulier; il y a des gens habiles dans tout ce qui ne les regarde pas, et très malhabiles dans tout ce qui les regarde; et il y en a d'autres, au contraire, qui ont une habileté bornée à ce qui les touche, et qui savent trouver leur avantage en toutes choses.

On peut avoir tout ensemble un air sérieux dans l'esprit, et dire souvent des choses agréables et enjouées. Cette sorte d'esprit convient à toutes personnes et à tous les âges de la vie. Les jeunes gens ont d'ordinaire l'esprit enjoué et moqueur, sans avoir l'air sérieux, et c'est ce qui les rend souvent incommodes.

Rien n'est plus malaisé à soutenir que le dessein d'être toujours plaisant; et les applaudissements qu'on reçoit quelquefois, en divertissant les autres, ne valent pas que l'on s'expose à la honte de les ennuyer souvent quand ils sont de méchante humeur.

La moquerie est une des plus agréables et des plus dangereuses qualités de l'esprit: elle plaît toujours quand elle est délicate, mais on craint toujours aussi ceux qui s'en servent trop souvent. La moquerie peut néanmoins être permise quand elle n'est mêlée d'aucune malignité, quand on y fait entrer[1] les personnes mêmes dont on parle.

Il est malaisé d'avoir un esprit de raillerie sans affecter d'être plaisant, ou sans aimer à se moquer: il faut une grande justesse pour railler longtemps sans tomber dans l'une ou l'autre de ces extrémités.

La raillerie est un air de gaieté qui remplit l'imagination et qui lui fait voir en ridicule les objets qui se présentent: l'humeur y mêle plus ou moins de douceur ou d'âpreté.

Il y a une manière de railler, délicate et flatteuse, qui touche seulement les défauts que les personnes dont on parle veulent bien avouer, qui sait déguiser les louanges qu'on leur donne sous des apparences de blâme, et qui découvre ce qu'elles ont d'aimable, en feignant de le vouloir cacher.

Un esprit fin et un esprit de finesse sont très différents. Le premier plaît toujours; il est délié, il pense des choses délicates, et voit les plus imperceptibles: un esprit de finesse ne va jamais droit; il cherche des biais et des détours pour faire réussir ses desseins. Cette conduite est bientôt découverte; elle se fait toujours craindre et ne mène jamais aux grandes choses.

Il y a quelque différence entre un esprit de feu et un esprit brillant: un esprit de feu va plus loin et avec plus de rapidité; un esprit brillant a de la vivacité, de l'agrément et de la justesse.

La douceur de l'esprit est un air facile et accommodant, et qui plaît toujours quand il n'est point fade.

Un esprit de détail s'applique avec de l'ordre et de la règle à toutes les particularités des sujets qu'on lui présente. Cette application le renferme d'ordinaire à de petites choses; elle n'est pas néanmoins toujours incompatible avec de grandes vues, et quand ces deux qualités se trouvent ensemble dans un même esprit, elles l'élèvent infiniment au-dessus des autres.

On a abusé du terme de *bel esprit;* et, bien que tout ce qu'on vient de dire des différentes qualités de l'esprit puisse convenir à un bel esprit, néanmoins, comme ce titre a été donné à un nombre infini de mauvais poètes et d'auteurs ennuyeux, on s'en sert plus souvent pour tourner les gens en ridicule que pour les louer.

Bien qu'il y ait plusieurs épithètes pour l'esprit qui paraissent une même chose, le ton et la manière de les prononcer y mettent de la différence; mais, comme les tons et les manières ne se peuvent écrire, je n'entrerai point dans un détail qu'il serait impossible de bien expliquer. L'usage ordinaire le fait assez entendre, et en disant qu'un homme a de l'esprit, qu'il a beaucoup d'esprit et qu'il a un bon esprit, il n'y a que le ton et les manières qui puissent mettre de la différence entre ces expressions, qui paraissent semblables sur le papier, et qui expriment néanmoins différentes sortes d'esprit.

On dit encore qu'un homme n'a qu'une sorte d'esprit, qu'il a plusieurs sortes d'esprit, et qu'il a toutes sortes d'esprit.

On peut être sot avec beaucoup d'esprit, et on peut n'être pas sot avec peu d'esprit.

Avoir beaucoup d'esprit est un terme équivoque. Il peut comprendre toutes les sortes d'esprit dont on vient de parler, mais il peut aussi n'en marquer aucune distinctement. On peut quelquefois faire paraître de l'esprit dans ce qu'on dit, sans en avoir dans sa conduite. On peut avoir de l'esprit et l'avoir bien borné. Un esprit peut être propre à de certaines choses, et ne l'être pas à d'autres; on peut avoir beaucoup d'esprit et n'être propre à rien, et avec beaucoup d'esprit on est souvent fort incommode. Il semble néanmoins que le plus grand mérite de cette sorte d'esprit est de plaire quelquefois dans la conversation.

Bien que les productions d'esprit soient infinies, on peut, ce me semble, les distinguer de cette sorte.

Il y a des choses si belles, que tout le monde est capable d'en voir et d'en sentir la beauté.

Il y en a qui ont de la beauté, et qui ennuient.

Il y en a qui sont belles et que tout le monde sent, bien que tous n'en sachent pas la raison.

Il y en a qui sont si fines et si délicates, que peu de gens sont capables d'en remarquer toutes les beautés.

Il y en a d'autres qui ne sont pas parfaites, mais qui sont dites avec tant d'art, et qui sont soutenues et conduites avec tant de raison et tant de grâce, qu'elles méritent d'être admirées.

DE LA CONVERSATION.

Ce qui fait que peu de personnes sont agréables dans la conversation, c'est que chacun songe plus à ce qu'il a dessein de dire qu'à ce que les autres disent, et que l'on n'écoute guère quand on a bien envie de parler.

Néanmoins il est nécessaire d'écouter ceux qui parlent. Il faut leur donner le temps de se faire entendre et souffrir même qu'ils disent des choses inutiles. Bien loin de les contredire et de les interrompre, on doit, au contraire, entrer dans leur esprit et dans leur goût, montrer qu'on les entend, louer ce qu'ils disent autant qu'il[2] mérite d'être loué, et faire voir que c'est plutôt par choix qu'on les loue que par complaisance.

Pour plaire aux autres, il faut parler de ce qu'ils aiment et de ce qui les touche, éviter les disputes sur les choses indifférentes, leur faire rarement des questions et ne leur laisser jamais croire qu'on prétend avoir plus de raison qu'eux.

On doit dire les choses d'un air plus ou moins sérieux et sur des sujets plus ou moins relevés, selon l'honneur et la capacité des personnes que l'on entretient, et leur céder aisément l'avantage de décider, sans les obliger de répondre, quand ils n'ont pas envie de parler.

Après avoir satisfait de cette sorte aux devoirs de la politesse, on peut dire ses sentiments, en montrant qu'on cherche à les appuyer de l'avis de ceux qui écoutent, sans marquer de présomption ni d'opiniâtreté.

Évitons surtout de parler souvent de nous-mêmes, et de nous donner pour exemple. Rien n'est plus désagréable qu'un homme qui se cite lui-même à tout propos.

Il ne faut jamais rien dire avec un air d'autorité, ni montrer aucune supériorité d'esprit.[3] Fuyons les expressions trop recherchées, les termes durs ou forcés, et ne nous servons point de paroles plus grandes que les choses.

Il n'est pas défendu de conserver ses opinions, si elles sont raisonnables. Mais il faut se rendre à la raison aussitôt qu'elle paraît, de quelque part qu'elle vienne : elle seule doit régner sur nos sentiments; mais suivons-la sans heurter les sentiments des autres et sans faire paraître du mépris de ce qu'ils ont dit.[4]

On déplaît sûrement quand on parle trop longtemps et trop souvent d'une même chose, et que l'on cherche à détourner la conversation sur des sujets dont on se croit plus instruit que les autres.

MAXIMES.[5]

La passion fait souvent un fou du plus habile homme, et rend souvent habiles les plus sots.

Il faut de plus grandes vertus pour soutenir la bonne fortune que la mauvaise.

La jalousie est, en quelque manière, juste et raisonnable, puisqu'elle ne tend qu'à conserver un bien qui nous appartient, ou que nous croyons nous appartenir; au lieu que l'envie est une fureur qui ne peut souffrir le bien des autres.

Nous avons plus de force que de volonté; et c'est souvent pour nous excuser à nous-mêmes, que nous nous imaginons que les choses sont impossibles.

Si nous n'avions point de défauts, nous ne prendrions pas tant de plaisir à en remarquer dans les autres.

Si nous n'avions point d'orgueil, nous ne nous plaindrions pas de celui des autres.

Ceux qui s'appliquent trop aux petites choses deviennent ordinairement incapables des grandes.

On n'est jamais si heureux ni si malheureux qu'on se l'imagine.

Quelque différence qu'il paraisse entre les fortunes, il y a une certaine compensation de biens et de maux qui les rend égales.

Il n'y a point d'accidents si malheureux dont les habiles gens ne tirent quelque avantage, ni de si heureux que les imprudents ne puissent tourner à leur préjudice.

Ce qui nous rend si changeants dans nos amitiés, c'est qu'il est difficile de connaître les qualités de l'âme, et facile de connaître celles de l'esprit.

Il est plus honteux de se défier de ses amis que d'en être trompé.

Notre défiance justifie la tromperie d'autrui.

Comment prétendons-nous qu'un autre garde notre secret, si nous ne pouvons le garder nous-mêmes?

Tout le monde se plaint de sa mémoire, et personne ne se plaint de son jugement.

Chacun dit du bien de son cœur, et personne n'en ose dire de son esprit.

Pour bien savoir les choses, il en faut savoir le détail; et comme il[4] est presque infini, nos connaissances sont toujours superficielles et imparfaites.

On ne donne rien si libéralement que ses conseils.

Il est aussi facile de se tromper soi-même sans s'en apercevoir, qu'il est difficile de tromper les autres sans qu'ils s'en aperçoivent.

Nous sommes si accoutumés à nous déguiser aux autres, qu'à la fin nous nous déguisons à nous-mêmes.

Il est plus aisé d'être sage pour les autres, que de l'être pour soi-même.

On n'est jamais si ridicule par les qualités que l'on a que par celles que l'on affecte d'avoir.

Comme c'est le caractère des grands esprits de faire entendre en peu de paroles beaucoup de choses, les petits esprits, au contraire, ont le don de beaucoup parler et de ne rien dire.

Il y a des reproches qui louent, et des louanges qui médisent.

Si nous ne nous flattions point nous-mêmes, la flatterie des autres ne nous pourrait nuire.

Quelque éclatante que soit une action, elle ne doit pas passer pour grande lorsqu'elle n'est pas l'effet d'un grand dessein.

L'avarice est plus opposée à l'économie que la libéralité.

Rien n'est impossible: il y a des voies qui conduisent à toutes choses; et si nous avions assez de volonté, nous aurions toujours assez de moyens.

La petitesse de l'esprit fait l'opiniâtreté: nous ne croyons pas aisément ce qui est au delà de ce que nous voyons.

C'est une ennuyeuse maladie que de conserver sa santé par un trop grand régime.

§ 6. SAINT-ÉVREMOND, 1613–1703.

Peu d'auteurs ont joui, auprès de leurs contemporains, d'une faveur aussi prononcée que SAINT-ÉVREMOND : on recherchait d'autant plus ses ouvrages qu'il ne les publiait pas; il n'en circulait que des copies, reproduites, il est vrai, par des impressions furtives. C'était un seigneur plein d'esprit et fort goûté en société, mais trop enclin à la raillerie : ce penchant ruina sa fortune. Né près de Coutances en 1613, après avoir servi avec distinction sous le grand Condé et pris part à plusieurs de ses victoires, il se brouilla, pour quelques plaisanteries déplacées, avec ce prince, et, ce qui était plus grave, avec le premier ministre, le cardinal Mazarin. Contraint de sortir de France en 1661, il se réfugia en Angleterre, où il demeura jusqu'à sa mort, qui arriva en 1703. La permission de rentrer en France ne lui avait été accordée qu'après vingt-huit ans d'exil. On estime surtout ses *Réflexions sur le génie du peuple romain*, remarquables par la justesse de la pensée, quelquefois par la profondeur. Cette œuvre, la plus considérable que l'on ait de lui, est d'ailleurs de peu d'étendue; et, quant à ses autres écrits, ce ne sont guère que de petits traités ou des fragments, mais presque tous ils renferment des vues originales, que relève le mérite d'un style pur, ingénieux et délicat. Il a laissé, outre le travail que nous venons de citer, des morceaux d'histoire, de critique littéraire et de philosophie morale, des lettres enjouées et spirituelles, enfin des poésies, la plupart assez médiocres.

PARALLÈLE DE TURENNE ET DE CONDÉ.

Vous trouverez en M. le prince[1] la force du génie, la grandeur du courage, une lumière vive, nette, toujours présente. M. de Turenne a les avantages du sang-froid, une grande capacité, une longue expérience, une valeur assurée.

Celui-là jamais[2] incertain dans les conseils, irrésolu dans ses desseins, embarrassé dans ses ordres; prenant toujours son parti mieux qu'homme du monde : celui-ci se faisant son plan de guerre, disposant toutes choses à sa fin, et les conduisant avec un esprit aussi éloigné de la lenteur que de la précipitation.

L'activité du premier se porte au delà des choses nécessaires, pour ne rien oublier qui puisse être utile; l'autre, aussi agissant qu'il le doit être, n'oublie rien d'utile, ne fait rien de superflu. Maître de la fatigue et du repos, il travaille à ruiner l'armée des ennemis, il songe à la conservation de la sienne.

M. le prince fier dans le commandement, également craint et estimé; M. de Turenne plus indulgent, et moins obéi par l'autorité qu'il se donne que par la vénération qu'on a pour lui.

M. le prince plus agréable à qui sait lui plaire, plus fâcheux à qui lui déplaît, plus sévère quand on manque, plus touché quand on a bien fait; M. de Turenne, plus concerté,[3] excuse les fautes sous le nom de malheurs, et réduit souvent le plus grand mérite à la simple louange de faire bien son devoir. Satisfait du service qu'on lui rend, et faisant valoir avec plaisir les plus soumis, il regarde avec chagrin les industrieux qui cherchent leur réputation sous lui et leur élévation par les ministres.

M. le prince s'anime avec ardeur aux grandes choses, jouit de sa gloire sans vanité, reçoit la flatterie avec dégoût. S'il prend plaisir qu'on le loue, ce n'est pas la louange de ses actions, c'est la délicatesse de la louange qui lui fait sentir quelque douceur. M. de Turenne va naturellement aux grandes et aux petites choses, selon le rapport qu'elles ont à son dessein: rien ne l'élève dans les bons succès, rien ne l'abat dans les mauvais.

SITUATION ET CARACTÈRE DES ROMAINS ET DES CARTHAGINOIS AU TEMPS DES GUERRES PUNIQUES.

D'où est venue la première guerre de Rome contre Carthage? le secours donné aux Tarentins en fut le prétexte, la conquête de la Sicile le véritable sujet. Les qualités principales des Romains étaient, à mon avis, le courage et la fermeté: entreprendre les choses les plus difficiles, ne s'étonner d'aucun péril, ne se rebuter d'aucune perte. En tout le reste, les Carthaginois avaient sur eux une supériorité extraordinaire, soit pour l'industrie, soit pour l'expérience de la mer, soit pour les richesses que leur donnait le trafic de tout le monde, quand les Romains, naturellement assez pauvres, venaient de s'épuiser dans la guerre de Pyrrhus. A dire vrai, la vertu de ceux-ci leur tenait lieu de toutes choses. Un bon succès les animait à la poursuite d'un plus grand, et un événement fâcheux ne faisait que les irriter davantage. Il en arrivait tout autrement dans les affaires des Carthaginois, qui devenaient nonchalants dans la bonne fortune et s'abattaient aisément dans la mauvaise. Outre le différent naturel de ces deux peuples, la diverse constitution des républiques y contribuait beaucoup: Carthage étant établie sur le commerce et Rome fondée sur les armes, la première employait des étrangers pour ses guerres et les citoyens pour son trafic; l'autre se faisait des citoyens de tout le monde, et de ces citoyens des soldats. Les Romains ne respiraient que la guerre, même ceux qui n'y allaient pas, pour y avoir été autrefois ou pour y devoir aller un jour.

A Carthage, on demandait toujours la paix au moindre mal dont on était menacé, tant pour se défaire des étrangers que pour retourner au commerce. On peut ajouter encore cette différence, que les Carthaginois n'ont rien fait de grand que par la vertu des particuliers, au lieu que le peuple romain a souvent rétabli, par sa fermeté, ce qu'avait perdu l'imprudence ou la lâcheté de ses généraux.

Toutes ces choses considérées, il ne faut pas s'étonner que les Romains soient demeurés victorieux, car ils avaient les qualités principales qui rendent un peuple maître de l'autre.

ANNIBAL.

Avec toute sa fermeté et tout son bon sens, il n'y avait plus de république romaine,[4] si Carthage eût fait pour la ruiner la moindre des choses que fit Rome pour son salut; mais, tandis qu'on remerciait un consul qui avait fui[5] de n'avoir pas désespéré de la république, on accusait à Carthage Annibal victorieux.

Ce général était presque toujours sans vivres et sans argent, réduit à la nécessité d'être éternellement heureux dans la guerre: nulle ressource au premier mauvais succès, et beaucoup d'embarras dans les bons, où il ne trouvait pas de quoi entretenir diverses nations qui suivaient plutôt sa personne qu'elles ne dépendaient de sa république.

Pour contenir tant de peuples différents, il ajoutait à sa naturelle sévérité une dureté concertée,[6] qui le faisait redouter des uns, tandis que sa vertu le faisait révérer des autres. Il faisait la guerre aux Romains avec toute sorte de rigueur, et traitait leurs alliés avec beaucoup de douceur et de courtoisie, cherchant à ruiner ceux-là tout à fait et à détacher ceux-ci de leur alliance. Procédé bien différent de celui de Pyrrhus, qui gardait toutes ses civilités pour les Romains et les mauvais traitements pour ses alliés.

Quand je songe qu'Annibal est parti d'Espagne où il n'avait rien de fort assuré, qu'il a traversé les Gaules qu'on devait compter pour ennemies, qu'il a passé les Alpes pour faire la guerre aux Romains qui venaient de chasser les Carthaginois de la Sicile; quand je songe qu'il n'avait en Italie ni places, ni magasins, ni secours assurés, ni la moindre espérance de retraite, je me trouve étonné de la hardiesse de son dessein. Mais lorsque je considère sa valeur et sa conduite, je n'admire plus qu'Annibal, et le tiens encore au-dessus de l'entreprise.

§ 7. MOLIÈRE, 1622–1673.

MOLIÈRE n'a pas seulement surpassé tous ses devanciers par la richesse de son invention et la force de sa verve comique; il s'est encore placé, par la franchise nerveuse et l'originalité piquante de son style, au premier rang des écrivains qui ont illustré la grande époque où il a vécu. Sa prose se recommande par un tour net et vif, admirablement approprié au génie de la langue française. Tel est, en outre, le mérite de ses vers: aussi aurons-nous l'occasion de parler de nouveau et plus longuement de Molière, en le considérant comme poète.

LE BOURGEOIS GENTILHOMME.

Acte II. Sc. VI.

La Leçon de Philosophie.[1]

M. JOURDAIN, *bourgeois de Paris.* UN MAÎTRE DE PHILOSOPHIE.

LE M. DE PHIL. Que voulez-vous apprendre?

M. JOURD. Tout ce que je pourrai: car j'ai toutes les envies du monde d'être savant; et j'enrage que mon père et ma mère ne m'aient pas fait bien étudier dans toutes les sciences quand j'étais jeune.

LE M. DE PHIL. Ce sentiment est raisonnable: *nam, sine doctrina, vita est quasi mortis imago.* Vous entendez cela, et vous savez le latin, sans doute?

M. JOURD. Oui: mais faites comme si je ne le savais pas; expliquez-moi ce que cela veut dire.

LE M. DE PHIL. Cela veut dire que, *sans la science, la vie est presque une image de la mort.*

M. JOURD. Ce latin-là a raison.

LE M. DE PHIL. N'avez-vous point quelques principes, quelques commencements des sciences?

M. JOURD. Oh! oui. Je sais lire et écrire.

LE M. DE PHIL. Par où vous plaît-il que nous commencions? Voulez-vous que je vous apprenne la logique?

M. JOURD. Qu'est-ce que c'est que cette logique?

LE M. DE PHIL. C'est elle qui enseigne les trois opérations de l'esprit.

M. JOURD. Qui sont-elles, ces trois opérations de l'esprit?

LE M. DE PHIL. La première, la seconde, et la troisième. La première est de bien concevoir, par le moyen des universaux; la seconde, de bien juger, par le moyen des catégories; et la troisième, de bien tirer une conséquence, par le moyen des figures, *Barbara, celarent, Darii, ferio, baralipton*, etc.

M. JOURD. Voilà des mots qui sont trop rébarbatifs. Cette logique-là ne me revient point. Apprenons autre chose qui soit plus joli.

LE M. DE PHIL. Voulez-vous apprendre la morale?

M. JOURD. La morale?

LE M. DE PHIL. Oui.

M. JOURD. Qu'est-ce qu'elle dit, cette morale?

LE M. DE PHIL. Elle traite de la félicité; enseigne aux hommes à modérer leurs passions, et . . .

M. JOURD. Non, laissons cela: je suis bilieux comme tous les diables, et il n'y a[2] morale qui tienne; je me veux mettre en colère tout mon soûl quand il m'en prend envie.

LE M. DE PHIL. Est-ce la physique que vous voulez apprendre?

M. JOURD. Qu'est-ce qu'elle chante, cette physique?

LE M. DE PHIL. La physique est celle qui explique les principes des choses naturelles et les propriétés du corps; qui discourt de la nature des éléments, des métaux, des minéraux, des pierres, des plantes et des animaux; et nous enseigne les causes de tous les météores, l'arc-en-ciel, les feux volants, les comètes, les éclairs, le tonnerre, la foudre, la pluie, la neige, la grêle, les vents et les tourbillons.

M. JOURD. Il y a trop de tintamarre là-dedans, trop de brouillamini.

LE M. DE PHIL. Que voulez-vous donc que je vous apprenne?

M. JOURD. Apprenez-moi l'orthographe.

LE M. DE PHIL. Très volontiers.

M. JOURD. Après, vous m'apprendrez l'almanach, pour savoir quand il y a de la lune et quand il n'y en a point.

LE M. DE PHIL. Soit. Pour bien suivre votre pensée et traiter cette matière en philosophe, il faut commencer, selon l'ordre des choses, par une exacte connaissance de la nature des lettres, et de la différente manière de les prononcer toutes. Et là-dessus j'ai à vous dire que les lettres sont divisées en voyelles, ainsi dites voyelles parce qu'elles expriment les voix; et en consonnes, ainsi appelées consonnes parce qu'elles sonnent avec les voyelles, et ne font que marquer les diverses articulations des voix. Il y a cinq voyelles ou voix: A, E, I, O, U.

M. JOURD. J'entends tout cela.

LE M. DE PHIL. La voix A se forme en ouvrant fort la bouche, A.

M. JOURD. A, A. Oui.

LE M. DE PHIL. La voix E se forme en rapprochant la mâchoire d'en bas de celle d'en haut, A, E.

M. JOURD. A, E; A, E. Ma foi, oui. Ah! que cela est beau!

LE M. DE PHIL. Et la voix I, en rapprochant encore davantage les mâchoires l'une de l'autre et écartant les deux coins de la bouche vers les oreilles, A, E, I.

M. JOURD. A, E, I, I, I, I. Cela est vrai. Vive la science!

LE M. DE PHIL. La voix O se forme en rouvrant les mâchoires et rapprochant les lèvres par les deux coins, le haut et le bas, O.

M. JOURD. O, O. Il n'y a rien de plus juste. A, E, I, O; I, O. Cela est admirable! I, O; I, O.

LE M. DE PHIL. L'ouverture de la bouche fait justement comme un petit rond qui représente un O.

M. JOURD. O, O, O. Vous avez raison. O. Ah! la belle chose que de savoir quelque chose!

LE M. DE PHIL. La voix U se forme en rapprochant les dents sans les joindre entièrement, et allongeant les deux lèvres en dehors, les approchant ainsi l'une de l'autre sans les joindre tout à fait, U.

M. JOURD. U, U. Il n'y a rien de plus véritable. U.

LE M. DE PHIL. Vos deux lèvres s'allongent comme si vous faisiez la moue; d'où vient que, si vous la voulez faire à quelqu'un et vous moquer de lui, vous ne sauriez lui dire que U.

M. JOURD. U, U. Cela est vrai. Ah! que n'ai-je étudié plus tôt pour savoir tout cela!

LE M. DE PHIL. Demain nous verrons les autres lettres, qui sont les consonnes.

M. JOURD. Est-ce qu'il y a des choses aussi curieuses qu'à celles-ci?

LE M. DE PHIL. Sans doute. La consonne D, par exemple, se prononce en donnant du bout de la langue au-dessus des dents d'en haut, DA.

M. JOURD. DA, DA. Oui. Ah! les belles choses! les belles choses!

LE M. DE PHIL. L'F, en appuyant les dents d'en haut sur la lèvre de dessous, FA.

M. JOURD. FA, FA. C'est la vérité. Ah! mon père et ma mère, que je vous veux de mal!

LE M. DE PHIL. Et l'R, en portant le bout de la langue jusqu'au haut du palais; de sorte qu'étant frôlée par l'air qui sort avec force, elle lui cède et revient toujours au même endroit, faisant une manière de tremblement, R, RA.

M. JOURD. R, R, RA; R, R, R, R, R, RA. Cela est vrai. Ah! l'habile homme que vous êtes! et que j'ai perdu de temps! R, R, R, RA.

LE M. DE PHIL. Je vous expliquerai à fond toutes ces curiosités.

M. JOURD. Je vous en prie. Au reste, il faut que je vous fasse une confidence. Je suis amoureux d'une personne de grande qualité, et je souhaiterais que vous m'aidassiez à lui écrire quelque chose dans un petit billet que je veux laisser tomber à ses pieds.

LE M. DE PHIL. Fort bien.

M. JOURD. Cela sera galant, oui.

LE M. DE PHIL. Sans doute. Sont-ce des vers que vous lui voulez écrire?

M. JOURD. Non, non, point de vers.

LE M. DE PHIL. Vous ne voulez que de la prose?

M. JOURD. Non, je ne veux ni prose ni vers.

LE M. DE PHIL. Il faut bien que ce soit l'un ou l'autre.

M. JOURD. Pourquoi?

LE M. DE PHIL. Par la raison, monsieur, qu'il n'y a pour s'exprimer que la prose ou les vers.

M. JOURD. Il n'y a que la prose ou les vers?

LE M. DE PHIL. Non, monsieur. Tout ce qui n'est point prose est vers, et tout ce qui n'est point vers est prose.

M. JOURD. Et comme l'on parle, qu'est-ce que c'est donc que cela?

LE M. DE PHIL. De la prose.

M. JOURD. Quoi! quand je dis: Nicole, apportez-moi mes pantoufles, et me[3] donnez mon bonnet de nuit, c'est de la prose?

LE M. DE PHIL. Oui, monsieur.

M. JOURD. Par ma foi, il y a plus de quarante ans que je dis de la prose sans que j'en susse rien; et je vous suis le plus obligé du monde de m'avoir appris cela. Je voudrais donc lui mettre dans un billet: *Belle marquise, vos beaux yeux me font mourir d'amour:* mais je voudrais que cela fût mis d'une manière galante, que cela fût tourné gentiment.

LE M. DE PHIL. Mettre que les feux de ses yeux réduisent votre cœur en cendres; que vous souffrez nuit et jour pour elle les violences d'un . . .

M. JOURD. Non, non, non; je ne veux point tout cela. Je ne veux que ce que je vous ai dit: *Belle marquise, vos beaux yeux me font mourir d'amour.*

LE M. DE PHIL. Il faut bien étendre un peu la chose.

M. JOURD. Non, vous dis-je; je ne veux que ces seules paroles-là dans le billet, mais tournées à la mode, bien arrangées comme il faut. Je vous prie de me dire un peu, pour voir, les diverses manières dont on les peut mettre.

LE M. DE PHIL. On peut les mettre premièrement comme vous avez dit: *Belle marquise, vos beaux yeux me font mourir d'amour.* Ou bien: *D'amour mourir me font, belle marquise, vos beaux yeux.* Ou bien: *Vos yeux beaux d'amour me font, belle marquise, mourir.* Ou bien: *Mourir vos beaux yeux, belle marquise, d'amour me font.* Ou bien: *Me font vos yeux beaux mourir, belle marquise, d'amour.*

M. JOURD. Mais de toutes ces façons-là laquelle est la meilleure?

LE M. DE PHIL. Celle que vous avez dite: *Belle marquise, vos beaux yeux me font mourir d'amour.*

M. JOURD. Cependant je n'ai point étudié, et j'ai fait cela tout du premier coup. Je vous remercie de tout mon cœur, et je vous prie de venir demain de bonne heure.

LE M. DE PHIL. Je n'y manquerai pas.

LE BOURGEOIS GENTILHOMME.

Acte IV.

M. JOURDAIN.
CLÉONTE, *amant de la fille de M. Jourdain.*
COVIELLE, *valet de Cléonte.*

SCENE V.

M. JOURDAIN, COVIELLE, *déguisé.*

COV. Monsieur, je ne sais pas si j'ai l'honneur d'être connu de vous.

M. JOURD. Non, monsieur.

COV., *étendant la main à un pied de terre.* Je vous ai vu que vous n'étiez pas plus grand que cela.

M. JOURD. Moi?

COV. Oui. Vous étiez le plus bel enfant du monde, et toutes les dames vous prenaient dans leurs bras pour vous baiser.

M. JOURD. Pour me baiser?

COV. Oui. J'étais grand ami de feu monsieur votre père.

M. JOURD. De feu monsieur mon père?

COV. Oui. C'était un fort honnête gentilhomme.

M. JOURD. Comment dites-vous?

COV. Je dis que c'était un fort honnête gentilhomme.

M. JOURD. Mon père?

COV. Oui.

M. JOURD. Vous l'avez fort connu?

COV. Assurément.

M. JOURD. Et vous l'avez connu pour gentilhomme?

COV. Sans doute.

M. JOURD. Je ne sais donc pas comment le monde est fait.

COV. Comment?

M. JOURD. Il y a de sottes gens qui me veulent dire qu'il a été marchand.

COV. Lui, marchand? c'est pure médisance, il ne l'a jamais été. Tout ce qu'il faisait, c'est qu'il était fort obligeant, fort officieux; et, comme il se connaissait fort bien en étoffes, il en allait choisir de tous les côtés, les faisait apporter chez lui, et en donnait à ses amis pour de l'argent.

M. JOURD. Je suis ravi de vous connaître, afin que vous rendiez ce témoignage-là, que mon père était gentilhomme.

COV. Je le soutiendrai devant tout le monde.

M. JOURD. Vous m'obligerez. Quel sujet vous amène?

COV. Depuis avoir connu feu monsieur votre père, honnête gentilhomme, comme je vous ai dit, j'ai voyagé par tout le monde.

M. JOURD. Par tout le monde?

COV. Oui.

M. JOURD. Je pense qu'il y a bien loin en ce pays-là.

COV. Assurément. Je ne suis revenu de tous mes longs voyages que depuis quatre jours; et, par l'intérêt que je prends à tout ce qui vous touche, je viens vous annoncer la meilleure nouvelle du monde.

M. JOURD. Quelle?

COV. Vous savez que le fils du grand Turc est ici?

M. JOURD. Moi? non.

COV. Comment! il a un train tout à fait magnifique; tout le monde le va voir, et il a été reçu en ce pays comme un seigneur d'importance.

M. JOURD. Par ma foi, je ne savais pas cela.

COV. Ce qu'il y a d'avantageux pour vous, c'est qu'il est amoureux de votre fille.

M. JOURD. Le fils du grand Turc?

COV. Oui; et il veut être votre gendre.

M. JOURD. Mon gendre, le fils du grand Turc?

COV. Le fils du grand Turc votre gendre. Comme je le fus voir, et que j'entends parfaitement sa langue, il s'entretint avec moi; et, après quelques autres discours, il me dit: *Acciam croc soler onch alla moustaphgidélum amanahem varahini oussere carbulath?* C'est-à-dire: N'as-tu point vu une jeune belle personne, qui est la fille de monsieur Jourdain gentilhomme parisien?

M. JOURD. Le fils du grand Turc dit cela de moi?

COV. Oui. Comme je lui eus répondu que je vous connaissais particulièrement, et que j'avais vu votre fille! *Ah!* me dit-il, *marababa sahem!* C'est-à-dire: Ah! que je suis amoureux d'elle!

M. JOURD. *Marababa sahem* veut dire: Ah! que je suis amoureux d'elle?

COV. Oui.

M. JOURD. Par ma foi, vous faites bien de me le dire, car, pour moi, je n'aurais jamais cru que *marababa sahem* eût voulu dire: Ah! que je suis amoureux d'elle! Voilà une langue admirable que ce turc!

COV. Plus admirable qu'on ne peut croire. Savez-vous bien ce que veut dire *cacaracamouchen?*

M. JOURD. *Cacaracamouchen?* non.

COV. C'est-à-dire: Ma chère âme.

M. JOURD. *Cacaracamouchen* veut dire ma chère âme?

COV. Oui.

M. JOURD. Voilà qui est merveilleux! *Cacaracamouchen,* ma chère âme! Dirait-on jamais cela? Voilà qui me confond.

COV. Enfin, pour achever mon ambassade, il vient vous demander votre fille en mariage; et, pour avoir un beau-père qui soit digne de lui, il veut vous faire *mamamouchi,* qui est une certaine grande dignité de son pays.

M. JOURD. *Mamamouchi?*

COV. Oui, *mamamouchi:* c'est-à-dire, en notre langue, paladin. Paladin, ce sont de ces anciens. . . . Paladin enfin. Il n'y a rien de plus noble que cela dans le monde; et vous irez de pair avec[4] les plus grands seigneurs de la terre.

M. JOURD. Le fils du grand Turc m'honore beaucoup: et je vous prie de me mener chez lui pour lui en faire mes remercîments.

COV. Comment! le voilà qui va venir ici.

M. JOURD. Il va venir ici?

COV. Oui; et il amène toutes choses pour la cérémonie de votre dignité.

M. JOURD. Voilà qui est bien prompt.

COV. Son amour ne peut souffrir aucun retardement.

M. JOURD. Tout ce qui m'embarrasse ici, c'est que ma fille est une opiniâtre, qui s'est allée mettre dans la tête un certain Cléonte; et elle jure de n'épouser personne que celui-là.

COV. Elle changera de sentiment quand elle verra le fils du grand Turc; et puis il se rencontre ici une aventure merveilleuse, c'est que le fils du grand Turc ressemble à ce Cléonte, à peu de chose près. Je viens de le voir, on me l'a montré; et l'amour qu'elle a pour l'un pourra passer aisément à l'autre, et . . . Je l'entends venir; le voilà.

SCENE VI.

CLÉONTE *en Turc*, TROIS PAGES *portant la veste de Cléonte*, M. JOURDAIN, COVIELLE.

CLÉ. *Ambousahim oqui boraf, Giourdina, salamaléqui!*

COV. (*à M. Jourdain*). C'est-à-dire: Monsieur Jourdain, votre cœur soit toute l'année comme un rosier fleuri! Ce sont façons de parler obligeantes de ces pays là.

M. JOURD. Je suis très humble serviteur de son altesse turque.

COV. *Carigar camboto oustin moraf.*

CLÉ. *Oustin yoc catamaléqui basum base alla moram!*

COV. Il dit: Que le ciel vous donne la force des lions et la prudence des serpents!

M. JOURD. Son altesse turque m'honore trop; et je lui souhaite toutes sortes de prospérités.

COV. *Ossa binamen sadoc baballi oracaf ouram.*

CLÉ. *Bel-men.*

COV. Il dit que vous alliez vite avec lui vous préparer pour la cérémonie, afin de voir ensuite votre fille et de conclure le mariage.

M. JOURD. Tant de choses en deux mots?

COV. Oui. La langue turque est comme cela, elle dit beaucoup en peu de paroles. Allez vite où il souhaite.

L'AVARE.

Acte III. Sc. I-V.

L'Avare donne un Dîner

HARPAGON, *l'avare.*
VALÈRE, *intendant d'Harpagon.*
DAME CLAUDE, *servante d'Harpagon.*
MAÎTRE JACQUES, *cuisinier et cocher d'Harpagon.*
BRINDAVOINE, LA MERLUCHE, } *laquais d'Harpagon.*

HARP. Allons, venez çà[5] tous, que je vous distribue mes ordres pour tantôt, et règle à chacun son emploi. Approchez, dame Claude: commençons par vous. Bon, vous voilà les armes à la main.[6] Je vous commets au soin de nettoyer partout; et surtout prenez garde de[7] frotter les meubles trop fort, de peur de les user. Outre cela, je vous constitue, pendant le souper, au gouvernement des bouteilles, et s'il s'en écarte quelqu'une, et qu'il se casse quelque chose, je m'en prendrai à vous[8] et le rabattrai sur vos gages.

MAÎTRE J., *à part.* Châtiment politique!

HARP. Vous, Brindavoine, et vous, La Merluche, je vous établis dans la charge de rincer les verres et de donner à boire, mais seulement lorsque l'on aura soif, et non pas suivant la coutume de certains impertinents de laquais qui viennent provoquer les gens et les faire aviser de[9] boire lorsqu'on n'y songe pas. Attendez qu'on vous en demande plus d'une fois, et vous ressouvenez de porter toujours beaucoup d'eau.

MAÎTRE J., *à part.* Oui, le vin pur monte à la tête.

LA MERL. Quitterons-nous nos souquenilles,[10] monsieur?

HARP. Oui, quand vous verrez venir les personnes; et gardez bien de gâter vos habits.

BRIND. Vous savez bien, monsieur, qu'un des devants de mon pourpoint[11] est couvert d'une grande tache de l'huile de la lampe.

LA MERL. Et moi, monsieur, j'ai mon haut-de-chausses[12] tout troué.

HARP. Tenez toujours votre chapeau ainsi, lorsque vous servirez.

(DAME CLAUDE, BRINDAVOINE *et* LA MERLUCHE *sortent.*)

HARP. Valère, aide-moi à ceci. Oh çà! maître Jacques; approchez-vous: je vous ai gardé pour le dernier.

MAÎTRE J. Est-ce à votre cocher, monsieur, ou bien à votre cuisinier que vous voulez parler? car je suis l'un et l'autre.

HARP. C'est à tous les deux.

MAÎTRE J. Mais à qui des deux le premier?

HARP. Au cuisinier.

MAÎTRE J. Attendez donc, s'il vous plaît.

(MAÎTRE JACQUES *ôte sa casaque de cocher et paraît en cuisinier.*)

HARP. Quelle cérémonie est-ce-là?

MAÎTRE J. Vous n'avez qu'à parler.

HARP. Je me suis engagé, maître Jacques, à donner ce soir à souper.

MAÎTRE J., *à part.* Grande merveille!

HARP. Dis-moi un peu, nous feras-tu[13] bonne chère?

MAÎTRE J. Oui, si vous me donnez bien de l'argent.

HARP. Que diable! toujours de l'argent! Il semble qu'ils n'aient rien autre chose à dire! de l'argent! de l'argent! de l'argent! Ah, ils n'ont que ce mot-là à la bouche, de l'argent! Toujours parler d'argent! Voilà leur épée de chevet,[14] de l'argent!

VAL. Je n'ai jamais vu de réponse plus impertinente que celle-là. Voilà une belle merveille que de faire bonne chère avec bien de l'argent! c'est la chose la plus aisée du monde, et il n'y a si pauvre esprit qui n'en fît autant. Mais pour agir en habile homme, il faut parler de faire bonne chère avec peu d'argent.

MAÎTRE J. Bonne chère avec peu d'argent?

VAL. Oui.

MAÎTRE J., *à Valère.* Par ma foi, monsieur l'intendant, vous nous obligerez de nous faire voir ce secret et de prendre mon office de cuisinier: aussi bien vous mêlez-vous céans[15] d'être le factotum.

HARP. Taisez-vous. Qu'est-ce qu'il nous faudra?

MAÎTRE J. Voilà monsieur votre intendant qui vous fera bonne chère pour peu d'argent.

HARP. Ah! je veux que tu me répondes.

MAÎTRE J. Combien serez-vous de gens à table?

HARP. Nous serons huit ou dix; mais il ne faut prendre que huit. Quand il y a à manger pour huit, il y en a bien pour dix.

VAL. Cela s'entend.

MAÎTRE J. Eh bien! il faudra quatre grands potages et cinq assiettes. Potages . . . Entrées . . .

HARP. Que diable! voilà pour traiter toute une ville entière!

MAÎTRE J. Rôt . . .

HARP. (*mettant la main sur la bouche de maître Jacques*). Ah! traître, tu manges tout mon bien.

MAÎTRE J. Entremets . . .

HARP. (*mettant encore la main sur la bouche de maître Jacques*). Encore!

VAL. (*à maître Jacques*). Est-ce que vous avez envie de faire crever[16] tout le monde? et monsieur a-t-il invité les gens pour les assassiner à force de mangeaille[17]! Allez-vous-en lire un peu les préceptes de la santé, et demander aux médecins s'il y a rien de plus préjudiciable à l'homme que de manger avec excès.

HARP. Il a raison.

VAL. Apprenez, maître Jacques, vous et vos pareils, que c'est un coupe-gorge qu'une table remplie de trop de viandes[18]; que, pour bien se montrer ami de ceux que l'on invite, il faut que la frugalité règne dans les repas qu'on donne, et que, suivant le dire d'un ancien, *il faut manger pour vivre, et non pas vivre pour manger.*

HARP. Ah! que cela est bien dit! Approche, que je t'embrasse pour ce mot. Voilà la plus belle sentence que j'aie entendue de ma vie: *Il faut vivre pour manger, et non pas manger pour vi* . . . Non, ce n'est pas cela. Comment est-ce que tu dis?

VAL. *Qu'il faut manger pour vivre, et non pas vivre pour manger.*

HARP. (*à maître Jacques*). Oui, entends-tu? (*A Valère.*) Qui est le grand homme qui a dit cela?

VAL. Je ne me souviens pas maintenant de son nom.

HARP. Souviens-toi de m'écrire ces mots. Je les veux faire graver en lettres d'or sur la cheminée de ma salle.

VAL. Je n'y manquerai pas; et pour votre souper, vous n'avez qu'à me laisser faire, je réglerai tout cela comme il faut.

HARP. Fais donc.

MAÎTRE J. Tant mieux! J'en aurai moins de peine.

HARP. (*à Valère*). Il faudra de ces choses dont on ne mange guère, et qui rassasient d'abord: quelque bon haricot[19] bien gras, avec quelque pâté en pot, bien garni de marrons.

VAL. Reposez-vous sur moi.

HARP. Maintenant, maître Jacques, il faut nettoyer mon carrosse.

MAÎTRE J. Attendez. Ceci s'adresse au cocher.

(MAÎTRE JACQUES *remet sa casaque.*)

Vous dites? . . .

HARP. Qu'il faut nettoyer mon carrosse, et tenir mes chevaux tout prêts pour conduire à la foire. . . .

MAÎTRE J. Vos chevaux, monsieur! Ma foi, ils ne sont point en état de marcher. Je ne vous dirai point qu'ils sont sur la litière[20]: les pauvres bêtes n'en ont point, et ce serait fort mal parler; mais vous leur faites observer des jeûnes si austères, que ce ne sont plus rien que des idées ou des fantômes, des façons de chevaux.

HARP. Les voilà bien malades! ils ne font rien.

MAÎTRE J. Et pour ne rien faire, monsieur, est-ce qu'il ne faut rien manger? Il leur vaudrait bien mieux, les pauvres animaux, travailler beaucoup et manger de même. Cela me fend le cœur, de les voir ainsi exténués. Car enfin, j'ai une telle tendresse pour mes chevaux, qu'il me semble que c'est moi-même, quand je les vois pâtir. Je m'ôte tous les jours, pour eux, les choses de la bouche; et c'est être, monsieur, d'un naturel trop dur que de n'avoir nulle pitié de son prochain.

HARP. Le travail ne sera pas grand d'aller jusqu'à la foire.

MAÎTRE J. Non, je n'ai point le courage de les mener, et je ferais conscience de[21] leur donner des coups de fouet en l'état où ils sont. Comment voudriez-vous qu'ils traînassent un carrosse: ils ne peuvent pas se traîner eux-mêmes.

VAL. Monsieur, j'obligerai le voisin le Picard à se charger de les conduire; aussi bien nous fera-t-il ici besoin [22] pour apprêter le souper.

MAÎTRE J. Soit. J'aime mieux encore qu'ils meurent sous la main d'un autre que sous la mienne.

§ 8. PASCAL, 1623–1662.

BLAISE PASCAL, qui réunit au don de l'invention dans les sciences le mérite de l'écrivain supérieur, naquit à Clermont-Ferrand en 1623, dans une famille également distinguée par le rang et par les vertus. Dès son enfance, il devina plutôt qu'il n'apprit les règles de la géométrie; et plusieurs découvertes scientifiques signalèrent sa première jeunesse, quoiqu'on se fût efforcé, pour ménager sa santé toujours délicate, de lui dérober les moyens de se livrer à l'étude: mais, par la force et la profondeur de sa réflexion personnelle, il suppléait aux livres qui lui étaient refusés. Des discussions religieuses, auxquelles il prit part, le firent auteur en 1656. Ses *Provinciales*, qui parurent cette année-là, marquèrent par la perfection du style l'époque de maturité de la langue et de la littérature française: on vit alors combien la culture des sciences exactes est favorable à l'art d'écrire; jamais l'alliance d'un raisonnement rigoureux et d'une belle imagination ne fut réalisée avec plus d'éclat que dans cet ouvrage. Il en préparait un autre, qui lui eût été sans doute encore supérieur, lorsqu'il mourut en 1662, avant d'avoir atteint sa quarantième année et après avoir langui fort longtemps. On a recueilli pieusement les fragments de ce livre qu'il destinait à la défense du christianisme, et on les a publiés très fréquemment sous le nom de *Pensées*.

LES FONDEMENTS DE LA GÉOMÉTRIE.[1]

On ne tombera jamais en suivant l'ordre de la géométrie. Cette judicieuse science est bien éloignée de donner la définition de ces mots primitifs, *espace*, *temps*, *mouvement*, *égalité*, *majorité*, *diminution*, *tout*, et les autres que le monde entende de soi-même. Mais, hors ceux-là, le reste des termes qu'elle emploie y sont tellement éclaircis et définis, qu'on n'a pas besoin de dictionnaire pour en entendre aucun ; de sorte qu'en un mot tous ses termes sont parfaitement intelligibles, ou par la lumière naturelle ou par les définitions qu'elle en donne.

Quand elle est arrivée aux premières vérités connues, et s'arrête là, et demande qu'on les accorde, n'ayant rien de plus clair pour les prouver ; de sorte que tout ce que la géométrie propose est parfaitement démontré, ou par la lumière naturelle, ou par les preuves.

De là vient que si cette science ne définit pas et ne démontre pas toutes choses, c'est par cette seule raison, que cela nous est impossible.

On trouvera peut-être étrange que la géométrie ne puisse définir aucune des choses qu'elle a pour principaux objets ; car elle ne peut définir ni le mouvement, ni les nombres, ni l'espace, et cependant, ces trois choses sont celles qu'elle considère particulièrement, et selon la recherche desquelles elle prend ces trois différents noms de mécanique, d'arithmétique, de géométrie, ce dernier nom appartenant au genre et à l'espèce.

Mais on n'en sera pas surpris, si l'on remarque que cette admirable science, ne s'attachant qu'aux choses les plus simples, cette même qualité qui les rend dignes d'être ses objets les rend incapables d'être définies ; de sorte que le manque de définitions est plutôt une perfection qu'un défaut, parce qu'il ne vient pas de leur obscurité, mais, au contraire, de leur extrême évidence, qui est telle, qu'encore qu'[2]elle n'ait pas la même conviction des démonstrations, elle en a toute la certitude. Elle suppose donc que l'on sait quelle est la chose qu'on entend par ces mots, *mouvement*, *nombre*, *espace;* et, sans s'arrêter à les définir inutilement, elle en pénètre la nature et en découvre les merveilleuses propriétés.

La principale est les deux infinités qui se rencontrent dans toutes, l'une de grandeur, l'autre de petitesse.

Car, quelque prompt que soit un mouvement, on peut en concevoir un qui le soit davantage, et hâter encore ce dernier, et ainsi toujours à l'infini, sans jamais arriver à un qui le soit de telle sorte qu'on ne puisse plus y ajouter; et, au contraire, quelque lent que soit un mouvement, on peut le retarder davantage, et encore ce dernier, et ainsi à l'infini, sans jamais arriver à un tel degré de lenteur, qu'on ne puisse encore en descendre à une infinité d'autres, sans tomber dans le repos. De même, quelque grand que soit un nombre, on peut en concevoir un plus grand, et encore un qui surpasse le dernier, et ainsi à l'infini, sans jamais arriver à un qui ne puisse plus être augmenté. Et, au contraire, quelque petit que soit un nombre, comme le centième ou la dix-millième partie, on peut encore en avoir une moindre, et toujours à l'infini sans arriver au zéro ou néant.

De même, quelque grand que soit un espace, on peut en concevoir un plus grand, et encore un qui le soit davantage, et ainsi à l'infini sans jamais arriver à un qui ne puisse plus être augmenté; et, au contraire, quelque petit que soit un espace, on peut encore en considérer un moindre, et toujours à l'infini, sans jamais arriver à un indivisible qui n'ait plus aucune étendue.

Il en est de même du temps. On peut toujours en concevoir un plus grand sans dernier, et un moindre sans arriver à un instant et à un pur néant de durée.

C'est-à-dire, en un mot, que, quelque mouvement que ce soit, quelque nombre, quelque espace, quelque temps que ce soit, il y en a toujours un plus grand et un moindre; de sorte qu'ils se soutiennent tous, entre le néant et l'infini, étant toujours infiniment éloignés de ces extrêmes.

Toutes ces vérités ne se peuvent démontrer, et cependant ce sont les fondements et les principes de la géométrie. Mais, comme la cause qui les rend incapables de démonstration n'est pas leur obscurité, mais, au contraire, leur extrême évidence, ce manque de preuve n'est pas un défaut, mais plutôt une perfection.

D'où l'on voit que la géométrie ne peut définir les objets, ni prouver les principes; mais par cette seule et avantageuse raison que les unes et les autres sont dans une extrême clarté naturelle qui convainc la raison plus puissamment que le discours.

LA PETITESSE ET LA GRANDEUR DE L'HOMME.

La première chose qui s'offre à l'homme quand il se regarde, c'est son corps, c'est-à-dire une certaine portion de matière qui lui est propre. Mais, pour comprendre ce qu'elle est, il faut qu'il la compare avec ce qui est au dessus de lui et tout ce qui est au-dessous, afin de reconnaître ses justes bornes.

Qu'il ne s'arrête donc pas à regarder simplement les objets qui l'environnent; qu'il contemple la nature entière dans sa haute et pleine majesté; qu'il considère cette éclatante lumière, mise comme une lampe éternelle pour éclairer l'univers; que la terre lui paraisse comme un point au prix[3] du vaste tour que cet astre décrit,[4] et qu'il s'étonne de ce que ce vaste tour n'est lui-même qu'un point très délicat à l'égard de celui que les astres qui roulent dans le firmament embrassent. Mais si notre vue s'arrête là, que l'imagination passe outre. Elle se lassera plus tôt de concevoir, que la nature de fournir. Tout ce que nous voyons du monde n'est qu'un trait imperceptible dans l'ample sein de la nature. Nulle idée n'approche de l'étendue de ses espaces. Nous avons beau enfler nos conceptions, nous n'enfantons que des atomes au prix de[3] la réalité des choses. C'est une sphère infinie dont le centre est partout, la circonférence nulle part.[5] Enfin c'est un des plus grands caractères sensibles de la toute-puissance de Dieu, que notre imagination se perde dans cette pensée.

Que l'homme, étant revenu à soi, considère ce qu'il est au prix de[3] ce qui est; qu'il se regarde comme égaré dans ce canton détourné de la nature; et que, de ce que lui paraîtra ce petit cachot où il se trouve logé, c'est-à-dire ce monde visible, il apprenne à estimer la terre, les royaumes, les villes, et soi-même, son juste prix.

Qu'est-ce que l'homme dans l'infini? qui peut le comprendre? Mais pour lui présenter un autre prodige aussi étonnant, qu'il recherche, dans ce qu'il connaît, les choses les plus délicates. Qu'un ciron, par exemple, lui offre dans la petitesse de son corps des parties incomparablement plus petites, des jambes avec des jointures, des veines dans ces jambes, du sang dans ces veines, des humeurs dans ce sang, des gouttes dans ces humeurs, des vapeurs dans ces gouttes; que, divisant encore ces dernières choses, il épuise ses forces et ses conceptions, et que le dernier objet où il peut arriver soit maintenant celui de notre discours. Il pensera peut-être que c'est là l'extrême petitesse de la nature. Je veux lui faire voir là dedans un abîme nouveau, je veux lui peindre non-seulement l'univers visible, mais encore tout ce qu'il est capable de concevoir de l'immensité de la nature, dans l'enceinte de cet atome imperceptible. Qu'il y voie une infinité de mondes, dont chacun a son firmament, ses planètes, sa terre, en la même proportion que le monde visible[6]; dans cette terre, des animaux, et enfin des cirons, dans lesquels il retrouvera ce que les premiers ont donné, trouvant encore dans les autres la même chose, sans fin et sans repos. Qu'il se perde dans ces merveilles aussi étonnantes par leur petitesse que les autres par leur étendue. Car qui n'admirera que notre corps, qui tantôt n'était pas perceptible dans l'univers, imperceptible lui-même dans le sein du tout, soit maintenant un colosse, un monde, ou plutôt un tout, à l'égard de la dernière petitesse où l'on ne peut arriver?

Qui se considérera de la sorte s'effrayera, sans doute, de se voir comme suspendu dans la masse que la nature lui a donnée entre ces deux abîmes de l'infini et du néant, dont il est également éloigné. Il tremblera dans la vue de ces merveilles: et je crois que, sa curiosité se changeant en admiration, il sera plus disposé à les contempler en silence, qu'à les rechercher avec présomption.

Car enfin qu'est-ce que l'homme dans la nature? Un néant à l'égard de l'infini, un tout à l'égard du néant, un milieu entre rien et tout. Il est infiniment éloigné des deux extrêmes, et son être n'est pas moins distant du néant d'où il est tiré que de l'infini où il est englouti.

Son intelligence tient, dans l'ordre des choses intelligibles, le même rang que son corps dans l'étendue de la nature, et tout ce qu'elle peut faire est d'apercevoir quelque apparence du milieu des choses, dans un désespoir éternel d'en connaître ni les principes, ni la fin. Toutes choses sont sorties du néant, et portées jusqu'à l'infini. Qui peut suivre ces étonnantes démarches? L'Auteur de ces merveilles les comprend; nul autre ne le peut faire.

PENSÉES CHOISIES.

Les meilleurs livres sont ceux que chaque lecteur croit qu'il aurait pu faire; la nature, qui seule est bonne, est toute familière et commune.

Quand on veut reprendre avec utilité et montrer à un autre qu'il se trompe, il faut observer par quel côté il envisage la chose, car elle est vraie ordinairement de ce côté-là, et lui avouer cette vérité; il se contente de cela, parce qu'il voit qu'il ne se trompait pas, et qu'il manquait seulement à voir tous les côtés. Or on n'a pas honte de ne pas tout voir; mais, on ne veut pas s'être trompé; et peut-être que cela vient de ce que naturellement l'esprit ne se peut tromper dans le côté qu'il envisage, comme les appréhensions des sens sont toujours vraies.

Quand on voit le style naturel, on est tout étonné et ravi; car on s'attendait de voir un auteur, et on trouve un homme.

Il y en a qui masquent toute la nature. Il n'y a point de roi parmi eux, mais un auguste monarque; point de Paris, mais une capitale du royaume. Il y a des endroits où il faut appeler Paris Paris, et d'autres où il faut l'appeler capitale du royaume.

Quand dans un discours on trouve des mots répétés, et qu'essayant de les corriger, on les trouve si propres qu'on gâterait le discours, il les faut laisser.

Ceux qui font des antithèses en forçant les mots sont comme ceux qui font de fausses fenêtres pour la symétrie.

De se tromper en croyant vraie la religion chrétienne, il n'y a pas grand'chose à perdre; mais quel malheur de se tromper en la croyant fausse!

Les sciences ont deux extrémités qui se touchent: la première est la pure ignorance naturelle, où se trouvent tous les hommes en naissant: l'autre extrémité est celle où arrivent les grandes âmes, qui, ayant parcouru tout ce que les hommes peuvent savoir, trouvent qu'ils ne savent rien, et se rencontrent dans cette même ignorance d'où ils étaient partis. Mais, c'est une ignorance savante qui se connaît.[7]

"Pourquoi me tuez-vous? — Eh quoi! ne demeurez-vous pas de l'autre côté de l'eau? Mon ami, si vous demeurez de ce côté, je serais un assassin, cela serait injuste de vous tuer de la sorte; mais puisque vous demeurez de l'autre côté, je suis un brave, et cela est juste."

Il est dangereux de dire au peuple que les lois ne sont pas justes, car il n'obéit qu'à cause qu'il les croit justes. C'est pourquoi il lui faut dire en même temps qu'il y faut obéir, parce qu'elles sont lois, comme il faut obéir aux supérieurs, non parce qu'ils sont justes, mais parce qu'ils sont supérieurs.[8]

Que chacun examine sa pensée; il la trouvera toujours occupée au passé et à l'avenir. Nous ne pensons presque point au présent; et, si nous y pensons, ce n'est que pour en prendre la lumière pour disposer l'avenir. Le présent n'est jamais notre but. Le passé et le présent sont nos moyens; le seul avenir est notre objet.[9] Ainsi nous ne vivons jamais, mais nous espérons de vivre; et, nous disposant toujours à être heureux, il est indubitable que nous ne le serons jamais, si nous n'aspirons à une autre béatitude qu'à celle dont on peut jouir en cette vie.

Je mets en fait[10] que, si tous les hommes savaient ce qu'ils disent les uns des autres, il n'y aurait pas quatre amis dans le monde.

Ainsi s'écoule toute la vie. On cherche le repos en combattant quelques obstacles; et, si on les a surmontés, le repos devient insupportable; car, ou l'on pense aux misères qu'on a, ou à celles dont on est menacé. Et quand on se verrait même assez à l'abri de toutes parts, l'ennui, de son autorité privée, ne laisserait pas de sortir du fond du cœur, où il a des racines naturelles, et de remplir l'esprit de son venin.[11]

La coutume de voir les rois accompagnés de gardes, de tambours, d'officiers, et de toutes les choses qui plient la machine vers le respect et la terreur, fait que leur visage, quand ils sont quelquefois seuls, et sans ces accompagnements, imprime dans leurs sujets le respect et la terreur, parce qu'on ne sépare pas dans la pensée leur personne d'avec leur suite, qu'on y voit d'ordinaire jointe. Le monde ne sait pas que cet effet vient d'une force naturelle, et de là viennent ces mots: "*Le caractère de la Divinité est empreint sur son visage.*"

D'où vient qu'un boiteux ne nous irrite pas, et qu'un esprit boiteux nous irrite? C'est à cause qu'[12] un boiteux reconnaît que nous allons droit, et qu'un esprit boiteux dit que c'est nous qui boitons; sans cela nous en aurions plus de pitié que de colère.

Il y a des gens qui voudraient qu'un auteur ne parlât jamais des choses dont les autres ont parlé; autrement on l'accuse de ne rien dire de nouveau. Mais si les matières qu'il traite ne sont pas nouvelles, la disposition en est nouvelle. Quand on joue à la paume, c'est une même balle dont jouent l'un et l'autre; mais l'un la place mieux.

La vertu d'un homme ne doit pas se mesurer par ses efforts, mais par ce qu'il fait d'ordinaire.

On se persuade mieux, pour l'ordinaire, par les raisons qu'on a trouvées soi-même, que par celles qui sont venues dans l'esprit des autres.

§ 9. PELLISSON, 1624–1693.

Le nom de Pellisson ne rappelle pas seulement à la postérité un esprit de la plus rare distinction, mais un cœur élevé et une belle âme. Né à Béziers en 1624, et d'abord avocat à Castres, Pellisson était devenu conseiller d'État par la protection de Fouquet, lorsque ce surintendant[1] encourut la disgrâce de Louis XIV. Loin de l'abandonner dans son malheur, il brava pour le défendre la colère du monarque : les éloquents plaidoyers qu'il rédigea à cette occasion lui valurent plusieurs années de captivité. Pellisson n'avait point hésité à se sacrifier, pour payer la dette de la reconnaissance : il ne laissa pas néanmoins d'être rétabli dans sa première fortune par un roi que ses passions entraînaient quelquefois, mais que sa générosité et un jugement sain ramenaient toujours au sentiment de son devoir. Ce prince l'appela auprès de sa personne, l'honora de ses libéralités et le chargea d'écrire ses campagnes : de là les *Lettres historiques* de Pellisson et son *Histoire de Louis XIV* (1659–1678).[2] Membre de l'Académie française, il avait aussi composé l'histoire de cette compagnie jusqu'en 1652, et, quand il mourut en 1693, il y eut pour successeur Fénelon, qui prononça son éloge.

PASSAGE DU RHIN.

Le dessein n'était pas d'abord de passer le Rhin à la nage, comme on l'a fait, mais de le passer sur un pont de ces petits bateaux de cuivre que vous avez vus à Versailles. C'était presque vis-à-vis le Tolhuis.[3]

L'endroit était extrêmement propre,[4] la rive de notre côté plus haute que l'autre, et nullement escarpée ; des canons mis en batterie, et des mousquetaires derrière des épaulements[5] pouvaient favoriser la construction du pont malgré les ennemis, quand ils viendraient à paraître.

Sa Majesté arriva au camp de M. le Prince[6] vers les dix heures du soir. Elle y soupa et monta à cheval. L'endroit qu'on destinait[7] pour le passage n'est qu'à demi-heure ou environ. On avait fait avancer quelque infanterie et du canon. Le roi, aussitôt après y être arrivé, fit reconnaître si son canon était bien posté, et quel serait l'endroit le plus propre à placer le pont. Il ordonna aussi qu'on cherchât s'il y avait un gué.[8] Il ne s'en trouva point. On découvrit, comme il était déjà jour, quelque cavalerie ennemie, sur laquelle le roi fit tirer. Cependant un vieil homme du pays vint dire au comte de Guiche, lieutenant général dans l'armée de M. le Prince, qu'il savait un gué. Le comte le fit reconnaître, fit passer des gentilshommes à lui jusques à l'autre bord, s'avança lui-même jusques à la moitié de la rivière, pour mieux découvrir la sortie, et vint enfin dire à M. le Prince avec beaucoup de joie que le gué était bon à l'entrée et à la sortie. M. le Prince le fit encore reconnaître, et n'était pas fort d'avis qu'on s'en servît; mais l'ardeur du comte de Guiche et l'inclination du roi l'emportèrent.

La vérité est qu'il y avait un petit endroit assez bon et sans beaucoup de péril, c'est-à-dire où les chevaux n'avaient à nager que douze ou quinze pas; mais pour peu[9] qu'on s'écartât à la droite, où le cours de l'eau vous portait d'ordinaire, il n'y avait plus de gué et plus de fond durant plus de soixante pas. Le comte entreprit le passage, faisant marcher, les premiers, quatre ou cinq cuirassiers et cinq ou six gentilshommes à lui; quelques volontaires de qualité suivirent ou devancèrent, comme M. le duc de Coislin, M. le comte de Saulx, M. de Vivonne, M. de Guitry, M. de Lavardin, Cavois, etc. Comme cette première troupe était déjà bien avant dans l'eau, un escadron de cavalerie ennemie s'avançait du meilleur air du monde, une partie entrant dans l'eau, et vint charger les nôtres avec beaucoup de vigueur. On assure que c'était Wurts lui-même, le général des Hollandais, qui était à la tête de ce premier escadron, et les prisonniers qu'on a faits l'ont dit ainsi. Il était venu sur la crainte de quelque surprise avec peu de monde, car il n'y avait que trois cents chevaux et huit ou neuf cents fantassins[10]; mais il avait mandé six mille hommes et quatorze pièces de canon: ce qui fait voir combien les mesures du roi ont été justes, et sa diligence utile; car assurément, si ce secours et ce canon fussent venus, il était, sans comparaison, plus malaisé de forcer le passage.

Pour revenir à l'action, ceux qui parlent le plus sincèrement disent qu'à cette première décharge des ennemis les cuirassiers ou leurs chevaux semblèrent plier et regarder en arrière; mais, animés et soutenus par le comte de Guiche et les volontaires, ils continuèrent d'aller. Notre canon qui tirait sur les ennemis, et le grand nombre de gens qu'on voyait se jeter à l'eau pour aller à leur rencontre, commença de les étonner. Leur escadron plia; mais ce ne fut pas tout à fait sans péril de notre côté, ni sans perte: il y en eut plusieurs de noyés, faute de bien tenir le gué ou pour aller trop vite. Le comte de Nogent s'y trouva enveloppé dans une troupe de seize personnes, dont il n'en revint que deux. Dans ce passage furent aussi blessés le duc de Coislin et le comte de Saulx, qui ne voulurent point se retirer et reçurent chacun dans la suite une autre blessure. Le marquis de la Salle, fils, y fut aussi blessé. Quoi qu'il en soit, il passa dans peu de temps cinq ou six mille chevaux, et puis le reste. Un des prisonniers a rapporté que Wurts, voyant nos escadrons passer à la nage et les siens hors d'état de[11] les soutenir, avait dit: "Retirons-nous; c'est une nation à laquelle on ne peut résister."

MORT DE TURENNE.

Le voyage de Fontainebleau est rompu par une des plus cruelles nouvelles du monde, qui vient d'arriver ce soir. Un coup de canon a tué M. de Turenne le 27 juillet sur les neuf heures du matin.

Ce malheur est arrivé quand il semblait être au-dessus des affaires,[12] car il avait obligé M. de Montécuculli[13] de se retirer. Le même courrier, qui a apporté des nouvelles de sa mort, a apporté une lettre de lui au roi, du jour précédent, où il disait qu'il fallait nécessairement périr ou battre les ennemis, et qu'il avait envoyé à Brisach pour faire faire des prières publiques et exposer le saint-sacrement. Il marquait aussi que le chevalier d'Hocquincourt avait été tué d'un coup de canon le 25, auprès d'une église où les ennemis avaient laissé quinze cents hommes. Pour lui, il l'a été d'un autre canon, qui n'a tiré que deux coups. Le même coup dont il a été frappé a emporté le bras à Saint-Hilaire, lieutenant général de l'artillerie.

Il n'est pas besoin de vous dire que le roi, quoique avec beaucoup de fermeté et de constance, en est et en paraît extrêmement touché, et toute la cour de même. Les regrets sont infinis. Chacun croit avoir perdu son ami, et les louanges d'honnête homme et d'homme de bien se joignent à celles de grand général.

Boisguiot[14] est arrivé ce matin. Il a eu un long entretien avec M. de Louvois et M. Le Tellier.[15] Il a vu le roi; je l'ai entretenu. Il était parti neuf heures après la mort de M. de Turenne.

M. de Turenne avait réduit l'armée ennemie fort près des montagnes, et l'incommodait fort pour le fourrage. Il est vrai qu'il était résolu de la combattre, et qu'on lui avait ouï dire, les jours précédents, que l'honneur de la France était renfermé entre ces montagnes: qu'il fallait y périr ou en sortir glorieusement. Mais il ne communiquait son dessein en particulier à personne. Il n'y avait entre les deux armées qu'un ruisseau et un vallon assez profond. Ce jour-là on croit qu'il avait résolu d'exécuter son dessein pour le combat général. On lui entendit dire le matin que ce serait peut-être la plus grande journée qu'il eût vue de sa vie. Boisguiot lui ayant proposé d'aller lui-même découvrir je ne sais quoi, il ne répondit rien; il paraissait rêveur et extrêmement appliqué à ce qu'il avait dans l'esprit. Quand il fut tué, il allait choisir l'endroit pour une batterie qu'il voulait opposer à celle des ennemis. Boisguiot avait crié, peu de temps auparavant, à tout le monde de s'écarter. Il quitta M. de Turenne là-dessus pour aller d'un autre côté voir de plus près ce qu'il avait proposé. Le coup emporta M. de Turenne. Il eut encore la force de marcher deux ou trois pas, mais ne parla point. Sa mort fut sue et divulgué dans l'armée, vers le soir, avec un abattement mêlé de colère et de fureur, particulièrement dans l'infanterie, où tous les soldats se disaient l'un à l'autre: "Notre pauvre père est mort, mais il le faut venger."

5*

Il aimait extrêmement l'infanterie, et en était aimé, parce qu'il en prenait le plus grand soin.

M. de Montécuculli apprit la mort de M. de Turenne le même jour, par un chirurgien des dragons qui alla se rendre à lui : il était Allemand, et croyait notre armée perdue quand elle n'aurait plus de chef. Montécuculli parla, comme un fort honnête homme, de la mort de son concurrent avec douleur, et lui donna mille éloges. Il renvoya le lendemain un maréchal des logis de M. de Turenne qui avait été fait prisonnier et lui en dit autant. On assure à Paris que M. de Turenne avait déjà pris des mesures pour se retirer à l'Institut[16] après la paix. M. le premier président,[17] à qui j'en parlais hier, et qui a su une bonne partie de ses plus secrètes pensées, m'a dit qu'il n'en était jamais venu jusque-là avec lui, mais qu'il n'y avait peut-être homme dans le royaume qui désirât la paix plus qu'il la désirait, quoique son intérêt fût de voir durer la guerre, et que depuis deux ans particulièrement il avait fait un très grand progrès dans la piété.

Comme j'écrivais ceci avant le lever du roi, il est venu des nouvelles d'un grand combat en Allemagne, dont l'avantage nous est demeuré. On ne sait pas encore le détail. Mais voici les circonstances qu'on en dit.

Le combat a été donné[18] le 1er de ce mois,[19] et a duré depuis dix heures du matin jusqu'à sept heures du soir. Les nôtres, qui étaient retournés à Bischen avec dessein de repasser le Rhin, avaient déjà fait passer tous leurs bagages le jour précédent dans une des îles. Comme ils marchaient pour aller au pont qui est à Altenheim, ils ont été attaqués et ont battu les ennemis. Le champ de bataille nous est demeuré avec sept pièces de canon des ennemis. M. de Vaubrun a été tué : on le regrette fort ici, comme une personne de beaucoup de mérite ; M. de Vendôme blessé à la cuisse d'un coup de mousquet, mais non pas dangereusement ; M. le comte de Roye[20] blessé aux deux bras. Il n'y a point encore de lettre de M. le comte de Lorges, que cette action a couvert de gloire. Mais apparemment la journée ne se passera pas sans qu'on ait quelque courrier de lui.

§ 10. MME DE SÉVIGNÉ, 1626–1696.

MME DE SÉVIGNÉ, la plus aimante des mères, se plaça, sans y songer, au rang des auteurs classiques français. A l'âge de dix-huit ans, elle épousa le marquis de Sévigné ; mais sept ans après, il fut tué en duel. Sa veuve ne s'occupa plus que de l'éducation et de l'établissement de ses enfants, en qui se concentrèrent toutes ses affections. Son amour maternel se déploya sous mille formes. Ses soins éclairés profitèrent peu toutefois à son fils, qui demeura médiocre en dépit d'elle. Séparée de sa fille, elle lui écrivait chaque jour une de ces lettres charmantes que la postérité a recueillies, et qui lui ont fait donner comme à la Fontaine le surnom d'*inimitable*. On s'étonne de cette prodigieuse fécondité d'expressions qui donne une forme toujours nouvelle à un fond toujours le même ; elle sait toutes les anecdotes du jour, et personne ne les raconte d'une manière plus piquante et plus spirituelle. C'est la chose la plus éblouissante, la plus étourdissante, la plus entraînante, que son style, et, quand vous arrivez à la fin d'une longue lettre, vous restez tout émerveillé de ce bavardage délicieux. Il faut avouer cependant que ces lettres perdent beaucoup de leur intérêt pour un grand nombre de lecteurs, à qui sont inconnus la plupart des faits et des personnages cités.

A SA FILLE MME DE GRIGNAN.

Voici un terrible jour, ma chère enfant, je vous avoue que je n'en puis plus. Je vous ai quittée dans un état qui augmente ma douleur. Je songe à tous les pas que vous faites, et à tous ceux que je fais ; et combien il s'en faut qu'en marchant toujours de cette sorte, nous puissions jamais nous rencontrer ! Mon cœur est en repos quand il est auprès de vous : c'est son état naturel, et le seul qui peut lui plaire.

Ce qui s'est passé ce matin me donne une douleur sensible et me fait un déchirement dont votre philosophie sait les raisons. Je les ai senties et les sentirai longtemps. J'ai le cœur et l'imagination tout remplis de vous, je n'y puis penser sans pleurer, et j'y pense toujours ; de sorte que l'état où je suis n'est pas une chose soutenable : comme il est extrême, j'espère qu'il ne durera pas dans cette violence. Je vous cherche toujours, et je trouve que tout me manque, parce que vous me manquez. Mes yeux, qui vous ont tant rencontrée, depuis quatorze mois ne vous trouvent plus. Le temps agréable qui est passé rend celui-ci douloureux, jusqu'à ce que je sois un peu accoutumée; mais ce ne sera jamais pour ne pas souhaiter ardemment de vous revoir et de vous embrasser.

Je ne dois pas espérer mieux de l'avenir que du passé; je sais ce que votre absence m'a fait souffrir, je serai encore plus à plaindre, parce que je me suis fait imprudemment une habitude nécessaire de vous voir. Il me semble que je ne vous ai pas assez embrassée en partant. Qu'avais-je à ménager! je ne vous ai point assez dit combien je suis contente de votre tendresse; je ne vous ai point assez recommandée à M. de Grignan, je ne l'ai point assez remercié de toutes ses politesses et de toute l'amitié qu'il a pour moi: j'en attendrai les effets sur tous les chapitres.

Je suis déjà dévorée de curiosité; je n'espère de consolation que de vos lettres, qui me feront encore bien soupirer. En un mot, ma fille, je ne vis que pour vous. Dieu me fasse la grace de l'aimer quelque jour comme je vous aime. Jamais un départ n'a été si triste que le nôtre; nous ne disions pas un mot. Adieu, ma chère enfant; plaignez-moi de vous avoir quittée. Hélas! nous voilà dans les lettres.

MORT DE TURENNE.

Il monta à cheval le samedi à deux heures, après avoir mangé; et, comme il y avait bien des gens avec lui, il les laissa tous à trente pas de la hauteur où il voulait aller, et dit au petit d'Elbeuf: "Mon neveu, demeurez là; vous ne faites que tourner autour de moi, vous me feriez reconnaître." M. d'Hamilton, qui se trouva près de l'endroit où il allait, lui dit: "Monsieur, venez par ici, on tirera du côté où vous allez. — Monsieur, lui dit-il, vous avez raison: je ne veux point du tout être tué aujourd'hui; cela sera le mieux du monde." Il eut à peine tourné son cheval, qu'il aperçut Saint-Hilaire, le chapeau à la main, qui lui dit: "Monsieur, jetez les yeux sur cette batterie que je viens de faire placer là." M. de Turenne revint, et dans l'instant, sans être arrêté, il eut le bras et le corps fracassés du même coup qui emporta le bras et la main qui tenait le chapeau de Saint-Hilaire. Ce gentilhomme, qui le regardait toujours, ne le voit point tomber; le cheval l'emporte où il avait laissé le petit d'Elbeuf; il était penché le nez sur l'arçon. Dans ce moment le cheval s'arrête, le héros tombe entre les bras de ses gens; il ouvre deux fois de grands yeux et la bouche, et demeure tranquille pour jamais. Songez qu'il était mort, et qu'il avait une partie du cœur emportée.

On crie, on pleure: M. d'Hamilton fait cesser ce bruit, et ôter le petit d'Elbeuf qui s'était jeté sur ce corps, qui ne voulait pas le quitter, et qui se pâmait de crier. On couvre le corps d'un manteau, on le porte dans une haie, on le garde à petit bruit. Un carrosse vient, on l'emporte dans sa tente: ce fut là où M. de Lorges, M. de Roye, et beaucoup d'autres, pensèrent mourir de douleur; mais il fallut se faire violence, et songer aux grandes affaires qu'on avait sur les bras.[1] On lui a fait un service militaire dans le camp, où les larmes et les cris faisaient le véritable deuil: tous les officiers avaient pourtant des écharpes de crêpe; tous les tambours en étaient couverts; ils ne battaient qu'un coup, les piques traînantes et les mousquets renversés; mais ces cris de toute une armée ne peuvent pas se représenter sans que l'on en soit ému. Ses deux neveux étaient à cette pompe dans l'état que vous pouvez penser. M. de Roye, tout blessé, s'y fit porter; car cette messe ne fut dite que quand ils eurent repassé le Rhin. Je pense que le pauvre chevalier de Grignan était bien abîmé de douleur. Quand ce corps a quitté son armée, ç'a encore été une désolation; et partout où il a passé, on n'entendait que des clameurs. Mais à Langres ils se sont surpassés; ils allèrent au-devant de lui en habit de deuil, au nombre de plus de deux cents, suivis du peuple; tout le clergé en cérémonie. Il y eut un service solennel dans la ville; en un moment ils se cotisèrent tous pour cette dépense, qui monta à *cinq mille francs*, parce qu'ils reconduisirent le corps jusqu'à la première ville, et voulurent défrayer tout le train. Que dites-vous de ces marques naturelles d'une affection fondée sur un mérite extraordinaire? Il arriva à Saint-Denis ce soir; tous ses gens l'allèrent reprendre à deux lieues d'ici. Il sera dans une chapelle en dépôt; on lui fera un service à Saint-Denis, en attendant celui de Notre-Dame, qui sera solennel. . . .

Ne croyez point que son souvenir soit déjà fini dans ce pays-ci: ce fleuve qui entraîne tout n'entraîne pas sitôt une telle mémoire; elle est consacrée à l'immortalité. J'étais l'autre jour chez M. de La Rochefoucauld, avec madame de Lavardin, madame de La Fayette et M. de Marsillac. M. le Prince y vint; la conversation dura deux heures sur les diverses qualités de ce véritable héros; tous les yeux étaient baignés de larmes, et vous ne sauriez croire combien la douleur de sa perte est profondément gravée dans les cœurs. Nous remarquions une chose, c'est que ce n'est pas depuis sa mort que l'on admire la grandeur de son cœur, l'étendue de ses lumières et l'élévation de son âme; tout le monde en était plein pendant sa vie, et vous pouvez penser ce qu'y ajoute sa perte. Pour son âme, c'est encore un miracle qui vient de l'estime parfaite qu'on avait pour lui; il n'est tombé dans la tête de personne qu'elle ne fût pas en bon état; on ne saurait comprendre que le mal et le péché pussent être dans son cœur; sa conversion si sincère nous a paru comme un baptême; chacun conte l'innocence de ses mœurs, la pureté de ses intentions, son humilité éloignée de toute sorte d'affectation, la solide gloire dont il était plein, sans faste et sans ostentation; aimant la vertu pour elle-même, sans se soucier de l'approbation des hommes, une charité généreuse et chrétienne.[2]

A SA FILLE Mme DE GRIGNAN.

Ma douleur serait bien médiocre si je pouvais vous la dépeindre: je ne l'entreprendrai pas aussi. J'ai beau chercher ma chère fille, je ne la trouve plus, et tous les pas qu'elle fait l'éloignent de moi. Je m'en allai donc à Sainte-Marie,[3] toujours pleurant et toujours mourant: il me semblait qu'on m'arrachait le cœur et l'âme; et en effet, quelle rude séparation! Je demandai la liberté d'être seule: on me mena dans la chambre de madame du Housset, on me fit du feu; j'y passai jusqu'à cinq heures sans cesser de sangloter; toutes mes pensées me faisaient mourir. J'allai ensuite chez madame de La Fayette,[4] qui redoubla mes douleurs par l'intérêt qu'elle y prit; elle était seule, et malade et triste de la mort d'une sœur religieuse: elle était comme je la pouvais désirer. Je revins enfin à huit heures de chez madame de La Fayette: mais, en entrant ici, bon Dieu! comprenez-vous bien ce que je sentis en montant ce degré! Cette chambre où j'entrais toujours, hélas! j'en trouvai les portes ouvertes; mais je vis tout démeublé, tout dérangé. Comprenez-vous bien tout ce que je souffris? Les réveils de la nuit ont été noirs, et le matin je n'étais point avancée d'un pas pour le repos de mon esprit.

Je reçois vos lettres comme vous avez reçu ma bague; je fonds en larmes en les lisant; il semble que mon cœur veuille se fendre par la moitié,[5] on croirait que vous m'écrivez des injures, ou que vous êtes malade, ou qu'il vous est arrivé quelque accident, et c'est tout le contraire: vous m'aimez, ma chère enfant, et vous me le dites d'une manière que je ne puis soutenir sans des pleurs en abondance. Vous continuez votre voyage sans aucune aventure fâcheuse; et lorsque j'apprends tout cela, qui est justement tout ce qui peut m'être le plus agréable, voilà l'état où je suis. Vous vous amusez donc à penser à moi, vous en parlez, et vous aimez mieux m'écrire vos sentiments que vous n'aimez à me les dire: de quelque façon qu'ils me viennent, ils sont reçus avec une sensibilité qui n'est comprise que de ceux qui savent aimer comme je fais. Vous me faites sentir pour vous tout ce qu'il est possible de sentir de tendresse; mais, si vous songez à moi, soyez assurée aussi que je pense continuellement à vous: rien ne me donne de distraction; je vois ce carrosse qui avance toujours, et qui n'approchera jamais de moi: je suis toujours dans les grands chemins, il me semble que j'ai quelquefois peur que ce carrosse ne verse; les pluies qu'il fait depuis trois jours me mettent au désespoir; le Rhône me fait une peur étrange. J'ai une carte devant mes yeux; je sais tous les lieux où vous couchez: vous êtes ce soir à Nevers; vous serez dimanche à Lyon où vous recevrez cette lettre. Les vôtres sont la seule consolation que je souhaite: pour d'autres, je n'en cherche pas.

A SA FILLE MME DE GRIGNAN.

LIVRY, LUNDI, 27 MAI, 1675.

Quel jour, ma fille, que celui qui ouvre l'absence! Comment vous a-t-il paru? Pour moi, je l'ai senti avec toute l'amertume et la douleur que j'avais imaginées, et que j'avais appréhendées depuis si longtemps. Quel moment que celui où nous nous séparâmes! quel adieu et quelle tristesse d'aller chacune de son côté, quand on se trouve si bien ensemble! je ne veux point vous en parler davantage, ni célébrer, comme vous dites, toutes les pensées qui me pressent le cœur: je veux me représenter votre courage, et tout ce que vous m'avez dit sur ce sujet, qui fait que je vous admire. Il me parut pourtant que vous étiez un peu touchée en m'embrassant. Pour moi, je revins à Paris comme vous pouvez vous l'imaginer. M. de Coulanges[6] se conforma à mon état: j'allai descendre chez M. le cardinal de Retz, où je renouvelai tellement toute ma douleur, que je fis prier M. de La Rochefoucauld, madame de La Fayette et madame de Coulanges, qui vinrent pour me voir, de trouver bon que je n'eusse point cet honneur: il faut cacher ses faiblesses devant les forts.[7] M. le cardinal entra dans les miennes; la sorte d'amitié qu'il a pour vous le rend fort sensible à votre départ.

Ne blâmez point, mon enfant, ce que je sentis en rentrant chez moi; quelle différence! quelle solitude! quelle tristesse! Votre chambre, votre cabinet, votre portrait! Ne plus trouver cette aimable personne! M. de Grignan comprend bien ce que je veux dire et ce que je sentis. Le lendemain, qui était hier, je me trouvai tout éveillée à cinq heures, j'allai prendre

Corbinelli pour venir ici avec l'abbé. Il y pleut sans cesse, et je crains fort que vos chemins de Bourgogne ne soient rompus. Nous lisons ici des maximes que Corbinelli m'explique ; il voudrait bien m'apprendre à gouverner mon cœur ; j'aurais beaucoup gagné à mon voyage, si j'en rapportais cette science. Je m'en retourne demain ; j'avais besoin de ce moment de repos pour remettre un peu ma tête, et reprendre une espèce de contenance.

A SA FILLE Mme DE GRIGNAN.

Enfin, ma fille, me voici dans ces pauvres Rochers[8]: peut-on revoir ces allées, ces devises, ce petit cabinet, ces livres, cette chambre, sans mourir de tristesse ? Il y a des souvenirs agréables, mais il y en a de si vifs et de si tendres, qu'on a peine à les supporter : ceux que j'ai de vous sont de ce nombre. Ne comprenez-vous point bien l'effet que cela peut faire dans un cœur comme le mien ?

Si vous continuez de vous bien porter, ma chère enfant, je ne vous irai voir que l'année qui vient. La Bretagne et la Provence ne sont pas compatibles ; c'est une chose étrange que les grands voyages : si l'on était toujours dans le sentiment qu'on a quand on arrive, on ne sortirait jamais du lieu où l'on est ; mais la Providence fait qu'on oublie. Dieu permet cet oubli afin que l'on fasse des voyages en Provence. Celui que j'y ferai me donnera la plus grande joie que je puisse recevoir dans ma vie ; mais quelles pensées tristes, de ne point voir de fin à votre séjour ! J'admire et je loue de plus en plus votre sagesse ; quoiqu'à vous dire le vrai, je sois fortement touchée de cette impossibilité, j'espère qu'en ce temps-là nous verrons les choses d'une autre manière ; il faut bien l'espérer, car, sans cette consolation, il n'y aurait qu'à mourir. J'ai quelquefois des rêveries dans ces bois, d'une telle noirceur, que j'en reviens plus changée que d'un accès de fièvre.

Il me paraît que vous ne vous êtes point trop ennuyée à Marseille. Ne manquez pas de me mander comme vous aurez été reçue à Grignan. Ils avaient fait ici une manière d'entrée à mon fils; Vaillant avait mis plus de quinze cents hommes sous les armes, tous fort bien habillés, un ruban neuf à la cravate; ils vont en très bon ordre nous attendre à une lieue des Rochers. Voici un bel incident: M. l'abbé[9] avait mandé que nous arriverions le mardi, et puis tout d'un coup il l'oublie: ces pauvres gens attendent le mardi jusqu'à dix heures du soir; et quand ils sont tous retournés chacun chez eux, bien tristes et bien confus, nous arrivons paisiblement le mercredi, sans songer qu'on eût mis une armée en campagne pour nous recevoir: ce contre-temps nous a fâchés; mais quel remède? Voilà par où nous avons débuté.

Mes petits arbres sont d'une beauté surprenante; Pilois les élève jusqu'aux nues avec une probité admirable: tout de bon, rien n'est si beau que ces allées que vous avez vues naître. Vous savez que je vous donnai une manière de devise qui vous convenait: voici un mot que j'ai écrit sur un arbre pour mon fils, qui est revenu de Candie: *Vago di fama*[10]; n'est-il point joli pour n'être qu'un mot? Je fis écrire encore hier en l'honneur des paresseux: *Bella cosa far niente.*[11] Hélas! ma fille, que mes lettres sont sauvages! Où est le temps que je parlais de Paris comme les autres? C'est purement de mes nouvelles que vous aurez; et voyez ma confiance, je suis persuadée que vous aimez mieux celles-là que les autres. . . . Ma fille, aimez-moi toujours: c'est ma vie, c'est mon âme que votre amitié: je vous le disais l'autre jour; elle fait toute ma joie et toutes mes douleurs. Je vous avoue que le reste de ma vie est couvert d'ombre et de tristesse, quand je songe que je la passerai si souvent éloignée de vous.

§ 11. BOSSUET, 1627–1704.

Bossuet naquit à Dijon le 27 septembre 1627. Il fut d'abord évêque de Condom et ensuite des Meaux. Né quelques années avant Louis XIV, il accompagna, comme pour les célébrer dignement, toutes les splendeurs de ce règne; il mourut au moment où la prospérité et la gloire du vieux roi avaient trouvé leur terme.

Nommé précepteur du fils de Louis XIV, il composa pour l'instruction de son royal disciple son immortel *Discours sur l'histoire universelle*, dans lequel il contemple de si haut et d'un regard si vaste tous les événements qui se passent sur la terre. Il nous montre une loi dans la succession des faits historiques; il nous fait voir l'unité au sein de la variété, et l'ordre dans l'apparente confusion des actes de l'humanité. Cette loi est la Providence; cette pensée unique, dont la variété des faits n'est que la manifestation, est l'établissement de la religion chrétienne sur toute la terre. L'exécution de ce tableau historique est aussi parfaite, que l'idée première en est grande, vraie et sublime. Les *Oraisons funèbres* de Bossuet furent prononcées en différents temps; et jamais paroles plus solennelles et plus terribles ne retentirent sous la voûte des temples, en présence d'un autel et d'un tombeau; jamais le néant des grandeurs humaines et la vanité de toute chose ici-bas ne furent étalés avec tant de force et de vérité. Bossuet mourut le 12 avril 1704, à l'âge de soixante et dix-sept ans.

LA MAJESTÉ ROYALE.

Je n'appelle pas majesté cette pompe qui environne les Rois, ou cet éclat extérieur qui éblouit le vulgaire: c'est le rejaillissement de la majesté, et non pas la majesté elle-même. La majesté est l'image de la grandeur de Dieu dans le Prince. Le Prince, en tant que Prince, n'est pas regardé comme un homme particulier, c'est un personnage public; tout l'État est en lui; la volonté de tout le peuple est renfermée dans la sienne. Quelle grandeur, qu'un seul homme en contienne tant! La puissance de Dieu se fait sentir, en un instant, de l'extrémité du monde à l'autre. La puissance royale agit, en même temps, dans tout le Royaume; elle tient tout le Royaume en état, comme Dieu y tient tout le monde. Que Dieu retire sa main, le monde retombera dans le néant. Que l'autorité cesse dans le Royaume, tout sera en confusion.

Ramassez tout ce qu'il y a de grand et d'auguste, voyez un peuple immense réuni en une seule personne; voyez cette puissance sacrée, paternelle et absolue; voyez la raison secrète qui gouverne tout le corps de l'État, renfermée dans une seule tête: vous voyez l'image de Dieu, et vous avez l'idée de la majesté royale. Oui, Dieu l'a dit: VOUS ÊTES DES DIEUX, mais, ô dieux de chair et de sang! ô dieux de boue et de poussière, vous mourrez comme des hommes! O Rois! exercez donc hardiment votre puissance, car elle est divine et salutaire au genre humain; mais exercez-la avec humilité, car elle vous est appliquée par le dehors; au fond, elle vous laisse faibles, elle vous laisse mortels, et elle vous charge devant Dieu d'un plus grand compte.[1]

LA VRAIE SCIENCE DE L'HISTOIRE.[2]

Quand vous voyez passer comme un instant devant vos yeux, je ne dis pas les Rois et les Empereurs, mais les grands Empires qui ont fait trembler tout l'univers; quand vous voyez les Assyriens anciens et nouveaux, les Mèdes, les Perses, les Grecs, les Romains, se présenter devant vous successivement, et tomber, pour ainsi dire, les uns sur les autres, ce fracas effroyable vous fait sentir qu'il n'y a rien de solide parmi les hommes, et que l'inconstance et l'agitation sont le propre partage des choses humaines. Mais ce qui rendra ce spectacle plus utile et plus agréable, ce sera la réflexion que vous ferez, non-seulement sur l'élévation et sur la chute des Empires, mais encore sur les causes de leurs progrès et sur celles de leur décadence; car le même Dieu qui a fait l'enchaînement de l'univers, et qui, tout puissant par lui-même, a voulu, pour établir l'ordre, que les parties d'un si grand tout dépendissent les unes des autres, ce même Dieu a voulu aussi que le cours des choses humaines eût sa suite et ses proportions; je veux dire que les hommes et les nations ont eu des qualités proportionnées à l'élévation à laquelle ils étaient destinés, et qu'à la réserve de[3] certains coups extraordinaires, où Dieu voulait que sa main parût toute seule, il n'est point arrivé de grand changement qui n'ait eu ses causes dans les siècles précédents. Et comme dans toutes les affaires il y a ce qui les prépare, ce qui détermine à les entreprendre, et ce qui les fait réussir, la vraie science de l'histoire est de remarquer dans chaque temps les secrètes dispositions qui ont préparé les grands changements et les conjonctures importantes qui les ont fait arriver. En effet, il ne suffit pas de regarder seulement devant ses yeux, c'est-à-dire, de considérer les grands événements qui décident tout à coup de la fortune des Empires. Qui veut entendre à fond les choses humaines doit les reprendre de plus haut, et il lui faut observer les inclinations et les mœurs, ou, pour dire tout en un mot, le caractère, tant des peuples dominants en général, que des princes en particulier, et enfin de tous les hommes extraordinaires, qui, par l'importance du personnage qu'ils ont eu à faire dans le monde, ont contribué en bien ou en mal aux changements des États et à la fortune publique.

LES DIEUX D'HOMÈRE.

La haine contre les Barbares était venue aux Grecs dès les premiers temps, et leur était devenue comme naturelle. Une des choses qui faisaient aimer la poésie d'Homère, est qu'il chantait les victoires et les avantages de la Grèce sur l'Asie. Du côté de l'Asie était Vénus, c'est-à-dire, les plaisirs, les folles amours et la mollesse; du côté de la Grèce était Junon, c'est-à-dire, la gravité avec l'amour conjugal, Mercure avec l'éloquence, Jupiter et la sagesse politique; du côté de l'Asie était Mars impétueux et brutal, c'est-à-dire, la guerre faite avec fureur; du côté de la Grèce était Pallas, c'est-à-dire, l'art militaire et la valeur conduits par l'esprit. Depuis ce temps la Grèce avait toujours cru que l'intelligence et le vrai courage étaient son partage naturel. Elle ne pouvait souffrir que l'Asie pensât à la subjuguer; et, en subissant ce joug, elle eût cru assujettir la vertu à la volupté, l'esprit au corps, et le véritable courage à une force insensée, qui consistait seulement dans la multitude.

LA MORT D'ALEXANDRE.

Alexandre fit son entrée dans Babylone, avec un éclat qui surpassait tout ce que l'univers avait jamais vu. . . . Pour rendre son nom plus fameux que celui de Bacchus, il entra dans les Indes, où il poussa ses conquêtes plus loin que ce célèbre vainqueur; mais celui que les déserts, les fleuves et les montagnes n'étaient pas capables d'arrêter, fut contraint de céder à ses soldats rebutés qui lui demandaient du repos: réduit à se contenter des superbes monuments qu'il laissa sur les bords de l'Araspe, il ramena son armée par une autre route que celle qu'il avait tenue, et dompta tous les pays qu'il trouva sur son passage.

Il revint à Babylone craint et respecté, non pas comme un conquérant, mais comme un Dieu; mais cet Empire formidable qu'il avait conquis ne dura pas plus longtemps que sa vie, qui fut courte; à l'âge de trente-trois ans, au milieu des plus vastes desseins qu'un homme eût jamais conçus, et avec les plus justes espérances d'un heureux succès, il mourut sans avoir eu le loisir d'établir ses affaires, laissant un frère imbécile, et des enfants en bas âge incapables de soutenir un si grand poids.

Mais ce qu'il y avait de plus funeste pour sa maison et pour son Empire, est qu'il laissait des capitaines à qui il avait appris à ne respirer que l'ambition et la guerre. Il prévit à quels excès ils se porteraient quand il ne serait plus au monde; pour les retenir, ou de peur d'en être dédit, il n'osa nommer ni son successeur, ni le tuteur de ses enfants. Il prédit seulement que ses amis célébreraient ses funérailles par des batailles sanglantes, et il expira à la fleur de son âge, plein des tristes images de la confusion qui devait suivre sa mort. Son Empire fut partagé, toute sa maison fut exterminée, et la Macédoine, l'ancien Royaume de ses ancêtres, passa à une autre famille. Ainsi ce conquérant, le plus renommé et le plus illustre qui fut jamais, a été le dernier Roi de sa race. S'il fût demeuré paisible dans la Macédoine, la grandeur de son Empire n'aurait pas tenté ses capitaines, et il aurait pu laisser à ses enfants le Royaume de ses pères; mais, parce qu'il avait été trop puissant, il fut la cause de la perte des siens. ET VOILÀ LE FRUIT GLORIEUX DE TANT DE CONQUÊTES.

EXORDE DE L'ORAISON FUNÈBRE DE LA REINE D'ANGLETERRE.[4]

Celui qui règne dans les cieux, et de qui relèvent tous les empires, à qui seul appartient la gloire, la majesté et l'indépendance, est aussi le seul qui se glorifie de faire la loi aux rois, et de leur donner, quand il lui plaît, de grandes et de terribles leçons. Soit qu'il élève les trônes, soit qu'il les abaisse, soit qu'il communique sa puissance aux princes, soit qu'il la retire à lui-même, et ne leur laisse que leur propre faiblesse, il leur apprend leurs devoirs d'une manière souveraine et digne de lui. Car, en leur donnant sa puissance, il leur commande d'en user, comme il fait lui-même, pour le bien du monde, et il leur fait voir, en la retirant, que toute leur majesté est empruntée, et que, pour être assis sur le trône, ils n'en sont pas moins sous sa main et sous son autorité suprême. C'est ainsi qu'il instruit les princes, non-seulement par des discours et par des paroles, mais encore par des effets et par des exemples. *Et nunc, reges, intelligite; erudimini qui judicatis terram.*

Chrétiens, que la mémoire d'une grande reine, fille, femme, mère de rois si puissants, et souveraine de trois royaumes,[5] appelle de tous côtés à cette triste cérémonie, ce discours vous fera paraître un de ces exemples redoutables qui étalent aux yeux du monde sa vanité tout entière. Vous verrez dans une seule vie toutes les extrémités des choses humaines: la félicité sans bornes, aussi bien que les misères; une longue et paisible jouissance d'une des plus nobles couronnes de l'univers; tout ce que peuvent donner de plus glorieux la naissance et la grandeur accumulées sur une tête, qui ensuite est exposée à tous les outrages de la fortune; la bonne cause d'abord suivie de bons succès, et depuis, des retours soudains, des changements inouïs; la rébellion longtemps retenue, à la fin tout à fait maîtresse; nul frein à la licence; les lois abolies; la majesté violée par des attentats jusqu'alors inconnus; l'usurpation et la tyrannie sous le nom de liberté; une reine fugitive, qui ne trouve aucune retraite dans trois royaumes, et à qui sa propre patrie n'est plus qu'un triste lieu d'exil;

neuf voyages sur mer, entrepris par une princesse, malgré les tempêtes; l'Océan étonné de se voir traversé tant de fois en des appareils si divers, et pour des causes si différentes; un trône indignement renversé, et miraculeusement rétabli. Voilà les enseignements que Dieu donne aux rois: ainsi fait-il voir au monde le néant de ses pompes et de ses grandeurs. Si les paroles nous manquent, si les expressions ne répondent pas à un sujet si vaste et si relevé, les choses parleront assez d'elles-mêmes. Le cœur d'une grande reine, autrefois élevé par une si longue suite de prospérités, et puis plongé tout à coup dans un abîme d'amertumes, parlera assez haut; et s'il n'est pas permis aux particuliers de faire des leçons aux princes sur des événements si étranges, un roi me prête ses paroles pour leur dire: *Et nunc, reges, intelligite; erudimini qui judicatis terram:* "Entendez, ô grands de la terre; instruisez-vous, arbitres du monde."[6]

PERORAISON DE L'ÉLOGE FUNÈBRE DE CONDÉ.[7]

Venez, peuples, venez maintenant, mais venez plutôt, princes et seigneurs; et vous qui jugez la terre, et vous qui ouvrez aux hommes les portes du ciel; et vous, plus que tous les autres, princes et princesses, nobles rejetons de tant de rois, lumières de la France, mais aujourd'hui obscurcies et couvertes de votre douleur comme d'un nuage, venez voir le peu qui nous reste d'une si auguste naissance, de tant de grandeur, de tant de gloire. Jetez les yeux de toutes parts: voilà tout ce qu'a pu faire la magnificence et la piété pour honorer un héros; des titres, des inscriptions, vaines marques de ce qui n'est plus; des figures qui semblent pleurer autour d'un tombeau, et des fragiles images d'une douleur que le temps emporte avec tout le reste; des colonnes qui semblent vouloir porter jusqu'au ciel le magnifique témoignage de notre néant: et rien enfin ne manque dans tous ces honneurs que celui à qui on les rend. Pleurez donc sur ces faibles restes de la vie humaine; pleurez sur cette triste immortalité que nous donnons aux héros. Mais approchez en particulier, ô vous qui courez avec tant d'ardeur dans la carrière de la gloire, âmes guerrières et intrépides! Quel autre fut plus digne de vous commander? mais dans quel autre avez-vous trouvé le commandement plus honnête? Pleurez donc ce grand capitaine, et dites en gémissant: Voilà celui qui nous menait dans les hasards; sous lui se sont formés tant de renommés capitaines, que ses exemples ont élevés aux premiers honneurs de la guerre: son ombre eût pu encore gagner des batailles; et voilà que, dans son silence, son nom même nous anime; et ensemble il nous avertit que, pour trouver à la mort quelque reste de nos travaux et n'arriver pas sans ressource à notre éternelle demeure, avec le roi de la terre il faut encore servir le roi du ciel. Servez donc ce roi immortel et si plein de miséricorde, qui vous comptera un soupir et un verre d'eau donné en son nom plus que tous les autres ne feront jamais tout votre sang répandu; et commencez à compter le temps de vos utiles services du jour que vous vous serez donnés à un maître si bienfaisant. Et vous, ne viendrez-vous pas à ce triste monument, vous, dis-je, qu'il a bien voulu mettre au rang de ses amis? Tous ensemble, en quelque degré de sa confiance qu'il vous ait reçus, environnez ce tombeau; versez des larmes avec des prières; et, admirant dans un si grand prince une amitié si commode et un commerce si doux, conservez le souvenir d'un héros dont la bonté avait égalé le courage. Ainsi puisse-t-il toujours vous être un cher entretien! ainsi puissiez-vous profiter de ses vertus! Et que sa mort, que vous déplorez, vous serve à la fois de consolation et d'exemple. Pour moi, s'il m'est permis après tous les autres de venir rendre les derniers devoirs à ce tombeau, ô prince, le digne sujet de nos louanges et de nos regrets, vous vivrez éternellement dans ma mémoire: votre image y sera tracée non point avec cette audace qui promettait la victoire; non, je ne veux rien voir en vous de ce que la mort y efface. Vous aurez dans cette image des traits immortels: je vous y verrai tel que vous étiez à ce dernier jour sous la main de Dieu, lorsque sa gloire sembla commencer à vous apparaître. C'est là que je vous verrai plus triomphant qu'à Fribourg et à Rocroi; et, ravi d'un si beau triomphe, je dirai en action de grâces ces belles paroles du bien-aimé disciple: *Et hæc est victoria quæ vincit mundum, fides nostra,*[8] "La véritable victoire, celle qui met sous nos pieds le monde entier, c'est notre foi." Jouissez, prince, de cette victoire; jouissez-en éternellement, par l'immortelle vertu de ce sacrifice. Agréez ces derniers efforts d'une voix qui vous fut connue. Vous mettrez fin à tous ces discours. Au lieu de déplorer la mort des autres, grand prince, dorénavant je veux apprendre de vous à rendre la mienne sainte; heureux si, averti par ces cheveux blancs du compte que je dois rendre de mon administration, je réserve au troupeau que je dois nourrir de la parole de vie les restes d'une voix qui tombe et d'une ardeur qui s'éteint[9]!

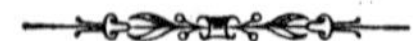

§ 12. RACINE, 1639–1699.

Jean Racine, le plus accompli des poètes français, eût sans aucun doute pris place, s'il avait recherché cette gloire, entre les premiers prosateurs: on le reconnaîtra par ses lettres, quelques œuvres polémiques et des fragments d'histoire, fort bien écrits, qu'il nous a laissés, surtout par l'éloge qu'il a fait de Pierre Corneille. Rien de plus curieux que de voir les grands hommes jugés par les grands hommes, puisque ceux-ci peuvent seuls les comprendre tout entiers et les apprécier avec une justesse parfaite. Racine, né trois ans après que la merveille du *Cid* avait ouvert en France des voies nouvelles à l'art dramatique, paya ainsi à celui qui lui avait frayé la carrière un noble tribut de reconnaissance. L'éloquence de son éloge a sa source dans la sincérité de son admiration; et ce témoignage de haute équité honore d'autant plus Racine, que l'on s'était trop souvent armé contre lui des succès de son illustre devancier, en s'appuyant, pour le rabaisser lui-même, sur les noms glorieux de Cinna et de Polyeucte.

CORNEILLE JUGÉ PAR RACINE.

L'Académie a regardé la mort de M. Corneille comme un des plus rudes coups qui la pût frapper; car bien que, depuis un an, une longue maladie nous eût privés de sa présence, et que nous eussions perdu en quelque sorte l'espérance de le revoir jamais dans nos assemblées, toutefois il vivait, et l'Académie, dont il était le doyen, avait au moins la consolation de voir dans la liste où sont les noms de tous ceux qui la composent, de voir, dis-je, immédiatement au-dessous du nom sacré de son auguste protecteur,[1] le fameux nom de Corneille.

Et qui d'entre nous ne s'applaudirait pas en lui-même et ne ressentirait pas un secret plaisir d'avoir pour confrère un homme de ce mérite? Vous, monsieur, qui non-seulement étiez son frère,[2] mais qui avez couru longtemps une même carrière avec lui, vous savez les obligations que lui a notre poésie; vous savez en quel état se trouvait la scène française lorsqu'il commença à travailler. Quel désordre! quelle irrégularité! Nul goût, nulle connaissance des véritables beautés du théâtre. Les auteurs aussi ignorants que les spectateurs, la plupart des sujets extravagants et dénués de vraisemblance, point de mœurs, point de caractères; la diction encore plus vicieuse que l'action, et dont les pointes et de misérables jeux de mots faisaient le principal ornement; en un mot, toutes les règles de l'art, celles mêmes de l'honnêteté et de la bienséance, partout violées. Dans cette enfance, ou, pour mieux dire, dans ce chaos du poème dramatique parmi nous, votre illustre frère, après avoir quelque temps cherché le bon chemin et lutté, si je l'ose ainsi dire, contre le mauvais goût de son siècle, enfin, inspiré d'un génie extraordinaire et aidé de la lecture des anciens, fit voir sur la scène la raison, mais la raison accompagnée de toute la pompe, de tous les ornements dont notre langue est capable, accorda heureusement la vraisemblance et le merveilleux, et laissa bien loin derrière lui tout ce qu'il avait de rivaux, dont la plupart, désespérant de l'atteindre, et n'osant plus entreprendre de lui disputer le prix, se bornèrent à combattre la voix publique déclarée pour lui, et essayèrent en vain, par leurs discours et par leurs frivoles critiques, de rabaisser un mérite qu'ils ne pouvaient égaler.

La scène retentit encore des acclamations qu'excitèrent à leur naissance le *Cid*, *Horace*, *Cinna*, *Pompée*, tous ces chefs-d'œuvre représentés depuis sur tant de théâtres, traduits en tant de langues, et qui vivront à jamais dans la bouche des hommes. A dire le vrai, où trouvera-t-on un poète qui ait possédé à la fois tant de grands talents, tant d'excellentes parties, l'art, la force, le jugement, l'esprit? Quelle noblesse, quelle économie dans les sujets! Quelle véhémence dans les passions, quelle gravité dans les sentiments! Quelle dignité, et en même temps quelle prodigieuse variété dans les caractères! Combien de rois, de princes, de héros de toutes nations nous a-t-il représentés, toujours tels qu'ils doivent être, toujours uniformes avec eux-mêmes, et jamais ne se ressemblant les uns les autres! Parmi tout cela, une magnificence d'expression proportionnée aux maîtres du monde qu'il fait souvent parler, capable néanmoins de s'abaisser quand il veut, et de descendre jusqu'aux plus simples naïvetés du comique, où il est encore inimitable. Enfin, ce qui lui est surtout particulier, une certaine force, une certaine élévation qui surprend, qui enlève, et qui rend jusqu'à ses défauts, si on lui en peut reprocher quelques-uns, plus estimables que les vertus des autres: personnage véritablement né pour la gloire de son pays; comparable, je ne dis pas à tout ce que l'ancienne Rome a eu d'excellents poètes tragiques, puisqu'elle confesse elle-même qu'en ce genre elle n'a pas été fort heureuse, mais aux Eschyle, aux Sophocle, aux Euripide, dont la fameuse Athènes ne s'honore pas moins que des Thémistocle, des Périclès, des Alcibiade, qui vivaient en même temps qu'eux.

Oui, monsieur, que l'ignorance rabaisse tant qu'elle voudra l'éloquence et la poésie, et traite les habiles écrivains de gens inutiles dans les États, nous ne craindrons point de le dire à l'avantage des lettres et de ce fameux corps dont vous faites maintenant partie, du moment que des esprits sublimes, passant de bien loin les bornes communes, se distinguent, s'immortalisent par des chefs-d'œuvre comme ceux de M. votre frère, quelque étrange inégalité que, durant leur vie, la fortune mette entre eux et les plus grands héros, après leur mort cette différence cesse. La postérité qui se plaît, qui s'instruit dans les ouvrages qu'ils lui ont laissés, ne fait point de difficulté de les égaler à tout ce qu'il y a de plus considérable parmi les hommes, fait marcher de pair l'excellent poète et le grand capitaine. Le même siècle qui se glorifie aujourd'hui d'avoir produit Auguste ne se glorifie guère moins d'avoir produit Horace et Virgile. Ainsi, lorsque, dans les âges suivants, on parlera avec étonnement des victoires prodigieuses et de toutes les grandes choses qui rendront notre siècle l'admiration de tous les siècles à venir, Corneille, n'en doutons point, Corneille tiendra sa place parmi toutes ces merveilles. La France se souviendra avec plaisir que sous le règne du plus grand de ses rois a fleuri le plus grand de ses poètes. On croira même ajouter quelque chose à la gloire de notre auguste monarque, lorsqu'on dira qu'il a estimé, qu'il a honoré de ses bienfaits cet excellent génie; que même deux jours avant sa mort, et lorsqu'il ne lui restait plus qu'un rayon de connaissance, il lui envoya encore des marques de sa libéralité, et qu'enfin les dernières paroles de Corneille ont été des remercîments pour Louis-le-Grand.[3]

Voilà, monsieur, comme la postérité parlera de votre illustre frère; voilà une partie des excellentes qualités qui l'ont fait connaître à toute l'Europe. Il en avait d'autres qui, bien que moins éclatantes aux yeux du public, ne sont, peut-être pas moins dignes de nos louanges, je veux dire, homme de probité et de piété, bon père de famille, bon parent, bon ami. Vous le savez, vous qui avez toujours été uni avec lui d'une amitié qu'aucun intérêt, non pas même aucune émulation pour la gloire, n'a pu altérer. Mais ce qui nous touche de plus près, c'est qu'il était encore un très bon académicien; il aimait, il cultivait nos exercices; il y apportait surtout cet esprit de douceur, d'égalité, de déférence même, si nécessaire pour entretenir l'union dans les compagnies. L'a-t-on jamais vu se préférer à aucun de ses confrères? L'a-t-on jamais vu vouloir tirer ici aucun avantage des applaudissements qu'il recevait dans le public? Au contraire, après avoir paru en maître, et pour ainsi dire, règné sur la scène, il venait, disciple docile, chercher à s'instruire dans nos assemblées, laissait, pour me servir de ses propres termes, laissait ses lauriers à la porte de l'Académie, toujours prêt à soumettre son opinion à l'avis d'autrui, et, de tous tant que nous sommes, le plus modeste à parler, à prononcer, je dis même sur des matières de poésie.[4]

§ 13. LA BRUYÈRE, 1646–1696.

La Bruyère, écrivain et moraliste célèbre, membre de l'Académie française, naquit près de Dourdan, en 1646.[1] C'est le philosophe qui, après Molière, a le mieux observé et connu les hommes. D'abord trésorier de France à Caen, il fut ensuite chargé d'enseigner l'histoire au duc de Bourgogne, sous la direction de Bossuet; et en 1693 il entra à l'Académie française. Trois ans plus tard, il mourut d'apoplexie à Versailles, le 10 mai.

On a de lui une traduction des *Caractères de Théophraste*, et un livre de *Caractères et de Portraits* où se trouvent peints, avec un art admirable, les travers de son temps. Ce livre révèle dans son auteur un immense talent d'observation, un coup d'œil pénétrant pour saisir les ridicules, une merveilleuse facilité pour les exprimer. C'est une riche galerie pleine des tableaux les plus variés, les plus frappants par leur ressemblance avec la nature, ou plutôt une scène vivante et animée où une foule de personnages viennent jouer leur rôle, parler et agir devant vous, et exciter votre rire, votre haine ou votre pitié.

La Bruyère ne peint que les vices, les misères et les ridicules de l'homme; il ne descend jamais jusqu'au grotesque, ses peintures sont des portraits et non des caricatures. "Il sut renfermer tant de sens dans une phrase, dit Delille, tant d'idées dans un mot, exprimer d'une manière si piquante et si neuve ce qu'on avait déjà dit avant lui, qu'il mérita le surnom de *l'inimitable la Bruyère*."

L'ÉRUDIT.

Hermagoras ne sait pas qui est roi de Hongrie: il s'étonne de n'entendre faire aucune mention du roi de Bohême: ne lui parlez pas des guerres de Flandre et de Hollande, dispensez-le du moins de vous répondre; il confond les temps; il ignore quand elles ont commencé, quand elles ont fini: combats, siéges, tout lui est nouveau. Mais il est instruit de la guerre des géants, il en raconte les progrès et les moindres détails, rien ne lui échappe. Il débrouille de même l'horrible chaos des deux empires, le Babylonien et l'Assyrien: il connaît à fond les Égyptiens et leurs dynasties. Il n'a jamais vu Versailles; il ne le verra point: il a presque vu la tour de Babel; il en compte les degrés, il sait combien d'architectes ont présidé à cet ouvrage; il sait le nom des architectes. Dirai-je qu'il croit Henri IV fils d'Henri III? Il néglige du moins de rien connaître aux maisons de France, d'Autriche, de Bavière. "Quelles minuties!" dit-il, pendant qu'il récite de mémoire toute une liste des rois des Mèdes ou de Babylone, et que les noms d'Apronas, d'Hérigebal, de Noesnemordach, de Mardokempad, lui sont aussi familiers qu'à nous ceux de Valois et de Bourbon. Il demande si l'Empereur a jamais été marié: mais personne ne lui apprendra que Ninus a eu deux femmes. On lui dit que le roi jouit d'une santé parfaite; et il se souvient que Thetmosis, un roi d'Égypte, était valétudinaire, et qu'il tenait cette complexion de son aïeul Alipharmutosis. Que ne sait-il point? Quelle chose lui est cachée de la vénérable antiquité? Il vous dira que Sémiramis, ou, selon quelques-uns, Sérimaris, parlait comme son fils Ninyas, qu'on ne les distinguait pas à la parole; si c'était parce que la mère avait une voix mâle comme son fils, ou le fils une voix efféminée comme sa mère, il n'ose pas le décider. Il vous révélera que Nembrod était gaucher, et Sésostris ambidextre; que c'est une erreur de s'imaginer qu'un Artaxerxe ait été appelé Longuemain, parce que les bras lui tombaient jusqu'aux genoux, et non à cause qu'il avait une main plus longue que l'autre : et il ajoute qu'il y a des auteurs graves qui affirment que c'était la droite, qu'il croit néanmoins être bien fondé à soutenir que c'était la gauche.

LA CURIOSITÉ OU LES MANIES.

La curiosité n'est pas un goût pour ce qui est bon ou ce qui est beau, mais pour ce qui est rare, unique, pour ce qu'on a, et ce que les autres n'ont point. Ce n'est pas un attachement à ce qui est parfait, mais à ce qui est couru, à ce qui est à la mode; ce n'est pas un amusement, mais une passion, et souvent si violente, qu'elle ne cède à l'amour et à l'ambition que par la petitesse de son objet.

Le fleuriste a un jardin dans un faubourg: il y court au lever du soleil, et il en revient à son coucher; vous le voyez planté, et qui a pris racine au milieu de ses tulipes et devant la *Solitaire*[2]; il ouvre de grands yeux, il frotte ses mains, il se baisse, il la voit de plus près, il ne l'a jamais vue si belle, il a le cœur épanoui de joie; il se lasse, il s'assied, il oublie de dîner: aussi est-elle nuancée, bordée; elle a un beau vase ou un beau calice; il la contemple, il l'admire: Dieu et la nature sont en tout cela ce qu'il n'admire point; il ne va pas plus loin que l'oignon de sa tulipe, qu'il ne livrerait pas pour mille écus, et qu'il donnera pour rien quand les tulipes seront négligées et que les œillets auront prévalu. Cet homme raisonnable, qui a une âme, qui a un culte et une religion, revient chez soi fatigué, affamé, mais fort content de sa journée: il a vu des tulipes.

Parlez à cet autre de la richesse des moissons, d'une ample récolte, d'une bonne vendange; il est curieux de fruits, vous n'articulez pas, vous ne vous faites pas entendre: parlez-lui de figues et de melons, dites que les poiriers rompent de fruits cette année, que les pêchers ont donné avec abondance; c'est pour lui un idiome inconnu : il s'attache aux seuls pruniers, il ne vous répond pas. Ne l'entretenez pas même de vos pruniers, il n'a de l'amour que pour une certaine espèce; toute autre que vous lui nommez le fait sourire et se moquer; il vous mène à l'arbre, cueille artistement cette prune exquise, il l'ouvre, vous en donne une moitié et prend l'autre. Quelle chair! dit-il; goûtez-vous cela? cela est-il divin? voilà ce que vous ne trouverez pas ailleurs: et là-dessus ses narines s'enflent, il cache avec peine sa joie et sa vanité par quelques dehors de modestie. O l'homme divin, en effet! homme qu'on ne peut jamais assez louer et admirer! homme dont il sera parlé dans plusieurs siècles! que je voie sa taille et son visage pendant qu'il vit; que j'observe les traits et la contenance d'un homme qui seul entre les mortels possède une telle prune!

Un troisième que vous allez voir, vous parle des curieux ses confrères, et surtout de Diognète. "Je l'admire, dit-il, mais je le comprends moins que jamais. Pensez-vous qu'il cherche à s'instruire par les médailles, et qu'il les regarde comme des preuves parlantes de certains faits, et des monuments fixes et indubitables de l'ancienne histoire? rien moins. Vous croyez peut-être que la peine qu'il se donne pour recouvrer une tête vient du plaisir qu'il se fait de ne voir pas une suite d'empereurs interrompue? c'est encore moins. Diognète a une tablette dont toutes les places sont garnies, à l'exception d'une seule; ce vide lui blesse la vue, et c'est précisément et à la lettre pour le remplir qu'il emploie son bien et sa vie."

"Vous voulez, ajoute Démocède, voir mes estampes?" Et bientôt il les étale, et vous les montre. Vous en rencontrez une qui n'est ni noire, ni nette, ni dessinée. Il convient qu'elle est mal gravée, plus mal dessinée; mais il assure qu'elle est d'un Italien qui a travaillé peu, que c'est la seule qui soit en France de ce dessin, qu'il la achetée très cher, et qu'il ne la changerait pas pour tout ce qu'il y a de meilleur. "J'ai, continue-t-il, une sensible affliction, et qui m'obligera de renoncer aux estampes pour le reste de mes jours: j'ai tout Callot,[3] hormis une seule, qui n'est pas à la vérité de ses bons ouvrages; au contraire, c'est un des moindres, mais qui achèverait Callot; je travaille depuis vingt ans à recouvrer cette estampe, et je désespère enfin d'y réussir: cela est bien rude."

Tel autre fait la satire de ces gens qui s'engagent, par inquiétude ou par curiosité, dans de longs voyages; qui ne font ni mémoires, ni relations; qui ne portent point de tablettes; qui vont pour voir, et qui ne voient pas, ou qui oublient ce qu'ils ont vu; qui désirent seulement de connaître de nouvelles tours ou de nouveaux clochers, et de passer des rivières qu'on n'appelle ni la Seine, ni la Loire; qui sortent de leur patrie pour y retourner; qui aiment à être absents; qui veulent un jour être revenus de loin: et ce satirique parle juste et se fait écouter.

Mais quand il ajoute que les livres en apprennent plus que les voyages, et qu'il m'a fait comprendre par ses discours qu'il a une bibliothèque, je souhaite de la voir. Je vais trouver cet homme qui me reçoit dans une maison où, dès l'escalier, je tombe en faiblesse d'une odeur de maroquin noir dont ses livres sont tous couverts. Il a beau me crier aux oreilles, pour me ranimer, qu'ils sont dorés sur tranche, ornés de filets d'or, et de la bonne édition; me nommer les meilleurs l'un après l'autre; dire que sa galerie est remplie, à quelques endroits près, qui sont peints de manière qu'on croit voir de vrais livres arrangés sur des tablettes, et que l'œil s'y trompe; ajouter qu'il ne lit jamais, qu'il ne met pas le pied dans cette galerie, qu'il y viendra pour me faire plaisir; je le remercie de sa complaisance, et ne veux, non plus que lui, visiter sa tannerie, qu'il appelle bibliothèque.

Diphile commence par un oiseau, et finit par mille. Sa maison n'en est pas infectée, mais empestée; la cour, la salle, l'escalier, le vestibule, les chambres, le cabinet, tout est volière. Ce n'est plus un ramage, c'est un vacarme; les vents d'automne et les eaux dans leurs plus grandes crues ne font pas un bruit si perçant et si aigu. Ce n'est plus pour Diphile un agréable amusement; c'est une affaire laborieuse, et à laquelle à peine il peut suffire.

Il passe les jours, ces jours qui échappent et qui ne reviennent plus, à verser du grain et à nettoyer des ordures. Il donne pension à un homme qui n'a point d'autre ministère que de siffler des serins au flageolet, et de faire couver des canaris.

Il est vrai que ce qu'il dépense d'un côté, il l'épargne de l'autre; car ses enfants sont sans maître et sans éducation. Il se renferme le soir, fatigué de son propre plaisir, sans pouvoir jouir du moindre repos, que ses oiseaux ne reposent, et que ce petit peuple, qu'il n'aime que parce qu'il chante, ne cesse de chanter. Il retrouve ses oiseaux dans son sommeil: lui-même il est oiseau, il est huppé, il gazouille, il perche, il rêve la nuit qu'il mue, ou qu'il couve.

Cet autre aime les insectes, il en fait tous les jours de nouvelles emplettes: c'est surtout le premier homme de l'Europe pour les papillons, il en a de toutes les tailles et de toutes les couleurs. Quel temps prenez-vous pour lui rendre visite! il est plongé dans une amère douleur, il a l'humeur noire, chagrine, et dont toute sa famille souffre: aussi a-t-il fait une perte irréparable. Approchez, regardez ce qu'il vous montre sur son doigt, qui n'a plus de vie, et qui vient d'expirer: c'est une chenille, et quelle chenille! . . .

GITON ET PHÉDON, OU LE RICHE ET LE PAUVRE.

Giton a le teint frais, le visage plein, et les joues pendantes, l'œil fixe et assuré, les épaules larges, l'estomac haut, la démarche ferme et délibérée: il parle avec confiance, il fait répéter celui qui l'entretient, et il ne goûte que médiocrement tout ce qu'il lui dit: il déploie un ample mouchoir, et se mouche avec grand bruit; il éternue fort haut; il dort le jour, il dort la nuit, et profondément; il ronfle en compagnie; il occupe à table et à la promenade plus de place qu'un autre; il tient le milieu en se promenant avec ses égaux; il s'arrête, et l'on s'arrête; il continue de marcher, et l'on marche; tous se règlent sur lui; il interrompt, il redresse ceux qui ont la parole; on ne l'interrompt pas, on l'écoute aussi longtemps qu'il veut parler, on est de son avis; on croit les nouvelles qu'il débite. S'il s'assied, vous le voyez s'enfoncer dans un fauteuil, croiser les jambes l'une sur l'autre, froncer le sourcil, abaisser son chapeau sur ses yeux pour ne voir personne, ou le relever ensuite, et découvrir son front par fierté, ou par audace. Il est enjoué, grand rieur, impatient, présomptueux, colère, politique, mystérieux sur les affaires du temps: il se croit des talents et de l'esprit; — il est riche.

Phédon a les yeux creux, le teint échauffé, le corps sec et le visage maigre: il dort peu, et d'un sommeil fort léger: il est abstrait, rêveur, et il a, avec de l'esprit, l'air d'un stupide: il oublie de dire ce qu'il sait ou de parler d'événements qui lui sont connus; et, s'il le fait quelquefois, il s'en tire mal; il croit peser à ceux à qui il parle: il conte brièvement, mais froidement; il ne se fait pas écouter, il ne fait point rire; il applaudit, il sourit à ce que les autres lui disent, il est de leur avis, il court, il vole pour leur rendre de petits services: il est complaisant, flatteur, empressé; il est mystérieux sur ses affaires, quelquefois menteur; il est superstitieux, scrupuleux, timide; il marche doucement et légèrement, il semble craindre de fouler la terre; il marche les yeux baissés, et il n'ose les lever sur ceux qui passent. Il n'est jamais du nombre de ceux qui forment un cercle pour discourir; il se met derrière celui qui parle, recueille furtivement ce qui se dit, et se retire si on le regarde. Il n'occupe point de lieu, il ne tient point de place; il va les épaules serrées, le chapeau abaissé sur ses yeux pour n'être point vu; il se replie, et se renferme dans son manteau; il n'y a point de galeries si embarrassées et si remplies de monde, où il ne trouve moyen de passer sans effort, et de se couler sans être aperçu. Si on le prie de s'asseoir, il se met à peine sur le bord d'un siége; il parle bas dans la conversation, et il articule mal: il tousse, il se mouche sous son chapeau, il attend qu'il soit seul pour éternuer, ou, si cela lui arrive, c'est à l'insu de la compagnie; il n'en coûte à personne ni salut, ni compliment; — il est pauvre.

L'ESPRIT DE LA CONVERSATION.

L'esprit de la conversation consiste bien moins à en montrer beaucoup qu'à en faire trouver aux autres; celui qui sort de votre entretien content de soi et de son esprit l'est de vous parfaitement. Les hommes n'aiment point à vous admirer, ils veulent plaire: ils cherchent moins à être instruits, et même réjouis, qu'à être goûtés et applaudis; et le plaisir le plus délicat est de faire celui d'autrui.

Il ne faut pas qu'il y ait trop d'imagination dans nos conversations ni dans nos écrits: elle ne produit souvent que des idées vaines et puériles, qui ne servent point à perfectionner le goût et à nous rendre meilleurs; nos pensées doivent être prises dans le bon sens et la droite raison, et doivent être un effet de notre jugement.

C'est une grande misère que de n'avoir pas assez d'esprit pour bien parler, ni assez de jugement pour se taire. Voilà le principe de toute impertinence.

Dire d'une chose modestement, ou qu'elle est bonne ou qu'elle est mauvaise, et les raisons pourquoi elle est telle, demande du bon sens et de l'expression: c'est une affaire. Il est plus court de prononcer d'un ton décisif, et qui emporte la preuve de ce qu'on avance, ou qu'elle est exécrable, ou qu'elle est miraculeuse.

Rien n'est moins selon Dieu et selon le monde que d'appuyer tout ce que l'on dit dans la conversation, jusqu'aux choses les plus indifférentes, par de longs et de fastidieux serments. Un honnête homme, qui dit oui et non, mérite d'être cru: son caractère jure pour lui, donne créance à ses paroles, et lui attire toute sorte de confiance.

Celui qui dit incessamment qu'il a de l'honneur et de la probité, qu'il ne nuit à personne, qu'il consent que le mal qu'il fait aux autres lui arrive, et qui jure pour le faire croire, ne sait pas même contrefaire l'homme de bien.

Il y a parler bien, parler aisément, parler juste, parler à propos: c'est pécher contre ce dernier genre que de s'étendre sur un repas magnifique, que l'on vient de faire, devant des gens qui sont réduits à épargner leur pain; de dire merveilles de sa santé devant des infirmes; d'entretenir de ses richesses, de ses revenus et de ses ameublements un homme qui n'a ni rentes ni domicile; en un mot, de parler de son bonheur devant des misérables: cette conversation est trop forte pour eux, et la comparaison qu'ils font alors de leur état au vôtre est odieuse.

§ 14. FÉNELON, 1651–1715.

Né au début de la deuxième partie du grand siècle qu'il n'a pas peu contribué à illustrer, FÉNELON fut un des derniers représentants de cette époque classique, et ne précéda Louis XIV au tombeau que de peu de mois. Membre de l'Académie française, archevêque de Cambrai, cet illustre écrivain dut à son immortel *Télémaque* le surnom de Racine de la prose. Ce chef-d'œuvre de style poétique, de morale et de politique, fut composé pour l'éducation du duc de Bourgogne, dont Fénelon était le digne précepteur. Ses *Fables*, pleines d'élégance, de grâce et de naturel, ainsi que ses *Dialogues des Morts*, où de hautes leçons morales sont cachées sous les discussions familières et intéressantes des plus illustres personnages de l'histoire, tendaient aussi au même but. Son *Traité de l'existence de Dieu* se distingue par la force de la vérité qui s'y trouve présentée et par les connaissances profondes et variées de l'auteur.

De sévères vérités, exprimées cependant avec modération dans le *Télémaque*, des portraits tracés avec la conscience d'un homme de bien, lui aliénèrent la faveur de Louis XIV, qui, en 1693, le relégua à Cambrai, dont il le fit nommer archevêque. C'est là qu'il passa le reste de ses jours dans la pratique de toutes les vertus chrétiennes et dans la culture des lettres.

Fénelon est le premier de tous les prosateurs français par son style pur, coulant, harmonieux, plein de grâce et d'imagination.

LA BIBLE.

L'Écriture surpasse en naïveté, en vivacité, en grandeur, tous les écrivains de Rome et de la Grèce. Jamais Homère même n'a approché de la sublimité de Moïse dans ses cantiques, particulièrement le dernier, que tous les enfants des Israélites devaient apprendre par cœur. Jamais nulle ode grecque ou latine n'a pu atteindre à la hauteur des psaumes; par exemple, celui qui commence ainsi: "*Le Dieu des Dieux, le Seigneur a parlé, et il a appelé la terre,*" surpasse toute imagination humaine. Jamais Homère ni aucun autre poète n'a égalé Isaïe peignant la majesté de Dieu aux yeux duquel "*les royaumes ne sont qu'un grain de poussière; l'univers qu'une tente qu'on dresse aujourd'hui et qu'on enlève demain.*" Tantôt ce prophète a toute la douceur et toute la tendresse d'une églogue, dans les riantes peintures qu'il fait de la paix; tantôt il s'élève jusqu'à laisser tout au-dessous de lui. Mais qu'y a-t-il, dans l'antiquité profane, de comparable au tendre Jérémie, déplorant les maux de son peuple; ou à Nahum, voyant de loin, en esprit, tomber la superbe Ninive sous les efforts d'une armée innombrable? On croit voir cette armée, on croit entendre le bruit des armes et des chariots; tout est dépeint d'une manière vive qui saisit l'imagination; il laisse Homère loin derrière lui. Lisez encore Daniel, dénonçant à Balthazar la vengeance de Dieu toute prête à fondre sur lui; et cherchez, dans les plus sublimes originaux de l'antiquité, quelque chose qu'on puisse lui comparer. Au reste, tout se soutient dans l'Écriture; tout y garde le caractère qu'il doit avoir, l'histoire, le détail des lois, les descriptions, les endroits véhéments, les mystères, les discours de morale; enfin, il y a autant de différence entre les poètes profanes et les prophètes, qu'il y en a entre le véritable enthousiasme et le faux. Les uns, véritablement inspirés, expriment sensiblement quelque chose de divin; les autres, s'efforçant de s'élever au-dessus d'eux-mêmes, laissent toujours voir en eux la faiblesse humaine.

LOUIS XII ET FRANÇOIS IER

Dialogue des Morts.

LOUIS. Mon cher cousin, dites-moi des nouvelles de la France; j'ai toujours aimé mes sujets comme mes enfants, j'avoue que j'en suis en peine. Vous étiez bien jeune en toute manière, quand je vous laissai la couronne. Comment avez-vous gouverné mon pauvre royaume?

FRANÇOIS. J'ai eu quelques malheurs; mais, si vous voulez que je vous parle franchement, mon règne a donné à la France bien plus d'éclat que le vôtre.

LOUIS. O mon Dieu! c'est cet éclat que j'ai toujours craint. Je vous ai connu, dès votre enfance, d'un naturel à ruiner les finances, à hasarder tout pour la guerre, à ne rien soutenir avec patience, à renverser le bon ordre au-dedans de l'État, et à tout gâter pour faire parler de vous.[1]

FRANÇOIS. C'est ainsi que les vieilles gens sont toujours préoccupés[2] contre[3] ceux qui doivent être leurs successeurs; mais voici le fait: j'ai soutenu une horrible guerre contre Charles-Quint, empereur et roi d'Espagne; j'ai gagné en Italie les fameuses batailles de Marignan contre les Suisses et de Cérisoles contre les Impériaux; j'ai vu le roi d'Angleterre ligué avec l'Empereur contre la France,[4] et j'ai rendu leurs efforts inutiles. J'ai cultivé les sciences. J'ai mérité d'être immortalisé par les gens de lettres. J'ai fait revivre le siècle d'Auguste au milieu de ma cour; j'y ai mis la magnificence, la politesse, l'érudition et la galanterie. Avant moi, tout était grossier, pauvre, ignorant, gaulois; enfin je me suis fait nommer *le père des lettres.*

LOUIS. Cela est beau; et je ne veux point en diminuer la gloire, mais j'aimerais mieux encore que vous eussiez été *le père du peuple*, que *le père des lettres.* Avez-vous laissé les Français dans la paix et dans l'abondance?

FRANÇOIS. Non, mais mon fils, qui est jeune, soutiendra la guerre; et ce sera à lui à soulager enfin les peuples épuisés. Vous les ménagiez plus que moi; mais aussi vous faisiez faiblement la guerre.

LOUIS. Vous l'avez donc faite sans doute avec de grands succès? Quelles sont vos conquêtes? Avez-vous pris le royaume de Naples?

FRANÇOIS. Non, j'ai eu d'autres expéditions à faire.

LOUIS. Du moins vous avez conservé le Milanais?

FRANÇOIS. Il m'est arrivé bien des accidents imprévus.

LOUIS. Quoi donc? Charles-Quint vous l'a enlevé? Avez-vous perdu quelque bataille? Parlez: vous n'osez tout dire.

FRANÇOIS. Je fus pris dans une bataille à Pavie.[5]

LOUIS. Comment, pris! Hélas! en quel abîme s'est-il jeté par de mauvais conseils!

C'est donc ainsi que vous m'avez surpassé à la guerre? Vous avez replongé la France dans les malheurs qu'elle souffrit sous le roi Jean. Pauvre France, que je te plains! Je l'avais bien prévu. Eh bien, je vous entends; il a fallu rendre des provinces entières, et payer des sommes immenses. Voilà à quoi aboutit ce faste, cette hauteur, cette témérité, cette ambition.[6] Et la justice . . . comment va-t-elle?

FRANÇOIS. Elle m'a donné de grandes ressources; j'ai vendu les charges de magistrature.

LOUIS. Et les juges qui les ont achetées vendront à leur tour la justice. Mais tant de sommes levées sur le peuple ont-elles été bien employées pour lever et faire subsister les armées avec économie?

FRANÇOIS. Il en fallut une partie pour la magnificence de ma cour.

LOUIS. Si bien donc que le peuple est ruiné, la guerre encore allumée, la justice vénale, la cour livrée à toutes les folies de la galanterie, tout l'État en souffrance. Voilà ce règne si brillant qui a effacé le mien! Un peu de modération vous aurait fait bien plus d'honneur.

FRANÇOIS. Mais j'ai fait plusieurs grandes choses qui m'ont fait louer comme un héros; on m'appelle LE GRAND ROI FRANÇOIS.

LOUIS. C'est-à-dire que vous avez été flatté pour votre argent, et que vous vouliez être héros aux dépens de l'État, dont la seule prospérité devait faire toute votre gloire.

FRANÇOIS. Non, les louanges qu'on m'a données étaient sincères.

LOUIS. Eh! y a-t-il quelque roi si faible et si corrompu à qui on n'ait pas donné autant de louanges que vous en avez reçu? Donnez-moi le plus indigne de tous les princes, on lui donnera tous les éloges qu'on vous a donnés. Après cela, achetez des louanges par tant de sang et par tant de sommes qui ruinent un royaume!

FRANÇOIS. Du moins j'ai eu la gloire de me soutenir avec constance dans mes malheurs.

LOUIS. Vous auriez mieux fait de ne vous mettre jamais dans le besoin de faire éclater cette constance. Le héros ne s'est-il point ennuyé en prison?[7]

FRANÇOIS. Oui, sans doute; et j'achetai la liberté bien chèrement.

LA VILLE DE TYR.

J'admirais l'heureuse situation de cette grande ville, qui est au milieu de la mer, dans une île: la côte voisine est délicieuse par sa fertilité, par les fruits exquis qu'elle porte, par le nombre de villes et de villages qui se touchent presque, enfin par la douceur de son climat; car les montagnes mettent cette côte à l'abri des vents brûlants du midi. Elle est rafraîchie par le vent du nord qui souffle du côté de la mer. Ce pays est au pied du Liban, dont le sommet fend les nues et va toucher les astres; une glace éternelle couvre son front; des fleuves pleins de neige tombent, comme des torrents, des rochers qui environnent sa tête. Au-dessus, on voit une vaste forêt de cèdres antiques, qui paraissent aussi vieux que la terre où ils sont plantés, et qui portent leurs branches épaisses jusques vers les nues. Cette forêt a sous ses pieds de gras pâturages dans la pente de la montagne; c'est là qu'on voit errer les taureaux qui mugissent. Les brebis qui bêlent, avec leurs tendres agneaux, bondissent sur l'herbe. Là coulent mille ruisseaux d'une eau claire. Enfin on voit au-dessous de ces pâturages le pied de la montagne, qui est comme un jardin: le printemps et l'automne y règnent ensemble, pour y joindre les fleurs et les fruits. Jamais, ni le souffle empesté du midi qui sèche et qui brûle tout, ni le rigoureux aquilon, n'ont osé effacer les vives couleurs qui ornent ce jardin.

C'est auprès de cette belle côte que s'élève, dans la mer, l'île où est bâtie la ville de Tyr. Cette grande ville semble nager au-dessus des eaux, et être la Reine de toutes les mers. Les marchands y abondent de toutes les parties du monde, et ses habitants sont eux-mêmes les plus fameux marchands qu'il y ait dans l'univers. Quand on entre dans cette ville, on croit d'abord que ce n'est point une ville qui appartienne à un peuple particulier, mais qu'elle est la ville commune de tous les peuples, et le centre de leur commerce. Elle a deux grands môles semblables à deux bras qui s'avancent dans la mer, et qui embrassent un vaste port. On voit comme une forêt de mâts de navires, et ces navires sont si nombreux, qu'à peine peut-on découvrir la mer qui les porte. Tous les citoyens s'appliquent au commerce, et leurs grandes richesses ne les dégoûtent jamais du travail nécessaire pour les augmenter. On y voit de tous côtés le fin lin d'Égypte, et la pourpre Tyrienne deux fois teinte d'un éclat merveilleux. Cette double teinture est si vive, que le temps ne peut l'effacer. On s'en sert pour des laines fines, qu'on rehausse d'une broderie d'or et d'argent.

Les Phéniciens ont le commerce de tous les peuples, jusqu'au détroit de Gades, et ils ont même pénétré dans le vaste Océan qui environne toute la terre. Ils ont fait aussi de longues navigations sur la mer Rouge; et c'est par ce chemin qu'ils vont chercher, dans des îles inconnues, de l'or, des parfums, et divers animaux qu'on ne voit point ailleurs. Je ne pouvais rassasier mes yeux du spectacle magnifique de cette grande ville où tout était en mouvement. Je n'y voyais point, comme dans les villes de la Grèce, des hommes oisifs et curieux qui vont chercher des nouvelles dans la place publique, ou regarder les étrangers qui arrivent sur le port. Les hommes sont occupés à décharger leurs vaisseaux, à transporter leurs marchandises, ou à les vendre, ou à ranger leurs magasins, et à tenir un compte exact de ce qui leur est dû par les négociants étrangers; les femmes ne cessent jamais de filer les laines, ou de faire des dessins de broderies, ou de ployer[8] les riches étoffes.

LES MERVEILLES DE LA BÉTIQUE.[9]

Le fleuve Bétis[10] coule dans un pays fertile, et sous un ciel doux, qui est toujours serein. Le pays a pris le nom de ce fleuve, qui se jette dans le grand Océan, assez près des colonnes d'Hercule, et de cet endroit où la mer furieuse, rompant ses digues, sépara autrefois la terre de Tarsis[11] d'avec la grande Afrique. Ce pays semble avoir conservé les délices de l'age d'or. Les hivers y sont tièdes, et les rigoureux aquilons n'y soufflent jamais. L'ardeur de l'été y est toujours tempérée par des zéphirs rafraîchissants, qui viennent adoucir l'air vers le milieu du jour. Ainsi toute l'année n'est qu'un heureux hymen du printemps et de l'automne, qui semblent se donner la main. La terre, dans les vallons et dans les campagnes unies, y porte chaque année une double moisson. Les chemins y sont bordés de lauriers, de grenadiers, de jasmins, et d'autres arbres toujours verts et toujours fleuris. Les montagnes sont couvertes de troupeaux, qui fournissent des laines fines recherchées de toutes les nations connues. Il y a plusieurs mines d'or et d'argent dans ce beau pays; mais les habitants, simples et heureux dans leur simplicité, ne daignent pas seulement compter l'or et l'argent parmi leurs richesses; ils n'estiment que ce qui sert véritablement aux besoins de l'homme. L'or et l'argent, parmi eux, sont employés aux mêmes usages que le fer; par exemple, pour des socs de charrue. Comme ils ne faisaient aucun commerce au dehors, ils n'avaient besoin d'aucune monnaie. Ils sont presque tous bergers ou laboureurs. On voit en ce pays peu d'artisans; car ils ne veulent souffrir que les arts qui servent aux véritables nécessités des hommes; encore même la plupart des hommes en ce pays, étant adonnés à l'agriculture ou à conduire des troupeaux, ne laissent pas d'exercer les arts nécessaires à leur vie simple et frugale.

Les femmes filent cette belle laine, et en font des étoffes fines d'une merveilleuse blancheur: elles font le pain, apprêtent à manger, et ce travail leur est facile, car on vit en ce pays de fruits ou de lait, et rarement de viande. Elles emploient le cuir de leurs moutons à faire une légère chaussure pour elles, pour leurs maris, et pour leurs enfants; elles font des tentes, dont les unes sont de peaux cirées, et les autres d'écorces d'arbres; elles font et lavent tous les habits de la famille et tiennent leurs meubles dans une propreté admirable. Leurs habits sont aisés à faire; car, en ce doux climat, on ne porte qu'une pièce d'étoffe fine et légère, qui n'est point taillée, et que chacun met à longs plis autour de son corps, lui donnant la forme qu'il veut.

Tous les arts qui regardent l'architecture leur sont inutiles; car ils ne bâtissent jamais de maisons. C'est, disent-ils, s'attacher trop à la terre, que de s'y faire une demeure qui dure beaucoup plus que nous, il suffit de se défendre des injures de l'air. Pour tous les autres arts estimés chez les Grecs, chez les Égyptiens, et chez tous les autres peuples bien policés, ils les détestent, comme des inventions de la vanité et de la mollesse. Quand on leur parle des peuples qui ont l'art de faire des bâtiments superbes, des meubles d'or et d'argent, des étoffes ornées de broderies et de pierres précieuses, des parfums exquis, des mets délicieux, des instruments dont l'harmonie charme, ils répondent en ces termes: Ces peuples sont bien malheureux d'avoir employé tant de travail et d'industrie à se corrompre eux-mêmes! Ce superflu amollit, enivre, tourmente ceux qui le possèdent; il tente ceux qui en sont privés de vouloir l'acquérir par l'injustice et par la violence. Peut-on nommer bien un superflu qui ne sert qu' à rendre les hommes mauvais? Les hommes de ces pays sont-ils plus sains et plus robustes que nous? vivent-ils plus longtemps? sont-ils plus unis entre eux? mènent-ils une vie plus libre, plus tranquille, plus gaie? Au contraire, ils doivent être jaloux les uns des autres, rongés par une lâche et noire envie, toujours agités par l'ambition, par la crainte, par l'avarice, incapables des plaisirs purs et simples, puisqu'ils sont esclaves de tant de fausses nécessités dont ils font dépendre tout leur bonheur. C'est ainsi que parlent ces hommes sages, qui n'ont appris la sagesse qu'en étudiant la simple nature. Ils vivent tous ensemble, sans partager les terres; chaque famille est gouvernée par son chef, qui en est le véritable roi. Le père de famille est en droit de punir chacun de ses enfants ou petits-enfants qui fait une mauvaise action ; mais, avant que de [12] le punir, il prend les avis du reste de la famille. Ces punitions n'arrivent presque jamais; car l'innocence des mœurs, la bonne foi, l'obéissance et l'horreur du vice, habitent dans cette heureuse terre. Il semble qu'Astrée, qu'on dit retirée dans le ciel, est encore ici-bas, cachée parmi ces hommes. Il ne faut point de juge parmi eux, car leur propre conscience les juge. Tous les biens sont communs; les fruits des arbres, les légumes de la terre, les troupeaux sont des richesses si abondantes, que des peuples si sobres et si modérés n'ont pas besoin de les partager. Chaque famille, errante [13] dans ce beau pays, transporte ses tentes d'un lieu en un autre, quand elle a consumé les fruits et épuisé les pâturages de l'endroit où elle s'était mise. Ainsi ils n'ont point d'intérêts à soutenir les uns contre les autres, et ils s'aiment tous d'un amour fraternel que rien ne trouble. C'est le retranchement des vaines richesses et des plaisirs trompeurs qui leur conserve cette paix, cette union et cette liberté. Ils sont tous libres et tous égaux.

On ne voit parmi eux aucune distinction que celle qui vient de l'expérience des sages vieillards ou de la sagesse extraordinaire de quelques jeunes hommes qui égalent les vieillards consommés en vertu. La fraude, la violence, le parjure, les procès, les guerres ne font jamais entendre leur voix cruelle et empestée dans ce pays chéri des dieux. Jamais le sang humain n'a rougi cette terre ; à peine y voit-on couler celui des agneaux. Quand on parle à ces peuples des batailles sanglantes, des rapides conquêtes, des renversements d'États qu'on voit dans les autres nations, ils ne peuvent assez s'étonner.

Quoi! disent-ils, les hommes ne sont-ils pas assez mortels, sans se donner encore les uns aux autres une mort précipitée? La vie est si courte! et il semble qu'elle leur paraisse trop longue! sont-ils sur la terre pour se déchirer les uns les autres, pour se rendre mutuellement malheureux?

Au reste, ces peuples de la Bétique ne peuvent comprendre qu'on admire tant les conquérants qui subjugent les grands empires. Quelle folie, disent-ils, de mettre son bonheur à gouverner les autres hommes, dont le gouvernement donne tant de peine, si on veut les gouverner avec raison et suivant la justice! Mais pourquoi prendre plaisir à les gouverner malgré eux? C'est tout ce qu'un homme sage peut faire que de s'assujettir à gouverner un peuple docile dont les dieux l'ont chargé, ou un peuple qui le prie d'être comme son père et son pasteur. Mais gouverner les peuples contre leur volonté, c'est se rendre très misérable, pour avoir le faux honneur de les tenir dans l'esclavage. Un conquérant est un homme que les dieux, irrités contre le genre humain, ont donné à la terre dans leur colère pour ravager les royaumes, pour répandre partout l'effroi, la misère, le désespoir, et pour faire autant d'esclaves qu'il y a d'hommes libres. Un homme qui cherche la gloire ne la trouve-t-il pas assez en conduisant avec sagesse ce que les dieux ont mis dans ses mains? Croit-il ne pouvoir mériter des louanges qu'en devenant violent, injuste, hautain, usurpateur et tyrannique sur tous ses voisins? Il ne faut jamais songer à la guerre que pour défendre sa liberté. Heureux celui qui, n'étant point esclave d'autrui, n'a point la folle ambition de faire d'autrui [14] son esclave! Ces grands conquérants, qu'on nous dépeint avec tant de gloire, ressemblent à ces fleuves débordés qui paraissent majestueux, mais qui ravagent toutes les fertiles campagnes qu'ils devaient seulement arroser.

Jamais peuple ne fut si honnête ni si jaloux de la pureté. Les femmes y sont belles et agréables, mais simples, modestes et laborieuses.

Le mari et la femme semblent n'être plus qu'une seule personne en deux corps différents; le mari et la femme partagent ensemble tous les soins domestiques; le mari règle toutes les affaires du dehors, la femme se renferme dans son ménage; elle soulage son mari; elle paraît n'être faite que pour lui plaire; elle gagne sa confiance, et le charme moins par sa beauté que par sa vertu. Ce vrai charme de leur société dure autant que leur vie. La sobriété, la modération et les mœurs pures de ce peuple lui donnent une vie longue et exempte de maladies. On y voit des vieillards de cent et de six vingts[15] ans, qui ont encore de la gaîté et de la vigueur.

La nature les a séparés des autres peuples, d'un côté par la mer, et de l'autre par de hautes montagnes vers le nord, et les peuples voisins les respectent à cause de leur vertu. Souvent les autres nations, ne pouvant s'accorder ensemble, les ont pris pour juges de leurs différends, et leur ont confié les terres et les villes qu'elles se disputaient entre elles. Comme cette sage nation n'a jamais fait aucune violence, personne ne se défie d'elle. Ils rient quand on leur parle des rois qui ne peuvent régler entre eux les frontières de leurs États. Peut-on craindre, disent-ils, que la terre manque aux hommes? Il y en aura toujours plus qu'ils n'en pourront cultiver. Tandis qu'il restera des terres libres et incultes, nous ne voudrions pas même défendre les nôtres contre des voisins qui viendraient s'en saisir. On ne trouve, dans tous les habitants de la Bétique, ni orgueil, ni hauteur, ni mauvaise foi, ni envie d'étendre leur domination. Ainsi leurs voisins n'ont jamais rien à craindre d'un tel peuple, et ils ne peuvent espérer de s'en faire craindre: c'est pourquoi ils les laissent en repos. Ce peuple abandonnerait son pays, ou se livrerait à la mort, plutôt que d'accepter la servitude; ainsi il est d'autant plus difficile à subjuguer qu'il est incapable de vouloir subjuguer les autres. C'est ce qui fait une paix profonde entre eux et leurs voisins.[16]

§ 15. FONTENELLE, 1657–1757.

L'enfance délicate de FONTENELLE avait fait craindre qu'on ne pût l'élever : il ne s'en fallut que d'un mois qu'il n'accomplît sa centième année. Né avant que le jeune Louis XIV eût pris en main les rênes du gouvernement, il mourut lorsqu'allait commencer la vieillesse honteuse de Louis XV ; et ce fut sans doute à la sage régularité de sa vie, que lui rendait facile la parfaite modération de son caractère, qu'il dut sa longévité. Par elle, comme par la nature de ses talents, il fut la transition du XVIIe siècle au XVIIIe, qui le compta parmi ses favoris et ses plus éclatantes renommées. De bonne heure, la gloire de son oncle Corneille l'avait convié à l'étude, dont il ne s'écarta jamais. Il aborda presque tous les genres, mais il ne réussit entièrement que dans ceux où la raison a plus de part que l'imagination : il excella surtout dans l'alliance alors nouvelle de la littérature avec la science ; et, s'il a soutenu plus d'un paradoxe, il a aussi, d'un ton moitié sérieux et moitié plaisant, introduit bien des vérités dans le monde. Ses *Éloges des académiciens*[1] sont demeurés son principal titre : instructifs et piquants, ils joignent à la finesse et à l'agrément la solidité et la force. On est étonné que tant de connaissances diverses aient trouvé leur place dans un seul esprit, et qu'elles aient eu à leur service, pour se communiquer sans effort au commun des lecteurs, un langage si clair, si ingénieux et si varié.

L'ÉTUDE DES SCIENCES.[2]

Il est vrai que toutes les spéculations de géométrie pure ou d'algèbre ne s'appliquent pas à des choses utiles ; mais il est vrai aussi que la plupart de celles qui ne s'y appliquent pas conduisent ou tiennent à celles qui s'y appliquent : savoir que, dans une parabole, la sous-tangente est double de l'abscisse correspondante, c'est une connaissance fort stérile par elle-même ; mais c'est un degré nécessaire pour arriver à l'art de tirer les bombes avec la justesse dont on sait les tirer présentement. Il s'en faut beaucoup qu'il y ait dans les mathématiques autant d'usages évidents que de propositions ou de vérités : c'est bien assez que le concours de plusieurs vérités produise presque toujours un usage.

De plus, telle spéculation géométrique, qui ne s'appliquait d'abord à rien d'utile, vient à s'y appliquer dans la suite.

Quand les plus grands géomètres du XVIIe siècle se mirent à étudier une nouvelle courbe, qu'ils appelèrent la cycloïde, ce ne fut qu'une pure spéculation, où ils s'engagèrent par la seule vanité de découvrir à l'envi les uns des autres des théorèmes difficiles. Ils ne prétendaient pas eux-mêmes travailler pour le bien public; cependant il s'est trouvé, en approfondissant la nature de la cycloïde, qu'elle était destinée à donner aux pendules toute la perfection possible, et à porter la mesure du temps jusqu'à sa dernière précision.

Il en est de la physique comme de la géométrie. L'anatomie des animaux nous devrait être assez indifférente: il n'y a que le corps humain qu'il nous importe de connaître. Mais telle partie dont la structure est, dans le corps humain, si délicate ou si confuse qu'elle en est invisible, est sensible et manifeste dans le corps d'un certain animal. De là vient que les monstres mêmes ne sont pas à négliger. La mécanique,[3] cachée dans une certaine espèce ou dans une structure commune, se développe dans une autre espèce ou dans une structure extraordinaire, et l'on dirait presque que la nature, à force de multiplier et de varier ses ouvrages, ne peut s'empêcher de trahir quelquefois son secret.

Les anciens ont connu l'aimant, mais ils n'en ont connu que la vertu d'attirer le fer; soit qu'ils n'aient pas fait beaucoup de cas d'une curiosité qui ne les menait à rien, soit qu'ils n'eussent pas assez le génie des expériences, ils n'ont pas examiné cette pierre avec assez de soin. Une seule expérience de plus leur apprenait qu'elle se tourne d'elle-même vers les pôles du monde, et leur mettait entre les mains le trésor inestimable de la boussole. Ils touchaient à cette découverte si importante qu'ils ont laissée échapper, et s'ils avaient donné un peu plus de temps à une curiosité, inutile en apparence, l'utilité cachée se déclarait.

Amassons toujours des vérités de mathématiques et de physique au hasard de ce qui en arrivera; ce n'est pas risquer beaucoup. Il est certain qu'elles seront puisées dans un fonds d'où il en est déjà sorti un grand nombre qui se sont trouvées inutiles. Nous pouvons présumer avec raison que, de ce même fonds, nous en tirerons plusieurs, brillantes dès leur naissance, d'une utilité sensible et incontestable. Il y en aura d'autres qui attendront quelque temps qu'une fine méditation, ou un heureux hasard, découvre leur usage.[4] Il y en aura qui, prises séparément, seront stériles, et ne cesseront de l'être que quand on s'avisera de les rapprocher. Enfin, au pis aller, il y en aura qui seront éternellement inutiles.

J'entends inutiles, par rapport aux usages sensibles, et, pour ainsi dire, grossiers; car du reste elles ne le seront pas. Un objet vers lequel on tourne uniquement ses yeux en est plus clair et plus éclatant quand les objets voisins, qu'on ne regarde pourtant pas, sont éclairés aussi bien que lui: c'est qu'il profite de la lumière qu'ils lui communiquent par réflexion. Ainsi les découvertes sensiblement utiles, et qui peuvent mériter notre attention principale, sont en quelque sorte éclairées par celles qu'on peut traiter d'inutiles. Toutes les vérités deviennent plus lumineuses les unes par les autres.

Il est toujours utile de penser juste, même sur des sujets inutiles: quand les nombres et les lignes ne conduiraient absolument à rien, ce seraient toujours les seules connaissances certaines qui aient été accordées à nos lumières naturelles, et elles serviraient à donner plus sûrement à notre raison la première habitude et le premier pli du vrai. Elles nous apprendraient à opérer sur les vérités, à en prendre le fil souvent très délié et presque imperceptible, à le suivre aussi loin qu'il peut s'étendre; enfin, elles nous rendraient le vrai si familier, que nous pourrions, en d'autres rencontres, le reconnaître au premier coup d'œil, et presque par instinct.

L'esprit géométrique n'est pas si attaché à la géométrie qu'il n'en puisse être tiré, et transporté à d'autres connaissances. Un ouvrage de morale, de politique, de critique, peut-être même d'éloquence, en sera plus beau, toutes choses d'ailleurs égales, s'il est fait de main de géomètre. L'ordre, la netteté, la précision, l'exactitude, qui règnent dans les bons livres depuis un certain temps, pourraient bien avoir leur première source dans cet esprit géométrique, qui se répand plus que jamais, et qui, en quelque façon, se communique de proche en proche à ceux même qui ne connaissent pas la géométrie. Quelquefois un grand homme donne le ton à tout son siècle, et celui à qui on pourrait le plus légitimement accorder la gloire d'avoir établi un nouvel art de raisonner était un excellent géomètre.

Enfin, tout ce qui nous élève à des réflexions, qui, quoique purement spéculatives, sont grandes et nobles, est d'une utilité qu'on peut appeler spirituelle et philosophique. L'esprit a ses besoins, et peut-être aussi étendus que ceux du corps. Il veut savoir; tout ce qui peut être connu lui est nécessaire, et rien ne marque mieux combien il est destiné à la vérité, rien n'est peut-être plus glorieux pour lui, que le charme que l'on éprouve, et quelquefois malgré soi, dans les plus sèches et les plus épineuses recherches de l'algèbre.

Les différentes vues de l'esprit humain sont presque infinies, et la nature l'est véritablement. Ainsi l'on peut espérer chaque jour, soit en mathématiques, soit en physique, des découvertes qui seront d'une espèce nouvelle d'utilité ou de curiosité. Rassemblez tous les différents usages dont les mathématiques pouvaient être: il y a cent ans, rien ne ressemblait aux lunettes qu'elles nous ont données depuis ce temps-là, et qui sont un nouvel organe de la vue, que l'on n'eût pas osé attendre des mains de l'art. Quelle eût été la surprise des anciens, si on leur eût prédit qu'un jour leur postérité, par le moyen de quelques instruments, verrait une infinité d'objets qu'ils ne voyaient pas, un ciel qui leur était inconnu, des plantes et des animaux dont ils ne soupçonnaient seulement pas la possibilité? Les physiciens avaient déjà un grand nombre d'expériences curieuses, mais voici encore, depuis près d'un demi-siècle, la machine pneumatique qui en a produit une infinité d'une nature toute nouvelle, et qui, en nous montrant les corps dans un lieu vide d'air, nous les montre comme transportés dans un monde différent du nôtre, où ils éprouvent des altérations dont nous n'avions pas d'idée. Peut-être l'excellence des méthodes géométriques que l'on invente, ou que l'on perfectionne de jour en jour, fera-t-elle voir à la fin le bout de la géométrie, c'est-à-dire de l'art de faire des découvertes en géométrie, ce qui est tout; mais la physique, qui contemple un objet d'une variété et d'une fécondité sans bornes, trouvera toujours des observations à faire et des occasions de s'enrichir, et aura l'avantage de n'être jamais une science complète.

Tant de choses qui restent encore, et dont apparemment plusieurs resteront toujours à savoir, donnent lieu au découragement affecté de ceux qui ne veulent pas entrer dans les épines de la physique. Souvent, pour mépriser la science naturelle, on se jette dans l'admiration de la nature, que l'on soutient absolument incompréhensible. La nature, cependant, n'est jamais si admirable, ni si admirée, que quand elle est connue. Il est vrai que ce que l'on sait est peu de chose en comparaison de ce qu'on ne sait pas; quelquefois même ce qu'on ne sait pas est justement ce qu'il semble qu'on devrait le plus tôt savoir. Par exemple, on ne sait pas, du moins bien certainement, pourquoi une pierre jetée en l'air retombe; mais on sait avec certitude quelle est la cause de l'arc-en-ciel, pourquoi il ne passe jamais une certaine hauteur, pourquoi la largeur en est toujours la même, pourquoi, quand il y a deux arcs-en-ciel à la fois, les couleurs de l'un sont renversées à l'égard de celles de l'autre, etc.; et, cependant combien la chute d'une pierre dans l'air paraît-elle un phénomène plus simple que l'arc-en-ciel? Mais enfin, quoique l'on ne sache pas tout, on n'ignore pas tout aussi; quoique l'on ignore ce qui paraît plus simple, on ne laisse pas de savoir ce qui paraît plus compliqué; et, si nous devons craindre que notre vanité ne nous flatte souvent de pouvoir parvenir à des connaissances qui ne sont pas faites pour nous, il est dangereux que notre paresse ne nous flatte aussi quelquefois d'être condamnés à une plus grande ignorance que nous ne le sommes effectivement.

Il est permis de compter que les sciences ne font que de naître,[5] soit parce que chez les anciens elles ne pouvaient être encore qu'assez imparfaites, soit parce que nous en avons presque entièrement perdu les traces pendant les longues ténèbres de la barbarie, soit parce qu'on ne s'est mis sur les bonnes voies que depuis environ un siècle. Si l'on examinait historiquement le chemin qu'elles ont déjà fait dans un si petit espace de temps, malgré les faux préjugés qu'elles ont eus à combattre de toutes parts et qui leur ont longtemps résisté, quelquefois même malgré les obstacles étrangers de l'autorité et de la puissance, malgré le peu d'ardeur que l'on a eu pour des connaissances éloignées de l'usage commun, malgré le petit nombre de personnes qui se sont dévouées à ce travail, malgré la faiblesse des motifs qui les y ont engagées, on serait étonné de la grandeur et de la rapidité du progrès des sciences; on en verrait même de toutes nouvelles sortir du néant, et peut-être laisserait-on aller trop loin ses espérances pour l'avenir.

DESCARTES ET NEWTON.[6]

Ces deux grands hommes, qui se sont trouvés dans de grandes oppositions, ont eu aussi de grands rapports. Tous deux ont été des génies du premier ordre, nés pour dominer sur les autres esprits et pour fonder des empires. Tous deux géomètres excellents ont vu la nécessité de transporter la géométrie dans la physique. Tous deux ont fondé leur physique sur une géométrie qu'ils ne tenaient presque que de leurs propres lumières: mais l'un, prenant un vol hardi, a voulu se placer à la source de tout, se rendre maître des premiers principes par quelques idées claires et fondamentales, pour n'avoir plus qu'à descendre aux phénomènes de la nature, comme à des conséquences nécessaires; l'autre, plus timide ou plus modeste, a commencé sa marche par s'appuyer sur les phénomènes pour remonter aux principes inconnus, résolu de les admettre, quels que les pût donner l'enchaînement des conséquences. L'un part de ce qu'il entend nettement pour trouver la cause de ce qu'il voit; l'autre part de ce qu'il voit pour en trouver la cause, soit claire, soit obscure. Les principes évidents de l'un ne le conduisent pas toujours aux phénomènes tels qu'ils sont; les phénomènes ne conduisent pas toujours l'autre à des principes assez évidents. Les bornes qui dans ces deux routes contraires ont pu arrêter deux hommes de cette espèce, ce ne sont pas les bornes de leur esprit, mais celles de l'esprit humain.

M. Newton a eu le bonheur singulier de jouir pendant sa vie de tout ce qu'il méritait, bien différent de Descartes, qui n'a reçu que des honneurs posthumes. Les Anglais n'en honorent pas moins les grands talents, pour être nés chez eux: loin de chercher à les rabaisser par des critiques injurieuses, loin d'applaudir à l'envie qui les attaque, ils sont tous de concert à les élever; et cette grande liberté, qui les divise sur les points les plus importants, ne les empêche point de se réunir sur celui-là. Ils sentent tous combien la gloire de l'esprit doit être précieuse à un État; et qui peut la procurer à leur patrie leur devient infiniment cher. Tous les savants d'un pays qui en produit tant mirent M. Newton à leur tête par une espèce d'acclamation unanime[7]: ils le reconnurent pour chef et pour maître; un rebelle n'eût osé s'élever: on n'eût pas souffert même un médiocre admirateur. Sa philosophie a été adoptée par toute l'Angleterre; elle domine dans la société royale, et dans tous les excellents ouvrages qui en sont sortis, comme si elle était déjà consacrée par le respect d'une longue suite de siècles. Enfin il a été révéré au point que la mort ne pouvait plus lui produire de nouveaux honneurs; il a vu son apothéose. Tacite, qui a reproché aux Romains leur extrême indifférence pour les grands hommes de leur nation, eût donné aux Anglais la louange tout opposée. En vain les Romains se seraient-ils excusés sur ce que le grand mérite leur était devenu familier: Tacite leur eût répondu que le grand mérite n'était jamais commun, ou que même il faudrait, s'il était possible, le rendre commun par la gloire qui y serait attachée.

§ 16. MASSILLON, 1663–1742.

Ce célèbre prédicateur naquit à Hyères (Provence), en 1663, et entra dans la congrégation de l'Oratoire en 1681. Ses prédications ne tardèrent pas à révéler en lui un grand orateur et un profond moraliste. Il fut promu en 1717 á l'évêché de Clermont, et ce fut l'année suivante qu'il prononça son *Petit-Carême.* On remarque aussi son *Oraison funèbre de Louis XIV* dont l'exorde commence ainsi: *Dieu seul est grand, mes frères.* " C'est un beau mot que celui-là, dit Chateaubriand, ainsi prononcé devant le tombeau de Louis le Grand." Mais Bourdaloue l'avait prononcé déjà devant Louis XIV lui-même.

Les sermons de Massillon se distinguent par le style, par l'élégance et l'harmonie. Ses idées sont pleines d'éclat et de fraîcheur; il connaît le cœur humain et ses secrètes misères.

L'AMBITION DES GRANDS.

Je sais qu'il y a une noble émulation qui mène à la gloire par le devoir: la naissance nous l'inspire,[1] et la religion l'autorise; c'est elle qui donne aux empires des citoyens illustres, des ministres sages et laborieux, de vaillants généraux, des auteurs célèbres, des princes dignes des louanges de la postérité. La piété véritable n'est pas une profession de pusillanimité et de paresse: la religion n'abat et n'amollit point le cœur, elle l'ennoblit et l'élève; elle seule sait former de grands hommes: on est toujours petit quand on n'est grand que par la vanité. Ainsi la mollesse et l'oisiveté blessent également les règles de la piété et les devoirs de la vie civile; et le citoyen inutile n'est pas moins proscrit par l'Évangile que par la société.

Mais l'ambition, ce désir insatiable de s'élever au-dessus et sur les ruines mêmes des autres; ce ver qui pique le cœur, et ne le laisse jamais tranquille; cette passion qui est le grand ressort des intrigues et de toutes les agitations des cours, qui forme les révolutions des États, et qui donne tous les jours à l'univers de nouveaux spectacles; cette passion, qui ose tout, et à laquelle rien ne coûte, est un vice encore plus pernicieux aux empires que la paresse même.

Déjà il rend malheureux celui qui en est possédé : l'ambitieux ne jouit de rien, ni de sa gloire : il la trouve obscure ; ni de ses places ; il veut monter plus haut ; ni de sa prospérité : il sèche et dépérit au milieu de son abondance ; ni des hommages qu'on lui rend : ils sont empoisonnés par ceux qu'il est obligé de rendre lui-même ; ni de sa faveur : elle devient amère dès qu'il faut la partager avec ses concurrents ; ni de son repos : il est malheureux à mesure qu'il est obligé d'être plus tranquille : c'est un Aman,[2] l'objet souvent des désirs et de l'envie publique, et qu'un seul honneur refuse à son excessive autorité rend insupportable à lui-même.

L'ambition le rend donc malheureux, mais, de plus, elle l'avilit et le dégrade. Que de bassesses pour parvenir ! Il faut paraître, non pas tel qu'on est, mais tel qu'on nous souhaite ! Bassesse d'adulation : on encense et on adore l'idole qu'on méprise ; bassesse de lâcheté : il faut savoir essuyer des dégoûts, dévorer des rebuts, et les recevoir presque comme des grâces ; bassesse de dissimulation : point de sentiments à soi, et ne penser que d'après les autres : bassesse de déréglement : devenir les complices et peut-être les ministres des passions de ceux de qui nous dépendons, et entrer en part de leurs désordres, pour participer plus sûrement à leurs grâces ; enfin, bassesse même d'hypocrisie : emprunter quelquefois les apparences de la piété, jouer l'homme de bien pour parvenir, et faire servir à l'ambition la religion même qui la condamne. Ce n'est point là une peinture imaginée, ce sont les mœurs des cours, et l'histoire de la plupart de ceux qui y vivent.[3]

Qu'on nous dise après cela que c'est le vice des grandes âmes : c'est le caractère d'un cœur lâche et rampant, c'est le trait le plus marqué d'une âme vile. Le devoir tout seul peut nous mener à la gloire ; celle qu'on doit aux bassesses et aux intrigues de l'ambition porte toujours avec elle un caractère de honte qui nous déshonore : elle ne promet les royaumes du monde et toute leur gloire qu'à ceux qui se prosternent devant l'iniquité, et qui se dégradent honteusement eux-mêmes. On reproche toujours vos bassesses à votre élévation ; vos places rappellent sans cesse les avilissements qui les ont méritées; et les titres de vos honneurs et de vos dignités deviennent eux-mêmes les traits publics de votre ignominie. Mais, dans l'esprit de l'ambitieux, le succès couvre la honte des moyens: il veut parvenir, et tout ce qui le mène là est la seule gloire qu'il cherche; il regarde ces vertus romaines, qui ne veulent rien devoir qu'à la probité, à l'honneur et aux services, comme des vertus de roman et de théâtre, et croit que l'élévation des sentiments pouvait faire autrefois les héros de la gloire, mais que c'est la bassesse et l'avilissement qui fait aujourd'hui ceux de la fortune.

Aussi l'injustice de cette passion en est un dernier trait encore plus odieux que ses inquiétudes et sa honte. Oui, un ambitieux ne connaît de loi que celle qui le favorise: le crime qui l'élève est pour lui comme une vertu qui l'ennoblit. Ami infidèle, l'amitié n'est plus rien pour lui dès qu'elle intéresse sa fortune; mauvais citoyen, la vérité ne lui paraît estimable qu'autant qu'elle lui est utile: le mérite qui entre en concurrence avec lui est un ennemi auquel il ne pardonne point: l'intérêt public cède toujours à son intérêt propre; il éloigne des sujets capables, et se substitue à leur place; il sacrifie à ses jalousies le salut de l'État, et il verrait avec moins de regret les affairs publiques périr entre ses mains, que sauvées par les soins et par les lumières d'un autre.

MORT DE LOUIS XIV.[4]

Pour couronner sa glorieuse vie, Louis meurt en roi, en héros, en saint.[5] . . . Il voit approcher la mort d'un œil tranquille. Au milieu des sanglots de ses anciens et fidèles serviteurs, de la consternation des princes et des grands, des larmes de toute sa cour, il trouve dans la foi une paix, une fermeté, une grandeur d'âme que le monde ne donne pas. *Pourquoi pleurez-vous?* dit-il à un des siens que les larmes abondantes d'une douleur moins circonspecte lui font remarquer: *aviez-vous cru que les rois étaient immortels?* Ce monarque, environné de tant de gloire, et qui voyait autour de lui tant d'objets si capables de réveiller ou ses désirs ou sa tendresse, ne jette pas même un œil de regret sur la vie. Il sait que son heure est venue, et qu'il n'y a plus de ressource, et il conserve dans le lit de sa douleur cette majesté, cette sérénité qu'on lui avait vues autrefois aux jours de ses prospérités sur son trône: il règle les affaires de l'État, qui ne le regardent déjà plus, avec le même soin et la même tranquillité que s'il commençait seulement à régner. Les sacrements des mourants n'ont pas autour de lui cet air sombre et lugubre qui d'ordinaire les accompagne; ce sont des mystères de paix et de magnificence. Et ce n'est pas ici un de ces moments rapides et uniques où la vertu se rappelle tout entière et trouve dans la courte durée de l'effroi du spectacle la ressource de sa fermeté: les jours vides et les nuits laborieuses se prolongent, et l'intrépidité de sa vertu semble croître et s'affermir sur les débris de son corps terrestre. . . .

Il assemble autour de son lit, comme un autre David mourant, chargé d'années, de victoires et de vertus, les princes de son auguste sang et les grands de l'État. Avec quelle dignité soutient-il le spectacle de leur désolation et de leurs larmes! Il leur rappelle, comme David, leurs anciens services; il leur recommande l'union, la bonne intelligence, si rare sous un prince enfant; les intérêts de la monarchie, dont ils sont l'ornement et le plus ferme soutien; il leur demande pour son fils Salomon et pour la faiblesse de son âge le même zèle, la même fidélité qui les avait toujours si fort distingués sous son règne. . . . Enfin, l'auguste enfant est appelé. Louis offre au Dieu de ses ancêtres ce reste précieux de sa maison royale; cet enfant sauvé du débris, qui lui rappelle la perte encore récente de tant de princes, et que ses prières et sa piété ont sans doute conservé à la France. Il demande pour lui à Dieu un cœur fidèle à sa loi, tendre pour ses peuples, zélé pour ses autels et pour la gloire de son nom. Il lui laisse pour dernières instructions, comme un héritage encore plus cher que sa couronne, les maximes de la piété et de la sagesse.[6] . . .

§ 17. MONTESQUIEU, 1689–1755.

Lorsque Montesquieu naquit, la dynastie des Stuarts venait de succomber en Angleterre, et Jacques II cherchait un asile auprès de Louis XIV; lorsqu'il mourut, Louis XVI était dans sa première année, et la guerre désastreuse de Sept ans allait éclater; déjà fermentaient dans la France ces vagues désirs de réformes qui aboutirent à des bouleversements. Montesquieu fut un des hommes qui auraient pu épargner à son pays ces douloureuses épreuves. Esprit hardi mais sage, ami du progrès sans rompre avec le passé, magistrat érudit et homme vertueux, il a écrit pour éclairer ses semblables et pour les rendre meilleurs. Il avait trente ans lorsqu'il publia les *Lettres Persanes*, satire pleine d'observations judicieuses et piquantes. Sept ans plus tard, il fut reçu à l'Académie française, et publia son admirable tableau des *Causes de la grandeur et de la décadence des Romains*, sujet usé qu'il sut rajeunir par des considérations politiques de la plus haute portée et par d'énergiques peintures. Parut ensuite *l'Esprit des lois*, l'œuvre de toute sa vie, et son plus grand titre à la gloire. Le genre humain, a-t-on dit, avait perdu ses titres; Montesquieu les a retrouvés, et les lui a rendus.

PARALLÈLE DE CARTHAGE ET DE ROME.[1]

Carthage, devenue riche plus tôt que Rome, avait aussi été plus tôt corrompue; ainsi, pendant qu'à Rome les emplois publics ne s'obtenaient que par la vertu, et ne donnaient d'utilité que l'honneur et une préférence aux fatigues, tout ce que le public peut donner aux particuliers se vendait à Carthage, et tout service rendu par les particuliers y était payé par le public.

La tyrannie d'un prince ne met pas un État plus près de sa ruine que l'indifférence pour le bien commun n'y met une république. L'avantage d'un État libre est que les revenus y sont mieux administrés; mais lorsqu'ils le sont plus mal, l'avantage d'un État libre est qu'il n'y ait point de favoris; mais quand cela n'est pas, et qu'au lieu des amis et des parents du prince, il faut faire la fortune des amis et des parents de tous ceux qui ont part au gouvernement, tout est perdu; les lois sont éludées plus dangereusement qu'elles ne sont violées par un prince qui, étant toujours le plus grand citoyen de l'État, a le plus d'intérêt à sa conservation.[2]

D'anciennes mœurs, un certain usage de la pauvreté, rendaient à Rome les fortunes à peu près égales; mais, à Carthage, des particuliers avaient les richesses des rois.

De deux factions qui régnaient à Carthage, l'une voulait toujours la paix, et l'autre toujours la guerre; de façon qu'il était impossible d'y jouir de l'une ni d'y bien faire l'autre.

Pendant qu'à Rome la guerre réunissait d'abord tous les intérêts, elle les séparait encore plus à Carthage.

Dans les États gouvernés par un prince, les divisions s'apaisent aisément, parce qu'il a dans ses mains une puissance coercitive qui ramène les deux partis; mais dans une république elles sont plus durables, parce que le mal attaque ordinairement la puissance même qui pourrait le guérir.

A Rome, gouvernée par les lois, le peuple souffrait que le sénat eût la direction des affaires, à Carthage, gouvernée par des abus, le peuple voulait tout faire par lui-même.

Carthage, qui faisait la guerre avec son opulence contre la pauvreté romaine, avait par cela même du désavantage; l'or et l'argent s'épuisent; mais la vertu, la constance, la force, et la pauvreté ne s'épuisent jamais.

Les Romains étaient ambitieux par orgueil, et les Carthaginois par avarice; les uns voulaient commander, les autres voulaient acquérir; et ces derniers, calculant sans cesse la recette et la dépense, firent toujours la guerre sans l'aimer.

Des batailles perdues, la diminution du peuple, l'affaiblissement du commerce, l'épuisement du trésor public, le soulèvement des nations voisines, pouvaient faire accepter à Carthage les conditions de paix les plus dures, mais Rome ne se conduisait point par le sentiment des biens et des maux; elle ne se déterminait que par sa gloire, et comme elle n'imaginait point qu'elle pût être si elle ne commandait pas, il n'y avait point d'espérance ni de crainte qui pût l'obliger à faire une paix qu'elle n'aurait point imposée.

Il n'y a rien de si puissant qu'une république où l'on observe les lois, non pas par crainte, non pas par raison, mais par passion, comme furent Rome et Lacédémone; car, pour lors,[3] il se joint à la sagesse d'un bon gouvernement toute la force que pourrait avoir une faction.

Les Carthaginois se servaient de troupes étrangères, et les Romains employaient les leurs. Comme ces derniers n'avaient jamais regardé les vaincus que comme des instruments pour des triomphes futurs, ils rendirent soldats tous les peuples qu'ils avaient soumis, et plus ils eurent de peine à les vaincre, plus ils les jugèrent propres à être incorporés dans leur république. Ainsi, nous voyons les Samnites, qui ne furent subjugués qu'après vingt-quatre triomphes, devenir les auxiliaires des Romains; et quelque temps avant la seconde guerre punique, ils tirèrent d'eux et de leurs alliés, c'est-à-dire d'un pays qui n'était guère plus grand que les États du pape et de Naples, sept cent mille hommes de pied et soixante-dix mille de cheval pour opposer aux Gaulois.

Dans le fort de la seconde guerre punique, Rome eut toujours sur pied de vingt-deux à vingt-quatre légions; cependant il paraît, par Tite-Live, que le cens n'était pour lors que d'environ cent trente-sept mille citoyens.

Carthage employait plus de force pour attaquer, Rome pour se défendre; celle-ci, comme on vient de le dire, arma un nombre d'hommes prodigieux contre les Gaulois et Annibal qui l'attaquaient, et elle n'envoya que deux légions contre les plus grands rois, ce qui rendit ses forces éternelles.

L'établissement de Carthage dans son pays était moins solide que celui de Rome dans le sien; cette dernière avait trente colonies autour d'elle, qui en étaient comme les remparts. Avant la bataille de Cannes, aucun allié ne l'avait abandonnée; c'est que les Samnites et les autres peuples d'Italie étaient accoutumés à sa domination.

La plupart des villes d'Afrique, étant peu fortifiées, se rendaient d'abord à quiconque se présentait pour les prendre; aussi tous ceux qui y débarquèrent, Agathocle, Régulus, Scipion, mirent-ils d'abord Carthage au désespoir.

On ne peut guère attribuer qu'à un mauvais gouvernement ce qui leur arriva dans toute la guerre que leur fit le premier

Scipion ; leur ville et leurs armées mêmes étaient affamées, tandis que les Romains étaient dans l'abondance de toutes choses.

Chez les Carthaginois, les armées qui avaient été battues devenaient plus insolentes, quelquefois elles mettaient en croix leurs généraux et les punissaient de leur propre lâcheté. Chez les Romains, le consul décimait les troupes qui avaient fui, et les ramenait contre les ennemis.

Le gouvernement des Carthaginois était très dur; ils avaient si fort tourmenté les peuples d'Espagne, que, lorsque les Romains y arrivèrent, ils furent regardés comme des libérateurs; et si l'on fait attention aux sommes immenses qu'il leur en coûta pour soutenir une guerre où ils succombèrent, on verra bien que l'injustice est mauvaise ménagère, et qu'elle ne remplit pas même ses vues.

§ 18. VOLTAIRE, 1694–1778.

Peu d'hommes ont plus que Voltaire remué par leur génie et rempli de leur nom le monde; aucun n'a plus fortement agi sur son temps. Pour lui on a épuisé les censures et les éloges : on se bornera à dire qu'il a justifié pleinement les unes et les autres. Il suffisait pourtant à sa gloire d'être le talent le plus universel, le plus brillant et le plus fécond écrivain du XVIIIe siècle : son ardente ambition voulut encore renouveler les opinions humaines; il déclara la guerre aux plus saintes, aux plus inébranlables vérités. A cette lutte, qui troubla sa vie et pèse sur sa mémoire, furent consacrées surtout les années de sa longue vieillesse : elles lui permirent de voir les commencements du règne de Louis XVI, après que sa jeunesse avait vu la fin de celui de Louis XIV. Émule, dans la prose, des maîtres de l'époque classique, Voltaire s'est, toutefois, élevé rarement au ton de la haute éloquence. Ses passions étaient plus vives et plus mobiles que ses convictions profondes et arrêtées. Le ton de légèreté et d'ironie, qui lui est trop ordinaire, se concilie peu d'ailleurs avec les grands mouvements de l'âme. Mais il excelle dans le style simple et tempéré : son langage, facile et animé d'une douce chaleur, offre les principales qualités de l'esprit français, la netteté, la clarté, l'élégance et la finesse.

BATAILLE DE PULTAVA.[1]

Le 15 juin 1709, il[2] arrive devant Pultava avec une armée d'environ soixante mille combattants. La rivière Vorskla était entre lui et Charles[3]; les assiégeants au nord-ouest, les Russes au sud-est.

Pierre remonte la rivière au-dessus de la ville; établit ses ponts, fait passer son armée, et tire un long retranchement qu'on commence et qu'on achève en une seule nuit, vis-à-vis l'armée ennemie. Charles put juger alors si celui qu'il méprisait et qu'il comptait détôner à Moscou, entendait l'art de la guerre. Cette disposition faite, Pierre posta sa cavalerie entre deux bois, et la couvrit de plusieurs redoutes garnies d'artillerie. Toutes les mesures ainsi prises, il va reconnaître le camp des assiégeants pour en former l'attaque.

Cette bataille allait décider du destin de la Russie, de la Pologne, de la Suède, et de deux monarques sur qui l'Europe avait les yeux. On ne savait, chez la plupart des nations attentives à ces grands intérêts, ni où étaient ces deux princes, ni quelle était leur situation; mais, après avoir vu partir de Saxe Charles XII victorieux à la tête de l'armée la plus formidable, après avoir su qu'il poursuivait partout son ennemi, on ne doutait pas qu'il ne dût l'accabler; et qu'ayant donné des lois en Danemark, en Pologne, en Allemagne, il n'allât dicter, dans le Kremlin[4] de Moscou, les conditions de la paix et faire un czar, après avoir fait un roi de Pologne. J'ai vu des lettres de plusieurs ministres qui confirmaient leurs cours dans cette opinion générale.

Le risque n'était point égal entre ces deux rivaux. Si Charles perdait une vie tant de fois prodiguée, ce n'était après tout qu'un héros de moins. Les provinces de l'Ukraine, les frontières de Lithuanie et de Russie cessaient alors d'être dévastées; la Pologne reprenait, avec sa tranquillité, son roi légitime, déjà réconcilié avec le czar, son bienfaiteur. La Suède enfin, épuisée d'hommes et d'argent, pouvait trouver des motifs de consolation; mais si le czar périssait, des travaux immenses, utiles à tout le genre humain, étaient ensevelis avec lui, et le plus vaste empire de la terre retombait dans le chaos dont il était à peine tiré.

Quelques corps suédois et russes avaient été plus d'une fois aux mains[5] sous les murs de la ville. Charles, dans une de ces rencontres, avait été blessé d'un coup de carabine qui lui fracassa les os du pied; il essuya des opérations douleureuses qu'il soutint avec son courage ordinaire, et fut obligé d'être quelques jours au lit. Dans cet état il apprit que Pierre devait l'attaquer; ses idées de gloire ne lui permirent pas de l'attendre dans ses retranchements; il sortit des siens, en se faisant porter sur un brancard. Le journal de Pierre le Grand avoue que les Suédois attaquèrent avec une valeur si opiniâtre les redoutes garnies de canons qui protégeaient sa cavalerie, que, malgré sa résistance et malgré un feu continuel, ils se rendirent maîtres de deux redoutes. On a écrit que l'infanterie suédoise, maîtresse de deux redoutes, crut la bataille gagnée et cria victoire! Le chapelain Norberg, qui était loin du champ de bataille, au bagage (où il devait être), prétend que c'est une calomnie; mais que[6] les Suédois aient crié victoire ou non, il est certain qu'ils ne l'eurent pas. Le feu des autres redoutes ne se ralentit point, et les Russes résistèrent partout avec autant de fermeté qu'on les attaquait avec ardeur. Ils ne firent aucun mouvement irrégulier. Le czar rangea son armée en bataille, hors de ses retranchements, avec ordre et promptitude.

La bataille devint générale. Pierre faisait dans son armée la fonction de général major; le général Bauer commandait la droite, Menzikoff la gauche, Sheremeto le centre. L'action dura deux heures. Charles, le pistolet à la main, allait de rang en rang sur son brancard; un coup de canon tua un des gardes qui le portaient, et mit le brancard en pièces. Charles se fit alors porter sur des piques; car il est difficile, quoi qu'en dise Norberg, que dans une action aussi vive on eût trouvé un nouveau brancard tout prêt. Pierre reçut plusieurs coups dans ses habits et dans son chapeau, ces deux princes furent continuellement au milieu du feu pendant toute l'action. Enfin, après deux heures de combat, les Suédois furent partout enfoncés; la confusion se mit parmi eux, et Charles XII fut obligé de fuir devant celui qu'il avait tant méprisé. On mit à cheval, dans sa fuite, ce même héros qui n'avait pu y monter pendant la bataille; la nécessité lui rendit un peu de force; il courut en souffrant d'extrêmes douleurs, devenues encore plus cuisantes par celle d'être vaincu sans ressource. Les Russes comptèrent neuf mille deux cent vingt-quatre Suédois morts sur le champ de bataille; ils firent pendant l'action deux à trois mille prisonniers, surtout dans la cavalerie. Quatorze mille Suédois, pendant la bataille et par la capitulation, se rendirent prisonniers de guerre à ces dix mille Russes. Charles avait vingt-sept mille combattants sous ses orders dans cette journée mémorable. Il était parti de Saxe avec quarante-cinq mille combattants: Levenhaupt en avait amené plus de seize mille de Livonie; rien ne restait de toute cette armée florissante, et d'une nombreuse artillerie perdue dans ses marches, enterrée dans des marais, il n'avait conservé que dix-huit canons de fonte, deux obus et douze mortiers. C'était avec ces faibles armes qu'il avait entrepris le siége de Pultava, et qu'il avait attaqué une armée pourvue d'une artillerie formidable; aussi accuse-t-on d'avoir montré depuis son départ d'Allemagne plus de valeur que de prudence. Il n'y eut de morts, du côté des Russes, que cinquante-deux officiers et douze cent quatre-vingt-treize soldats; c'est une preuve que leur disposition était meilleure que celle de Charles, et que leur feu fut infiniment supérieur.

Ce qui est le plus important dans cette bataille, c'est que de toutes celles qui ont jamais ensanglanté la terre, c'est la seule qui, au lieu de ne produire que la destruction, ait servi au bonheur du genre humain, puisqu'elle a donné au czar la liberté de policer une grande partie du monde. Il s'est donné en Europe plus de deux cents batailles rangées depuis le commencement de ce siècle jusqu'à l'année où j'écris. Les victoires les plus signalées et les plus sanglantes n'ont eu d'autres suites que la réduction de quelques petites provinces, cédées ensuite par des traités et reprises par d'autres batailles. Des armées de cent mille hommes ont souvent combattu; mais les plus violents efforts n'ont eu que des succès faibles et passagers; on a fait les plus petites choses avec les plus grands moyens. Il n'y a point d'exemple, dans nos nations modernes, d'aucune guerre qui ait compensé par un peu de bien le mal qu'elle a fait; mais il a résulté de la journée de Pultava la félicité du plus vaste empire de la terre.

DE LA GRÂCE ET DE L'ÉLÉGANCE.

Dans les personnes, dans les ouvrages *grâce* signifie non-seulement ce qui plaît, mais ce qui plaît avec attrait; c'est pourquoi les anciens avaient imaginé que la déesse de la beauté ne devait jamais paraître sans les Grâces. La beauté ne déplaît jamais, mais elle peut être dépourvue de ce charme secret qui invite à la regarder, qui attire, qui remplit l'âme d'un sentiment doux. Les grâces dans la figure, dans le maintien, dans l'action, dans les discours, dépendent de ce mérite qui attire. Tout ce qui est uniquement dans le genre fort et vigoureux a un mérite qui n'est pas celui des grâces. Ce serait mal connaître Michel-Ange et le Caravage[7] que de leur attribuer les grâces de l'Albane.[8] Le sixième livre de l'Énéide est sublime, le quatrième a plus de grâces. Quelques odes d'Horace respirent les grâces, comme quelques-unes de ses épîtres enseignent la raison.

Il semble qu'en général le petit, le joli en tout genre, soit plus susceptible de grâce que le grand. On louerait mal une oraison funèbre, une tragédie, un sermon, si on ne lui donnait que l'épithète de gracieux.

Ce n'est pas qu'il y ait un seul genre d'ouvrage qui puisse être bon, en étant opposé aux grâces; car leur opposé est la rudesse, le sauvage, la sécheresse. L'Hercule Farnèse[9] ne devait point avoir les grâces de l'Apollon duBelvédère[10] et de l'Antinoüs[11]; mais il n'est ni rude ni agreste. L'incendie de Troie, dans Virgile, n'est point décrit avec les grâces d'une élégie de Tibulle: il plaît par des beautés fortes. Un ouvrage peut donc être sans grâce, sans que cet ouvrage ait le moindre désagrément. Le terrible, l'horrible, la description, la peinture d'un monstre, exigent qu'on s'éloigne de tout ce qui est gracieux, mais non pas qu'on affecte uniquement l'opposé: car si un artiste, en quelque genre que ce soit, n'exprime que des choses affreuses, s'il ne les adoucit point par des contrastes agréables, il rebutera.

La grâce en peinture, en sculpture, consiste dans la mollesse des contours, dans une expression douce, et la peinture a, par-dessus la sculpture, la grâce de l'union des parties, celle des figures qui s'animent l'une par l'autre, et qui se prêtent des agréments par leurs attributs et par leurs regards.

Les grâces de la diction, soit en éloquence, soit en poésie, dépendent du choix des mots, de l'harmonie des phrases, et encore plus de la délicatesse des idées et des descriptions riantes. L'abus des grâces est l'afféterie, comme l'abus du sublime est l'ampoulé: toute perfection est près d'un défaut.

Le mot *élégance* vient, selon quelques-uns, d'*electus*, choisi. On ne voit point qu'aucun autre mot latin puisse être son étymologie. En effet, il y a du choix dans tout ce qui est élégant. L'élégance est un résultat de la justesse et de l'agrément. Mais la sévérité des premiers Romains donna à ce mot *elegantia* un sens odieux: ils regardaient l'élégance en tout genre comme une afféterie, comme une politesse recherchée, indigne de la gravité des premiers temps. *Vitii, non laudis fuit*, dit Aulu-Gelle. Ils appelaient un homme élégant à peu près ce que nous appelons aujourd'hui un petit-maître, *bellus homuncio*, et ce que les Anglais appellent un *beau.* Mais vers le temps de Cicéron, quand les mœurs eurent reçu le dernier degré de politesse, *elegans* était toujours une louange. Cicéron se sert en cent endroits de ce mot pour exprimer un homme, un discours poli. L'élégance d'un discours n'est pas l'éloquence; c'en est une partie: ce n'est pas la seule harmonie, le seul nombre; c'est la clarté, le nombre et le choix des paroles. Un discours peut être élégant sans être un bon discours, l'élégance n'étant en effet que le mérite des paroles; mais un discours ne peut être absolument bon sans être élégant.

L'élégance est encore plus nécessaire à la poésie que l'éloquence, parce qu'elle est une partie principale de cette harmonie si nécessaire aux vers. Un orateur peut convaincre, émouvoir même, sans élégance, sans pureté, sans nombre. Un poème ne peut faire d'effet s'il n'est élégant: c'est un des principaux mérites de Virgile. Le grand point, dans la poésie, est que l'élégance ne fasse jamais tort à la force.

§ 19. BUFFON, 1707–1788.

Buffon fut l'historien de la nature, comme Aristote l'avait été chez les Grecs et Pline chez les Latins; mais, avec plus de richesse que le premier, il eut plus d'exactitude que le second; la direction du Jardin des Plantes, qu'il reçut de Louis XV à trente-deux ans, détermina sa vocation et lui ouvrit la voie où il ne cessa de marcher avec autant d'efforts que de gloire.

Il fut l'un des écrivains qui ajoutèrent à la gloire de la France après le beau siècle de Louis XIV. Son *Histoire naturelle* est un monument de style, d'éloquence et de génie, que l'Europe envie à la France. La partie la plus parfaite de son ouvrage est l'histoire des quadrupèdes: avant lui on n'avait, pour ainsi dire, que des notions fausses et incomplètes des quadrupèdes étrangers.

Buffon sera toujours considéré comme l'un des plus brillants écrivains du XVIIIe siècle; aucun naturaliste ne l'a surpassé ni même égalé pour la magnificence, la grandeur des tableaux. Interprète sublime de la nature, il a mérité qu'on ait écrit, de son vivant, sur le piédestal de sa statue:

Majestati Naturæ par ingenium.

Génie égal à la majesté de la Nature.

En donnant à son grand ouvrage l'immortalité du style, il se plaça au nombre des quatre hommes dont l'influence et le nom dominent le XVIIIe siècle; aussi admiré que Voltaire, que Rousseau, que Montesquieu, moins discuté que celui-ci, plus respecté que les deux autres. Sa calme et majestueuse destinée eut quelque chose de spécial dans cette époque, dont les sourdes agitations ne parvinrent pas jusqu'à sa laborieuse retraite [1]; et, par une dernière faveur du sort, il s'éteignit, plein d'honneurs et de jours, la veille de cette révolution qui eût épouvanté sa vieillesse et qui devait immoler son fils unique.[2]

LA NATURE BRUTE ET LA NATURE CULTIVÉE.

La nature est le trône extérieur de la magnificence divine. L'homme qui la contemple, qui l'étudie, s'élève par degrés au trône intérieur de la toute-puissance. Fait pour adorer le Créateur, il commande à toutes les créatures; vassal du ciel, roi de la terre, il l'ennoblit, la peuple et l'enrichit; il établit entre les êtres vivants l'ordre, la subordination, l'harmonie; il embellit la nature même; il la cultive, l'étend et la polit, en élague le chardon et la ronce, y multiplie le raisin et la rose. Voyez ces plages désertes, ces tristes contrées où l'homme n'a jamais résidé, couvertes ou plutôt hérissées de bois épais et noirs, dans toutes les parties élevées; des arbres sans écorce et sans cime, courbés, rompus, tombant de vétusté; d'autres en plus grand nombre, gisant au pied des premiers, pour pourrir sur des monceaux déjà pourris, étouffent, ensevelissent les germes prêts à éclore. La nature, qui partout ailleurs brille par sa jeunesse, paraît ici dans la décrépitude; la terre, surchargée par le poids, surmontée par les débris de ses productions, n'offre, au lieu d'une verdure florissante, qu'un espace encombré, traversé de vieux arbres chargés de plantes parasites, de lichens, d'agarics, fruits impurs de la corruption. Dans toutes les parties basses, des eaux mortes, croupissantes, faute d'être conduites et dirigées: des terrains fangeux qui, n'étant ni solides, ni liquides, sont inabordables, et demeurent également inutiles aux habitants de la terre et des eaux: des marécages qui, couverts de plantes aquatiques et fétides, ne nourrissent que des insectes venimeux, et servent de repaire aux animaux immondes.

Entre ces marais infects qui occupent les lieux bas, et les forêts décrépites qui couvrent les terres élevées, s'étendent des espèces de landes, des savanes, qui n'ont rien de commun avec nos prairies; les mauvaises herbes y surmontent, y étouffent les bonnes: ce n'est point ce gazon fin qui semble faire le duvet de la terre; ce n'est point cette pelouse émaillée qui annonce sa brillante fécondité: ce sont des végétaux agrestes, des herbes dures, épineuses, entrelacées les unes dans les autres, qui semblent moins tenir à la terre qu'elles ne tiennent entre elles, et qui, se desséchant et repoussant successivement les unes sur les autres, forment une bourre grossière, épaisse de plusieurs pieds. Nulle route, nulle communication, nul vestige d'intelligence dans ces lieux sauvages. L'homme, obligé de suivre le sentier de la bête féroce, s'il veut les parcourir, est contraint de veiller sans cesse pour éviter d'en devenir la proie; effrayé de leurs rugissements, saisi du silence même de ces profondes solitudes, il rebrousse chemin, et dit: "La nature brute est hideuse et mourante: c'est moi seul qui peux la rendre agréable et vivante. Desséchons ces marais, animons ces eaux mortes, en les faisant couler: formons-en des ruisseaux, des canaux: mettons le feu à cette bourre superflue, à ces vieilles forêts déjà à demi consumées; achevons de détruire avec le fer ce que le feu n'aura pu consumer: bientôt, au lieu du jonc, du nénufar, dont le crapaud composait son venin, nous verrons paraître la renoncule, le trèfle, les herbes douces et salutaires; des troupeaux d'animaux bondissants fouleront cette terre jadis impraticable; ils y trouveront une subsistance abondante, une pâture toujours renaissante; ils se multiplieront pour se multiplier encore. Servons-nous de ces nouveaux aides pour achever notre ouvrage; que le bœuf soumis au joug emploie ses forces et le poids de sa masse à sillonner la terre; qu'elle rajeunisse par la culture: une nature nouvelle va sortir de nos mains."

Qu'elle est belle cette nature cultivée! Que, par les soins de l'homme, elle est brillante et pompeusement parée! elle-même semble se multiplier avec lui; il met au jour par son art tout ce qu'elle recélait dans son sein. Que de trésors ignorés! que de richesses nouvelles! Les fleurs, les fruits, les grains perfectionnés, multipliés à l'infini; les espèces utiles d'animaux transportées, propagées, augmentées sans nombre; les espèces nuisibles réduites, confinées, reléguées; l'or, et le fer plus nécessaire que l'or, tirés des entrailles de la terre; les torrents contenus, les fleuves dirigés, resserrés, la mer soumise, reconnue, traversée d'un hémisphère à l'autre; la terre accessible partout, partout rendue aussi vivante que féconde; dans les vallées, de riantes prairies; dans les plaines, de riches pâturages ou des moissons encore plus riches; les collines chargées de vignes et de fruits, leurs sommets couronnés d'arbres utiles et de jeunes forêts; les déserts, devenus des cités habitées par un peuple immense, qui, circulant sans cesse, se répand de ces centres jusqu'aux extrémités; des routes ouvertes ou fréquentées, des communications établies partout comme autant de témoins de la force et de l'union de la société; mille autres monuments de puissance et de gloire demontrent assez que l'homme, maître du domaine de la terre, en a changé, renouvelé la surface entière, et qu'il partage l'empire avec la nature.

Cependant il ne règne que par droit de conquète; il jouit plutôt qu'il ne possède, il ne conserve que par des soins toujours renouvelés. S'ils cessent, tout languit, tout s'altère, tout change, tout rentre sous la main de la nature; elle reprend ses droits, efface les ouvrages de l'homme, couvre de poussière et de mousse ses plus fastueux monuments, les détruit avec le temps, et ne lui laisse que le regret d'avoir perdu, par sa faute, ce que ses ancêtres avaient conquis par leurs travaux. Ce temps où l'homme perd son domaine, ces siècles de barbarie pendant lesquels tout périt, sont toujours préparés par la guerre, et arrivent avec la disette et la dépopulation. L'homme, qui ne peut que par le nombre, qui n'est fort que par sa réunion, qui n'est heureux que par la paix, a la fureur de s'armer pour son malheur, et de combattre pour sa ruine; excité par l'insatiable avidité, aveuglé par l'ambition encore plus insatiable, il renonce aux sentiments d'humanité, tourne toutes ses forces contre lui-même, cherche à s'entre-détruire, se détruit en effet; et après des jours de sang, et de carnage, lorsque la fumée de la gloire s'est dissipée, il voit d'un œil triste la terre dévastée, les arts ensevelis, les nations dispersées, les peuples affaiblis, son propre bonheur ruiné, et sa puissance réelle anéantie.

Grand Dieu! dont la seule présence soutient la nature et maintient l'harmonie des lois de l'univers; vous qui, du trône immobile de l'empyrée, voyez rouler sous vos pieds toutes les sphères célestes sans choc et sans confusion; qui, du sein du repos, reproduisez à chaque instant leurs mouvements immenses, et seul régissez dans une paix profonde ce nombre infini de cieux et de mondes; rendez, rendez enfin le calme à la terre agitée! Qu'elle soit dans le silence! qu'à votre voix la discorde et la guerre cessent de faire retentir leurs clameurs orgueilleuses! Dieu de bonté! auteur de tous les êtres, vos regards paternels embrassent tous les objets de la création mais l'homme est votre être de choix: vous avez éclairé son âme d'un rayon de votre lumière immortelle; comblez vos bienfaits en pénétrant son cœur d'un trait de votre amour: ce sentiment divin, se répandant partout, réunira les natures ennemies; l'homme ne craindra plus l'aspect de l'homme, le fer homicide n'armera plus sa main; le feu dévorant de la guerre ne fera plus tarir la source des générations; l'espèce humaine, maintenant affaiblie, mutilée, moissonnée dans sa fleur, germera de nouveau et se multipliera sans nombre; la nature, accablée sous le poids des fléaux, stérile, abandonnée, reprendra bientôt avec une nouvelle vie son ancienne fécondité; et nous, Dieu bienfaiteur, nous la seconderons, nous la cultiverons, nous l'observerons sans cesse, pour vous offrir à chaque instant un nouveau tribut de reconnaissance et d'admiration.

LE CYGNE.

Dans toute société, soit des animaux, soit des hommes, la violence fit les tyrans; la douce autorité fait les rois.[3]

Le lion et le tigre sur la terre, l'aigle et le vautour dans les airs, ne règnent que par la guerre, ne dominent que par l'abus de la force et par la cruauté, au lieu que le cygne règne sur les eaux à tous les titres qui fondent un empire de paix, la grandeur, la majesté, la douceur. Avec des puissances, des forces, du courage, et la volonté de n'en pas abuser et de ne les employer que pour sa défense, il sait combattre et vaincre sans jamais attaquer: roi paisible des oiseaux d'eau, il brave les tyrans de l'air; il attend l'aigle sans le provoquer, sans le craindre; il repousse ses assauts en opposant à ses armes la résistance de ses plumes et les coups précipités d'une aile vigoureuse qui lui sert d'égide, et souvent la victoire couronne ses efforts. Au reste, il n'a que ce fier ennemi; tous les autres oiseaux de guerre le respectent, et il est en paix avec toute la nature: il vit en ami plutôt qu'en roi au milieu des nombreuses peuplades des oiseaux aquatiques, qui toutes semblent se ranger sous sa loi; il n'est que le chef, le premier habitant d'une république tranquille, où les citoyens n'ont rien à craindre d'un maître qui ne demande qu'autant qu'il leur accorde, et ne veut que calme et liberté.

Les grâces de la figure, la beauté de la forme, répondent dans le cygne à la douceur du naturel: il plaît à tous les yeux; il décore, embellit tous les lieux qu'il fréquente; on l'aime, on l'applaudit, on l'admire. Nulle espèce ne le mérite mieux: la nature en effet n'a répandu sur aucune autant de ces grâces nobles et douces qui nous rappellent l'idée de ses plus charmants ouvrages: coupe de corps élégante, formes arrondies, gracieux contours, blancheur éclatante et pure, mouvements flexibles et ressentis, attitudes tantôt animées, tantôt laissées dans un mol abandon, tout, dans le cygne, respire l'enchantement que nous font éprouver les grâces et la beauté.

A sa noble aisance, à la facilité, à la liberté de ses mouvements sur l'eau, on doit le reconnaître non-seulement comme le premier des navigateurs ailés, mais comme le plus beau modèle que la nature nous ait offert pour l'art de la navigation. Son cou élevé et sa poitrine relevée et arrondie semblent en effet figurer la proue du navire fendant l'onde; son large estomac en représente la carène; son corps, penché en avant pour cingler, se redresse à l'arrière et se relève en poupe; la queue est un vrai gouvernail; les pieds sont de larges rames, et ses grandes ailes demi-ouvertes au vent et doucement enflées sont les voiles qui poussent le vaisseau vivant, navire et pilote à la fois.

Fier de sa noblesse, jaloux de sa beauté, le cygne semble faire parade de tous ses avantages; il a l'air de chercher à recueillir des suffrages, à captiver les regards; et il les captive en effet, soit que, voguant en troupe, on voie de loin, au milieu des grandes eaux, cingler la flotte ailée,[4] soit que s'en détachant et s'approchant du rivage aux signaux qui l'appellent; il vienne se faire admirer de plus près en étalant ses beautés et développant ses grâces par mille mouvements doux, ondulants et suaves.

Aux avantages de la nature le cygne réunit ceux de la liberté; il n'est pas du nombre de ces esclaves que nous puissions contraindre ou renfermer; libre sur nos eaux, il n'y séjourne, ne s'établit qu'en y jouissant d'assez d'indépendance pour exclure tout sentiment de servitude et de captivité; il veut à son gré parcourir les eaux, débarquer au rivage, s'éloigner au large ou venir, longeant la rive, s'abriter sous les bords, se cacher dans les joncs, s'enfoncer dans les anses les plus écartées; puis, quittant sa solitude, revenir à la société, et jouir du plaisir qu'il paraît prendre et goûter en s'approchant de l'homme, pourvu qu'il trouve en nous ses hôtes et ses amis, et non ses maîtres et ses tyrans.

Chez nos ancêtres, trop simples ou trop sages pour remplir leurs jardins des beautés froides de l'art, en place des beautés vives de la nature, les cygnes étaient en possession de faire l'ornement de toutes les pièces d'eau: ils animaient, égayaient les tristes fossés des châteaux; ils décoraient la plupart des rivières, et même celle de la capitale.[5]

. . . .

Les anciens ne s'étaient pas contentés de faire du cygne un chantre merveilleux: seul entre tous les êtres qui frémissent à l'approche de leur destruction, il chantait encore au moment de son agonie, et préludait par des sons harmonieux à son dernier soupir. C'était, disaient-ils, près d'expirer, et faisant à la vie un adieu triste et tendre, que le cygne rendait ces accents si doux et si touchants, et qui, pareils à un léger et douloureux murmure, d'une voix basse, plaintive et lugubre, formaient son chant funèbre. On entendait ce chant lorsque, au lever de l'aurore, les vents et les flots étaient calmés; on avait même vu des cygnes expirant en musique et chantant leurs hymnes funéraires. Nulle fiction en histoire naturelle, nulle fable chez les anciens, n'a été plus célébrée, plus répétée, plus accréditée; elle s'était emparée de l'imagination vive et sensible des Grecs; poètes, orateurs, philosophes même, l'ont adoptée comme une vérité trop agréable pour vouloir en douter. Il faut bien leur pardonner leurs fables; elles étaient aimables et touchantes; elles valaient bien de tristes, d'arides vérités; c'étaient de doux emblèmes pour les âmes sensibles. Les cygnes, sans doute, ne chantent point leur mort; mais toujours, en parlant du dernier essor et des derniers élans d'un beau génie prêt à s'éteindre, on rappellera avec sentiment cette expression touchante: *C'est le chant du cygne*[6]*!*

§ 20. ROUSSEAU, 1712–1778.

Jean-Jacques Rousseau, dont la famille fut pauvre et l'enfance négligée, dut à la nature les germes d'un des plus vigoureux talents qui aient dominé l'âme des autres hommes. Mille embarras qui l'assaillirent, une jeunesse errante, des occupations médiocres et même serviles, eussent semblé devoir étouffer son génie naturel: plus fort que tous les obstacles, il se fit jour enfin à une époque déjà avancée de sa vie; il éclata dans des ouvrages où le bien et le mal, le vrai et le faux, se trouvent mêlés et recouverts du prestige d'une éloquence entraînante. A la plus ardente imagination Jean-Jacques Rousseau joignait le jugement le plus vicieux; et jamais son caractère ne fut au niveau de son esprit: de là les fautes de l'homme et les imperfections de l'auteur. Passionné, changeant, fier, ombrageux, en outre victime de ses puissantes facultés, on sait que les peines et les craintes chimériques qu'il se créait empoisonnèrent son existence. Il mourut un mois seulement après Voltaire, son aîné de beaucoup et avec qui il avait partagé l'empire littéraire de son temps. Depuis quatre ans, un jeune prince, ami du peuple, s'était assis sur un trône que les excès de Louis XV, non moins que les doctrines de ces deux écrivains, avaient miné; et, l'année même de leur mort, l'insurrection des colonies américaines contre l'Angleterre, applaudie et encouragée par la France, annonçait que le siècle des révolutions allait commencer.

DANGER DES SPECTACLES.[1]

Au premier coup d'œil jeté sur les spectacles, je vois d'abord qu'ils sont des amusements; et s'il est vrai qu'il faille des amusements à l'homme, vous conviendrez au moins qu'ils ne sont permis qu'autant qu'ils sont nécessaires, et que tout amusement inutile est un mal pour un être dont la vie est si courte et le temps si précieux. L'état d'homme a ses plaisirs, qui dérivent de sa nature, et naissent de ses travaux, de ses rapports, de ses besoins; et ces plaisirs, d'autant plus doux que celui qui les goûte a l'âme plus saine, rendent quiconque en sait jouir peu sensible à tous les autres. Un père, un fils, un mari, un citoyen, ont des devoirs si chers à remplir, qu'ils ne leur laissent rien à dérober à l'ennui. Le bon emploi du temps rend le temps plus précieux encore; et mieux on le met à profit, moins on en sait trouver à perdre. Aussi voit-on constamment que l'habitude du travail rend l'inaction insupportable, et qu'une bonne conscience éteint le goût des plaisirs frivoles; mais c'est le mécontentement de soi-même, c'est le poids de l'oisiveté, c'est l'oubli des goûts simples et naturels, qui rendent si nécessaire un amusement étranger. Je n'aime point qu'on ait besoin d'attacher incessamment son cœur sur la scène, comme s'il était mal à son aise au dedans de nous. La nature même a dicté la réponse de ce barbare à qui l'on vantait les magnificences du cirque et des jeux établis à Rome: "Les Romains, demanda ce bon homme, n'ont-ils ni femme ni enfants[2]?" Le barbare avait raison. L'on croit s'assembler au spectacle, et c'est là que chacun s'isole; c'est là que l'on va oublier ses amis, ses voisins, ses proches, pour s'intéresser à des fables, pour pleurer les malheurs des morts ou rire aux dépens des vivants. Mais j'aurais dû sentir que ce langage n'est plus de saison dans notre siècle. Tâchons d'en prendre un qui soit mieux entendu.

Demander si les spectacles sont bons ou mauvais en eux-mêmes, c'est faire une question trop vague, c'est examiner un rapport avant que d'avoir fixé les termes. Les spectacles sont faits pour le peuple, et ce n'est que par leurs effets sur lui qu'on peut déterminer leurs qualités absolues. Il peut y avoir des spectacles d'une infinité d'espèces: il y a de peuple à peuple une prodigieuse diversité de mœurs, de tempéraments, de caractères. L'homme est un, je l'avoue; mais l'homme modifié par les religions, par les gouvernements, par les lois, par les coutumes, par les préjugés, par les climats, devient si différent de lui-même, qu'il ne faut plus chercher parmi nous ce qui est bon aux hommes en général, mais ce qui leur est bon dans tel temps ou dans tel pays. Ainsi les pièces de Ménandre, faites pour le théâtre d'Athènes, étaient déplacées sur celui de Rome; ainsi les combats des gladiateurs, qui, sous la république, animaient le courage et la valeur des Romains, n'inspiraient, sous les empereurs, à la populace de Rome que l'amour du sang et la cruauté: du même objet, offert au même peuple en différents temps, il apprit d'abord à mépriser sa vie, et ensuite à se jouer de celle d'autrui.

Quant à l'espèce des spectacles, c'est nécessairement le plaisir qu'ils donnent, et non leur utilité, qui la détermine. Si l'utilité peut s'y trouver, à la bonne heure; mais l'objet principal est de plaire, et pourvu que le peuple s'amuse, cet objet est assez rempli. Cela seul empêchera toujours qu'on ne puisse donner à ces sortes d'établissements tous les avantages dont ils seraient susceptibles, et c'est s'abuser beaucoup que de s'en former une idée de perfection qu'on ne saurait mettre en pratique sans rebuter ceux qu'on croit instruire. Voilà d'où naît la diversité des spectacles, selon les goûts divers des nations. Un peuple intrépide, grave et cruel, veut des fêtes meurtrières et périlleuses, où brillent la valeur et le sang-froid. Un peuple féroce et bouillant veut du sang, des combats, des passions atroces. Un peuple voluptueux veut de la musique et des danses. Un peuple galant veut de l'amour et de la politesse. Un peuple badin veut de la plaisanterie et du ridicule. *Trahit sua quemque voluptas.*[3] Il faut, pour leur plaire, des spectacles qui favorisent leurs penchants, au lieu qu'il en faudrait qui les modérassent.

La scène, en général, est un tableau des passions humaines, dont l'original est dans tous les cœurs; mais si le peintre n'avait soin de flatter ces passions, les spectateurs seraient bientôt rebutés, et ne voudraient plus se voir sous un aspect qui les fît mépriser d'eux-mêmes. Que s'il donne à quelques-unes des couleurs odieuses, c'est seulement à celles qui ne sont point générales, et qu'on hait naturellement. Ainsi l'auteur ne fait encore en cela que suivre le sentiment du public; et alors ces passions de rebut sont toujours employées à en faire valoir d'autres, sinon plus légitimes, du moins plus au gré des spectateurs. Il n'y a que la raison qui ne soit bonne à rien sur la scène. Un homme sans passions, ou qui les dominerait toujours, n'y saurait intéresser personne; et l'on a déjà remarqué qu'un stoïcien, dans la tragédie, serait un personnage insupportable; dans la comédie, il ferait rire tout au plus.

Qu'on n'attribue donc pas au théâtre le pouvoir de changer des sentiments ni des mœurs, qu'il ne peut que suivre et embellir. Un auteur qui voudrait heurter le goût général composerait bientôt pour lui seul.

LE SUICIDE.

Tu veux cesser de vivre: mais je voudrais bien savoir si tu as commencé. Quoi! fus-tu placé sur la terre pour n'y rien faire? Le Ciel ne t'impose-t-il point avec la vie une tâche pour la remplir? Si tu as fait ta journée avant le soir, repose-toi le reste du jour, tu le peux; mais voyons ton ouvrage. Quelle réponse tiens-tu prête au Juge suprême qui te demandera compte de ton temps? Malheureux! trouve-moi ce juste qui se vante d'avoir assez vécu: que j'apprenne de lui comment il faut avoir porté la vie pour être en droit de la quitter.

Tu comptes les maux de l'humanité, et tu dis: La vie est un mal. Mais regarde, cherche dans l'ordre des choses si tu y trouves quelques biens qui ne soient point mêlés de maux. Est-ce donc à dire qu'il n'y ait aucun bien dans l'univers, et peux-tu confondre ce qui est mal par sa nature, avec ce qui ne souffre le mal que par accident? La vie passive de l'homme n'est rien, et ne regarde qu'un corps dont il sera bientôt délivré; mais sa vie active et morale, qui doit influer sur tout son être, consiste dans l'exercice de sa volonté. La vie est un mal pour le méchant qui prospère, et un bien pour l'honnête homme infortuné; car ce n'est pas une modification passagère, mais son rapport avec son objet, qui la rend ou bonne ou mauvaise.

Tu t'ennuies de vivre, et tu dis: La vie est un mal. Tôt ou tard tu seras consolé, et tu diras: La vie est un bien. Tu diras plus vrai sans mieux raisonner; car rien n'aura changé que toi. Change donc dès aujourd'hui; et puisque c'est dans la mauvaise disposition de ton âme qu'est le mal, corrige tes affections déréglées, et ne brûle pas ta maison pour n'avoir pas la peine de la ranger.

Que sont dix, vingt, trente ans pour un être immortel? La peine et le plaisir passent comme une ombre: la vie s'écoule en un instant; elle n'est rien par elle-même; son prix dépend de son emploi. Le bien seul qu'on a fait demeure, et c'est par lui qu'elle est quelque chose. Ne dis donc plus que c'est un mal pour toi de vivre, puisqu'il dépend de toi seul que ce soit un bien; et si c'est un mal d'avoir vécu, ne dis pas non plus qu'il t'est permis de mourir: car autant vaudrait dire qu'il t'est permis de n'être pas homme, qu'il t'est permis de te révolter contre l'auteur de ton être, et de tromper ta destination.

Le suicide est une mort furtive et honteuse, c'est un vol fait au genre humain. Avant de le quitter, rends-lui ce qu'il a fait pour toi. Mais je ne tiens à rien, je suis inutile au monde. Philosophe d'un jour! ignores-tu que tu ne saurais faire un pas sur la terre sans trouver quelque devoir à remplir, et que tout homme est utile à l'humanité, par cela seul qu'il existe?

Jeune insensé! s'il te reste au fond du cœur le moindre sentiment de vertu, viens que je t'apprenne à aimer la vie. Chaque fois que tu seras tenté d'en sortir, dis en toi-même: *Que je fasse encore une bonne action avant que de mourir;* puis, va chercher quelque indigent à secourir, quelque infortuné à consoler, quelque opprimé à défendre. Si cette considération te retient aujourd'hui, elle te retiendra demain, après-demain, toute la vie.

A UN JEUNE HOMME.[4]

Vous ignorez, Monsieur, que vous écrivez à un pauvre homme accablé de maux, et de plus, fort occupé, qui n'est guère en état de vous répondre, et qui le serait encore moins d'établir avec vous la société que vous lui proposez. Vous m'honorez, en pensant que je pourrais vous y être utile, et vous êtes louable du motif qui vous le fait désirer; mais sur le motif même, je ne vois rien de moins nécessaire que de vous établir à Montmorency: vous n'avez pas besoin d'aller chercher si loin les principes de la morale.

Rentres dans votre cœur, et vous les y trouverez; et je ne pourrai rien vous dire à ce sujet, que ne vous dise encore mieux votre conscience, quand vous la voudrez consulter. La vertu, Monsieur, n'est pas une science qui s'apprend avec tant d'appareil: pour être vertueux, il suffit de vouloir l'être; et si vous avez bien cette volonté, tout est fait; votre bonheur est décidé.

S'il m'appartenait de vous donner des conseils, le premier que je voudrais vous donner serait de ne point vous livrer à ce goût que vous dites avoir pour la vie contemplative, et qui n'est qu'une paresse de l'âme, condamnable à tout âge, et surtout au vôtre. L'homme n'est point fait pour méditer, mais pour agir; la vie laborieuse que Dieu nous impose n'a rien que de doux au cœur de l'homme de bien qui s'y livre en vue de remplir son devoir, et la vigueur de la jeunesse ne vous a pas été donnée pour la perdre à d'oisives contemplations.

Travaillez donc, Monsieur, dans l'état où vous ont placé vos parents et la Providence: voilà le premier précepte de la vertu que vous voulez suivre; et si le séjour de Paris, joint à l'emploi que vous remplissez, vous paraît d'un trop difficile alliage avec elle, faites mieux, Monsieur, retournez dans votre province; allez vivre dans le sein de votre famille; servez, soignez vos vertueux parents: c'est là que vous remplirez véritablement les soins que la vertu vous impose.

Une vie dure est plus facile à supporter en province que la fortune à poursuivre à Paris, surtout quand on sait, comme vous ne l'ignorez pas, que les plus indignes manéges y font plus de fripons gueux que de parvenus. Vous ne devez point vous estimer malheureux de vivre comme fait monsieur votre père ; et il n'y a point de sort que le travail, la vigilance, l'innocence et le contentement de soi ne rendent supportable, quand on s'y soumet en vue de remplir son devoir.

Voilà, Monsieur, des conseils qui valent tous ceux que vous pourriez venir prendre à Montmorency : peut-être ne seront-ils pas de votre goût, et je crains que vous ne preniez pas le parti de les suivre : mais je suis sûr que vous vous en repentirez un jour. Je vous souhaite un sort qui ne vous force jamais à vous en souvenir.

§ 21. BARTHÉLEMY, 1716–1795.

Barthélemy naquit à Cassis, en Provence, le 20 Janvier, 1716. Sa vaste érudition lui valut le titre de membre de l'Académie des Inscriptions, en 1747. Dès cette époque il travailla au chef-d'œuvre qui lui acquit une si grande et si juste célébrité, les *Voyages du jeune Anacharsis en Grèce*, ouvrage immense d'études et de recherches, qui, terminé seulement en 1788, fut accueilli avec l'enthousiasme qu'il méritait. On admira le travail consciencieux de l'auteur, son érudition profonde, son habileté dans l'ordonnance des détails, et surtout l'élégance, la noblesse, le charme de son style, ce que, jusqu'alors, on n'avait jamais remarqué dans ces sortes de travaux.

Un an après la publication de cet immortel ouvrage, l'Académie française ouvrit ses portes à Barthélemy. En 1793, il fut arrêté ; mais le savant et inoffensif vieillard fut bientôt rendu à la liberté : il était alors conservateur des médailles. Il termina, à l'âge de quatre-vingt ans, sa laborieuse et honorable carrière, en 1795.

LE PRINTEMPS DU CLIMAT DE LA GRÈCE.[1]

Dans l'heureux climat que j'habite, le printemps est comme l'aurore d'un beau jour : on y jouit des biens qu'il amène, et de ceux qu'il promet. Les feux du soleil ne sont plus obscurcis par des vapeurs grossières: ils ne sont pas encore irrités par l'aspect ardent de la canicule: c'est une lumière pure, inaltérable, qui se repose doucement sur tous les objets, c'est la lumière dont les Dieux sont couronnés dans l'Olympe.

Quand elle se montre à l'horizon, les arbres agitent leurs feuilles naissantes: les bords de l'Ilissus retentissent du chant des oiseaux, et les échos du mont Hymette, du son des chalumeaux rustiques. Quand elle est près de s'éteindre, le ciel se couvre de voiles étincelants, et les nymphes de l'Attique vont d'un pas timide essayer sur le gazon des danses légères: mais bientôt elle se hâte d'éclore, et alors on ne regrette ni la fraîcheur de la nuit qu'on vient de perdre, ni la splendeur du jour qui l'avait précédée; il semble qu'un nouveau soleil se lève sur un nouvel univers, et qu'il apporte de l'orient des couleurs inconnues aux mortels. Chaque instant ajoute un nouveau trait aux beautés de la nature; à chaque instant, le grand ouvrage du développement des êtres avance vers sa perfection.

O jours brillants! ô nuits délicieuses! quelle émotion excitait dans mon âme cette suite de tableaux que vous offriez à tous mes sens! O Dieu des plaisirs! ô printemps! je vous ai vu cette année dans toute votre gloire; vous parcouriez en vainqueur les campagnes de la Grèce, et vous détachiez de votre tête les fleurs qui devaient les embellir: vous paraissiez dans les vallées, elles se changeaient en prairies riantes; vous paraissiez sur les montagnes, le serpolet et le thym exhalaient mille parfums; vous vous éleviez dans les airs, et vous y répandiez la sérénité de vos regards. Les Amours empressés accouraient à votre voix, ils lançaient de toutes parts des traits enflammés, la terre en était embrasée. Tout renaissait pour s'embellir: tout s'embellissait pour plaire. Tel parut le monde au sortir du chaos, dans ces moments fortunés où l'homme, ébloui du séjour qu'il habitait, surpris et satisfait de son existence, semblait n'avoir un esprit que pour connaître le bonheur, un cœur que pour le désirer, une âme que pour le sentir.

PLATON.

Platon avait reçu de la nature un corps robuste. Ses longs voyages altérèrent sa santé; mais il l'avait rétablie par un régime austère ; et il ne lui restait d'autre incommodité qu'une habitude de mélancolie, habitude qui lui fut commune avec Socrate, Empedocle, et d'autres hommes illustres.

Il avait les traits réguliers, l'air sérieux, les yeux pleins de douceur, le front ouvert et dépouillé de cheveux, la poitrine large, les épaules hautes, beaucoup de dignité dans le maintien, de gravité dans la démarche, et de modestie dans l'extérieur.

Il s'exprimait avec lenteur; mais les graces et la persuasion semblaient couler de ses lèvres.

Sa mère était de la même famille que Solon, et son père rapportait son origine à Codrus, dernier Roi d'Athènes. Dans sa jeunesse, la peinture, la musique, les différents exercices du Gymnase remplirent tous ses moments. Il était né avec une imagination forte et brillante. Il fit des dithyrambes, s'exerça dans le genre épique, compara ses vers à ceux d'Homère, et les brûla.

Il crut que le théâtre pourrait le dédommager de ce sacrifice : il composa quelques tragédies ; et, pendant que les acteurs se préparaient à les représenter, il connut Socrate, supprima ses pièces et se dévoua tout entier à la philosophie.

Il sentit alors un violent besoin d'être utile aux hommes. La guerre du Péloponèse avait détruit les bons principes et corrompu les mœurs: la gloire de les rétablir excita son ambition. Tourmenté jour et nuit de cette grande idée, il attendait avec impatience le moment où, revêtu des magistratures, il serait en état de déployer son zèle et ses talents; mais les secousses qu'essuya la république dans les dernières années de la guerre, ces fréquentes révolutions qui en peu de temps présentèrent la tyrannie sous des formes toujours plus effrayantes, la mort de Socrate son maître et son ami, les réflexions que tant d'événements produisirent dans son esprit, le convainquirent bientôt que tous les Gouvernements sont attaqués de maladies incurables, que les affaires des mortels sont, pour ainsi dire, désespérées, et qu'ils ne seront heureux que lorsque la

Philosophie se chargera du soin de les conduire. Ainsi, renonçant à son projet, il résolut d'augmenter ses connaissances, et de les consacrer à notre instruction. Dans cette vue il se rendit à Mégare, en Italie, à Cyrène, en Égypte, partout où l'esprit humain avait fait des progrès.

Il avait environ quarante ans quand il fit le voyage de Sicile pour voir l'Etna. Denys, tyran de Syracuse, désira de l'entretenir. La conversation roula sur le bonheur, sur la justice, sur la véritable grandeur. Platon ayant soutenu que rien n'est si lâche et si malheureux qu'un Prince injuste, Denys en colère lui dit: "Vous parlez comme un radoteur." — "Et vous comme un tyran," répondit Platon. Cette réponse pensa[2] lui coûter la vie. Denys ne lui permit de s'embarquer sur une galère qui retournait en Grèce, qu'après avoir exigé du commandant qu'il le jetterait à la mer, ou qu'il s'en déferait comme d'un vil esclave. Il fut vendu, racheté et ramené dans sa patrie. Quelque temps après, le Roi de Syracuse, incapable de remords, mais jaloux de l'estime des Grecs, lui écrivit; et, l'ayant prié de l'épargner dans ses discours, il n'en reçut que cette réponse méprisante: "Je n'ai pas assez de loisir pour me souvenir de Denys."

A son retour, Platon se fit un genre de vie dont il ne s'est plus écarté. Il a continué de s'abstenir des affaires publiques, parce que, suivant lui, nous ne pouvons plus être conduits au bien ni par la persuasion, ni par la force; mais il a recueilli les lumières éparses dans les contrées qu'il avait parcourues; et, conciliant, autant qu'il est possible, les opinions des philosophes qui l'avaient précédé, il en composa un système qu'il développa dans ses écrits et dans ses conférences. Ses ouvrages sont en forme de dialogue. Socrate en est le principal interlocuteur; et l'on prétend qu'à la faveur de ce nom, il accrédite les idées qu'il a conçues ou adoptées.

Son mérite lui a fait des ennemis: il s'en est attiré lui-même en versant dans ses écrits une ironie piquante contre plusieurs auteurs célèbres. Il est vrai qu'il la met sur le compte de Socrate; mais l'adresse avec laquelle il la manie, et différents traits qu'on pourrait citer de lui, prouvent qu'il avait, du moins dans sa jeunesse, assez de penchant à la satire.

Cependant ses ennemis ne troublent point le repos qu'entretiennent dans son cœur ses succès ou ses vertus. Il a des vertus en effet; les unes qu'il a reçues de la nature, d'autres qu'il a eu la force d'acquérir. Il était né violent; il est à présent[3] le plus doux et le plus patient des hommes. L'amour de la gloire ou de la célébrité me paraît être sa première, ou plutôt son unique passion, je pense qu'il éprouve cette jalousie dont il est si souvent l'objet. Difficile et réservé pour ceux qui courent la même carrière que lui, ouvert et facile pour ceux qu'il y conduit lui-même, il a toujours vécu avec les autres disciples de Socrate dans la contrainte ou l'inimitié; avec ses propres disciples, dans la confiance et la familiarité, sans cesse attentif à leurs progrès ainsi qu'à leurs besoins, dirigeant sans faiblesse et sans rigidité leurs penchants vers des objets honnêtes, et les corrigeant par ses exemples plutôt que par ses leçons. De leur côté, ses disciples poussent le respect jusqu'à l'hommage, et l'admiration jusqu'au fanatisme: vous en verrez même qui affectent de tenir les épaules hautes et arrondies pour avoir quelque ressemblance avec lui. C'est ainsi qu'en Éthiopie, lorsque le Souverain a quelque défaut de conformation, les courtisans prennent le parti de s'estropier pour lui ressembler.

MORT D' ÉPAMINONDAS.[4]

Les deux armées furent bientôt en présence près de la ville de Mantinée. Celle des Lacédémoniens et de leurs alliés était de plus de vingt mille hommes de pied, et de près de deux mille chevaux; celle de la ligue thébaine, de trente mille hommes d'infanterie, et d'environ trois mille de cavalerie.

Jamais Épaminondas n'avait déployé plus de talent que dans cette circonstance. Il suivit dans son ordre de bataille les principes qui lui avaient procuré la victoire de Leuctres. Une de ses ailes, formée en colonne, tomba sur la phalange lacédémonienne, qu'elle n'aurait peut-être jamais enfoncée, s'il n'était venu lui-même fortifier ses troupes par son exemple, et par un corps d'élite dont il était suivi. Les ennemis, effrayés à son approche, s'ébranlent et prennent la fuite. Il les poursuit avec un courage dont il n'est plus le maître, et se trouve enveloppé par un corps de Spartiates qui font tomber sur lui une grêle de traits. Après avoir longtemps écarté la mort, et fait mordre la poussière à une foule de guerriers, il tomba percé d'un javelot, dont le fer lui resta dans la poitrine. L'honneur de l'enlever engagea une action aussi vive, aussi sanglante que la première. Ses compagnons, ayant redoublé leurs efforts, eurent la triste consolation de l'emporter dans sa tente.

On combattit à l'autre aile avec une alternative à peu près égale de succès et de revers. Par les sages dispositions d'Épaminondas, les Athéniens ne furent pas en état de seconder les Lacédémoniens. Leur cavalerie attaqua celle des Thébains, fut repoussée avec perte, se forma de nouveau, et détruisit un détachement que les ennemis avaient placé sur les hauteurs voisines. Leur infanterie était sur le point de prendre la fuite, lorsque les Éléens volèrent à son secours.

La blessure d'Épaminondas arrêta le carnage et suspendit la fureur des soldats. Les troupes des deux partis, également étonnées, restèrent dans l'inaction. De part et d'autre on sonna la retraite, et l'on dressa un trophée sur le champ de bataille. Épaminondas respirait encore. Ses amis, ses officiers, fondaient en larmes autour de son lit. Le camp retentissait des cris de la douleur et du désespoir. Les médecins avaient déclaré qu'il expirerait dès qu'on ôterait le fer de la plaie. Il craignit que son bouclier ne fût tombé entre les mains de l'ennemi; on le lui montra, et il le baisa, comme l'instrument de sa gloire. Il parut inquiet sur le sort de la bataille; on lui dit que les Thébains l'avaient gagnée: — Voilà qui est bien, répondit-il, j'ai assez vécu: — Il demanda ensuite Daïphantus et Iollidas, deux généraux qu'il jugeait dignes de le remplacer; on lui dit qu'ils étaient morts: — Persuadez donc aux Thébains, reprit-il, de faire la paix: — Alors il ordonna d'arracher le fer; et l'un de ses amis s'étant écrié, dans l'égarement de sa douleur: — Vous mourez, Épaminondas! si du moins vous laissiez des enfants! — Je laisse, répondit-il en expirant, deux filles immortelles; la victoire de Leuctres et celle de Mantinée.

§ 22. THOMAS, 1732–1785.

THOMAS se distingua comme orateur et comme poète. Son ***Éloge du maréchal de Saxe*** annonça à la France un grand écrivain. Il célébra ensuite ***d'Aguesseau, Duguay-Trouin, Descartes.*** La péroraison de ce dernier éloge est un des plus beaux morceaux qui soient sortis de sa plume éloquente. Son *Essai sur les éloges* est une de ses meilleures productions.

DESCARTES.[1]

Laissant là les temps trop reculés, je veux chercher, dans le siècle même de Descartes, ou dans ceux qui ont immédiatement précédé sa naissance, tout ce qui a pu servir à le former, en influant sur son génie.

Et d'abord j'aperçois dans l'univers une espèce de fermentation générale. La nature semble être dans un de ces moments où elle fait les plus grands efforts. Tout s'agite; on veut partout remuer les anciennes bornes; on veut étendre la sphère humaine. Vasco de Gama découvre les Indes[2]; Colomb découvre l'Amérique; Cortez et Pizarre subjuguent des contrées immenses et nouvelles[3]; Magellan cherche les terres australes[4]; Drake fait le tour du monde[5]: l'esprit des découvertes anime toutes les nations. De grands changements dans la politique et les religions ébranlent l'Europe, l'Asie et l'Afrique; cette secousse se communique aux sciences. L'astronomie renaît dès le quinzième siècle. Copernic[6] rétablit le système de Pythagore et le mouvement de la terre: pas immense fait dans la nature! Tycho-Brahé[7] ajoute aux observations de tous les siècles; il corrige et perfectionne la théorie des planètes, détermine le lieu d'un grand nombre d'étoiles fixes, démontre la région que les comètes occupent dans l'espace. Le nombre des phénomènes connus s'augmente. Le législateur des cieux paraît; Képler confirme ce qui a été trouvé avant lui, et ouvre la route à des vérités nouvelles; mais il fallait de plus grands secours. Les verres concaves et convexes, inventés par hasard au treizième siècle, sont réunis trois cents ans après, et forment le premier télescope.

L'homme touche aux extrémités de la création. Galilée[8] fait dans les cieux ce que les grands navigateurs faisaient sur les mers: il aborde à de nouveaux mondes. Les satellites de Jupiter sont connus; le mouvement de la terre est confirmé par les phases de Vénus; la géométrie est appliquée à la doctrine du mouvement; la force accélératrice dans la chute des corps est mesurée; on découvre la pesanteur de l'air, on entrevoit son élasticité. Bacon[9] fait le dénombrement des connaissances humaines, et les juge; il annonce le besoin de refaire des idées nouvelles, et prédit quelque chose de grand pour les siècles à venir. Voilà ce que la nature avait fait pour Descartes, avant sa naissance; et comme par la boussole elle avait réuni les parties les plus éloignées du globe, par le télescope rapproché les dernières limites des cieux, par l'imprimerie elle avait établi la communication rapide du mouvement entre les esprits, d'un bout du monde à l'autre.

Tout était disposé pour une révolution; déjà est né celui qui doit faire ce grand changement; il ne resta à la nature que d'achever son ouvrage, et de mûrir Descartes pour le genre humain, comme elle a mûri le genre humain pour lui.

ISOCRATE.[10]

Tandis que les orateurs dans la tribune, les poètes dans leurs vers, les musiciens dans leurs chants, célébraient publiquement les guerriers, les athlètes et les grands hommes, d'autres écrivains composaient, dans la retraite, des éloges qui étaient écrits et rarement prononcés. Il paraît que le premier qui travailla dans ce genre fut Isocrate.

Cet orateur eut la plus grande réputation dans son siècle. Il était digne d'avoir des talents, car il eut des vertus. Très jeune encore, comme les trente oppresseurs qui régnaient dans sa patrie faisaient traîner au supplice un citoyen vertueux, il osa seul paraître pour le défendre, et donna l'exemple du courage quand tout donnait l'exemple de l'avilissement. Après la mort de Socrate, dont il avait été le disciple, il osa paraître en deuil dans Athènes, aux yeux de ce même peuple, assassin de son maître; et des hommes, qui parlaient de vertus et de lois en les outrageant, ne manquèrent pas de le nommer séditieux, lorsqu'il n'était que sensible.

Ayant perdu des biens considérables, il ouvrit une école, et y acquit des richesses immenses: le fils d'un roi lui paya soixante mille écus un discours où il prouvait très bien qu'il faut obéir au prince; mais bientôt après, il en composa un autre où il prouvait au prince qu'il devait faire le bonheur de ses sujets. Plusieurs de ses disciples devinrent de grands hommes[11]; et comme partout le succès fait le mérite, leur gloire ajouta à la sienne. Il avait eu le malheur d'être l'ami de Philippe,[12] de ce Philippe, le plus adroit des conquérants et le plus politique des princes; aimé de l'oppresseur de son pays, il s'en justifia en mourant; car il ne put survivre à la bataille de Chéronée[13]: voilà pour sa personne. A l'égard de son éloquence, si nous en jugeons par sa célébrité, il fut du nombre des hommes qui honorèrent leur patrie et la Grèce. Les calomnies de ses rivaux nous attestent sa gloire: car l'envie ne tourmente point ce qui est obscur. Nous savons qu'on venait l'entendre de tous les pays, et il compta, parmi ses auditeurs, des généraux et des rois. Aux hommages de la foule, qui flattent d'autant plus qu'ils tiennent toujours un peu de la superstition et de l'enthousiasme d'un culte, il joignit le suffrage de quelques-uns de ces hommes qu'on pourrait, au besoin, opposer à un peuple entier. On prétend que Démosthène l'admirait; il fut loué par Socrate; Platon en a fait un magnifique éloge; Quintilien[14] le met au rang des grands écrivains; Cicéron l'appelle le père de l'éloquence[15]; Denis d'Halicarnasse[16] le vante comme orateur, philosophe et homme d'État; enfin, après sa mort, on lui érigea deux statues; et sur son mausolée, on éleva une colonne de quarante pieds, au haut de laquelle était placée une sirène, image et symbole de son éloquence. Il est difficile de croire que, dans les plus beaux temps de la Grèce, on ait rendu ces honneurs à un homme médiocre.

§ 23. BERNARDIN DE SAINT-PIERRE, 1737-1814.

Bernardin de Saint-Pierre, doué d'un caractère aventureux, passa une grande partie de sa vie à rêver une société parfaite, un second âge d'or, et à faire usage de toutes les ressources de son esprit et de son activité pour réaliser ses utopies. Après avoir parcouru diverses contrées, et vainement sollicité l'appui des souverains pour accomplir ses desseins philanthropiques, il revint en France presque découragé, et désabusé de ses illusions; mais il n'y trouva pas le repos. Il alla se consoler dans la retraite, où il prépara ses *Études de la Nature*, qui parurent en 1788, et auxquelles succéda la publication de *Paul et Virginie*, roman qu'aucun ouvrage, a-t-on dit, n'a inspiré, et qui en a inspiré tant d'autres. Proscrit en 1792, il revint en France en 1794, et fut nommé membre de l'Institut et professeur de morale à l'école normale, où il ne fit cependant qu'une seule leçon.

Son dernier ouvrage, les *Harmonies de la Nature*, est riche en recherches scientifiques et en beautés littéraires; mais il diffère des *Études* en ce qu'il n'est pas empreint d'une sensibilité aussi pénétrante.

Tous les ouvrages de Bernardin de Saint-Pierre respirent une morale pure et religieuse, mais souvent un peu vague; son style, qu'on a comparé à celui de Fénelon, a je ne sais quoi de tendre et d'affectueux.

A ne considérer que l'écrivain en général, il est harmonieux et pittoresque, habile à choisir et à placer les mots, les sons, les images, à saisir l'expression la plus vraie du sentiment intime, à s'élever et à descendre avec la nature et comme elle.

SPECTACLE DES NUAGES SUR MER.

Lorsque j'étais en pleine mer, et que je n'avais d'autre spectacle que le ciel et l'eau, je m'amusais quelquefois à dessiner les beaux nuages blancs et gris, semblables à des croupes de montagnes, qui voguaient à la suite les uns des autres sur l'azur des cieux. C'était surtout vers la fin du jour qu'ils développaient toute leur beauté en se réunissant au couchant, où ils se revêtaient des plus riches couleurs, et se combinaient sous les formes les plus magnifiques. Sur la terre, chaque site présente toujours le même horizon; dans le ciel, chaque heure, et surtout chaque soir, en offre de nouveaux.

Un soir, environ une demi-heure avant le coucher du soleil, le vent alizé du sud-est se ralentit, comme il arrive d'ordinaire vers ce temps. Les nuages qu'il voiture dans le ciel à des distances égales, comme son souffle, devinrent plus rares, et ceux de la partie de l'ouest s'arrêtèrent et se groupèrent entre eux sous les formes d'un paysage. Ils représentaient une grande terre formée de hautes montagnes, séparées par des vallées profondes, et surmontées de rochers pyramidaux. Sur leurs sommets et leurs flancs, apparaissaient des brouillards détachés, semblables à ceux qui s'élèvent autour des terres véritables. Un long fleuve semblait circuler dans leurs vallons, et tomber, çà et là, en cataractes; il était traversé par un grand pont, appuyé sur des arcades à demi ruinées. Des bosquets de cocotiers, au centre desquels on entrevoyait des habitations, s'élevaient sur les croupes et les profils de cette île aérienne. Tous ces objets n'étaient point revêtus de ces riches teintes de pourpre, de jaune doré, de nacarat, d'émeraude, si communes le soir dans les couchants de ces parages; ce paysage n'était point un tableau colorié: c'était une simple estampe, où se réunissaient tous les accords de la lumière et des ombres. Il représentait non[1] une contrée éclairée en face des rayons du soleil, mais, par derrière, de leurs simples reflets. En effet, dès que l'astre du jour se fut caché derrière lui, quelques-uns de ses rayons décomposés éclairèrent les arcades demi-transparentes du pont d'une couleur ponceau, se reflétèrent dans les vallons et au sommet des rochers, tandis que des torrents de lumière couvraient ses contours de l'or le plus pur, et divergeaient vers les cieux comme les rayons d'une gloire; mais la masse entière resta dans sa demi-teinte obscure, et on voyait, autour des nuages qui s'élevaient de ses flancs, les lueurs des tonnerres dont on entendait les roulements lointains. On aurait juré que c'était une terre véritable, située environ à une lieue et demie de nous. Peut-être était-ce une de ces réverbérations célestes de quelque île très éloignée, dont les nuages nous répétaient la forme par leurs reflets, et les tonnerres par leurs échos. Plus d'une fois, des marins expérimentés ont été trompés par de semblables aspects.[2] Quoi qu'il en soit, tout cet appareil fantastique de magnificence et de terreur, ces montagnes surmontées de palmiers, ces orages qui grondent sur leurs sommets, ce fleuve, ce pont, tout se fondit et disparut à l'arrivée de la nuit, comme les illusions du monde aux approches de la mort. L'astre des nuits, la triple Hécate,[3] qui répète par des harmonies plus douces celles de l'astre du jour, en se levant sur l'horizon, dissipa l'empire de la lumière, et fit régner celui des ombres. Bientôt des étoiles innombrables et d'un éclat éternel brillèrent au sein des ténèbres. Oh! si le jour n'est lui-même qu'une image de la vie, si les heures rapides de l'aube, du matin, du midi et du soir, représentent les âges si fugitifs de l'enfance, de la jeunesse, de la virilité et de la vieillesse, la mort, comme la nuit, doit nous découvrir aussi de nouveaux cieux et de nouveaux mondes.

LES FORÊTS AGITÉES PAR LES VENTS.[4]

Qui pourrait décrire les mouvements que l'air communique aux végétaux? Combien de fois, loin des villes, dans le fond d'un vallon solitaire couronné d'une forêt, assis sur le bord d'une prairie agitée des vents, je me suis plu à voir les mélilots dorés, les trèfles empourprés, et les vertes graminées, former des ondulations semblables à des flots, et présenter à mes yeux une mer agitée de fleurs et de verdure! Cependant les vents balançaient sur ma tête les cimes majestueuses des arbres. Le retroussis de leur feuillage faisait paraître chaque espèce de deux verts différents. Chacun a son mouvement. Le chêne au tronc roide ne courbe que ses branches, l'élastique sapin balance sa haute pyramide, le peuplier robuste agite son feuillage mobile, et le bouleau laisse flotter le sien dans les airs comme une longe chevelure. Ils semblent animés de passions: l'un s'incline profondément auprès de son voisin comme devant un supérieur, l'autre semble vouloir l'embrasser comme un ami; un autre s'agite en tous sens comme auprès d'un ennemi. Le respect, l'amitié, la colère, semblent passer tour à tour de l'un à l'autre comme dans le cœur des hommes, et ces passions versatiles ne sont au fond que les jeux des vents. Quelquefois un vieux chêne élève au milieu d'eux ses longs bras dépouillés de feuilles et immobiles. Comme un vieillard, il ne prend plus de part aux agitations qui l'environnent; il a vécu dans un autre siècle Cependant ces grands corps insensibles font entendre des bruits profonds et mélancoliques. Ce ne sont point des accents distincts; ce sont des murmures confus comme ceux d'un peuple qui célèbre au loin une fête par des acclamations. Il n'y a point de voix dominantes: ce sont des sons monotones, parmi lesquels se font entendre des bruits sourds et profonds, qui nous jettent dans une tristesse pleine de douceur. Ainsi les murmures d'une forêt accompagnent les accents du rossignol, qui de son nid adresse des vœux reconnaissants aux Amours. C'est un fond de concert qui fait ressortir les chants éclatants des oiseaux, comme la douce verdure est un fond de couleurs sur lequel se détache l'éclat des fleurs et des fruits.

Ce bruissement des prairies, ces gazouillements des bois, ont des charmes que je préfère aux plus brillants accords; mon âme s'y abandonne, elle se berce avec les feuillages ondoyants des arbres, elle s'élève avec leur cime vers les cieux, elle se transporte dans les temps qui les ont vus naître et dans ceux qui les verront mourir; ils étendent dans l'infini mon existence circonscrite et fugitive. Il me semble qu'ils me parlent, comme ceux de Dodone,[5] un langage mystérieux; ils me plongent dans d'ineffables rêveries qui souvent ont fait tomber de mes mains les livres des philosophes. Majestueuses forêts, paisible solitude, qui plus d'une fois avez calmé mes passions, puissent les cris de la guerre ne troubler jamais vos résonnantes clairières! n'accompagnez de vos religieux murmures que les chants des oiseaux, ou les doux entretiens des amis et des amants qui veulent se reposer sous vos ombrages.

§ 24. LA HARPE. 1739–1803.

Livré uniquement à l'étude des belles-lettres, La Harpe fit paraître, en 1762, un recueil d'*Héroïdes* et de *Poésies fugitives*, avec un *Essai* sur ce genre de composition. Il n'avait que vingt-trois ans, lorsqu'il publia sa tragédie de *Warwick ;* il donna ensuite *Timoléon*, *Pharamond*, *Gustave Wasa*, *Menzikow*, *les Barmécides*, *Coriolan*, *Virginie* et *Philoctète ;* cette dernière est restée au théâtre, ainsi que *Coriolan* et *Warwick.* Parmi ses éloges, on distingue ceux de *Henry IV*, de *Fénelon*, de *Racine* et de *Catinat.* Son plus beau titre de gloire est son *Cours de littérature :* ce grand ouvrage est un chef-d'œuvre de critique et d'analyse, qui a trouvé beaucoup de censeurs, mais qui n'a été égalé par aucun de ses imitateurs. Ce *Cours de littérature* a mérité à son auteur le nom de *Quintilien Français.*

L'HOMME DE LETTRES.[1]

C'est celui dont la profession principale est de cultiver sa raison pour ajouter à celle des autres. C'est dans ce genre d'ambition, qui lui est particulier, qu'il concentre toute l'activité, tout l'intérêt que les autres hommes dispersent sur les différents objets qui les entraînent tour à tour. Jaloux d'étendre et de multiplier ses idées, il remonte dans les siècles, et s'avance au travers des monuments épars de l'antiquité, pour y recueillir, sur des traces souvent presque effacées, l'âme et la pensée des grands hommes de tous les âges. Il converse avec eux dans leur langue, dont il se sert pour enrichir la sienne. Il parcourt le domaine de la littérature étrangère, dont il remporte des dépouilles honorables au trésor de la littérature nationale.

Doué de ces organes heureux qui font aimer avec passion le beau et le vrai en tout genre, il laisse les esprits étroits et prévenus s'efforcer en vain de plier à une même mesure tous les talents et tous les caractères, et il jouit de la variété féconde et sublime de la nature dans les différents moyens qu'elle a donnés à ses favoris pour charmer les hommes, les éclairer et les servir. C'est pour lui surtout que rien n'est perdu de ce qui se fait de bon et de louable ; c'est pour une oreille telle que la sienne que Virgile a mis tant de charmes dans l'harmonie de ses vers; c'est pour un juge aussi sensible, que Racine répandit un jour si doux dans les replis des âmes tendres, que Tacite jeta des lueurs affreuses dans les profondeurs de l'âme des tyrans; c'est à lui que s'adressaient Montesquieu quand il plaidait pour l'humanité, Fénelon quand il embellissait la vertu. Pour lui toute vérité est une conquête, tout chef-d'œuvre est une jouissance.

Accoutumé à puiser également dans ses réflexions et dans celles d'autrui, il ne sera ni seul dans la retraite, ni étranger dans la société: enfin, quel que soit le travail où il s'applique, soit qu'il marche à pas mesurés dans le monde intellectuel des spéculations mathématiques, ou qu'il s'égare dans le monde enchanté de la poésie; soit qu'il attendrisse les hommes sur la scène, ou qu'il les instruise dans l'histoire; en portant ses tributs au temple des Arts, il ne cherchera pas à renverser ses concurrents dans sa route, ni à déshonorer leurs offrandes pour relever le prix de la sienne; il ne détournera pas des triomphes d'autrui son œil consterné; les cris de la renommée ne seront pas pour son âme un bruit importun; et, au lieu que la médiocrité inquiète et jalouse gémit de tous les succès, parce que le champ du génie se rétrécit sans cesse à ces faibles yeux, le véritable homme de lettres, le parcourant d'un regard plus vaste et plus sûr, y verra toujours un monument à élever, et une place à obtenir.

CÉSAR ET HENRI IV.

Si nous avons, parmi les modernes, un homme qu'on puisse comparer à César, c'est peut-être Henri IV. On remarque entre eux beaucoup de traits de ressemblance et d'objets de comparaison.

Tous deux avaient reçu de la nature une âme élevée et sensible, un génie également souple et profond dans les affaires politiques, de grands talents pour la guerre: tous deux furent redevables de l'Empire à leur courage et à leurs travaux: tous deux pardonnèrent à leurs ennemis, et finirent par en être les victimes: tous deux connaissaient le grand art de s'attacher les hommes, et de les employer; art le plus nécessaire de tous à quiconque commande ou veut commander: tous deux étaient adorés de leurs soldats, et mêlaient les plaisirs aux fatigues militaires et aux intrigues de l'ambition. Farnèse, à qui notre Henri IV eut affaire, valait bien Pompée le rival de César; et la France fut pour tous deux un champ de victoire. César combattait des armées plus nombreuses: Henri eut à vaincre des obstacles de tous les genres avec moins de moyens.

Tous deux avaient une activité prodigieuse, et suivaient ce grand principe, qu'*il ne faut laisser faire à d'autres que ce qu'on ne peut pas faire soi-même.* Tous deux ont su regner, et ont régné trop peu. Si l'un eût vécu vingt ans de plus, le système de l'Europe était changé. Si l'autre n'eût pas été enlevé par un assassinat, il eût accoutumé les Romains à sa domination, aussi bien qu'Auguste, et aurait fait de plus grandes choses que lui. César prodigua l'argent dans une république qu'il voulait corrompre; Henri le ménagea dans une monarchie qu'il fallait rétablir.

Tous deux furent arrachés par une mort prématurée, aux grands projets qu'ils méditaient; et l'on peut croire que Henri eût été aussi heureux contre les Espagnols, que César pouvait l'être contre les Parthes. Arques, Fontaine-Française, Coutras, Ivry, ne sont pas d'aussi grands noms dans la mémoire des hommes, et n'entraînaient pas d'aussi grandes destinées que la journée de Pharsale; mais ils avaient autant de talents à déployer, avec moins de renommée à obtenir.

César joignit la gloire des lettres à celle des armes, et cet avantage manquait à Henri IV; mais c'était la faute de son éducation et du temps, bien plus que de son génie; il avait l'esprit juste, l'élocution facile et souvent noble: et la harangue de Rouen prouve qu'il eut l'éloquence des grandes âmes.

Sa cause était en tout légitime et glorieuse: celle de César, qu'il est impossible de justifier en bonne morale, peut s'excuser en politique; et, si l'on considère qu'il avait nécessairement la conscience de ce qu'il pouvait faire et de ce qu'il devait craindre, et que, parmi plusieurs concurrents qui aspiraient à être aussi criminels qu'il le devint, il fut ou assez heureux, ou assez malheureux pour être dans le cas de se déclarer le premier.

L'HISTOIRE ANCIENNE ET MODERNE.[2]

On se demande souvent pourquoi la lecture des histoires anciennes est infiniment plus agréable que celle des histoires modernes. Cette différence ne vient pas seulement, comme on l'a cru, de la supériorité du sujet et de la nature des faits historiques; elle vient encore, il faut l'avouer, de l'excellence des génies qui ont écrit l'histoire grecque et romaine. Certainement nous n'avons pas un biographe à comparer à Plutarque. Ceux qui ne savent pas le grec n'ont qu'à lire seulement dans M. Rollin la conversation de Sylla et d'Archélaüs: c'est un ordre de beautés qui nous est étranger; on se croit dans un autre monde.

La sagesse, la gravité, la précision de Thucydide, l'abondance élégante de Xénophon, l'agrément d'Hérodote, qui fait pardonner aux fables qu'il raconte, sont des modèles qu'on n'a point égalés parmi nous. Et si nous nous tournons du côté des Latins, avons-nous quelque chose qui ressemble à Tite-Live et à Tacite? Plusieurs morceaux de Saint-Réal peuvent être comparés à Salluste, sans pourtant le valoir. La conjuration de Portugal, et un tableau des dernières révolutions de la Russie, connu des gens de lettres et des amateurs, sont ce que nous avons de meilleur en ce genre. Mais d'ailleurs toute l'histoire moderne en notre langue est encore à faire, et c'est peut-être la moisson la plus abondante qui reste dans le champ de notre littérature. Daniel et Mézerai ne satisfont ni l'oreille, ni l'imagination, ni la raison, et il ne faut pas croire que ce soit absolument la faute de notre histoire; elle est sèche sans doute dans les premiers temps; mais, en avançant dans la seconde et la troisième race, le sujet devient fécond et intéressant. Croit-on que l'époque singulière des croisades, ce genre de folie pieuse et héroïque, qui n'a point d'exemple dans l'antiquité; le siècle de Charles-Quint et de François Ier; la ligue, ce temps si fertile en grands crimes et en grands hommes, ne fussent pas des tableaux attachants, s'ils étaient coloriés par la main d'un homme tel que Tacite? Le malheur de nos historiens est de n'être pas peintres, et les anciens l'étaient;

tout ce qu'ils écrivent a une forme dramatique, qui fait illusion au lecteur, et lui fait croire qu'il assiste à un spectacle, qu'il voit agir les personnages et qu'il les entend parler.

Nous n'avons pas assez connu la majesté de l'histoire; nous ne nous sommes pas représenté assez fidèlement quel doit être l'homme qui peint les siècles, qui parle devant la postérité, qui assemble les générations passées et futures, pour dire aux unes ce qu'elles ont été, et aux autres ce qu'elles doivent être. La dignité de cet emploi paraît n'avoir été sentie que par les anciens; il semble qu'en général ils soient plus mâles et plus grands que nous. C'est chez eux qu'on rencontre tout ce qu'on entend communément par *une manière large*, et l'on dirait que ce mot a été trouvé pour eux. Le fonds de leurs ouvrages est riche, et tel d'entre eux a distribué ses dépouilles à vingt modernes. Une centaine de vers traduits de Virgile a suffi pour faire réussir la tragédie de *Didon;* et nous avons de fort bons écrits qui ne sont que des commentaires de quelques pages de l'antiquité.

C'est en lisant les anciens qu'on juge et qu'on goûte mieux les bons modernes qui leur ressemblent; c'est avec eux que le goût s'épure et que l'âme s'élève et se fortifie, que le sentiment de la vraie gloire et l'amour du vrai beau s'accroissent et s'affermissent. On ne les lit pas assez. Nous avons beaucoup d'écrivains et peu d'hommes de lettres.

§ **25.** SAUSSURE, 1740–1799.

SAUSSURE, naturaliste et physicien célèbre, naquit à Genève le 17 février 1740. Doué d'une intelligence précoce, il était à vingt ans en état de concourir pour une chaire de mathématiques à l'académie de Genève, et obtint à vingt-deux celle de philosophie. C'est surtout par ses *Observations sur les montagnes* qu'il s'est illustré. Le premier, il a fait connaître en détail les substances dont elles se composent et l'ordre dans lequel ces substances sont disposées; une foule de connaissances préparatoires étaient nécessaires à cette grande étude, et il les acquit toutes. Il fallait encore perfectionner beaucoup d'instruments; le *thermomètre*, l'*hygromètre* (pour mesurer l'humidité de l'air), l'*eudiomètre* (pour la pureté de l'air), l'*électromètre* (pour l'électricité), lui durent un nouveau degré de perfection.

Muni de ces ressources, il visita le Jura, les Vosges, les montagnes de la Suisse, de l'Italie, et parvint le premier, en août 1787, jusqu'au sommet du Mont-Blanc, près de 14,800 pieds au-dessus du niveau de la mer! Il publia le résultat de ses découvertes dans un ouvrage en quatre volumes intitulé *Voyage dans les Alpes*. Cette relation, pleine d'intérêt, fut suivie de divers ouvrages scientifiques. Saussure dévoile les secrets de la nature, non-seulement en savant, mais encore en poète; il la peint avec enthousiasme autant qu'il l'analyse avec sagacité.

LA SOURCE DE L'ARVEYRON.[1]

L'Arveyron est un torrent considérable qui sort de l'extrémité inférieure du glacier des Bois[2] par une grande arche de glace, que les gens du pays nomment l'embouchure de l'Arveyron, quoique au vrai ce soit là sa source, ou du moins le premier endroit où il se montre à découvert.

On peut y aller directement en descendant du Montanvert,[3] mais c'est une route si fatigante par sa rapidité, que je ne saurais la conseiller. En y allant au contraire du Prieuré,[4] c'est une promenade charmante d'une petite heure, toute de plain-pied, que l'on peut même faire en voiture, en traversant de belles prairies et une superbe forêt.

La source de l'Arveyron est un des objets les plus dignes de la curiosité des voyageurs. Que l'on se figure une profonde caverne, dont l'entrée est une voûte de glace de plus de cent pieds d'élévation, sur une largeur proportionnée; cette caverne est taillée par la main de la nature, au milieu d'un énorme rocher de glace qui, par le jeu de la lumière, paraît, ici, blanche et opaque comme de la neige, là, transparente et verte comme l'aigue-marine. Du fond de cette caverne sort avec impétuosité une rivière blanche d'écume, et qui souvent roule dans ses flots de gros rochers de glace. En élevant[5] les yeux au-dessus de cette voûte, on voit un immense glacier, couronné par des pyramides de glace, du milieu desquelles semble sortir l'obélisque du Dru dont la cime va se perdre dans les nues. Enfin tout ce tableau est encadré par les belles forêts du Montanvert et de l'aiguille du Bochard, et ces forêts accompagnent le glacier jusqu'à sa cime, qui se confond avec le ciel.

Le lieu où[6] l'on jouit de ce spectacle est extrêmement sauvage; depuis que les glaces ont beaucoup diminué, il n'est resté que des amas de sable et de blocs déposés par le glacier; on n'y voit aucune verdure; mais il y a sept ou huit ans que le glacier descendant beaucoup plus bas, cette voûte se trouvait auprès d'une forêt de mélèzes, dont le fond était un beau sable blanc, relevé par des touffes de belles fleurs.[7]

On a quelquefois la curiosité d'entrer dans cette caverne, et on peut en effet s'y enfoncer assez avant, lorsqu'elle est large et que l'Arveyron ne la remplit pas entièrement; mais c'est toujours une témérité, parce qu'il se détache fréquemment de grands fragments de sa voûte. Lorsque nous allâmes la visiter en 1778, nous remarquâmes, dans l'arche qui formait l'entrée de la voûte, une grande crevasse presque horizontale, coupée à ses extrémités par des fentes verticales; il était aisé de présumer que toute cette pièce se détacherait bientôt; effectivement on entendit dans la nuit un bruit semblable à un coup de tonnerre. Cette pièce, qui formait la clef de la voûte, était tombée, et avait entraîné par sa chute celle de toute la partie extérieure de l'arche; cet amas de glace suspendit pendant quelques moments le cours de l'Arveyron; ses eaux s'accumulèrent dans le fond de la caverne et, rompant ensuite tout à coup cette digue, elles entraînèrent avec violence tous ces grands blocs de glace, les brisèrent contre les rochers dont est parsemé le lit du torrent, et en charrièrent des fragments à de grandes distances. Nous vîmes, le lendemain, avec une espèce d'effroi, la place, où nous nous étions arrêtés la veille, couverte de grands quartiers de ces glaces.

C'est ainsi que cette voûte se détruit, et c'est ainsi qu'elle se forme. En hiver, il n'y en a point du tout; l'Arveyron, alors très petit, sort en rampant de dessous la glace qui descend en talus jusqu'au niveau du terrain; mais lorsque les chaleurs enflent les eaux de ce torrent, et facilitent la désunion des parties de la glace, il ronge par les côtés les glaces qui gênent sa sortie; alors celles du milieu n'étant plus soutenues tombent dans l'eau qui les entraîne, et il s'en détache ainsi successivement des morceaux, jusqu'à ce que la partie supérieure ait pris la forme d'une voûte, dont les parties se soutiennent mutuellement. Cette voûte change d'un jour à l'autre; quelquefois elle s'écroule en entier, mais il s'en reforme bientôt une nouvelle.

LE GLACIER DU MONTANVERT.

La surface du glacier vue du Montanvert, ressemble à celle d'une mer qui aurait été subitement gelée, non pas dans le moment de la tempête, mais à l'instant où le vent s'est calmé, et où les vagues, quoique très hautes, sont émoussées et arrondies. Ces grandes ondes sont à peu près parallèles à la longueur du glacier, et elles sont coupées par des crevasses transversales, qui paraissent bleues dans leur intérieur, tandis que la glace paraît blanche à sa surface extérieure.

Entre les montagnes qui dominent le glacier des Bois, celle qui fixe le plus les regards de l'observateur est un grand obélisque de granit qui est en face du Montanvert, de l'autre côté du glacier. On le nomme l'*aiguille du Dru;* et en effet sa forme arrondie et excessivement élancée lui donne plus de ressemblance avec une aiguille qu'avec un obélisque; ses côtés semblent polis comme un ouvrage de l'art; on y distingue seulement quelques aspérités et quelques fentes rectilignes, très nettement tranchées.

Lorsqu'on s'est bien reposé sur la jolie pelouse du Montanvert, et qu'on s'est rassasié, si l'on peut jamais l'être, du grand spectacle que présentent ce glacier et les montagnes qui le bordent, on descend par un sentier rapide entre des rhododendrons, des mélèzes et des aroles,[8] jusqu'au bord du glacier. Au bas de cette pente, on trouve ce qu'on appelle la moraine du glacier, ou cet amas de sable et de cailloux qui sont disposés sur ses bords, après avoir été broyés et arrondis par le roulis et le frottement des glaces. De là, on passe sur le glacier même, et s'il n'est pas trop scabreux et trop entrecoupé de grandes crevasses, il faut s'avancer au moins jusqu'à trois ou quatre cents pas pour se faire une idée de ces grandes vallées de glace. En effet, si l'on se contente de voir celle-ci de loin, du Montanvert, par exemple, on n'en distingue point les détails; ses inégalités ne semblent être que les ondulations arrondies de la mer après l'orage; mais, quand on est au milieu du glacier, ces ondes paraissent des montagnes, et leurs intervalles semblent être des vallées entre ces montagnes. Il faut d'ailleurs parcourir un peu le glacier pour voir ses beaux accidents, ses larges et profondes crevasses, ses grandes cavernes, ses lacs remplis de la plus belle eau renfermée dans des murs transparents de couleur d'aigue-marine[9]; ses ruisseaux d'une eau vive et claire, qui coulent dans des canaux de glace, et qui viennent se précipiter et former des cascades dans des abîmes de glace. Je ne conseillerais cependant pas d'entreprendre de le traverser vis-à-vis du Montanvert, à moins que les guides n'assurent qu'ils connaissent l'état actuel des glaces, et que l'on peut y passer sans trop de difficulté. J'en courus les risques dans mon premier voyage en 1760, et j'eus bien de la peine à en sortir: le glacier, dans ce moment-là, était presque impracticable du côté opposé au Montanvert. Je franchissais les fentes qui n'étaient pas trop larges; mais il se présenta des vallons de glace très profonds, dans lesquels il fallait se laisser couler pour remonter ensuite du côté opposé avec une fatigue extrême: d'autres fois, pour traverser des crevasses extrêmement larges et profondes, il me fallait passer comme un danseur de corde sur des arêtes de glace, très étroites, qui s'étendaient de l'un des bords à l'autre. Le bon Pierre Simon, mon premier guide sur les hautes Alpes, se repentait bien de m'avoir laissé engager dans cette entreprise; il allait, venait, cherchait les passages les moins dangereux, taillait des escaliers dans la glace, me tendait la main lorsque cela était possible, et me donnait en même temps les premières leçons de l'art, car c'en est un, de poser convenablement les pieds, de poster son corps et de s'aider de son bâton dans ces passages difficiles. J'en sortis pourtant sans autre mal que quelques contusions que je m'étais faites en me laissant dévaler volontairement sur des pentes de glace très rapides, que nous avions à descendre. Pierre Simon descendait en se glissant,[10] debout sur ses pieds, le corps penché en arrière et appuyé sur son bâton ferré; il arrivait ainsi au bas de la glace sans se faire aucun mal.[11]

§ 26. SÉGUR, 1753–1830.

Louis-Philippe, comte de Ségur, naquit à Paris le 11 décembre 1753.

M. de Ségur s'est distingué dans la carrière des armes, de la diplomatie et de la littérature. Ses compositions historiques annoncent des connaissances, du jugement et cette étude du cœur humain que donnent l'expérience de la vie et une position élevée dans la société. "M. de Ségur, dit Dussault, est un homme de beaucoup d'esprit; il écrit avec élégance, grâce et clarté; il a autant de pureté dans le jugement que de droiture dans le cœur."

On a de M. de Ségur: 1° *Pensées politiques;* 2° *Tableau politique de l'Europe depuis* 1786 *jusqu'en* 1796; 3° *Contes, Fables, Chansons*, etc.; 4° *Histoire de l'Europe moderne;* 5° *Galerie morale et politique;* 6° *Pensées, Maximes et Réflexions;* 7° *Histoire universelle, ancienne et moderne*, ouvrage où les faits historiques sont présentés dans un style élégant. Mais tous ces ouvrages sont d'un esprit souvent frivole et conviennent peu à la jeunesse.

Cet écrivain mourut le 27 août 1830, ayant presque perdu la vue.

Il a lui-même décrit, dans cette phrase, tout ce qu'il a été:

"Le hasard a voulu que je fusse successivement officier général, ambassadeur, poète, auteur dramatique, publiciste, historien, député, conseiller d'État, sénateur, académicien et pair de France."

PORTRAIT DE JULES CÉSAR.[1]

César mourut à cinquante-six ans. Jusqu'à quarante-deux ans il n'était pas sorti du rang des citoyens, et cependant son génie faisait déjà prévoir et craindre sa domination. En quatorze ans il fit la conquête du monde; jamais aucun homme ne le surpassa en talents, en ambition, en fortune. Nul général ne sut inspirer plus de dévouement à ses soldats: on les voyait aussi passionnés pour lui que leurs aïeux l'étaient autrefois pour la république. Il les enflammait d'un courage invincible.

La nature avait aussi bien traité César que la fortune: sa taille était élevée, son teint d'une blancheur éclatante, sa tête ovale, son visage plein et coloré, ses yeux noirs et vifs, son corps élancé. Sa constitution robuste ne fut altérée que par quelques attaques d'épilepsie. Son maintien était doux et fier, sa voix sonore; une grâce noble brillait dans tous ses mouvements: quoiqu'il fût aussi dur, aussi infatigable dans les travaux, qu'intrépide dans le péril, on lui voyait toujours des habits somptueux, des étoffes fines, des franges magnifiques. Il ajoutait à sa parure les plus belles perles et les pierres les plus précieuses. On admirait dans son palais un grand nombre de statues et de tableaux des plus grands maîtres.

Dans les forêts de la Germanie, comme au milieu des sables de l'Afrique, on remarquait dans sa tente un parquet brillant et des carreaux moelleux. L'ordre le plus régulier et même le plus minutieux régnait dans sa maison. Il mit aux fers son panetier pour avoir servi à ses convives un pain différent du sien.

Il ne connut point les excès de la table. Caton disait de lui qu'il était le premier homme tempérant et sobre qui eût voulu renverser une république. Il ne supportait pas la résistance, mais il souffrait la raillerie. Son esprit était prompt comme son épée, il dictait à la fois à plusieurs secrétaires, et en des langues différentes; il inventa les chiffres pour garder les secrets de la politique. Il composait à cheval des poèmes, écrivait des dépêches sur son char, rédigeait ses commentaires dans sa tente, et méditait des lois en combattant.

Il maniait les armes avec plus d'adresse que tous les soldats romains, domptait les chevaux les plus fougueux, marchait tête nue au soleil et à la gelée, faisait cinquante lieues par jour, sur un cheval ou sur un chariot, et traversait à la nage les fleuves les plus rapides.

Politique profond, orateur éloquent, historien véridique, soldat intrépide, administrateur éclairé, vainqueur généreux, porté par la fortune, et couronné par la gloire, César, qu'on se borne trop souvent à ne vanter que comme le premier des généraux et comme le plus célèbre des conquérants, fut un homme universel. Son génie était vaste comme le monde qu'il dominait; mais de même qu'en admirant les pyramides d'Égypte, on s'étonne de voir que ces masses, victorieuses du temps, aient coûté tant de sang et d'or sans aucune utilité pour le genre humain, de même on regrette, en contemplant César, dont le nom a traversé les siècles, que sa grandeur colossale, funeste aux hommes, et fondée sur les débris de la liberté, n'ait pas eu pour base la vertu.

LE FATALISME.

Il existe chez les musulmans un genre très commun de bravoure, qui doit sa naissance au fatalisme, à ce système qui fait croire que tous nos jours sont comptés, qu'une chaîne invisible nous conduit à un but que nous ignorons, et que l'heure de notre mort est tellement arrêtée et marquée, qu'aucune témérité et qu'aucune prudence n'en peuvent accélérer ou retarder l'instant.

On conçoit qu'une telle opinion nous rende inaccessibles à la crainte; en effet, si le péril qui nous alarme ne doit pas, selon l'ordre du destin, nous être fatal, pourquoi le craindre? et, s'il est écrit qu'il nous sera funeste, à quoi bon le fuir, puisqu'on ne peut l'éviter?

Je sais que ce système peut paraître insensé, et qu'en le poussant un peu loin on arriverait promptement à des conséquences absurdes. L'homme, ainsi conduit par la destinée, n'est plus qu'une machine, son âme qu'une esclave, sa volonté qu'un ressort. Il n'en est pas moins vrai que, de tout temps, cette idée a eu de célèbres partisans; elle se lie aux idées de l'ordre qui régit l'univers et à celles de la prescience de Dieu. Eh! quel homme aurait jamais pu croire aux prophètes, aux oracles, aux augures, aux présages, s'il n'avait pas pensé que l'avenir était réglé d'avance, et que tous les événements futurs sont[2] écrits dans le livre du destin?

De notre temps, on a vu un homme extraordinaire[3] porté, par cette croyance, aux plus audacieuses entreprises, et persuadé que rien ne pouvait changer son sort; aucun obstacle n'arrêtait sa marche, aucun danger n'excitait sa crainte; et l'impulsion de son ambition lui semblait l'ordre du génie qui le conduisait dans une carrière de gloire, dont le but et le terme lui étaient inconnus.

Un jour, il venait d'échapper à un complot hardi tramé contre sa vie: on lui représenta qu'il s'était exposé imprudemment et sans nécessité aux coups qu'on pouvait et qu'on voulait lui porter. "Quand ils auraient tiré, dit-il, ils auraient peut-être tué ou blessé un de mes aides de camp. — Et pourquoi pas vous-même? lui répondit-on. — Parce que je pense qu'il n'en est pas encore temps. Croyez-vous que j'attribue à moi seul et à mon habileté les choses extraordinaires que j'ai faites? Non, une puissance supérieure me pousse, et me mène à un but que j'ignore: tant que ce but ne sera pas atteint, je suis invulnérable, inébranlable; mais dès que je ne serai plus nécessaire, il suffira d'une mouche pour me renverser." Ce fait, aussi singulier que vrai, explique bien des énigmes: quel péril, quel obstacle, quel conseil, auraient pu arrêter les pas de l'homme pénétré d'une pareille idée? La terre soulevée pouvait-elle lui paraître une barrière contre une ambition qu'il croyait inspirée par le ciel, et gravée[4] par le destin?

§ 27. DE MAISTRE (J.), 1754–1821.

Joseph de Maistre entra dans la carrière de la magistrature et devint successivement sénateur, régent de la grande chancellerie de Sardaigne, ministre plénipotentiaire auprès de la cour de Russie, et enfin ministre d'État. Ces hautes fonctions ne l'empêchèrent pas de se livrer à la littérature.

Les ouvrages qui ont fondé sa réputation sont, après les *Considérations sur la France*, 1° un *Essai sur le principe générateur des Constitutions politiques et autres Institutions humaines*, dans lequel M. de Maistre établit que la puissance divine est la source de toute autorité sur la terre; 2° une traduction de Plutarque sur les *Délais de la justice divine dans la punition des coupables, avec des notes explicatives*; 3° les *Soirées de Saint-Pétersbourg*, ouvrage où l'on retrouve au plus haut degré les qualités de l'auteur, une morale pure, une logique forte, ingénieuse et subtile, de l'élévation dans la pensée et de l'énergie dans l'expression. Tous les ouvrages du comte de Maistre sont remplis d'un enthousiasme et empreints d'un caractère qui charment et qui entraînent.

UNE NUIT D'ÉTÉ A SAINT-PÉTERSBOURG.

Rien n'est plus rare, mais rien n'est plus enchanteur, qu'une belle nuit d'été à Saint-Pétersbourg, soit que la longueur de l'hiver et la rareté de ces nuits leur donnent, en les rendant plus désirables, un charme particulier, soit que réellement, comme je le crois, elles soient plus douces et plus calmes que dans les plus beaux climats.

Le soleil, qui, dans les zones tempérées, se précipite à l'occident, et ne laisse après lui qu'un crépuscule fugitif, rase ici lentement une terre dont il semble se détacher à regret. Son disque, environné de vapeurs rougeâtres, roule, comme un char enflammé, sur les sombres forêts qui couronnent l'horizon, et ses rayóns, réfléchis par le vitrage des palais, donnent au spectateur l'idée d'un vaste incendie.

Les grands fleuves ont ordinairement un lit profond et des bords escarpés qui leur donnent un aspect sauvage. La Néva coule à pleins bords au sein d'une cité magnifique: ses eaux limpides touchent le gazon des îles qu'elle embrasse, et, dans toute l'étendue de la ville, elle est contenue par deux quais de granit, alignés à perte de vue, espèce de magnificence répétée dans les trois grands canaux qui parcourent la capitale, et dont il n'est pas possible de trouver ailleurs le modèle ni l'imitation.

Mille chaloupes se croisent et sillonnent l'eau en tous sens: on voit de loin les vaisseaux étrangers qui plient leurs voiles et jettent l'ancre. Ils apportent sous le pôle les fruits des zones brûlantes et toutes les productions de l'univers. Les brillants oiseaux d'Amérique voguent sur la Néva avec des bosquets d'orangers: ils retrouvent en arrivant la noix du cocotier, l'ananas, le citron et tous les fruits de leur terre natale. Bientôt le Russe opulent s'empare des richesses qu'on lui présente, et jette l'or, sans compter, à l'avide marchand.

Nous rencontrions de temps en temps d'élégantes chaloupes dont on avait retiré les rames, et qui se laissaient aller doucement au paisible courant de ces belles eaux. Les rameurs chantaient un air national, tandis que leurs maîtres jouissaient en silence de la beauté du spectacle et du calme de la nuit.

Près de nous, une longue barque emportait rapidement une noce de riches négociants. Un baldaquin cramoisi, garni de franges d'or, couvrait le jeune couple et les parents. Une musique russe, resserrée entre deux files de rameurs, envoyait au loin le son de ces bruyants cornets. Cette musique n'appartient qu'à la Russie, et c'est peut-être la seule chose particulière à un peuple, qui ne soit pas ancienne.

Une foule d'hommes vivants[1] ont connu l'inventeur, dont le nom réveille constamment dans sa patrie l'idée de l'antique hospitalité, du luxe élégant et des nobles plaisirs. Singulière mélodie! emblème éclatant fait pour occuper l'esprit bien plus que l'oreille. Qu'importe à l'œuvre que les instruments sachent ce qu'ils font? vingt ou trente automates agissant ensemble produisent une pensée étrangère à chacun d'eux; le mécanisme aveugle est dans l'individu: le calcul ingénieux, l'imposante harmonie, sont dans le tout.

La statue équestre de Pierre Ier s'élève sur le bord de la Néva, à l'une des extrémités de l'immense place d'Isaac.[2] Son visage sévère regarde le fleuve et semble encore animer cette navigation créée par le génie du fondateur. Tout ce que l'oreille entend, tout ce que l'œil contemple sur ce superbe théâtre, n'existe que par une pensée de la tête puissante qui fit sortir d'un marais tant de monuments pompeux. Sur ces rives désolées, d'où la nature semblait avoir exilé la vie, Pierre assit sa capitale et se créa des sujets. Son bras terrible est encore étendu sur leur postérité qui se presse autour de l'auguste effigie. On regarde, et l'on ne sait si cette main de bronze protége ou menace.

A mesure que notre chaloupe s'éloignait, le chant des bateliers et le bruit confus de la ville s'éteignaient insensiblement. Le soleil était descendu sous l'horizon; des nuages brillants répandaient une clarté douce, un demi-jour doré qu'on ne saurait peindre, et que je n'ai jamais vu ailleurs. La lumière et les ténèbres semblent se mêler et comme s'entendre pour former le voile transparent qui couvre alors ces campagnes.

LOI UNIVERSELLE DE LA MORT.

Dans le vaste domaine de la nature vivante, il règne une violence manifeste, une espèce de rage prescrite, qui arme tous les êtres les uns contre les autres. Dès que vous sortez du règne insensible, vous trouvez le décret de la mort violente écrit sur les frontières mêmes de la vie. Déjà, dans le règne végétal, on commence à sentir sa loi; depuis l'immense catalpa jusqu'à la plus humble graminée, combien de plantes meurent, et combien sont tuées! Mais, dès que vous entrez dans le règne animal, la loi prend tout à coup une épouvantable évidence. Une force à la fois cachée et palpable se montre continuellement occupée à mettre à découvert le principe de la vie par des moyens violents. Dans chaque grande division de l'espèce animale, elle a choisi un certain nombre d'animaux qu'elle a chargés de dévorer les autres: ainsi, il y a des insectes de proie, des reptiles de proie, des oiseaux de proie, des poissons de proie, et des quadrupèdes de proie. Il n'y a pas un instant de sa durée où l'être vivant ne soit dévoré par un autre. Au-dessus des nombreuses races d'animaux est placé l'homme, dont la main destructive n'épargne rien de ce qui vit; il tue pour se nourrir, il tue pour se vêtir, il tue pour se parer, il tue pour se défendre, il tue pour attaquer, il tue pour s'instruire, il tue pour s'amuser, il tue pour tuer. Ce roi superbe et terrible, il a besoin de tout, et rien ne lui résiste. Il sait combien la tête du requin ou du cachalot lui fournira de barriques d'huile; son épingle déliée pique, sur le carton des musées, l'élégant papillon qu'il a saisi au vol sur le sommet du Mont-Blanc ou du Chimborazo; il empaille le crocodile, il embaume le colibri; à son ordre, le serpent à sonnettes vient mourir dans la liqueur conservatrice qui doit le montrer intact aux yeux d'une longue suite d'observateurs. Le cheval, qui porte son maître à la chasse du tigre, se pavane sous la peau de ce même animal L'homme demande tout: à l'agneau, ses entrailles pour faire résonner une harpe; à la baleine, ses fanons pour soutenir le corset de la jeune vierge; au loup, sa dent la plus meurtrière pour polir les ouvrages les plus légers de l'art; à l'éléphant, ses défenses pour façonner le jouet d'un enfant: ses tables sont couvertes de cadavres. Le philosophe peut même découvrir comment le carnage permanent est prévu et ordonné dans le grand tout.

§ 28. FONTANES, 1757[1]–1821.

Mis hors la loi à l'époque du 18 fructidor,[2] FONTANES se réfugia d'abord à Hambourg, puis à Londres. Rappelé en France après le 18 brumaire,[3] il vit s'ouvrir devant lui la carrière des honneurs. Admis d'abord dans la société d'Élisa Bonaparte, il fut apprécié par Lucien, son frère, ministre de l'intérieur, qui lui confia une division de son département, et le chargea de prononcer l'éloge funèbre de Washington dans l'église des Invalides, appelée alors le Temple de Mars. Ce morceau d'éloquence fixa la réputation de l'orateur, qui, depuis ce moment, ne cessa de tenir le premier rang parmi les adulateurs de Napoléon. Dès lors il devint l'homme de toutes les places : membre de l'Institut, président du corps législatif et du sénat, grand maître de l'université, etc. Son talent pour flatter ne se démentit pas un seul instant ; il ne craignit pas de dire, un jour, au guerrier qui bouleversait l'Europe : "On aime surtout à louer en vous ce désir d'épargner le sang des hommes, que vous avez si souvent manifesté."

Comblé des faveurs de Napoléon, que ses flatteries avaient gonflé, il rédigea le décret qui prononça la déchéance de ce grand homme. Un écrivain l'a caractérisé ainsi : " C'était un homme d'État dans les salons, un gentilhomme à l'Institut, et un littérateur à la chambre des pairs." Comme poète et comme prosateur, il doit être placé à un rang distingué parmi les écrivains du siècle actuel.

WASHINGTON.

PÉRORAISON DE SON ÉLOGE FUNÈBRE.

Quatre ans s'étaient écoulés à peine depuis qu'il avait quitté l'administration. Cet homme qui longtemps conduisit des armées, qui fut le chef de treize États, vivait sans ambition dans le calme des champs, au milieu de vastes domaines cultivés par ses mains, et de nombreux troupeaux que ses soins avaient multipliés dans les solitudes d'un nouveau monde. Il marquait la fin de sa vie par toutes les vertus domestiques et patriarcales, après l'avoir illustrée par toutes les vertus guerrières et politiques. L'Amérique jetait un œil respectueux sur la retraite habitée par son père[4]; et de cette retraite, où s'était renfermé tant de gloire, sortaient souvent de sages conseils, qui n'avaient pas moins de force[5] que dans les jours de son autorité; ses compatriotes se promettaient encore de l'écouter longtemps; mais la mort l'a tout à coup enlevé au milieu des occupations les plus douces et les plus dignes de la vieillesse.

Un cri de douleur s'est fait entendre au fond de l'Amérique qu'il avait délivrée. Il appartenait à la France de répondre la première à ce cri funèbre, qui doit retentir dans toutes les grandes âmes. Ces voûtes augustes [6] ont été dignement choisies pour l'apothéose d'un héros. L'ombre de Washington, en descendant sur ce dôme majestueux, y trouvera celles de Turenne, de Catinat [7] et du grand Condé, qui se plaisent à l'habiter encore. Si ces guerriers illustres n'ont pas servi la même cause pendant leur vie, la même renommée les réunit quand ils ne sont plus. Les opinions, sujettes aux caprices des peuples et des temps, les opinions, partie faible et changeante de notre nature, disparaissent avec nous dans le tombeau; mais la gloire et la vertu restent éternellement. C'est par là que les grands hommes de tous les temps et de tous les lieux deviennent, en quelque sorte, compatriotes et contemporains. Ils ne forment qu'une seule famille, dont les exemples se transmettent et se renouvellent de successeur en successeur. Ainsi, dans cette enceinte guerrière, la valeur de Washington mérite les regards de Condé; sa modération appelle ceux de Turenne; sa philosophie le rapproche encore plus de Catinat.

Mais les accents belliqueux que ces murs répètent de toutes parts doivent plaire surtout au défenseur de l'Amérique. Pourrait-il ne pas aimer ces soldats qui repoussèrent, à son exemple, les ennemis de la patrie? Il s'approche avec plaisir de ces vétérans dont les nobles cicatrices sont les premiers ornements de cette fête, et dont quelques-uns ont peut-être combattu avec lui près des fleuves et dans les forêts de la Caroline et de la Virginie. Il se promène avec joie au milieu de ces drapeaux enlevés sur les barbares de l'Asie et de l'Afrique.[8] Les dépouilles de la barbarie décorent noblement les funérailles d'un capitaine qui aima les lumières et la liberté.

Mais il est encore un hommage plus digne de lui: c'est l'union de la France et de l'Amérique; c'est le bonheur de l'une et de l'autre; c'est la pacification des deux mondes. Il me semble que, des hauteurs de ce magnifique dôme, Washington crie à toute la France: "Peuple magnanime, qui sais si bien honorer la gloire, j'ai vaincu pour l'indépendance; mais le bonheur de ma patrie fut le prix de cette victoire. Ne te contente pas d'imiter la première moitié de ma vie, c'est la seconde qui me recommande aux éloges de la postérité."

CHARLEMAGNE.

Charlemagne avait montré que le génie d'un grand Prince a plus de pouvoir pour réformer son siècle, que son siècle n'en a pour arrêter son génie. Son époque est la première et la plus imposante de l'histoire moderne. Seul il paraît avec éclat au milieu des ténèbres universelles qu'il dissipe en un moment; et son nom imprime encore quelque grandeur au berceau des Monarchies modernes, qui ne sont que des débris de son Empire.

Mais l'Europe, quand il disparut, retomba dans ce chaos de barbarie où il avait si rapidement jeté les plus grands traits de lumière. Rome, qu'il avait en quelque sorte fait sortir des ruines accumulées par les Goths, les Vandales et les Lombards; Rome, dont il retrouva les anciennes bornes, et qui reprit avec lui vingt sceptres qu'elle avait perdus; Rome mourut presque tout entière avec ce nouveau César, et ne fut plus qu'un souvenir.

Le vaste Empire que ce grand homme avait élevé et soutenu près de cinquante ans écrasa sous son poids ses trop faibles successeurs. On ne voit après lui que des scènes d'opprobre et de désolation; des neveux égorgés par leurs oncles, des frères se combattant avec toute la férocité d'une ambition qui n'est jamais justifiée par le talent; un père détrôné par ses propres fils; des évêques complices de ce forfait, condamnant un faible monarque qui, par l'excès de sa bassesse, a mérité qu'on ne plaignît par l'excès de son malheur.

A ces calamités extérieures se mêlent des calamités étrangères. Le Nord vomit encore des essaims de barbares qui fondent sur l'Empire de Charlemagne, comme autrefois sur le premier Empire romain. Ils en ravagent toutes les parties, et les lâches descendants de Charlemagne, incapables de se défendre, achètent, avec leurs villes et leurs provinces, les services de leurs puissants favoris. Ces favoris eux-mêmes, agrandis aux dépens de leurs maîtres, deviennent aussi redoutables à la France que les usurpateurs étrangers. Tous veulent être souverains, dès qu'un seul n'est plus digne de l'être.

§ 29. DE MAISTRE (X.), 1763–1852.

Xavier de Maistre, frère du célèbre comte Joseph de Maistre, naquit à Chambéry, en 1763.

Bien que cet écrivain n'ait pas atteint la haute réputation de son frère,[1] il se distingue cependant par la grâce de son style, la finesse de sa pensée et le sel de la plaisanterie. On connaît surtout de lui le *Voyage autour de ma chambre* et *le Lépreux de la cité d'Aoste.* Ce dernier ouvrage est rempli d'images gracieuses et de sentiments touchants.

VOYAGE AUTOUR DE MA CHAMBRE.[2]

Depuis l'expédition des Argonautes jusqu'à l'assemblée des notables,[3] depuis le fin fond des enfers jusqu'à la dernière étoile fixe au delà de la voie lactée, jusqu'aux confins de l'univers, jusqu'aux portes du chaos, voilà le vaste champ où je me promène en long et en large, et tout à loisir; car le temps ne me manque pas plus que l'espace. C'est là que je transporte mon existence, à la suite d'Homère, de Milton, de Virgile et d'Ossian.

Tous les événements qui ont eu lieu entre ces deux époques, tous les pays, tous les mondes et tous les êtres qui ont existé entre ces deux termes, tout cela est à moi, tout cela m'appartient aussi bien, aussi légitimement que les vaisseaux qui entraient dans le Pirée appartenaient à un certain Athénien.

J'aime surtout les poètes qui me transportent dans la plus haute antiquité; la mort de l'ambitieux Agamemnon, les fureurs d'Oreste et toute l'histoire tragique de la famille des Atrées, persécutée par le ciel, m'inspirent une terreur que les événements modernes ne sauraient faire naître en moi.

Voilà l'urne fatale qui contient les cendres d'Oreste. Qui ne frémirait à cet aspect? Electre! malheureuse sœur, apaise-toi; c'est Oreste lui-même qui apporte l'urne, et ces cendres sont celles de ses ennemis[1]!

On ne retrouve plus maintenant de rivages semblables à ceux du Xanthe ou du Scamandre; — on ne voit plus de plaines comme celles de l'Hespérie ou de l'Arcadie. Où sont aujourd'hui les îles de Lemnos et de Crète? Où est le fameux labyrinthe? Où est le rocher qu'Ariane délaissée arrosait de ses larmes? — on ne voit plus de Thésées, encore moins d'Hercules; les hommes et même les héros d'aujourd'hui sont des pygmées.

Lorsque je veux me donner ensuite une scène d'enthousiasme, et jouir de toutes les forces de mon imagination, je m'attache hardiment aux plis de la robe flottante du sublime aveugle d'Albion, au moment où il s'élance dans le ciel, et qu'il approche du trône de l'Éternel. — Quelle muse a pu le soutenir à cette hauteur, où nul homme avant lui n'avait osé porter ses regards? — De l'éblouissant parvis céleste que l'avare Mammon regardait avec des yeux d'envie, je passe avec horreur dans les vastes cavernes du séjour de Satan; — j'assiste au conseil infernal, je me mêle à la foule des esprits rebelles, et j'écoute leurs discours.

Mais il faut que j'avoue ici une faiblesse que je me suis souvent reprochée. Je ne puis m'empêcher de prendre un certain intérêt à ce pauvre Satan (je parle du Satan de Milton), depuis qu'il est ainsi précipité du ciel. Tout en blâmant l'opiniâtreté de l'esprit rebelle, j'avoue que la fermeté qu'il montre dans l'excès du malheur et la grandeur de son courage me forcent à l'admiration malgré moi.

Quel vaste projet! et quelle hardiesse dans l'exécution! Lorsque les spacieuses et triples portes des enfers s'ouvrirent tout à coup devant lui à deux battants, et que la profonde fosse du néant et de la nuit parut à ses pieds dans toute son horreur, — il parcourut d'un œil intrépide le sombre empire du chaos ; et, sans hésiter, ouvrant ses vastes ailes, qui auraient pu couvrir une armée entière, il se précipita dans l'abîme. C'est, selon moi, un des plus beaux efforts de l'imagination, comme un des plus beaux voyages qui aient jamais été faits, — après le voyage autour de ma chambre.

LA MORT D'UN AMI.

J'avais un ami ; la mort me l'a ôté : elle l'a saisi au commencement de sa carrière, au moment où son amitié était devenue un besoin pressant pour mon cœur. Nous nous soutenions mutuellement dans les travaux pénibles de la guerre ; nous n'avions qu'une pipe à nous deux, nous buvions dans la même coupe, nous couchions sous la même toile, et, dans les circonstances malheureuses où nous sommes, l'endroit où nous vivions ensemble était pour nous une nouvelle patrie. Je l'ai vu en butte à tous les périls de la guerre, et d'une guerre désastreuse. La mort semblait nous épargner l'un pour l'autre, elle épuisa mille fois ses traits autour de lui sans l'atteindre ; mais c'était pour me rendre sa perte plus sensible. Le tumulte des armes, l'enthousiasme qui s'empare de l'âme à l'aspect du danger, auraient peut-être empêché ses cris d'aller jusqu'à mon cœur ; sa mort eût été utile à son pays et funeste aux ennemis. Je l'aurais moins regretté ; mais le perdre au milieu des délices d'un quartier d'hiver ! le voir expirer dans mes bras au moment où notre liaison se resserrait encore dans le repos et la tranquillité ! Ah ! je ne m'en consolerai jamais. Cependant sa mémoire ne vit plus que dans mon cœur ; elle n'existe plus parmi ceux qui l'environnaient et qui l'ont remplacé : cette idée me rend plus pénible le sentiment de sa perte. La nature, indifférente de même au sort des individus, remet sa robe brillante du printemps, et se pare de toute sa beauté autour du cimetière où il repose[5] ; les arbres se couvrent de feuilles et entrelacent leurs branches; les oiseaux chantent sous le feuillage; les mouches bourdonnent parmi les fleurs: tout respire la joie et la vie dans le séjour de la mort; et le soir, tandis que la lune brille dans le ciel, et que je médite près de ce triste lieu, j'entends le grillon poursuivre gaiement son chant infatigable, caché dans l'herbe qui couvre la tombe silencieuse de mon ami. La destruction insensible des êtres et tous les malheurs de l'humanité sont comptés pour rien dans le grand tout. La mort d'un homme sensible, qui expire au milieu de ses amis désolés, et celle d'un papillon que l'air froid du matin fait périr dans le calice d'une fleur, sont deux époques semblables dans le cours de la nature: l'homme n'est rien qu'un fantôme, une ombre, une vapeur, que se dissipe dans les airs.

Mais l'aube matinale commence à blanchir le ciel; les noires idées qui m'agitaient s'évanouissent avec la nuit, et l'espérance renaît dans mon cœur. Non, celui qui inonde ainsi l'orient de lumière ne l'a point fait briller à mes regards pour me plonger bientôt dans la nuit du néant. Celui qui étendit cet horizon incommensurable, celui qui éleva ces masses énormes, dont le soleil dore les sommets glacés,[6] est aussi celui qui a ordonné à mon cœur de battre, et à mon esprit de penser.

Non, mon ami n'est point entré dans le néant; quelle que soit la barrière qui nous sépare, je le reverrai. Ce n'est point sur un syllogisme que je fonde mon espérance. Le vol d'un insecte qui traverse les airs suffit pour me persuader; et souvent l'aspect de la campagne, le parfum des airs, et je ne sais quel charme répandu autour de moi, élèvent tellement mes pensées, qu'une preuve invincible de l'immortalité entre avec violence dans mon âme et l'occupe tout entière.

§ 30. MME DE STAËL, 1766–1817.

MME DE STAËL, fille de Necker, ministre des finances sous Louis XVI, est une des renommées de notre époque ; le XIXe siècle l'a placée à côté de Chateaubriand, pour les nouvelles doctrines littéraires et philosophiques. Elle épousa, à l'âge de vingt ans, le baron de Staël-Holstein, ambassadeur de Suède. Quand éclata la révolution, elle fit des vœux pour le triomphe de sa cause ; mais, admiratrice de son père, elle sacrifia à ses affections privées son enthousiasme pour la liberté, quand elle vit décroître et tomber la popularité de M. Necker. D'ailleurs ses théories politiques ne s'accordaient pas avec les désordres et les excès. Profondément affligée de la mort de Louis XVI, elle publia une admirable apologie de Marie-Antoinette. Après le 9 thermidor (chute de Robespierre), elle fit paraître plusieurs brochures politiques, et joua un rôle dans les affaires de cette époque.

Son caractère enthousiaste devait la mettre au nombre des admirateurs de Napoléon ; mais, comme il avait blessé sa vanité, elle devint son ennemie. Exilée de France, elle retrouva une patrie en Allemagne, au milieu des savants et des poètes de ce pays. C'est à cet exil qu'on doit le roman de *Corinne* et le livre *De l'Allemagne*. Parmi ses autres productions, on remarque ses *Considérations sur les principaux événements de la révolution française*, et un livre intitulé : *De la littérature considérée dans ses rapports avec les institutions sociales.*

Son style, qui réunit l'élégance et la force, est en rapport avec l'énergie des pensées et avec l'enthousiasme qui les caractérise souvent.

LES NAPOLITAINS.

Le peuple napolitain, à quelques égards, n'est point du tout civilisé ; mais il n'est point vulgaire à la manière des autres peuples : sa grossièreté même frappe l'imagination. La rive africaine, qui borde la mer de l'autre côté, se fait déjà presque sentir, et il y a je ne sais quoi de numide[1] dans les cris sauvages qu'on entend de toutes parts. Ces visages bruns, ces vêtements formés de quelques morceaux d'étoffe rouge ou violette, dont la couleur foncée attire les regards, ces lambeaux d'habillements que ce peuple artiste drape encore avec art, donnent quelque chose de pittoresque à la populace, tandis qu'ailleurs l'on ne peut voir en elle que les misères de la civilisation. Un certain goût pour la parure et les décorations se trouve souvent à Naples à côté du manque absolu des choses nécessaires ou commodes. Les boutiques sont ornées agréablement avec des fleurs et des fruits; quelques-unes ont un air de fête qui ne tient ni à l'abondance, ni à la félicité publique, mais seulement à la vivacité de l'imagination: on veut réjouir les yeux avant tout. La douceur du climat permet aux ouvriers en tout genre de travailler dans la rue. Les tailleurs y font des habits, les traiteurs leurs repas, et les occupations de la maison, se passant ainsi au dehors, multiplient le mouvement de mille manières. Les chants, les danses, des jeux bruyants, accompagnent assez bien tout ce spectacle, et il n'y a point de pays où l'on sente plus clairement la différence de l'amusement au bonheur. Enfin, on sort de l'intérieur de la ville pour arriver sur les quais, d'où l'on voit et la mer et le Vésuve, et l'on oublie alors tout ce que l'on sait des hommes.

DE L'ESPRIT DE CONVERSATION.[2]

En Orient, quand on n'a rien à se dire, on fume du tabac de rose ensemble, et de temps en temps on se salue, les bras croisés sur la poitrine, pour se donner un témoignage d'amitié; mais, dans l'Occident, on a voulu se parler tout le jour, et le foyer de l'âme s'est souvent dissipé dans ces entretiens où l'amour-propre est sans cesse en mouvement pour faire effet tout de suite, et selon le goût du moment et du cercle où l'on se trouve.

Il me semble reconnu que Paris est la ville du monde où l'esprit et le goût de la conversation sont le plus généralement répandus; et ce qu'on appelle le mal du pays, ce regret indéfinissable de la patrie, qui est indépendant des amis mêmes qu'on y a laissés, s'applique particulièrement à ce plaisir de causer, que les Français ne retrouvent nulle part au même degré que chez eux. Volney raconte que les Français émigrés voulaient, pendant la révolution, établir une colonie et défricher les terres en Amérique; mais de temps en temps ils quittaient toutes leurs occupations pour aller, disaient-ils, causer à la ville; et cette ville, la Nouvelle-Orléans, était à six cents lieues de leur demeure. Dans toutes les classes, en France, on sent le besoin de causer; la parole n'y est pas seulement, comme ailleurs, un moyen de se communiquer ses idées, ses sentiments et ses affaires; mais c'est un instrument dont on aime à jouer et qui ranime les esprits, comme la musique chez quelques peuples, et les liqueurs fortes chez quelques autres.

Le genre de bien-être que fait éprouver une conversation animée ne consiste pas précisément dans le sujet de cette conversation; les idées ni les connaissances qu'on y peut développer n'en sont pas le principal intérêt: c'est une certaine manière d'agir les uns sur les autres, de se faire plaisir réciproquement et avec rapidité, de parler aussitôt qu'on pense, de jouir à l'instant de soi-même, d'être applaudi sans travail, de manifester son esprit dans toutes les nuances par l'accent, le geste, le regard; enfin de produire à volonté comme une sorte d'électricité qui fait jaillir des étincelles, soulage les uns de l'excès même de leur vivacité, et réveille les autres d'une apathie pénible.

VENISE.

On s'embarque sur la Brenta pour arriver à Venise,[3] et des deux côtés du canal on voit les palais des Vénitiens, grands et un peu délabrés comme la magnificence italienne. Ils sont ornés d'une manière bizarre, et qui ne rappelle en rien le goût antique. L'architecture vénitienne se ressent du commerce avec l'Orient; c'est un mélange du goût moresque et gothique, qui attire la curiosité sans plaire à l'imagination. Le peuplier, cet arbre régulier comme l'architecture, borde le canal presque partout. Le ciel est d'un bleu vif, qui contraste avec le vert éclatant de la campagne; ce vert est entretenu par l'abondance excessive des eaux: le ciel et la terre sont ainsi de deux couleurs si fortement tranchées, que cette nature elle-même a l'air d'être arrangée avec une sorte d'apprêt; et l'on n'y trouve point le vague mystérieux qui fait aimer le midi de l'Italie. L'aspect de Venise est plus étonnant qu'agréable; on croit d'abord voir une ville submergée; et la réflexion est nécessaire pour admirer le génie des mortels qui ont conquis cette demeure sur les eaux. Naples est bâtie en amphithéâtre au bord de la mer, mais, Venise étant sur un terrain tout à fait plat, les clochers ressemblent aux mâts d'un vaisseau qui resterait immobile au milieu des ondes. Un sentiment de tristesse s'empare de l'imagination en entrant dans Venise. On prend congé de la végétation; on ne voit pas même une mouche en ce séjour: tous les animaux en sont bannis, et l'homme seul est là pour lutter contre la mer.

Le silence est profond dans cette ville, dont les rues sont des canaux, et le bruit des rames est l'unique interruption à ce silence. Ce n'est pas la campagne, puisqu'on n'y voit pas un arbre; ce n'est pas la ville, puisqu'on n'y entend pas le moindre mouvement; ce n'est pas même un vaisseau, puisqu'on n'avance pas: c'est une demeure dont l'orage fait une prison; car il y a des moments où l'on ne peut ni sortir de la ville ni de chez soi.[4] On trouve des hommes du peuple à Venise, qui n'ont jamais été d'un quartier à l'autre, qui n'ont pas vu la place Saint-Marc, et pour qui la vue d'un cheval ou d'un arbre serait une véritable merveille.[5] Ces gondoles noires qui glissent sur les canaux ressemblent à des cercueils ou à des berceaux, à la dernière et à la première demeure de l'homme. Le soir, on ne voit passer que le reflet des lanternes qui éclairent les gondoles; car, de nuit, leur couleur noire empêche de les distinguer.[6] On dirait que ce sont des ombres qui glissent sur l'eau, guidées par une petite étoile. Dans ce séjour, tout est mystère. Sans doute il y a beaucoup de jouissance pour le cœur et la raison, quand on parvient à pénétrer dans tous ces secrets; mais les étrangers doivent trouver l'impression du premier moment singulièrement triste.

DES SYSTÈMES D'ÉDUCATION.

L'étude des langues qui fait la base de l'instruction en Allemagne,[7] est beaucoup plus favorable aux progrès des facultés dans l'enfance, que celle des mathématiques ou des sciences physiques. Pascal, ce grand géomètre, dont la pensée profonde planait sur la science dont il s'occupait spécialement comme sur toutes les autres, a reconnu lui-même les défauts inséparables des esprits formés d'abord par les mathématiques; cette étude, dans le premier âge, n'exerce que le mécanisme de l'intelligence; les enfants que l'on occupe de si bonne heure à calculer, perdent toute cette sève de l'imagination, alors si belle et si féconde, et n'acquièrent point à la place une justesse d'esprit transcendante; car l'arithmétique et l'algèbre se bornent à nous apprendre de mille manières des propositions toujours identiques. Les problèmes de la vie sont plus compliqués; aucun n'est positif, aucun n'est absolu; il faut deviner, il faut choisir, à l'aide d'aperçus et de suppositions qui n'ont aucun rapport avec la marche infaillible du calcul.

Les vérités démontrées ne conduisent point aux vérités probables, les seules qui servent de guide dans les affaires, comme dans les arts, comme dans la société. Il y a sans doute un point où les mathématiques elles-mêmes exigent cette puissance lumineuse de l'invention, sans laquelle on ne peut pénétrer dans les secrets de la nature; au sommet de la pensée, l'imagination d'Homère et celle de Newton semblent se réunir; mais combien d'enfants sans génie pour les mathématiques ne consacrent-ils pas tout leur temps à cette science? On n'exerce chez eux qu'une seule faculté, tandis qu'il faut développer tout l'être moral, dans une époque où l'on peut si facilement déranger l'âme comme le corps, en ne fortifiant qu'une partie.

Rien n'est moins applicable à la vie qu'un raisonnement mathématique. Une proposition, en fait de chiffres, est décidément fausse ou vraie; sous tous les autres rapports le vrai se mêle avec le faux d'une telle manière, que souvent l'instinct peut seul nous décider entre des motifs divers, quelquefois aussi puissants d'un côté que de l'autre. L'étude des mathématiques, habituant à la certitude, irrite contre toutes les opinions opposées à la nôtre; tandis que ce qu'il y a de plus important pour la conduite de ce monde, c'est d'apprendre les autres, c'est-à-dire, de concevoir tout ce qui les porte à penser et à sentir autrement que nous. Les mathématiques induisent à ne tenir compte que de ce qui est prouvé; tandis que les vérités primitives, celles que le sentiment et le génie saisissent, ne sont pas susceptibles de démonstration.

Enfin les mathématiques, soumettant tout au calcul, inspirent trop de respect pour la force; et cette énergie sublime qui ne compte pour rien les obstacles et se plaît dans les sacrifices, s'accorde difficilement avec le genre de raison que développent les combinations algébriques.

Il me semble donc que pour l'avantage de la morale, aussi bien que pour celui de l'esprit, il vaut mieux placer l'étude des mathématiques dans son temps, et comme une portion de l'instruction totale, mais non en faire le base de l'éducation, et par conséquent le principe déterminant du caractère et de l'âme.

Parmi les systèmes d'éducation, il en est aussi qui conseillent de commencer l'enseignement par les sciences naturelles; elles ne sont dans l'enfance qu'un simple divertissement; ce sont des hochets savants qui accoutument à s'amuser avec méthode et à étudier superficiellement. On s'est imaginé qu'il fallait, autant qu'on le pouvait, épargner de la peine aux enfants, changer en délassement toutes leurs études, leur donner de bonne heure des collections d'histoire naturelle pour jouets, des expériences de physique pour spectacle. Il me semble que cela aussi est un système erroné. S'il était possible qu'un enfant apprît bien quelque chose en s'amusant, je regretterais encore pour lui le développement d'une faculté, l'attention, faculté qui est beaucoup plus essentielle qu'une connaissance de plus. Je sais qu'on me dira que les mathématiques rendent particulièrement appliqué; mais elles n'habituent pas à rassembler, à apprécier, à concentrer; l'attention qu'elles exigent est, pour ainsi dire, en ligne droite; l'esprit humain agit en mathématiques comme un ressort qui suit une direction toujours la même.

L'éducation faite en s'amusant disperse la pensée; la peine en tout genre est un des grands secrets de la nature; l'esprit de l'enfant doit s'accoutumer aux efforts de l'étude, comme notre âme à la souffrance. Le perfectionnement du premier âge tient au travail, comme le perfectionnement du second à la douleur; il est à souhaiter sans doute que les parents et la destinée n'abusent pas trop de ce double secret; mais il n'y a d'important, à toutes les époques de la vie, que ce qui agit sur le centre même de l'existence, et l'on considère trop souvent l'être moral en détail. Vous enseignerez avec des tableaux, avec des cartes, une quantité de choses à votre enfant; mais vous ne lui apprendrez pas à l'apprendre; et l'habitude de s'amuser, que vous dirigez sur les sciences, suivra bientôt un autre cours, quand l'enfant ne sera plus dans votre dépendance.

Ce n'est pas donc sans raison que l'étude des langues anciennes et modernes a été la base de tous les établissements d'éducation qui ont formé les hommes les plus capables en Europe; le sens d'une phrase dans une langue étrangère est à la fois un problème grammatical et intellectuel; ce problème est tout à fait proportionné à l'intelligence de l'enfant; d'abord il n'entend que les mots, puis il s'élève jusqu'à la conception de la phrase, et bientôt après la charme de l'expression; sa force, son harmonie, tout ce qui se trouve enfin dans le langage de l'homme, se fait sentir par degrés à l'enfant qui traduit. Il s'essaie tout seul avec les difficultés que lui présentent deux langues à la fois; il s'introduit dans les idées succesivement, compare et combine divers genres d'analogies et de vraisemblances; et l'activité spontanée de l'esprit, la seule qui développe vraiment la faculté de penser, est vivement excitée par cette étude. Le nombre des facultés qu'elle fait mouvoir à la fois lui donne l'avantage sur tout autre travail, et l'on est trop heureux d'employer la mémoire flexible de l'enfant à retenir un genre de connaissances, sans lequel il serait borné toute sa vie au cercle de sa propre nation, cercle étroit comme tout ce qui est exclusif.

L'étude de la grammaire exige la même suite et la même force d'attention que les mathématiques, mais elle tient de beaucoup plus près à la pensée. La grammaire lie les idées l'une à l'autre, comme le calcul enchaîne les chiffres; la logique grammaticale est aussi précise que celle de l'algèbre, et cependant elle s'applique à tout ce qu'il y a de vivant dans notre esprit; les mots sont en même temps des chiffres et des images; ils sont esclaves et libres, soumis à la discipline de la syntaxe, et tout-puissants par leur signification naturelle; ainsi l'on trouve dans la métaphysique de la grammaire l'exactitude du raisonnement et l'indépendance de la pensée réunies ensemble; tout a passé par les mots, et tout s'y retrouve quand on sait les examiner; les langues sont inépuisables pour l'enfant comme pour l'homme, et chacun en peut tirer tout ce dont il a besoin.

L'impartialité naturelle à l'esprit des Allemands les porte à s'occuper des littératures étrangères, et l'on ne trouve guère d'hommes un peu au-dessus de la classe commune, en Allemagne, à qui la lecture de plusieurs langues ne soit familière. En sortant des écoles on sait déjà d'ordinaire très bien le latin et le grec. *L'éducation des universités allemandes*, dit un écrivain français, *commence où finit celle de plusieurs nations de l'Europe.* Non-seulement les professeurs sont des hommes d'une instruction étonnante, mais ce qui les distingue surtout, c'est un enseignement très scrupuleux. En Allemagne, on met de la conscience dans tout, et rien en effet ne peut s'en passer. Si l'on examine le cours de la destinée humaine, on verra que la légèreté peut conduire à tout ce qu'il y a de mauvais dans ce monde. Il n'y a que l'enfance dans qui la légèreté soit un charme; il semble que le Créateur tienne encore l'enfant par la main, et l'aide à marcher doucement sur les nuages de la vie. Mais quand le temps livre l'homme à lui-même, ce n'est que dans le sérieux de son âme qu'il trouve des pensées, des sentiments et des vertus.

§ 31. MICHAUD, 1768–1840.

Parmi les productions littéraires qu'on doit à Michaud on remarque · l'*Histoire des progrès et de la chute de l'Empire de Mysore*, où le caractère extraordinaire, les succès et les malheurs du sultan Tippou-Saeb sont parfaitement décrits; *le Printemps d'un Proscrit*, poème descriptif rempli d'intérêt, de charmants tableaux et de beaux vers; *l'Enlèvement de Proserpine*, poème que plusieurs préfèrent même au précédent. L'*Histoire des Croisades* (six volumes in-8°), le plus important des travaux de M. Michaud, est celui qui a fondé sa réputation; la grandeur du sujet, l'impartialité des jugements, l'étendue des recherches, la simplicité et la noblesse du style, font de cet ouvrage un des plus beaux monuments historiques que possède la France.

L'auteur a visité ensuite l'Orient avec M. Poujoulat. Leur *Correspondance*, qui est la relation de ce voyage, nous a fait connaître et apprécier le talent littéraire de ce dernier. Dans les lettres qui appartiennent à M. Michaud, la fraîcheur du style semblerait trahir un jeune écrivain, si la maturité des jugements, la profondeur des pensées et un rare talent d'observation n'attestaient qu'elles sont le fruit d'une expérience et d'un savoir consommés.

D'autres productions moins importantes, mais toutes remarquables par l'élégance, la justesse et la grâce du style, sont sorties de la plume de M. Michaud, à qui l'on doit aussi d'excellents articles dans la *Biographie Universelle*, et la régénération du journal *la Quotidienne*, dont il était longtemps le plus utile collaborateur.

LE NIL.

Le Nil offre aux voyageurs un merveilleux spectacle, soit qu'on ne considère que le volume de ses eaux, soit qu'on examine les phénomènes qui accompagnent son cours. J'ai vu naguère les sources du Scamandre, les rives du Simoïs, l'embouchure du Granique, et le lit poudreux de l'Ilissus et du Céphise; tous ces fleuves si renommés n'auraient pas assez d'eau, surtout dans les chaleurs de l'été, pour remplir un des canaux du Delta; le Nil ne cesse jamais de couler, et c'est dans la saison où la plupart des sources tarissent, lorsque la terre est desséchée par des torrents de feu, que le fleuve d'Égypte enfle ses eaux et sort de son lit; le Nil, selon l'expression d'un ancien, surpasse le ciel lui-même dans la distribution de ses bienfaits, car il arrose la terre sans le secours des orages et des pluies; le débordement des fleuves est presque toujours un signal de calamités, et répand ordinairement la terreur; l'inondation du fleuve d'Égypte est, au contraire, la source de tous les biens, et, lorsqu'il déborde, des bénédictions se font entendre sur ses rives; ses eaux bienfaisantes, sans recevoir aucun tribut du pays qu'il parcourt, suffisent à tous les besoins des campagnes et des cités, abreuvent tous les animaux, toutes les plantes, remplissent un grand nombre de canaux dont plusieurs ressemblent à des rivières, et se partagent en deux branches principales, qui vont se jeter à la mer. Non-seulement les eaux du fleuve répandent la fécondité, mais le sol même qu'elles fertilisent est leur ouvrage. Vous connaissez la vénération des anciens Égyptiens pour le Nil, qu'ils regardaient comme une émanation divine de Knouphis à la tunique bleue et à la tête de bélier; ils avaient dans leur croyance religieuse un Nil terrestre et un Nil céleste, comme nous autres chrétiens nous avons une Jérusalem de la terre et une Jérusalem du ciel; le culte du fleuve divin n'existe plus, mais ses bienfaits nous restent; et les peuples reconnaissants l'appellent encore le *bon* Nil, nom qu'on a toujours donné à la Providence.

Quelle est l'origine de ce fleuve miraculeux? C'est une question qu'on fait en vain depuis trois ou quatre mille ans. Cette ignorance des sources du Nil a donné lieu à beaucoup de fables pleines de poésie; car tel est l'esprit de l'homme, qu'il veut toujours tout savoir, et que, pour lui, il n'y a rien de plus poétique que ce qu'il ne sait pas. De toutes les espérances qu'on avait données au monde savant, de toutes les convictions qui s'étaient formées, il ne reste aujourd'hui qu'une opinion vague et confuse qui place les sources du Nil dans le Gébel el Kamar, ou les montagnes de la Lune, à plus de huit cents lieues des embouchures du fleuve.

Cependant les recherches n'ont point été abandonnées; on s'occupe maintenant de nouvelles tentatives; je dois vous dire que, pour mon compte, j'attends fort paisiblement les résultats de ces grandes entreprises : si les nouveaux efforts des voyageurs sont couronnés d'un plein succès, je jouirai de la découverte, et j'applaudirai de tout mon cœur à ceux qui l'auront faite. Si on ne découvre rien de ce qu'on a vainement cherché jusqu'à présent, l'ignorance où nous resterons aura aussi ses charmes ; car le Nil, avec ses sources toujours mystérieuses, ressemblera encore pour nous à la Divinité, qui ne se manifeste que par ses bienfaits, et ne cessera point de nous rappeler le temps où il était dieu.[1]

LA SICILE ET LA CALABRE.

A peine avions-nous dépassé l'archipel de Lipari, que nous avons vu paraître les côtes de la Sicile et de la Calabre.

Cette première vue de la Sicile, avec ses frais bosquets et ses sites riants, nous rappelait les gracieuses peintures de Théocrite : on y reconnaît d'abord les coteaux que fréquentait Daphnis, où paissaient les troupeaux de Ménalque, où les bergers se disputaient le prix du chant. La Calabre présente une physionomie plus sévère, et répond très bien à ce que nous dit Horace de la rudesse de ses habitants. Nous avions à notre gauche le golfe de Sainte-Euphémie ; on remarque sur la rive plusieurs bourgs ou villages, presque tous bâtis au pied de hautes montagnes ; nos marins nous ont fait distinguer le petit bourg de *Pizzo*, où Joachim Murat débarqua en 1815.[2]

Un vent léger nous poussait vers l'entrée du détroit, et nous avions devant nous le phare de Messine, lorsqu'il nous est arrivé une barque avec des rameurs siciliens, chargés de diriger les navires dans ces parages dangereux.

Le chef de ces rameurs, après nous avoir complimentés, nous a dit d'un ton solennel : *Voilà Scylla, et voilà Charybde.* Du côté de Scylla, on entend encore le sourd mugissement des vagues; tout paraissait tranquille autour de Charybde. Ces deux écueils, au moins dans les temps de calme, n'ont rien qui puisse expliquer la terreur des anciens. Nous sommes entrés paisiblement dans le canal, et nous avons pu jouir du magnifique spectacle des deux rives. Dans le lointain, et à notre droite, c'étaient les monts Pelores, dont les cimes bleuâtres conservent encore les traces des frimas; près de nous, des vallons où la pâle verdure des oliviers se mêle au vert foncé des pins et des cyprès. A mesure qu'on avance dans le détroit, on distingue quelques maisons blanches sur un terrain jaunâtre, des lits de torrents qu'on prend d'abord pour des chemins poudreux, une certaine culture qui annonce le voisinage d'une grande ville, enfin plusieurs églises ou monastères dont les paisibles habitants ne songent guère que leurs demeures servent de point de reconnaissance aux navigateurs poussés par la tempête. Sur la rive de la Calabre, c'est un autre spectacle. L'horizon est borné par des rochers stériles et des collines nues, où la bruyère croît à peine. De vastes campagnes s'étendent vers la mer, les unes livrées à la culture, les autres sillonnées par des ravins profonds. On aperçoit de distance en distance des maisons avec des bouquets d'arbres, des villages avec leurs jardins et des plantations d'oliviers et de mûriers. Là jaunit la moisson sur des terres prêtes à s'ébouler, et soutenues par des murailles de pierres; plus loin, la vigne monte au sommet des ormes et se mêle à leur feuillage, ou, portée d'espace en espace sur de longs échalas, elle s'étend dans la plaine et se déploie en festons verdoyants. Les paysages des deux côtés présentent parfois des contrastes qui étonnent; on trouve en quelques endroits une autre nature, une autre physionomie, et le voyageur est surpris d'éprouver des impressions si différentes à l'aspect de deux contrées qu'animine également le voisinage de la mer, et que le même soleil éclaire.

LES CROISÉS A JÉRUSALEM.

Irrités par les menaces et les insultes des Sarrasins, aigris par les maux qu'ils ont soufferts pendant le siége et par la résistance qu'ils ont trouvée dans la ville, les croisés remplissent de sang et de deuil cette Jérusalem qu'ils viennent de délivrer, et qu'ils regardent comme leur future patrie.

Bientôt le carnage devient général. Ceux qui échappaient au fer des soldats de Godefroy et de Tancrède, couraient au-devant des Provençaux également altérés de leur sang. Les Sarrasins étaient massacrés dans les rues, dans les maisons; Jérusalem n'avait point d'asile pour les vaincus. Quelques-uns purent échapper à la mort en se précipitant des remparts; les autres couraient en foule se réfugier dans les palais, dans les tours, et surtout dans leurs mosquées, où ils ne purent se dérober à la poursuite des chrétiens.

L'imagination se détourne avec effroi de ces scènes de désolation, et peut à peine, au milieu du carnage, s'arrêter au tableau touchant des chrétiens de Jérusalem, dont les croisés venaient de briser les fers. A peine la ville venait-elle d'être conquise, qu'on les vit accourir au-devant des vainqueurs. Ils partageaient avec eux les vivres qu'ils avaient pu dérober à la recherche des Sarrasins; tous remerciaient ensemble le Dieu qui avait fait triompher les armes des soldats de la croix.

L'ermite Pierre, qui, cinq ans auparavant, avait promis d'armer l'Occident pour la délivrance des fidèles de Jérusalem, dut alors jouir du spectacle de leur reconnaissance et de leur joie. Les chrétiens de la ville sainte, au milieu de la foule des croisés, semblaient ne chercher, ne voir que le généreux cénobite qui les avait visités dans leurs souffrances, et dont toutes les promesses venaient d'être accomplies. Ils se pressaient en foule autour de l'ermite vénérable; c'était à lui qu'ils adressaient leurs cantiques, c'était lui qu'ils proclamaient leur libérateur; ils lui racontaient les maux qu'ils avaient soufferts pendant son absence, ils pouvaient à peine croire ce qui se passait sous leurs yeux, et dans leur enthousiasme ils s'étonnaient que Dieu se fût servi d'un seul homme pour soulever tant de nations, et pour opérer tant de prodiges.

A la vue de leurs frères qu'ils avaient délivrés, les pèlerins se rappelèrent sans doute qu'ils étaient venus pour adorer le tombeau de Jésus-Christ. Le pieux Godefroy, qui s'était abstenu du carnage après la victoire, quitta ses compagnons, et, suivi de trois serviteurs, se rendit sans armes et les pieds nus dans l'église du Saint-Sépulcre. Bientôt la nouvelle de cet acte de dévotion se répand dans l'armée chrétienne; aussitôt toutes les vengeances, toutes les fureurs s'apaisent; les croisés se dépouillent de leurs habits sanglants, font retentir Jérusalem de leurs gémissements, de leurs sanglots, et, conduits par le clergé, marchent ensemble, les pieds nus, la tête découverte, vers l'église de la Résurrection.

Lorsque l'armée chrétienne fut ainsi réunie sur le Calvaire, la nuit commençait à tomber, le silence régnait sur les places publiques et autour des remparts; on n'entendait plus dans la ville sainte que les cantiques de la pénitence, et ces paroles d'Isaïe: *Vous qui aimez Jérusalem, réjouissez-vous avec elle.* Les croisés montrèrent alors une dévotion si vive et si tendre, qu'on eût dit, selon la remarque d'un historien moderne, que ces hommes, qui venaient de prendre une ville d'assaut et de faire un horrible carnage, sortaient d'une longue retraite et d'une profonde méditation de nos mystères. Ces contrastes inexplicables se font souvent remarquer dans l'histoire des croisades. Quelques écrivains ont cru y trouver un prétexte pour accuser la religion chrétienne; d'autres, non moins aveugles et non moins passionnés, ont voulu excuser de déplorables excès; l'histoire impartiale se contente de les raconter, et gémit en silence sur les faiblesses de la nature humaine.

Dix jours après leur victoire, les croisés s'occupèrent de relever le trône de David et de Salomon, et d'y placer un chef qui pût conserver et maintenir une conquête que les chrétiens venaient de faire au prix de tant de sang. On ordonna des prières, des jeûnes et des aumônes pour que le ciel daignât présider à la nomination qu'on allait faire. Ceux qui étaient appelés à choisir le roi de Jérusalem jurèrent en présence de l'armée chrétienne de n'écouter aucun intérêt, aucune affection particulière, de couronner la sagesse et la vertu. Ces électeurs, dont l'histoire n'a pas conservé les noms, mirent le plus grand soin à étudier l'opinion de l'armée sur chacun des chefs. Guillaume de Tyr rapporte qu'ils allèrent jusqu'à interroger les familiers et les serviteurs de tous ceux qui avaient des prétentions à la couronne de Jérusalem, et qu'ils leur firent prêter serment de révéler tout ce qu'ils savaient sur les mœurs, le caractère et les penchants les plus secrets de leurs maîtres. Les serviteurs de Godefroy de Bouillon rendirent le témoignage le plus éclatant à ses vertus domestiques; et dans leur sincérité naïve, ils ne lui reprochèrent qu'un seul défaut, celui de *contempler avec une vaine curiosité les images et les peintures des églises, et de s'y arrêter si longtemps, même après les offices divins, que souvent il laissait passer l'heure des repas, et que les mets préparés pour sa table se refroidissaient et perdaient leur saveur.*

Enfin les électeurs, après avoir mûrement délibéré et pris toutes les informations nécessaires, proclamèrent le nom de Godefroy. Cette nomination causa la plus vive joie dans l'armée chrétienne, qui remercia le ciel de lui avoir donné pour chef et pour maître celui qui l'avait si souvent conduite à la victoire.

§ 32. CHATEAUBRIAND, 1768–1848.

CHATEAUBRIAND naquit le 7 septembre 1768, au château de Combourg, près de Saint-Malo.

Sa première jeunesse se passa dans la Bretagne, au milieu d'une nature pittoresque et sauvage. Possédé d'une inquiétude sans repos, M. de Chateaubriand partit pour l'Amérique, peu de temps avant la révolution. Il parcourut le nouveau monde, visita Washington et sa république naissante; puis, errant de solitude en solitude, inspiré par les forêts vierges, l'aspect pittoresque des fleuves, le bruit des cataractes, les mœurs des habitants, il rêva *les Natchez* et *Atala*. Le style de ces ouvrages est nouveau, comme les objets, comme la nature qu'ils décrivent.

La révolution le rappela en France; puis, ayant passé en Angleterre, il y publia en 1796 son premier ouvrage politique: *Essai sur les révolutions anciennes et modernes, considérées dans leurs rapports avec la révolution française*. La tendance de cet ouvrage, comme de tous ceux qu'il a écrits dans le même genre, est la fusion d'une sage liberté et des doctrines monarchiques. C'est alors qu'il commença son chef-d'œuvre, *le Génie du Christianisme*, qui devait avoir tant d'influence sur le monde littéraire, et enfanter une si grande révolution dans les esprits.

Après ce triomphe, il traversa la Grèce et l'Asie Mineure pour se rendre à Jérusalem. Il revint des lieux saints par la côte d'Afrique, où il visita les ruines de Carthage, et par l'Espagne, où l'Alhambra, cet antique palais des califes, lui inspira *le Dernier Abencerrage*. C'est à son retour qu'il publia son *Itinéraire*, et ses *Martyrs*, hymne sublime, magnifique épopée, composée à la gloire de la religion. Passons rapidement sur ses écrits politiques, et arrivons à la publication de son dernier ouvrage, ses *Études historiques*, œuvre remarquable par la pureté, la gravité et la richesse du style, et par la profondeur des pensées.

CONSTANTINOPLE.

A six heures et demie, nous passâmes devant la Poudrière, monument blanc et long, construit à l'italienne. Derrière ce monument s'étendait la terre d'Europe; elle paraissait plate et uniforme. Des villages, annoncés par quelques arbres, étaient semés çà et là: c'était un paysage de la Beauce après la moisson.[1] Par-dessus la pointe de cette terre, qui se courbait en croissant devant nous, on découvrait quelques minarets de Constantinople.

A huit heures, un caïque vint à notre bord. Comme nous étions presque arrêtés par le calme, je quittai la felouque, et je m'embarquai avec mes gens dans le petit bateau. Nous rasâmes la pointe d'Europe, où s'élève le château des Sept-Tours, vieille fortification gothique qui tombe en ruine. Constantinople, et surtout la côte d'Asie, étaient noyées dans le brouillard : les cyprès et les minarets, que j'apercevais à travers cette vapeur, présentaient l'aspect d'une forêt dépouillée. Comme nous approchions de la pointe du sérail, le vent du nord s'éleva et balaya, en moins de quelques minutes, la brume répandue sur le tableau ; je me trouvai tout à coup au milieu du palais du commandeur des croyants : ce fut le coup de baguette d'un génie. Devant moi le canal de la mer Noire serpentait entre des collines riantes, ainsi qu'un fleuve superbe : j'avais à droite la terre d'Asie et la ville de Scutari ; la terre d'Europe était à ma gauche ; elle formait, en se creusant, une large baie, pleine de grands navires à l'ancre, et traversée par d'innombrables petits bateaux. Cette baie, renfermée entre deux coteaux, présentait, en regard et en amphithéâtre, Constantinople et Galata.[2] L'immensité de ces trois villes étagées, Galata, Constantinople et Scutari ; les cyprès, les minarets, les mâts des vaisseaux qui s'élevaient et se confondaient de toutes parts ; la verdure des arbres, les couleurs des maisons blanches et rouges ; la mer qui étendait sous ces objets sa nappe bleue, et le ciel qui déroulait au-dessus un autre champ d'azur : voilà ce que j'admirais. On n'exagère point quand on dit que Constantinople offre le plus beau point de vue de l'univers.

Nous abordâmes à Galata : je remarquai sur-le-champ le mouvement des quais, et la foule des porteurs, des marchands et des mariniers ; ceux-ci annonçaient par la couleur diverse de leurs visages, de leurs habits, de leurs robes, de leurs chapeaux, de leurs bonnets, de leurs turbans, qu'ils étaient venus de toutes les parties de l'Europe et de l'Asie habiter cette frontière de deux mondes. L'absence presque totale des femmes, le manque des voitures à roues, et les meutes de chiens sans maîtres, furent les trois caractères distinctifs qui me frappèrent d'abord dans l'intérieur de cette ville extraordinaire. Comme on ne marche guère qu'en babouches, qu'on n'entend point de bruit de carrosses et de charrettes, qu'il n'y a point de cloches, ni presque point de métiers à marteau, le silence est continuel. Vous voyez autour de vous une foule muette qui semble vouloir passer sans être aperçue, et qui a toujours l'air de se dérober aux regards du maître. Vous arrivez sans cesse d'un bazar à un cimetière, comme si les Turcs n'étaient là que pour acheter, vendre et mourir. Les cimetières, sans murs et placés au milieu des rues, sont des bois magnifiques de cyprès; les colombes font leurs nids dans ces cyprès, et partagent la paix des morts. On découvre çà et là quelques monuments antiques qui n'ont de rapport ni avec les hommes modernes, ni avec les monuments nouveaux dont ils sont environnés: on dirait qu'ils ont été transportés dans cette ville orientale par l'effet d'un talisman. Aucun signe de joie, aucune apparence de bonheur ne se montre à vos yeux: ce qu'on voit n'est pas un peuple, mais un troupeau qu'un iman conduit et qu'un janissaire égorge. Il n'y a d'autre plaisir que la débauche, d'autre peine que la mort. Au milieu des prisons et des bagnes s'élève un sérail, capitole de la servitude; c'est là qu'un gardien sacré conserve soigneusement les germes de la peste et les lois primitives de la tyrannie. De pâles adorateurs rôdent sans cesse autour du temple, et viennent apporter leurs têtes à l'idole. Rien ne peut les soustraire au sacrifice; ils sont entraînés par un pouvoir fatal: les yeux du despote attirent les esclaves, comme les regards du serpent fascinent les oiseaux dont il fait sa proie.

LES NATIONS MODERNES.

Que de traits caractéristiques n'offrent point les nations nouvelles! Ici ce sont les Germains, peuple où la profonde corruption des grands n'a jamais influé sur les petits, où l'indifférence des premiers pour la patrie n'empêche point les seconds de l'aimer; peuple où l'esprit de révolte et de fidélité, d'esclavage et d'indépendance, ne s'est jamais démenti depuis les jours de Tacite. Là, ce sont ces industrieux Bataves qui ont de l'esprit par bons sens, du génie par industrie, des vertus par froideur, et des passions par raison. L'Italie aux cent Princes et aux magnifiques souvenirs contraste avec la Suisse obscure et républicaine.[3] L'Espagne, séparée des autres nations, présente encore à l'historien un caractère plus original: l'espèce de stagnation de mœurs dans laquelle elle repose lui sera peut-être utile un jour; et, lorsque tous les peuples de l'Europe seront usés par la corruption, elle seule pourra reparaître avec éclat sur la scène du monde, parce que le fond des mœurs subsistera chez elle.[4]

Mélange du sang allemand et du sang français, le peuple anglais décèle de toutes parts sa double origine. Son gouvernement formé de royauté et d'aristocratie, sa religion moins pompeuse que la catholique, et plus brillante que la luthérienne, son militaire à la fois lourd et actif, sa littérature et ses arts, chez lui, enfin, le langage, les traits, et jusqu'aux formes du corps, tout participe des deux sources dont il découle. Il réunit à la simplicité, au calme, au bon sens, à la lenteur germanique, l'éclat, l'emportement, la déraison, la vivacité et l'élégance de l'esprit français.

Les anglais ont l'esprit public, et nous l'honneur national; nos belles qualités sont plutôt des dons de la faveur divine, que les fruits d'une éducation politique: comme les demi-dieux, nous tenons moins de la terre que du ciel.

Fils aînés de l'antiquité, les Français, Romains par le génie, sont Grecs par le caractère. Inquiets et volages dans le bonheur; constants et invincibles dans l'adversité; formés pour tous les arts; civilisés jusqu'à l'excès durant le calme de l'État; grossiers et sauvages dans les troubles politiques; flottants, comme des vaisseaux sans lest, au gré de toutes les passions; à présent dans les cieux, l'instant d'après dans l'abîme; enthousiastes et du bien et du mal, faisant le premier sans en exiger de reconnaissance, et le second sans en sentir de remords; ne se souvenant ni de leurs crimes, ni de leurs vertus; amants pusillanimes de la vie pendant la paix, prodigues de leur jours dans les batailles; vains, railleurs, ambitieux, à la fois routiniers et novateurs, méprisant tout ce qui n'est pas eux; individuellement, les plus aimables des hommes; en corps, les plus désagréables de tous; charmants dans leur propre pays, insupportables chez l'étranger; tour à tour plus doux, plus innocents que l'agneau qu'on égorge, et plus impitoyables, plus féroces que le tigre qui déchire: tels furent les Athéniens d'autrefois, et tels sont les Français d'aujourd'hui.

§ **33.** CUVIER, 1769–1832.

Cuvier était un des quarante de l'Académie française, secrétaire perpétuel de l'Académie des Sciences, professeur d'histoire naturelle au Muséum du Jardin des Plantes, pair de France et membre du conseil royal de l'université.

Il naquit à Montbéliard le 25 août 1769. Livré de bonne heure à l'étude de l'histoire naturelle, il ne tarda pas à faire une révolution dans cette science, et détruisit à jamais cette classification superficielle des êtres, qui n'était fondée que sur des apparences, et dans laquelle Pline et Buffon substituèrent leur imagination à la réalité.

Pour lui, la chaîne des êtres commence aux organisations les plus basses et les plus simples, et s'élève aux organisations les plus composées; il fit plus, il découvrit un monde tout entier enfoui sous le nôtre avec ses habitants (les fossiles); il exhuma, aux yeux de l'Europe étonnée, les ossements gigantesques d'animaux inconnus aujourd'hui sur notre terre; et le reste de ces races détruites suffit à son regard intelligent pour les reproduire tout entières, telles qu'elles étaient avant le cataclysme qui les ensevelit. Les étrangers même, frappés de ses grandes découvertes, le regardent comme le plus vaste génie de notre époque.

Il a publié une foule d'ouvrages, parmi lesquels on distingue l'*Histoire des progrès des sciences naturelles*, son *Anatomie comparée*, et *ses Éloges historiques*.

Cet homme universel, aussi habile écrivain que savant naturaliste, expira le 13 mai 1832.

LES ANIMAUX DOMESTIQUES.

La soumission absolue que nous exigeons des animaux domestiques, l'espèce de tyrannie avec laquelle nous les gouvernons, nous ont fait croire qu'ils nous obéissent en véritables esclaves; qu'il nous suffit de la supériorité que nous avons sur eux pour les contraindre à renoncer à leur penchant naturel d'indépendance, à se ployer à notre volonté, à satisfaire ceux de nos besoins auxquels leur organisation, leur intelligence, ou leur instinct les rendent propres et nous permettent de les employer. Nous concevons cependant que si le chien est devenu si bon chasseur par nos soins, c'est qu'il l'était naturellement, et que nous n'avons fait que développer une de ses qualités originelles; et nous reconnaissons qu'il en est à peu près de même pour toutes les qualités diverses que nous recherchons dans nos animaux domestiques; mais la domesticité elle-même, quant à la soumission que nous obtenons de ces animaux, c'est à nous seuls que nous l'attribuons. La source de notre erreur est que, jugeant sur de simples apparences nous avons confondu deux idées essentiellement distinctes, la domesticité et l'esclavage; nous n'avons vu aucune différence entre la soumission de l'animal et celle de l'homme; et, du sacrifice que l'homme esclave se trouvait forcé de nous faire, nous avons pensé que l'animal domestique nous faisait un sacrifice équivalent. Cependant ces deux situations n'ont rien de semblable. L'homme ne peut être réduit et maintenu en esclavage que par la force; l'animal ne peut être amené à la domesticité que par la séduction, c'est-à-dire qu'autant qu'on agit sur ses besoins, soit pour les satisfaire, soit pour les affaiblir.

La domesticité des animaux repose sur le penchant qu'ils ont à vivre réunis en troupe et à s'attacher les uns aux autres. Les bons traitements contribuent surtout à développer chez eux l'instinct de la sociabilité, et à affaiblir proportionnellement tous penchants qui seraient en opposition avec lui. C'est pourquoi il ne fut jamais d'asservissement plus sûr pour les animaux, que celui qu'on obtient par le bien-être qu'on leur fait éprouver. Mais il ne suffit pas de satisfaire les besoins des animaux pour les captiver, il faut davantage; et c'est en exaltant leurs besoins ou en en faisant naître de nouveaux que nous sommes parvenus à nous les attacher et à leur rendre, pour ainsi dire, la société de l'homme nécessaire.

Si l'on ajoute à l'influence de la faim celle d'une nourriture choisie, l'empire du bienfait peut s'accroître considérablement, et il arrive à un point étonnant si, par une nourriture artificielle, on parvient à flatter beaucoup plus le goût des animaux, qu'on ne le ferait avec la nourriture la meilleure, mais que la nature leur aurait destinée. En effet, c'est principalement au moyen de véritables friandises, et surtout du sucre, qu'on parvient à maîtriser les animaux herbivores que nous voyons soumettre à ces exercices extraordinaires, dont nos cirques nous rendent quelquefois les témoins.

Toutefois une disposition particulière est indispensable pour que les animaux se soumettent et s'attachent à l'espèce humaine, et se fassent un besoin de sa protection. Cette disposition ne peut être que l'instinct de la sociabilité porté à un très haut degré, et accompagné des qualités propres à en favoriser l'influence et le développement; car tous les animaux ne sont pas susceptibles de devenir domestiques, mais tous nos animaux domestiques, qui sont connus dans leur état de nature, que leur espèce y soit en partie restée, ou que quelques-unes de leurs races y soient rentrées accidentellement, forment des troupes plus ou moins nombreuses; tandis qu'aucune espèce solitaire, quelque facile qu'elle soit à apprivoiser, n'a donné des races domestiques.

BUFFON ET LINNÆUS.[1]

L'histoire naturelle ne serait peut-être pas arrivée sitôt à la brillante destinée que ces sages préceptes lui préparaient, si deux des plus grands hommes qui aient illustré le dernier siècle n'avaient concouru; malgré l'opposition de leurs vues et de leur caractère, ou plutôt à cause de cette opposition même, à lui donner des accroissements aussi subits qu'étendus.

Linnæus et Buffon semblent en effet avoir possédé, chacun

dans son genre, des qualités telles qu'il était impossible que le même homme les réunit, et dont l'ensemble était cependant nécessaire pour donner à l'étude de la nature une impulsion aussi rapide.

Tous deux passionnés pour leur science et pour la gloire, tous deux infatigables dans le travail, tous deux d'une sensibilité vive, d'une imagination forte, d'un esprit transcendant, ils arrivèrent tous deux dans la carrière armés des ressources d'une érudition profonde; mais chacun s'y traça une route différente, suivant la direction particulière de son génie. Linnæus saisissait avec finesse les traits distinctifs des êtres; Buffon en embrassait d'un coup d'œil les rapports les plus éloignés. Linnæus, exact et précis, se créait une langue à part pour rendre ses idées dans toute leur vigueur; Buffon, abondant et fécond, usait de toutes les ressources de la sienne pour développer l'étendue de ses conceptions. Personne mieux que Linnæus ne fit jamais sentir les beautés de détail dont le Créateur enrichit avec profusion tout ce qu'il a fait naître; personne mieux que Buffon ne peignit jamais la majesté de la création, et la grandeur imposante des lois auxquelles elle est assujettie. Le premier, effrayé du chaos où l'incurie de ses prédécesseurs avait laissé l'histoire de la nature, sut, par des méthodes simples et par des définitions courtes et claires, mettre de l'ordre dans cet immense labyrinthe, et rendre facile la connaissance des êtres particuliers; le second, rebuté de la sécheresse d'écrivains qui, pour la plupart, s'étaient contentés d'être exacts, sut nous intéresser à ces êtres particuliers par les prestiges de son langage harmonieux et poétique. Quelquefois, fatigué de l'étude pénible de Linnæus, on vient se reposer avec Buffon; mais toujours, lorsqu'on a été délicieusement ému par ses tableaux enchanteurs, on veut revenir à Linnæus pour classer avec ordre ces charmantes images dont on craint de ne conserver qu'un souvenir confus; et ce n'est pas sans doute le moindre mérite de ces deux écrivains que d'inspirer continuellement le désir de revenir de l'un à l'autre, quoique cette alternative semble prouver et prouve en effet qu'il leur manque quelque chose à chacun.

§ 34. SIMONDE DE SISMONDI, 1773–1842.

Cet historien illustre naquit à Genève en 1773. Il est connu par des livres d'économie politique et par des livres d'histoire, entre lesquels l'*Histoire des républiques italiennes au moyen âge* a obtenu un grand succès. Il faisait une *Histoire des Français*, très étendue, et déjà poussée jusqu'à Henri IV, lorsqu'il est mort. C'était un homme laborieux; il a de la méthode, et son style est souvent sage et pittoresque à la fois.

LA PESTE DE FLORENCE.[1]

En 1348 la peste infecta toute l'Italie, à la réserve de Milan et de quelques cantons au pied des Alpes, où elle fut à peine sentie. La même année, elle franchit les montagnes, et s'étendit en Provence, en Savoie, en Dauphiné, en Bourgogne, et, par Aigues-Mortes, pénétra en Catalogne. L'année suivante, elle comprit tout le reste de l'Occident jusqu'aux rives de la mer Atlantique, la Barbarie, l'Espagne, l'Angleterre et la France. Le Brabant seul parut épargné, et ressentit à peine la contagion. En 1350 elle s'avança vers le Nord, et envahit les Frisons, les Allemands, les Hongrois, les Danois et les Suédois. Ce fut alors, et par cette calamité, que la république d'Islande fut détruite. La mortalité fut si grande dans cette île glacée, que les habitants épars cessèrent de former un corps de nation.

Les symptômes ne furent pas partout les mêmes. En Orient, un saignement de nez annonçait l'invasion de la maladie; en même temps, il était le présage assuré de la mort. A Florence on voyait d'abord se manifester, à l'aine ou sous les aisselles, un gonflement qui surpassait même la grosseur d'un œuf. Plus tard, ce gonflement, qu'on nomma *gavocciolo*, parut indifféremment à toutes les parties du corps. Plus tard encore, les symptômes changèrent, et la contagion s'annonça le plus souvent par des taches noires ou livides, qui, larges et rares chez les uns, petites et fréquentes chez les autres, se montraient d'abord sur les bras ou sur les cuisses, puis sur le reste du corps, et qui, comme le *gavocciolo*, étaient l'indice d'une mort prochaine. Le mal bravait toutes les ressources de l'art: la plupart des malades mouraient le troisème jour, et presque toujours sans fièvre, ou sans aucun accident nouveau.

Bientôt tous les lieux infectés furent frappés d'une terreur extrême, quand on vint à remarquer avec quelle inexprimable rapidité la contagion se propageait. Non-seulement converser avec les malades ou s'approcher d'eux, mais toucher aux choses qu'ils avaient touchées, ou qui leur avaient appartenu, communiquait immédiatement la maladie. Des hommes tombèrent morts en touchant à des habits qu'ils avaient trouvés dans les rues. On ne rougit plus alors de laisser voir sa lâcheté et son égoïsme. Les citoyens s'évitaient l'un l'autre; les voisins négligeaient leurs voisins; et les parents mêmes, s'ils se visitaient quelquefois, s'arrêtaient à une distance qui trahissait leur effroi. Bientôt on vit le frère abandonner son frère, l'oncle son neveu, l'épouse son mari, et même quelques pères et mères s'éloigner de leurs enfants. Aussi ne resta-t-il d'autres ressources à la multitude innombrable des malades, que le dévouement héroïque d'un petit nombre d'amis, ou l'avarice des domestiques qui, pour un immense salaire, se décidaient à braver le danger. Encore ces derniers étaient-ils, pour la plupart, des campagnards grossiers et peu accoutumés à soigner les malades; tous leurs soins se bornaient d'ordinaire à exécuter quelques ordres des pestiférés, et à porter à leur famille la nouvelle de leur mort.

Cet isolement et la terreur qui avait saisi tous les esprits, firent tomber en désuétude la sévérité des mœurs antiques et les usages pieux par lesquels les vivants prouvent aux morts leur affection et leurs regrets. Non-seulement les malades mouraient sans être entourés, suivant l'ancienne coutume de Florence, chacun de ses parents, et de ses voisins; plusieurs n'avaient pas même un assistant dans les derniers moments de leur existence. On était persuadé que la tristesse préparait à la maladie; on croyait avoir éprouvé que la joie et les plaisirs étaient le préservatif le plus assuré contre la peste; et les femmes mêmes cherchaient à s'étourdir sur le lugubre appareil des funérailles, par le rire, le jeu et les plaisanteries. Bien peu de corps étaient portés à la sépulture par plus de dix ou douze voisins; encore les porteurs n'étaient-ils plus des citoyens considérés et de même rang que le défunt, mais des fossoyeurs de la dernière classe qui se faisaient nommer *becchini*. Pour un gros salaire, ils transportaient la bière précipitamment, non point à l'église désignée par le mort, mais à la plus prochaine, quelquefois précédés de quatre ou six prêtres avec un petit nombre de cierges, qulequefois aussi sans aucun appareil religieux, et jetaient le cadavre dans la première fosse qu'ils trouvaient ouverte.

Le sort des pauvres et même des gens d'un état médiocre était bien plus déplorable: retenus par l'indigence dans des maisons malsaines, et rapprochés les uns des autres, ils tombaient malades par milliers; et comme ils n'étaient ni soignés, ni servis, ils mouraient presque tous. Les uns, et de jour et de nuit, terminaient dans les rues leur misérable existence; les autres, abandonnés dans les maisons, apprenaient leur mort aux voisins par l'odeur fétide qu'exhalaient leurs cadavres. La peur de la corruption de l'air, bien plus que la charité, portait les voisins à visiter les appartements, à retirer des maisons les cadavres, et à les placer devant les portes: chaque matin on en pouvait voir un grand nombre ainsi déposés dans les rues; ensuite on faisait venir une bière, ou, à défaut, une planche sur laquelle on emportait le cadavre. Plus d'une bière contint en même temps le mari et la femme, ou le père et le fils, ou deux ou trois frères. Lorsque deux prêtres avec une croix cheminaient à des funérailles, et disaient l'office des morts, de chaque porte sortaient d'autres bières qui se joignaient au cortége, et les prêtres, qui ne s'étaient engagés que pour un seul mort, en avaient sept ou huit à ensevelir.

La terre consacrée ne suffisant plus aux sépultures, on creusa dans les cimetières des fosses immenses, dans lesquelles on rangeait les cadavres par lit, à mesure qu'ils arrivaient, et on les recouvrait ensuite d'un peu de terre. Cependant les survivants, persuadés que les divertissements, les jeux, les chants, la gaieté, pouvaient seuls les préserver de l'épidémie, ne songeaient plus qu'à chercher des jouissances, non-seulement chez eux, mais dans les maisons étrangères, toutes les fois qu'ils croyaient y trouver quelque chose à leur gré. Tout était à leur discrétion; car chacun, comme ne devant plus vivre, avait abandonné le soin de sa personne et de ses biens. La plupart des maisons étaient devenues communes, et l'étranger qui y entrait, y prenait tous les droits du propriétaire. Plus de respect pour les lois divines et humaines; leurs ministres, et ceux qui devaient veiller à leur exécution, étaient ou morts, ou frappés, ou tellement dépourvus de gardes et de subalternes, qu'ils ne pouvaient imprimer aucune crainte; aussi chacun se regardait-il comme libre d'agir à sa fantaisie.

Les campagnes n'étaient pas plus épargnées que les villes; les châteaux et les villages, dans leur petitesse, étaient une image de la capitale. Les malheureux laboureurs qui habitaient les maisons éparses dans la campagne, qui n'avaient à espérer ni conseils de médecins, ni soins de domestiques, mouraient sur les chemins, dans leur champs, ou dans leurs habitations, non comme des hommes, mais comme des bêtes. Aussi, devenus négligents de toutes les choses de ce monde, comme si le jour était venu où ils ne pouvaient plus échapper à la mort, ils ne s'occupaient plus à demander à la terre ses fruits ou le prix de leurs fatigues, mais se hâtaient de consommer ceux qu'ils avaient déjà recueillis. Le bétail, chassé des maisons, errait dans les champs déserts, au milieu des récoltes non moissonnées, et, le plus souvent, il rentrait de lui-même le soir dans ses étables, quoiqu'il ne restât plus de maîtres ou de bergers pour le surveiller.

Aucune peste, dans aucun temps, n'avait encore frappé tant de victimes. Sur cinq personnes, il en mourut trois, à Florence et dans tout son territoire. Boccace estime que la ville seule perdit plus de cent mille individus. A Pise, sur dix, il en périt sept; mais, quoique dans cette ville on eût reconnu, comme ailleurs, que quiconque touchait un mort ou ses effets, ou même son argent, était atteint de la contagion; et quoique personne ne voulût pour un salaire rendre aux morts les derniers devoirs, cependant nul cadavre ne resta dans les maisons, privé de sépulture. A Sienne, l'historien Agnolo de Tura raconte que, dans les quatre mois de mai, juin, juillet et août, la peste enleva quatre-vingt mille âmes, et que lui-même ensevelit, de ses propres mains, ses cinq fils dans la même fosse. La ville de Trapani, en Sicile, resta complètement déserte. Gênes perdit quarante mille habitants; Naples soixante mille, et la Sicile, sans doute avec la Pouille,[2] cinq cent trente mille. En général, on calcula que dans l'Europe entière, qui fut soumise d'une extrémité à l'autre à cet épouvantable fléau, la peste enleva les trois cinquièmes de la population.

§ 35. SÉGUR, NÉ EN 1780.

PHILIPPE DE SÉGUR, fils de l'historien et pair de France, est continuateur de l'histoire de France commencée par son père, et auteur de l'*Histoire de Napoléon et de la grande armée dans la campagne de Russie,* livre qui a eu beaucoup de succès.

RETRAITE DE RUSSIE.

Le 6 décembre, le jour même qui suivit le départ de Napoléon, le ciel se montra plus terrible encore. On vit flotter dans l'air des molécules glacées; les oiseaux tombèrent roidis et gelés. L'atmosphère était immobile et muette; il semblait que tout ce qu'il y avait de mouvement et de vie dans la nature, que le vent même fût atteint, enchaîné et comme glacé par une mort universelle. Alors plus de paroles, aucun murmure, un morne silence, celui du désespoir et les larmes qui l'annoncent.

On s'écoulait dans cet empire de la mort comme des ombres malheureuses. Le bruit sourd et monotone de nos pas, le craquement de la neige, et les faibles gémissements des mourants, interrompaient cette vaste et lugubre taciturnité. Alors plus de colère, ni d'imprécations, rien de ce qui suppose un reste de chaleur : à peine la force de prier restait-elle ; la plupart tombaient même sans se plaindre, soit faiblesse ou résignation, soit qu'on ne se plaigne que lorsqu'on espère attendrir, qu'on croit être plaint.

Ceux de nos soldats jusque-là les plus persévérants, se rebutèrent. Tantôt la neige s'ouvrait sous leur pieds, plus souvent sa surface miroitée ne leur offrant aucun appui, ils glissaient à chaque pas, et marchaient de chute en chute ; il semblait que ce sol ennemi refusât de les porter, qu'il s'échappât sous leurs efforts, qu'il leur tendît des embûches comme pour embarrasser, pour retarder leur marche, et les livrer aux Russes qui les poursuivaient, ou à leur terrible climat.

Et réellement dès qu'épuisés ils s'arrêtaient un instant, l'hiver, appesantissant sur eux sa main de glace, se saisissait de cette proie. C'était vainement qu'alors ces malheureux, se sentant engourdis, se relevaient, et que, déjà sans voix, insensibles et plongés dans la stupeur, ils faisaient quelques pas tels que des automates ; leur sang se glaçant dans leurs veines, comme les eaux dans le cours des ruisseaux, alanguissait leur cœur, puis il refluait vers leur tête : alors ces moribonds chancelaient dans un état d'ivresse. De leurs yeux rougis et enflammés par l'aspect continuel d'une neige éclatante, par la privation du sommeil, par la fumée des bivacs, il sortait de véritables larmes de sang, leur poitrine exhalait de profonds soupirs ; ils regardaient le ciel, nous et la terre d'un œil consterné, fixe et hagard : c'étaient leurs adieux à cette nature barbare qui les torturait, et leurs reproches peut-être. Bientôt ils se laissaient aller sur les genoux, ensuite sur les mains ; leur tête vaguait encore quelques instants à droite et à gauche, et leur bouche béante laissait échapper quelques sons agonisants ; enfin elle tombait à son tour sur la neige, qu'elle rougissait aussitôt d'un sang livide, et leur souffrances avaient cessé.

Leurs compagnons les dépassaient sans se déranger d'un pas, de peur d'allonger leur chemin, sans détourner la tête, car leur barbe, leurs cheveux étaient hérissés de glaçons, et chaque mouvement était une douleur. Ils ne les plaignaient même pas: car, enfin, qu'avaient-ils perdu en succombant? que quittaient-ils? On souffrait tant! On était encore si loin de la France! si dépaysé par les aspects, par le malheur, que tous les doux souvenirs étaient rompus, et l'espoir presque détruit: aussi le plus grand nombre était devenu indifférent sur la mort, par nécessité, par habitude de la voir, par ton, l'insultant même quelquefois; mais, le plus souvent, se contentant de penser, à la vue de ces infortunés étendus et aussitôt roidis, qu'ils n'avaient plus de besoins, qu'ils se reposaient, qu'ils ne souffraient plus! Et, en effet, la mort, dans une position douce, stable, uniforme, peut être un événement toujours étrange, un contraste effrayant, une révolution terrible; mais, dans ce tumulte, dans ce mouvement violent et continuel d'une vie toute d'action, de dangers et de douleurs, elle ne paraissait qu'une transition, un faible changement, un déplacement de plus, et qui étonnait peu.

Tels furent les derniers jours de la grande armée.

§ 36. NODIER, 1783–1844.

M. Charles Nodier a mérité l'estime des savants, et a pris place dans leurs rangs, par d'importants travaux comme grammairien, philologue, bibliographe et critique. Il accueillit la Muse nouvelle. Cependant, lorsque l'Académie française l'eut admis dans son sein, il parut être redevenu classique, et le romantisme perdit en lui un de ses soutiens.

On estime ses *Souvenirs*, *Épisodes et Portraits*, pour servir à l'histoire de la Révolution et de l'Empire.

Parmi ses œuvres philologiques, on remarque un examen critique de l'ancienne édition du Dictionaire de l'Académie.

NAPOLÉON.

Napoléon fut comblé, par sa fortune,[1] de tous les avantages qui pouvaient mettre un grand homme à la tête d'un grand siècle; et cette faveur d'une destinée sans exemple s'est encore attachée à sa mémoire. Comme l'histoire ne présente aucune époque où l'expression de la pensée ait pu être plus librement sincère que dans la nôtre, elle n'a conservé le nom d'aucun homme qui ait été plus promptement apprécié d'une manière irrévocable. Quelques années de liberté ont suffi pour faire intervenir la postérité entre lui, ses ennemis et ses flatteurs. Il n'a pas même attendu, comme ces rois d'Égypte dont parle Hérodote, l'arrêt d'un peuple assemblé à ses funérailles.[2] L'avenir n'aura rien à changer au jugement de ses contemporains. Il l'élèvera au premier rang des grands capitaines et des hommes d'État les plus habiles, un peu au-dessous de César, peut-être, mais fort au-dessus de Cromwell et de Richelieu. Il lui reprochera des excès, des violences, une imprévoyance aveugle, une ambition insatiable, un mépris impie pour les droits des peuples et pour la foi des serments. Il verra en lui, comme il le disait, une espèce de dieu de la gloire; mais il y verra aussi l'*étouffeur* de la pensée humaine et le fléau de la liberté.

Ce qu'il serait à craindre que l'histoire ne dît pas, si elle ne consultait que certains mémoires, c'est que l'asservissement de la France ne fut pas aussi volontaire, aussi spontané qu'on se l'imagine. Napoléon régna de pleine puissance et sans obstacle, parce qu'il n'y a rien de plus facile que de régner ainsi, à qui le veut fermement, quand il a une fois franchi les premiers degrés du pouvoir. Avec beaucoup d'or, avec beaucoup de hochets, des rubans, des dignités, des couronnes; avec le goût et l'art de la corruption, on se compose sans peine un gouvernement; mais Napoléon ne régna jamais du consentement libre de ce qui représente réellement une nation, de cette classe éclairée et sensible dont le suffrage seul peut consolider de jeunes institutions, et sans l'appui de laquelle les trônes les mieux affermis en apparence ne sont qu'un usufruit passager. Napoléon devint populaire après sa chute; c'est le privilége d'une grande renommée trahie par une grande infortune. Napoléon, empereur et roi, avait été le moins populaire des tyrans. Il a laissé d'immortels souvenirs à la mémoire, il n'en a pas laissé à l'âme; son couronnement ne fut que l'acte culminant d'une conspiration triomphante; le peuple n'assistait à ce dénoûment d'un crime heureux qu'en qualité de spectateur.

LE LOCH LOMOND.

Le lac Lomond commençait à se découvrir à ma droite et décorait un horizon immense de l'incroyable variété de ses aspects. Qu'on n'attende pas de moi l'impossible effort de le peindre.

Qui pourrait faire passer avec une encre froide, avec des mots stériles, dans l'esprit et le cœur des autres, des émotions dont on s'étonne soi-même, et qu'on ne se croyait plus la force d'éprouver? Qui pourrait décrire cette méditerranée des montagnes, chargée d'îles toutes variées dans leur formes et dans leur caractère; les unes graves, majestueuses, couvertes de noirs ombrages qui se confondent avec la couleur des eaux, car les lacs de Calédonie sont toujours les lacs noirs d'Ossian [3]; les autres plus tristes, plus austères encore, dressant çà et là sur leur surface quelques rochers dépouillés, à peine frappés de tons bizarres par les reflets de la lumière, ou quelques touffes de fleurs saxatiles[4]; le plus grand nombre déployant de frais rivages, des bocages ravissants, des bouquets de futaies élevées, placés comme de grandes masses d'ombres sur le vert soyeux de la pelouse: jardin délicieux où l'âme se transporte avec ravissement, et dont l'éloquente beauté parle au cœur de tous les hommes! J'ai vu un paysan immobile devant le lac, les yeux fixes, l'esprit absorbé, à ce qu'il paraissait, dans une méditation profonde. Je me suis approché de lui. Je l'ai détourné de sa contemplation. Il m'a regardé un moment, et m'a dit en soupirant et en élevant les mains vers le ciel: *Fine country!* (superbe pays!)

"Le lac Lomond peut être regardé, en élégance, en grandeur, en variété de sites et d'effets,[5] dit l'excellent *Itinéraire de Chapman*, comme le plus intéressant et le plus magnifique de la Grande-Bretagne." Je le regarde, moi qui ai parcouru beaucoup de pays, comme un des spectacles les plus intéressants et les plus magnifiques de la nature, et je me flatte de faire adopter cette appréciation[6] au lecteur le moins sensible à ce genre de beautés, sans me servir d'aucun des prestiges de l'hyperbole. Qu'il se représente un lac sur lequel on compte trente-deux îles, dont un grand nombre ont plusieurs milles de longueur, et qui a son horizon borné de tous côtés par une chaîne de montagnes dont quelques-unes ont plus de cinq cents toises[7] d'élévation. Qu'il joigne à cette simple donnée topographique l'effet d'une végétation variée, mais toujours charmante ou sublime, celui des accidents du jour et de l'ombre dans les circuits de ces gorges profondes où le soleil paraît et disparaît à tout moment, en passant derrière les montagnes qui les embrassent; les apparences bizarres des vapeurs qui pendent à leurs sommets, dans ce pays, qui a consacré, si l'on peut parler ainsi, la mythologie des nuages[8]; les bruits singuliers des échos qui se renvoient à des distances infinies la moindre rumeur du moindre flot, et qui finissent par vous apporter je ne sais quel frémissement harmonieux, comme celui qui expire dans la dernière vibration d'une corde de harpe; la tradition des premiers temps, et, avec elle, les noms d'Ossian, de Fingal, d'Oscar,[9] qui sont parvenus avec la mémoire de leurs faits et de leurs chants à tous les habitants de ces rivages presque aussi vivement que ceux d'un héros d'une époque plus rapprochée, et de ce Rob Roy[10] lui-même, par lequel le Calédonien, ému d'une forte surprise ou d'un profond sujet de crainte, jure encore aujourd'hui comme les Latins juraient par Hercule.

§ **37.** GUIZOT,[1] NÉ EN 1785.

Dès 1811 M. Guizot publia ses *Annales de l'éducation*, ouvrage périodique, et travailla à la rédaction de plusieurs journaux. Une foule d'ouvrages sont sortis de sa plume féconde; les principaux sont: 1° *Histoire de la décadence et de la chute de l'Empire romain;* 2° *du Gouvernement représentatif et sur l'état actuel de la France;* 3° *de la Peine de mort en matière de politique;* 4° *Essai sur l'Histoire de France;* 5° *du Gouvernement de la France depuis la restauration, et du ministère actuel;* 6° *Histoire de la Révolution d'Angleterre, depuis l'avénement de Charles Ier jusqu'à la restauration de Charles II;* 7° *Cours d'Histoire moderne;* 8° *Nouveau Dictionnaire des synonymes français;* 9° *Mémoires pour servir à l'histoire de mon temps;* 10° *l'Église et la société chrétienne en* 1861.

M. Guizot doit aussitôt s'occuper de l'impression d'un nouveau volume de *Méditations religieuses*, qu'il vient de terminer.

Dans tous ces ouvrages, quel qu'en soit le sujet, histoire, politique, éducation, philologie, philosophie, M. Guizot se fait remarquer par la profondeur des aperçus, l'élévation des pensées, la sévérité du style.

EXÉCUTION DE CHARLES IER.

Après quatre heures d'un sommeil profond, Charles sortait de son lit: "J'ai une grande affaire à terminer, dit-il à Herbert,[2] il faut que je me lève promptement;" et il se mit à sa toilette. Herbert troublé le peignait avec moins de soin: "Prenez, je vous prie, lui dit le roi, la même peine qu'à l'ordinaire; quoique ma tête ne doive pas rester longtemps sur mes épaules, je veux être paré aujourd'hui comme un marié." En s'habillant, il demanda une chemise de plus. "La saison est si froide, dit-il, que je pourrais trembler; quelques personnes l'attribuerait peut-être à la peur; je ne veux pas qu'une telle supposition soit possible." Le jour à peine levé, l'évêque arriva et commença les exercices religieux. Comme il lisait, dans le xxviie chapitre de l'évangile selon Saint Matthieu, le récit de la passion de Jésus-Christ: "Milord, lui demanda le roi, avez-vous choisi ce chapitre comme le plus applicable à ma situation?" — "Je prie Votre Majesté de remarquer, répondit l'évêque, que c'est l'évangile du jour, comme le prouve le calendrier." Le roi parut profondément touché, et continua ses prières avec un redoublement de ferveur. Vers dix heures, on frappa doucement à la porte de la chambre; Herbert demeurait immobile: un second coup se fit entendre un peu plus fort, quoique léger encore: "Allez voir qui est là," dit le roi: c'était le colonel Hacker. "Faites-le entrer," dit-il. "Sire, dit le colonel à voix basse et à demi tremblant, voici le moment d'aller à Whitehall[3]; Votre Majesté aura encore plus d'une heure pour s'y reposer." — "Je pars dans l'instant, répondit Charles, laissez-moi." Hacker sortit: le roi se recueillit encore quelques minutes, puis, prenant l'évêque par la main: "Venez, dit-il, partons: Herbert, ouvrez la porte; Hacker m'avertit pour la seconde fois." Et il descendit dans le parc qu'il devait traverser pour se rendre à Whitehall.

Hacker frappa à la porte: Juxon[4] et Herbert tombèrent à genoux. "Relevez-vous, mon vieil ami," dit le roi à l'évêque en lui tendant la main. Hacker frappa de nouveau: Charles fit ouvrir la porte. "Marchez, dit-il au colonel, je vous suis." Il s'avança le long de la salle des banquets, toujours entre deux haies de troupes. Une foule d'hommes et de femmes s'y étaient précipités au péril de leur vie, immobiles derrière la garde, et priant pour le roi, à mesure qu'il passait; les soldats, silencieux eux-mêmes, ne les rudoyaient point. A l'extrémité de la salle, une ouverture, pratiquée la veille dans le mur, conduisait de plain-pied à l'échafaud tendu de noir; deux hommes étaient debout auprès de la hache, tous deux en habits de matelots et masqués. Le roi arriva, la tête haute, promenant de tous côtés ses regards, et cherchant le peuple pour lui parler : mais les troupes couvraient seules la place ; nul ne pouvait approcher. Il se tourna vers Juxon et Tomlinson. "Je ne puis guère être entendu que de vous, leur dit-il, ce sera donc à vous que j'adresserai quelques paroles ;" et il leur adressa en effet un petit discours qu'il avait préparé, grave et calme jusqu'à la froideur, uniquement appliqué à soutenir qu'il avait eu raison ; que le mépris des droits du souverain était la vraie cause des malheurs du peuple ; que le peuple ne devait avoir aucune part dans le gouvernement ; qu'à cette seule condition le royaume retrouverait la paix et ses libertés. Pendant qu'il parlait, quelqu'un toucha à la hache, il se retourna précipitamment, disant : "Ne gâtez pas la hache, elle me ferait plus de mal ;" et, son discours terminé, quelqu'un s'en approchant encore : "Prenez garde à la hache ! prenez garde à la hache !" répéta-t-il d'un ton d'effroi. . . . Le plus profond silence régnait ; il mit sur sa tête un bonnet de soie, et, s'adressant à l'exécuteur : "Mes cheveux vous gênent-ils ?" — "Je prie Votre Majesté de les ranger sous son bonnet," répondit l'homme en s'inclinant. Le roi les rangea avec l'aide de l'évêque. . . . "J'ai pour moi, lui dit-il en prenant ce soin, une bonne cause et un Dieu clément." — Juxon. "Oui, sire, il n'y a plus qu'un pas à franchir, il est plein de trouble et d'angoisse, mais de peu de durée, et songez qu'il vous fait faire un grand trajet, il vous transporte de la terre au ciel." — Le Roi. "Je passe d'une couronne corruptible à une couronne incorruptible, où je n'aurai à craindre aucun trouble, aucune espèce de trouble." Et, se tournant vers l'exécuteur : "Mes cheveux sont-ils bien ?" Il ôta son manteau et son Saint-George,[5] donna le Saint-George à l'évêque en lui disant : "*Souvenez-vous*," ôta son habit, remit son manteau, et, regardant le billot : "Placez-le de manière à ce qu'il soit bien ferme,"[6] dit-il à l'exécuteur. "Il est ferme, sire." — Le Roi. "Je ferai une courte prière, et, quand j'étendrai les mains, alors . . ." Il se recueillit, se dit à lui-même quelques mots à voix basse, leva les yeux au ciel, s'agenouilla, posa sa tête sur le billot; l'exécuteur toucha ses cheveux pour les ranger encore sous son bonnet; le roi crut qu'il allait frapper: "Attendez le signe," lui dit-il. "Je l'attendrai, sire, avec le bon plaisir de Votre Majesté." Au bout d'un instant, le roi tendit les mains; l'exécuteur frappa, la tête tomba au premier coup: "Voilà la tête d'un traître," dit-il en la montrant au peuple: un long et sourd gémissement s'éleva autour de Whitehall. Beaucoup de gens se précipitaient au pied de l'échafaud pour tremper leur mouchoir dans le sang du roi. Deux corps de cavalerie, s'avançant dans deux directions différentes, dispersèrent lentement la foule. L'échafaud demeuré solitaire, on enleva le corps: il était déjà enfermé dans le cercueil; Cromwell voulut le voir, le considéra attentivement, et, soulevant de ses mains la tête comme pour s'assurer qu'elle était bien séparée du tronc: "C'était là un corps bien constitué, dit-il, et qui promettait une longue vie."

§ 38. LAMARTINE, 1790–1869.

Élevé par sa mère dans la douce pratique de la religion, M. DE LAMARTINE dut à cette première éducation les principes qui lui ont inspiré tant de sublimes pages.

Ce ne fut qu'à l'âge de vingt-huit ans qu'il publia ses premières *Méditations religieuses*, qui, accueillies avec enthousiasme, révélèrent une poésie nouvelle, plus belle et plus vraie que la poésie antique. Ce n'était plus cette fade imitation du passé, ce culte sans foi des muses païennes, cette mythologie si froide et si décolorée pour nous. La poésie de Lamartine exprimait ce que le cœur de l'homme du XIXe siècle a de plus intime, cette mélancolie de la pensée, cette vague tristesse de l'âme, ces doutes inquiets, ces désespoirs profonds où se jette une société vieillie sans croyances. Chacun retrouvait donc ses propres méditations; on les retrouvait exprimées en vers mélodieux. La mission de M. de Lamartine était dès lors manifestée. Les *Nouvelles Méditations poétiques* parurent avec l'empreinte d'un génie plus mûr et plus religieux encore. Enfin, dans ses *Harmonies poétiques et religieuses*, le poète semble parfois chanter ici-bas les cantiques du ciel.

M. de Lamartine entreprit, en 1832, un voyage en Orient, le pays de ses aspirations et de ses rêves. Au mois de mai, il s'embarqua à Marseille, avec sa femme et sa fille, Julia, sur un vaisseau qu'il avait équipé et armé lui-même. Il emportait une bibliothèque, tout un arsenal, une collection de présents princiers pour les chefs des pays qu'il devait visiter. Le poète voyageait en souverain, achetant des maisons pour y descendre, et ayant à son service des caravanes de chevaux à lui. Un jour, il luttait d'improvisations poétiques avec un des premiers bardes de l'Asie; un autre jour il était accueilli chaleureusement par la célèbre visionnaire, lady Stanhope, qui lui annonçait, en termes incroyablement prophétiques, un grand cataclysme européen et le rôle de sauveur qui l'attendait dans son pays. Ce voyage, qui dura seize mois, fut signalé par une grande douleur, la mort de Julia, qui succomba à Beyrouth, et dont le corps fut ramené tristement en France sur ce même vaisseau où sa gracieuse jeunesse avait répandu tant de joie et inspiré tant de poésie. Il eut, du moins, pour fruit, un beau livre: le *Voyage en Orient, souvenirs, impressions, pensées et paysages;* œuvre splendide de forme, et qui contient tout, religion, histoire, philosophie, politique, poésie, et sur tout, des aperçus nouveaux et pleins de grandeur. M. de Lamartine est mort le premier mars, à l'âge de 79 ans. Comme poète et comme orateur il était incontestablement l'une des plus grandes gloires de la France. Comme historien son *Histoire des Girondins* n'a pas peu contribué à la révolution de 1848. Comme homme politique il a montré, pendant ces fameuses journées, le courage du citoyen, l'énergie du tribun, avec les aptitudes d'un homme d'État consommé. Sa voix seule apaisait les plus violents orages populaires, et son bras montrant la frontière a peut-être conjuré une nouvelle invasion.

Depuis le coup d'État, M. de Lamartine vivait dans la retraite, se livrant à des travaux littéraires et historiques qui ne pouvaient rien ajouter à sa renommée.

BALBEK.

J'avais traversé les sommets du Sannin couverts de neiges éternelles, et j'étais redescendu du Liban, couronné de son diadème de cèdres, dans le désert nu et stérile d'Héliopolis, à la fin d'une journée pénible et longue. A l'horizon encore éloigné devant nous, sur les derniers degrés des montagnes noires de l'Anti-Liban, un groupe immense de ruines jaunes, doré par le soleil couchant, se détachait de l'ombre des montagnes, et se répercutait des[1] rayons du soir. Nos guides nous le montraient du doigt, et s'écriaient: "*Balbek! Balbek!*" C'était en effet la merveille du désert, la fabuleuse Balbek qui sortait tout éclatante de son sépulcre inconnu, pour nous raconter des âges dont l'histoire a perdu la mémoire. Nous avancions lentement au pas de nos chevaux fatigués, les yeux attachés sur les murs gigantesques, sur les colonnes éblouissantes et colossales qui semblaient s'étendre, grandir, s'allonger à mesure que nous approchions: un profond silence régnait dans toute notre caravane; chacun aurait craint de perdre une impression de cette heure en communiquant celle qu'il venait d'avoir. Les Arabes même se taisaient et semblaient recevoir aussi une forte et grave pensée de ce spectacle qui nivelle toutes les pensées. Enfin, nous touchâmes aux premiers tronçons de colonnes, aux premiers blocs de marbre, que les tremblements de terre ont secoués jusqu'à plus d'un mille des monuments même comme les feuilles sèches jetées et roulées loin de l'arbre après l'ouragan. Les profondes et larges carrières qui fendent, comme des gorges de vallées, les flancs noirs de l'Anti-Liban, ouvraient déjà leurs abîmes sous les pas de nos chevaux: ces vastes bassins de pierre, dont les parois gardent les traces profondes du ciseau qui les a creusées pour en tirer d'autres collines de pierre, montraient encore quelques blocs gigantesques à demi détachés de leur base, et d'autres taillés sur leurs quatre faces, et qui semblent n'attendre que les chars ou les bras de générations de géants pour les mouvoir. Un seul de ces moellons de Balbek avait soixante-deux pieds de long sur vingt-quatre pieds de largeur, et seize d'épaisseur. Il faudrait la force réunie de soixante mille hommes de notre temps pour soulever seulement cette pierre, et les plates-formes de Balbek en portent de plus colossales encore, élevées à vingt-cinq ou trente pieds du sol, pour porter des colonnades proportionnées à ces bases.

Nous suivîmes notre route, entre le désert, à gauche, et les ondulations de l'Anti-Liban, à droite, en longeant quelques petits champs cultivés par les Arabes pasteurs, et le lit d'un large torrent qui serpente entre les ruines, et aux bords duquel s'élèvent quelques beaux noyers. L'acropolis, ou la colline artificielle qui porte tous les grands monuments d'Héliopolis, nous apparaissait, çà et là, entre les rameaux et au-dessus de la tête des grands arbres; enfin nous la découvrîmes en entier, et toute la caravane s'arrêta comme par un instinct électrique. Aucune plume, aucun pinceau, ne pourraient décrire l'impression que ce seul regard donne à l'œil et à l'âme. Sous nos pas, dans le lit du torrent, au milieu des champs, autour de tous les troncs d'arbres, des blocs de granit rouge ou gris, de porphyre sanguin, de marbre blanc; de pierre jaune, aussi éclatante que le marbre de Paros; tronçons de colonnes, chapiteaux ciselés, architraves, volutes, corniches, entablements, piédestaux; membres épars, et qui semblent palpitants, des statues tombées la face contre terre; tout cela confus, groupé en monceaux, disséminé, et ruisselant de toutes parts comme les laves d'un volcan qui vomirait les débris d'un grand empire: à peine un sentier pour se glisser à travers ces balayures des arts qui couvrent toute la terre. . . . L'eau seule de la rivière de Balbek se faisait jour parmi ces lits de fragments, et lavait de son écume murmurante les brisures de ces marbres qui font obstacle à son cours.

Au delà de ces écumes de débris, qui forment de véritables dunes de marbre, la colline de Balbek, plate-forme de mille pas de long, de sept cents pieds de large, toute bâtie de main d'homme, en pierres de taille dont quelques-unes ont cinquante à soixante pieds de longueur sur quinze à seize pieds d'élévation, mais la plupart de quinze à trente. Cette colline de granit taillé se présentait à nous par son extrémité orientale, avec ses bases profondes et ses revêtements incommensurables, où trois morceaux de granit forment cent quatre-vingts pieds de développement, et près de quatre mille pieds de surface! . . . Sur cette immense plate-forme, l'extrémité des grands temples se montrait à nous, détachée de l'horizon bleu et rose, ou couleur d'or. Quelques-uns de ces monuments déserts semblaient intacts et paraissaient sortir des mains de l'ouvrier; d'autres ne présentaient plus que des restes encore debout, des colonnes isolées, des pans de murailles inclinés et des frontons démantelés: l'œil se perdait dans les avenues étincelantes des colonnades de ces divers temples, et l'horizon trop élevé nous empêchait de voir où finissait ce peuple de pierre. Les six colonnes gigantesques du grand temple, portant encore majestueusement leur riche et colossal entablement, dominaient toute cette scène, et se perdaient dans le ciel bleu du désert, comme un autel aérien pour les sacrifices des géants.

JÉRUSALEM.

Au delà des deux mosquées et de l'emplacement du temple, Jérusalem tout entière s'étend et jaillit,[2] pour ainsi dire, devant nous, sans que l'œil puisse en perdre un toit ou une pierre, et comme le plan d'une ville en relief que l'artiste étalerait sur une table. Cette ville, non pas comme on nous l'a représentée, amas informe et confus de ruines et de cendres sur lesquelles sont jetées quelques chaumières d'Arabes, ou plantées quelques tentes de Bédouins; non pas comme Athènes, chaos de poussière et de murs écroulés où le voyageur cherche en vain l'ombre des édifices, la trace des rues, la vision d'une ville; — mais ville brillante de lumière et de couleur! présentant noblement aux regards ses murs intacts et crénelés, sa mosquée bleue avec ses colonnades blanches, ses milliers de dômes resplendissants sur lesquels la lumière d'un soleil d'automne tombe et rejaillit en vapeur éblouissante; les façades de ses maisons teintes, par le temps et par les étés, de la couleur jaune et dorée des édifices de Pæstum ou de Rome; ses vieilles tours, gardiennes de ses murailles, auxquelles il ne manque ni une pierre, ni une meurtrière, ni un créneau; et enfin, au milieu de cet océan de maisons et de cette nuée de petits dômes qui les recouvrent, un dôme noir et surbaissé, plus large que les autres, dominé par un autre dôme blanc: c'est le Saint-Sépulcre et le Calvaire: ils sont confondus et comme noyés, de là[3] dans l'immense dédale de dômes, d'édifices et de rues qui les environnent, et il est difficile de se rendre compte ainsi de l'emplacement du Calvaire et de celui du Sépulcre, qui, selon les idées que nous donne l'Évangile, devraient se trouver sur une colline écartée hors des murs, et non dans le centre de Jérusalem! La ville, rétrécie du côté de Sion, se sera sans doute agrandie du côté du nord pour embrasser, dans son enceinte, les deux sites qui font sa honte et sa gloire : le site du supplice du Juste, et celui de la résurrection de l'homme-Dieu !

Voilà la ville du haut de la montagne des Oliviers! Elle n'a pas d'horizon derrière elle, ni du côté de l'occident, ni du côté du nord. La ligne de ses murs et de ses tours, les aiguilles de ses nombreux minarets, les cintres de ses dômes éclatants, se découpent à nu et crûment[4] sur le bleu d'un ciel d'Orient; et la ville, ainsi portée et présentée sur son plateau large et élevé, semble briller encore de toute l'antique splendeur de ses prophéties, ou n'attendre qu'une parole pour sortir tout éblouissante de ses dix-sept ruines successives, et devenir cette *Jérusalem nouvelle qui sort du sein du désert, brillante de clarté!*

§ **39.** VILLEMAIN, NÉ EN 1790.

Doué d'une heureuse mémoire, M. VILLEMAIN parcourut avec distinction sa carrière classique, et, à l'âge de dix-neuf ans, il occupait la chaire de rhétorique au lycée Charlemagne. En 1812, l'*Éloge de Montaigne ;* en 1814, un *Discours sur les avantages et les inconvénients de la critique ;* et, en 1816, l'*Éloge de Montesquieu*, lui méritèrent une triple couronne à l'Académie française, qui, en 1821, le reçut dans son sein. Son *Cours de littérature française* venge la littérature française du moyen âge de l'oubli dédaigneux où l'avaient laissée les siècles classiques qui la suivirent.

Tout le monde s'accorde à reconnaître dans M. Villemain un des écrivains les plus heureusement doués de notre temps. Il réunit, dans un style inimitable, avec la science des mots et des tours, la variété et l'étendue du savoir, les spirituelles saillies, l'intelligence des plus hautes idées et le sentiment des grandes choses. Il a l'éclat et la mesure. Indépendant et modéré, également éloigné des témérités de l'esprit d'innovation et des vulgarités de l'esprit de routine, il a su garder, par un sage équilibre entre l'imagination et la raison, la plus complète harmonie des **facultés littéraires.**

MONTESQUIEU,

DANS SON LIVRE DE LA GRANDEUR DES ROMAINS ET DE LEUR DÉCADENCE.

Dégagé des devoirs de la magistrature, livré tout entier à la méditation, seul exercice qui soit digne d'un homme de génie et qui le fortifie, en le rendant à lui-même, Montesquieu avait visité les plus célèbres nations modernes, et observé leurs mœurs, qui lui expliquaient leurs lois.[1] C'est alors qu'il étend sa pensée sur les peuples anciens, et qu'il s'attache de préférence à l'empire romain, qui, seul ayant absorbé l'univers, pouvait représenter à ses yeux l'antiquité tout entière.

Montesquieu adopte le plan tracé par Bossuet[2] et se charge de le remplir, sans y jeter d'autre intérêt que celui des événements et des caractères. Il y a sans doute plus de grandeur dans la rapide esquisse de Bossuet, qui ne fait des Romains qu'un épisode de l'histoire du monde. Rome se montre plus étonnante dans Montesquieu, qui ne voit qu'elle au milieu de l'univers. Les deux écrivains expliquent sa grandeur et sa chute. L'un a saisi quelques traits primitifs avec une force qui lui donne la gloire de l'invention ; l'autre, en réunissant tous les détails, a découvert des causes invisibles jusqu'à lui ; il a rassemblé, comparé, opposé les faits avec cette sagacité laborieuse moins admirable qu'une première vue du génie, mais qui donne des résultats plus certains et plus justes. L'un et l'autre ont porté la concision aussi loin qu'elle peut aller ; car, dans un espace très court, Bossuet a saisi[3] toutes les grandes idées ; et Montesquieu n'a oublié aucun fait qui pût donner matière à une pensée. Se hâtant de placer et d'enchaîner une foule de réflexions et de souvenirs, il n'a pas un moment pour les affectations du bel esprit et du faux goût ; et la brièveté le force à la perfection. Bossuet, plus négligé, se contente d'être quelquefois sublime. Montesquieu, qui, dans son système, donne de l'importance à tous les faits, les exprime tous avec soin ; et son style est aussi achevé que naturel et rapide.

Quelle est l'inspiration qui peut ainsi soutenir et régler la force d'un homme de génie ? C'est une conviction lentement fortifiée par l'étude ; c'est le sentiment de la vérité découverte. Montesquieu a pénétré tout le génie de la république romaine. Quelle connaissance des mœurs et des lois ! Les événements se trouvent expliqués par les mœurs, et les grands hommes naissent de la constitution de l'État. A l'intérêt d'une grandeur toujours croissante il substitue ce triste contraste de la tyrannie recueillant tous les fruits de la gloire. Une nouvelle progression recommence, celle de l'esclavage précipitant un peuple à sa ruine par tous les degrés de sa bassesse. On assiste, avec l'historien, à cette longue expiation de la conquête du monde, et les nations vaincues paraissent trop vengées. Si maintenant l'on veut connaître quelle gravité, quelle force de raison Montesquieu avait puisées dans les anciens, pour retracer ces grands événements, on peut comparer son immortel chef-d'œuvre aux réflexions trop vantées qu'un écrivain brillant et ingénieux du siècle de Louis XIV écrivait sur le même sujet.[4] On sentira davantage à quelle distance Montesquieu a laissé loin de lui tous les efforts de l'art et du bel esprit dont il avait d'abord dérobé toutes les grâces. Dans *la Grandeur et la Décadence des Romains*, Montesquieu n'a plus l'empreinte de son siècle ; c'est un ouvrage dont la postérité ne pourrait deviner l'époque, et où elle ne verrait que le génie du peintre.

Tout entier dominé par ses études, l'auteur a pris le génie antique, pour retracer le plus grand spectacle de l'antiquité. Ce génie est mâle, quelquefois mêlé de rudesse[5] : on croit voir une de ces statues retrouvées parmi les ruines, et dont les formes correctes et sévères étonnent la mollesse de notre goût. Telle est la simplicité où Montesquieu s'élève par l'imitation des grands écrivains de Rome. Son âme trouve des expressions courageuses, pour célébrer les résistances et les malheurs de la liberté, les entreprises et les morts héroïques. Il est sublime en parlant de vertus que notre faiblesse moderne peut à peine concevoir. Il devient éloquent à la manière de Brutus.

MONTAIGNE.[6]

Dans tous les siècles où l'esprit humain se perfectionne par la culture des arts, on voit naître des hommes supérieurs qui reçoivent la lumière et la répandent, et vont plus loin que leurs contemporains, en suivant les mêmes traces. Quelque chose de plus rare, c'est un génie qui ne doive rien à son siècle, ou plutôt qui, malgré son siècle, par la seule force de sa pensée, se place de lui-même à côté des écrivains les plus parfaits, nés dans les temps les plus polis; tel est Montaigne. Penseur profond sous le règne du pédantisme, auteur brillant et ingénieux dans une langue informe et grossière, il écrit avec le secours de sa raison et des anciens. Son ouvrage reste, et fait seul toute la gloire littéraire d'une nation ; et lorsque, après de longues années, sous les auspices de quelques génies sublimes qui s'élancent à la fois, arrive enfin l'âge du bon goût et du talent, cet ouvrage, longtemps unique, demeure toujours original, et la France, enrichie tout à coup de tant de brillantes merveilles, ne sent pas refroider son admiration pour ces antiques et naïves beautés. Un siècle nouveau succède, plus difficile à satisfaire, parce qu'il peut comparer davantage ; cette seconde épreuve n'est pas moins favorable à la gloire de Montaigne : on l'entend mieux, on l'imite plus hardiment ; il sert à rajeunir la littérature, qui commençait à s'épuiser ; il inspire nos plus illustres écrivains ; et ce philosophe du siècle de Charles IX semble fait pour instruire le dix-huitième siècle.

Quel est ce prodigieux mérite qui survit aux variations du langage, au changement des mœurs ? C'est le naturel et la vérité. Voilà le charme qui ne peut vieillir. Qui pourrait se lasser d'un livre *de bonne foi*, écrit par un homme de génie ? Ces épanchements familiers de l'auteur, ces révélations inattendues sur de grands objets et sur des bagatelles, en donnant à ses écrits la forme d'une longue confidence, font disparaître la peine légère que l'on éprouve à lire un ouvrage de morale. On croit converser; et comme la conversation est piquante et variée, que souvent nous y venons à notre tour, que celui qui nous instruit a soin de nous répéter: *Ce n'est pas ici ma doctrine, c'est mon étude*, nous avoue ses faiblesses pour nous convaincre des nôtres, et nous corrige sans nous humilier, jamais on ne se lasse de l'entretien.

L'ouvrage de Montaigne est un vaste répertoire de souvenirs et de réflexions nées de ces souvenirs. Son inépuisable mémoire met à sa disposition tout ce que les hommes ont pensé. Son jugement, son goût, son instinct, son caprice même lui fournissent aisément des pensées nouvelles. Sur chaque sujet, il commence par dire tout ce qu'il sait, et, ce qui vaut mieux, il finit par dire ce qu'il croit. Cet homme qui, dans la discussion, cite toutes les autorités, écoute tous les partis, accueille toutes les opinions, lorsque enfin il vient à décider, ne consulte plus que lui seul, et donne son avis, non *comme bon, mais comme sien:* une telle marche est longue, mais elle est agréable.

On sait avec quelle constance il avait étudié les grands génies de l'ancienne Rome, combien il avait vécu dans leur commerce et dans leur intimité. Doit-on s'étonner que son ouvrage porte, pour ainsi dire, leur marque, et paraisse, du moins pour le style, écrit sous leur dictée? Souvent il change, modifie, corrige leurs idées. Son esprit, impatient du joug, avait besoin de penser par lui-même; mais il conserve les richesses de leur langage et les formes de leur diction. L'heureux instinct qui le guidait lui faisait sentir que, pour donner à ses écrits le caractère de durée qui manquait à sa langue, trop imparfaite pour être déjà fixée, il fallait y transporter, y naturaliser en quelque sorte les beautés d'une autre langue, qui, par sa perfection, fût assurée d'être immortelle; ou plutôt, l'habitude d'étudier les chefs-d'œuvre de la langue latine le conduisait à les imiter. Il en prenait à son insu toutes les formes, et se faisait Romain sans le vouloir. Quelquefois, réglant sa marche irrégulière, il semble imiter Cicéron même. Sa phrase se développe lentement, et se remplit de mots choisis qui se fortifient et se soutiennent l'un l'autre dans un enchaînement harmonieux. Plus souvent, comme Tacite, il *enfonce* profondément la *signification* des mots, met une idée neuve sous un terme familier, et, dans une diction fortement travaillée, laisse quelque chose d'inculte et de sauvage. Il a le trait énergique, les sons heurtés, les tournures vives et hasardées de Salluste, l'expression rapide et profonde, la force et l'éclat de Pline l'ancien. Souvent aussi, donnant à sa prose toutes les richesses de la poésie, il s'épanche, il s'abandonne avec l'inépuisable facilité d'Ovide, ou respire la verve et l'âpreté de Lucrèce. Voilà les diverses couleurs qu'il emprunte de toutes parts pour tracer des tableaux qui ne sont qu'à lui.

§ 40. THIERS, né en 1797.

Louis-Adolphe Thiers, célèbre homme d'État et historien français, membre de l'Institut, est né à Marseille, le 16 avril 1797.

Il vint à Paris en 1824, fut attaché à la rédaction du *Constitutionnel*, et passa ensuite dans celle du *National*. Il fit en 1827, pour un libraire, son *Histoire de la Révolution*, qui eut d'abord un succès très ordinaire; mais après la révolution de 1830, M. Thiers devint député et bientôt ministre. Sa position et son éclat à la tribune donnèrent une grande vogue à son livre. Cette histoire de la grande révolution est pleine de beaux passages. Peu de livres ont exercé plus d'influence. On en comprit de bonne heure les qualités et les défauts. La critique reproche généralement à l'auteur une sorte de fatalisme historique qui fait de lui tour à tour l'homme du parti le plus fort, et l'apologiste de quiconque triomphe. Mais tout le monde fut frappé de la marche rapide, soutenue, dramatique du récit, de la connaissance approfondie de chaque question, de la clarté admirable qui semblait naître de la simplicité même du style.

Si le premier monument historique de M. Thiers est l'œuvre d'une jeunesse déjà puissante, l'*Histoire du Consulat et de l'Empire* a été jugée comme l'œuvre d'une maturité vigoureuse. Pensée et écrite avec une haute modération, une impartialité calme et une noble liberté d'esprit, elle est moins dramatique, mais plus majestueuse. La grande figure de Napoléon domine tout, mais sans tout absorber. Le style, toujours simple, aussi clair et aussi net, a de temps en temps encore de ces négligences qui sentent l'improvisation. En citant un passage de l'*Histoire du Consulat et de l'Empire*, dans un de ses messages au corps législatif, l'empereur Napoléon III a donné à l'auteur la qualification d'historien national.

PRISE DE LA BASTILLE.[1]

Le peuple, dès la nuit du 13, s'était porté vers la Bastille; quelques coups de fusil avaient été tirés, et il paraît que des instigateurs avaient proféré plusieurs fois le cri: *A la Bastille!* Le vœu de sa destruction se trouvait dans quelques cahiers[2]; ainsi, les idées avaient pris d'avance cette direction. On demandait toujours des armes. Le bruit s'était répandu que l'hôtel des Invalides en contenait un dépôt considérable. On s'y rend aussitôt. Le commandant, M. de Sombreuil, en fait défendre l'entrée, disant qu'il doit demander des ordres à Versailles. Le peuple ne veut rien entendre, se précipite dans l'hôtel, enlève les canons et une grande quantité de fusils. Déjà dans ce moment une foule considérable assiégeait la Bastille. Les assiégeants disaient que le canon de la place était dirigé sur la ville, et qu'il fallait empêcher qu'on ne tirât sur elle. Le député d'un district demande à être introduit dans la forteresse, et l'obtient du commandant. En faisant la visite, il trouve trente-deux Suisses et quatre vingt-deux invalides, et reçoit la parole de la garnison de ne pas faire feu si elle n'est attaquée. Pendant ces pourparlers, le peuple, ne voyant pas paraître son député, commence à s'irriter, et celui-ci est obligé de se montrer pour apaiser la multitude. Il se retire enfin vers onze heures du matin. Une demi-heure s'était à peine écoulée, qu'une nouvelle troupe arrive en armes, en criant: "Nous voulons la Bastille." La garnison somme les assaillants de se retirer, mais ils s'obstinent. Deux hommes montent avec intrépidité sur le toit du corps de garde et brisent à coups de hache les chaînes du pont qui retombe. La foule s'y précipite, et court à un second pont pour le franchir de même. En ce moment une décharge de mousqueterie l'arrête; elle recule, mais en faisant feu. Le combat dure quelques instants; les électeurs, réunis à l'hôtel de ville,[3] entendant le bruit de la mousqueterie,[4] s'alarment toujours davantage, et envoient deux députations, l'une sur l'autre, pour sommer le commandant de laisser introduire dans la place un détachement de milice parisienne, sur le motif que toute force militaire dans Paris doit être sous la main de la ville. Ces deux députations arrivent successivement. Au milieu de ce siége populaire, il était très difficile de se faire entendre. Le bruit du tambour, la vue d'un drapeau, suspendent quelque temps le feu. Les députés s'avancent; la garnison les attend, mais il est impossible de s'expliquer. Des coups de fusil sont tirés, on ne sait d'où. Le peuple, persuadé qu'il est trahi, se précipite pour mettre le feu à la place; la garnison tire alors à mitraille. Les gardes-françaises[5] arrivent avec du canon et commencent une attaque en forme.

Sur ces entrefaites, un billet adressé par le baron de Besenval à Delaunay, commandant de la Bastille, est intercepté et lu à l'hôtel de ville; Besenval engageait Delaunay à résister, lui assurant qu'il serait bientôt secouru. C'était en effet dans la soirée de ce jour que devaient s'exécuter les projets de la cour. Cependant Delaunay, n'étant point secouru, voyant l'acharnement du peuple, se saisit d'une mèche allumée et veut faire sauter la place. La garnison s'y oppose, et l'oblige à se rendre: les signaux sont donnés, un pont est baissé. Les assiégeants s'approchent en promettant de ne commettre aucun mal; mais la foule se précipite et envahit les cours. Les Suisses parviennent à se sauver. Les invalides assaillis ne sont arrachés à la fureur du peuple que par le dévouement des gardes-françaises. En ce moment, une jeune fille tremblante se présente: on la suppose fille de Delaunay; on la saisit, et elle allait être brûlée, lorsqu'un brave soldat se précipite, l'arrache aux furieux, court la mettre en sûreté, et retourne à la mêlée.

It était cinq heures et demie. Les électeurs étaient dans la plus cruelle anxiété, lorsqu'ils entendent un murmure sourd et prolongé. Une foule se précipite en criant victoire. La salle est envahie; un garde-française, couvert de blessures, couronné de lauriers, est porté en triomphe par le peuple. Le règlement et les clefs de la Bastille sont au bout d'une baïonnette; une main sanglante, s'élevant au-dessus de la foule, montre une boucle de col: c'était celle du gouverneur Delaunay qui venait d'être décapité. Deux gardes-françaises, Élie et Hullin, l'avaient défendu jusqu'à la dernière extrémité. D'autres victimes avaient succombé, quoique défendues avec héroïsme contre la férocité de la populace. Une espèce de fureur commençait à éclater contre Flesselles, le prévôt des marchands, qu'on accusait de trahison. On prétendait qu'il avait trompé le peuple en lui promettant plusieurs fois des armes qu'il ne voulait pas lui donner. La salle était pleine d'hommes tout bouillants d'un long combat, et pressés par cent mille autres qui, restés au dehors, voulaient entrer à leur tour. Les électeurs s'efforçaient de justifier Flesselles aux yeux de la multitude. Il commençait à perdre son assurance, et déjà tout pâle il s'écrie: "—Puisque je suis suspect, je me retirerai." — "Non, lui dit-on, venez au Palais-Royal, pour y être jugé." Il descend alors pour s'y rendre. La multitude s'ébranle, l'entoure, le presse. Arrivé au quai Pelletier, un inconnu le renverse d'un coup de pistolet. On prétend qu'on avait saisi une lettre sur Delaunay, dans laquelle Flesselles lui disait: "Tenez bon, tandis que j'amuse les Parisiens avec des cocardes."

SIGNIFICATION HISTORIQUE DU DIX-HUIT BRUMAIRE.[6]

Telle fut la révolution du 18 brumaire, jugée si diversement par les hommes, regardée par les uns comme l'attentat qui anéantit l'essai de notre liberté, par les autres comme un acte hardi, mais nécessaire, qui termina l'anarchie. Ce qu'on en peut dire, c'est que la révolution, après avoir pris tous les caractères, monarchique, républicain, démocratique, prenait enfin le caractère militaire, parce qu'au milieu de cette lutte perpétuelle avec l'Europe, il fallait qu'elle se constituât d'une manière solide et forte. Les républicains gémissent de tant d'efforts infructueux, de tant de sang inutilement versé pour fonder la liberté en France, et ils déplorent de la voir immolée par l'un des héros qu'elle avait enfantés. En cela le plus noble sentiment les trompe. La révolution, qui devait nous donner la liberté, et qui a tout préparé pour que nous l'ayons un jour, n'était pas, et ne devait pas être elle-même la liberté. Elle devait être une grande lutte contre l'ancien ordre de choses. Après l'avoir vaincu en France, il fallait qu'elle le vainquît en Europe. Mais une lutte si violente n'admettait pas les formes et l'esprit de la liberté. On eut un moment de liberté sous la constituante, et il fut court; mais quand le parti populaire devint menaçant au point d'intimider tous les esprits; quand il envahit les Tuileries au 10 août; quand au 2 septembre il immola tous ceux qui lui donnaient des défiances; quand au 21 janvier il obligea tout le monde à se compromettre avec lui en trempant les mains dans le sang royal; quand il obligea, en août 93, tous les citoyens à courir aux frontières, ou à livrer leur fortune; quand il abdiqua lui-même sa puissance, et la remit à ce grand comité de salut public, composé de douze individus, y avait-il, pouvait-il y avoir liberté? Non; il y avait un violent effort de passions et d'héroïsme; il y avait cette tension musculaire d'un athlète qui lutte contre un ennemi puissant. Après ce moment de danger, après nos victoires, il y eut un instant de relâche. La fin de la convention[8] et le directoire[9] présentèrent des moments de liberté. Mais la lutte avec l'Europe ne pouvait être que passagèrement suspendue. Elle recommença bientôt; et au premier revers les partis se soulevèrent tous contre un gouvernement trop modéré, et invoquèrent un bras puissant. Bonaparte, revenant d'Orient, fut salué comme souverain, et appelé au pouvoir. On dira vainement que Zurich avait sauvé la France. Zurich était un accident, un répit; il fallait encore Marengo et Hohenlinden pour la sauver.[10] Il fallait plus que des succès militaires, il fallait une réorganisation puissante à l'intérieur de toutes les parties du gouvernement, et c'était un chef politique plutôt qu'un chef militaire dont la France avait besoin. Le 18 et le 19 brumaire étaient donc nécessaires. On pourrait seulement dire que le 20 fut condamnable, et que le héros abusa du service qu'il venait de rendre. Mais on répondra qu'il venait achever une tâche mystérieuse, qu'il tenait, sans s'en douter, de la destinée, et qu'il accomplissait sans le vouloir. Ce n'était pas la liberté qu'il venait continuer, car elle ne pouvait pas exister encore; il venait, sous les formes monarchiques, continuer la révolution dans le monde; il venait la continuer en se plaçant, lui plébéien, sur un trône; en conduisant le pontife à Paris pour verser l'huile sacrée sur un front plébéien; en créant une aristocratie avec des plébéiens, en obligeant les vieilles aristocraties à s'associer à son aristocratie plébéienne; en faisant des rois avec des plébéiens; enfin en recevant dans son lit la fille des Césars, et en mêlant un sang plébéien à l'un des sangs les plus vieux de l'Europe; en mêlant enfin tous les peuples, en répandant les lois françaises en Allemagne, en Italie, en Espagne; en donnant des démentis à tant de prestiges, en ébranlant, en confondant tant de choses. Voilà quelle tâche profonde il allait remplir; et pendant ce temps la nouvelle société allait se consolider à l'abri de son épée, et la liberté devait venir un jour. Elle n'est pas venue, elle viendra.

§ 41. CHASLES, 1798–1868.

PHILARÈTE CHASLES, littérateur français, naquit a Mainvilliers, près de Chartres, le 8 octobre 1798. Élève de son père, il était savant, très versé dans les langues anciennes, et surtout dans la langue latine, qu'il enseignait avec succès. Vers l'âge de vingt ans, il passa en Angleterre, où il se livra à une étude approfondie des meilleurs écrivains de ce pays. Ses principaux ouvrages sont: 1° *Essai sur la situation politique de l'Espagne*, traduit de Bentham; 2° *La Fiancée de Bénarès*, poème mêlé de prose: on y remarque une versification harmonieuse; 3° *Le Père et la Fille*, résumé de l'histoire de Suisse; 4° *Caractères et Paysages*, recueil de peintures puisées dans les mœurs de l'Angleterre; 5° *Tableau de la littérature française* au XVI° siècle. M. Chasles vient de donner au public le choix des idées qui dominèrent et vivifièrent quarante ans d'enseignement et vingt volumes de critique. Il lui donne un titre un peu compliqué: *Questions du temps et Problèmes d'autrefois — Pensées sur l'histoire, la vie sociale, la littérature — Cours du Collége de France* [1841–1867].

L'ORAGE DE TAMANTOUL.

Un orage de neige est le plus terrible des orages; et, de toutes les villes du monde, aucune n'est plus exposée aux effets destructeurs de ces tempêtes glacées que Tamantoul, dans les Highlands. Elle est comme encaissée et perdue entre de hautes montagnes, d'où les torrents se précipitent et s'entassent sur ces fragiles édifices, cent fois détruits par la violence des avalanches, toujours reconstruits par leurs habitants obstinés. Les régions méridionales, avec leurs tonnerres et leurs volcans, ne peuvent donner l'idée de ce que la nature réunit de terreurs sublimes et funèbres, quand des régions froides, hérissées de monts et voisines de la mer, sont le théâtre que ses convulsions ébranlent. C'est, au sein de la nuit, une neige éblouissante qui, tombant en masses épaisses et obliques, menace de tout engloutir; c'est le vent qui, arrêté dans sa course par d'immenses forêts et des pics aigus, siffle et hurle comme si toutes les légions infernales avaient rompu leur ban.[1] Les bruits qui accompagnent ce déluge de neige et cette révolte des vents ne sont pas moins épouvantables. La foudre gronderait sur votre tête, vous ne l'entendriez pas, tant les mille cataractes qui vous entourent, les collines dont tous les échos mugissent à la fois, l'Océan lointain qui bruit, et les arbres qui se brisent, et les rocs qui se détachent et se fracassent en tombant, se mêlent dans un horrible tumulte. Tamantoul n'est accessible que par des sentiers ou gorges étroites, tombeaux des voyageurs qui s'y engagent par un mauvais temps. En 1812, on trouva deux courriers de la poste étendus morts dans une de ces avenues, que la neige comble et obstrue en peu de temps. A vingt pas de la ville, vous péririez sans secours. La neige vous aveugle, votre langue se glace, vos pieds s'arrêtent; quelques minutes suffisent pour ensevelir le malheureux que son imprudence ou son inexpérience a porté à braver cette guerre acharnée que les éléments livrent à la vie de l'homme.[2]

PENSÉES.[3]

DIEU. Il n'y a pas d'athéisme. Dieu, pour quelques esprits, se cache modestement sous les lois qu'il a créées.

LOI DE CONTINUITÉ. Un homme est toujours le même ; et il change incessamment.

RÉVOLUTIONS. Nous perdons toujours à nos révolutions, tandis que l'Angleterre gagne aux siennes

POLITIQUE. Ceux qui ont tué Jésus et Socrate se croyaient hommes d'ordre.

GUERRE. Chez les races inférieures, quiconque n'appartient à personne sera mangé.

LANGUES-STYLE. L'Allemand doit clarifier son style, le Français le solidifier, l'Anglais le coordonner, et l'Espagnol l'apaiser.

LE VERBE. Le *verbe* illumine toute la phrase qui est la parole, et la parole, écrite ou imprimée, illumine le monde.

SUCCÈS. La grande auréole ne rayonne que sur le front des morts. Le peuple qui préférait constamment le juste au succès présent, serait, dans l'avenir, le plus fort de tous les peuples ; il usurperait tous les succès de l'avenir.

§ 42. GIRARDIN, né en 1801.

Saint-Marc Girardin, professeur et écrivain français, membre de l'Académie française, est né à Paris en 1801. Il est un des hommes qui ont porté dans l'Université le progrès ou le mouvement de la vie contemporaine. Il ne craint pas de toucher, dans son cours comme dans ses livres, aux questions littéraires, morales, ou même politiques, qui ont le plus vif intérêt d'actualité. Il éclaire volontiers le passé, par des rapprochements ou des contrastes, avec le présent. Libéral modéré, en littérature, comme en politique, il admire Bossuet, goûte Voltaire et comprend Victor Hugo. La perte de son gendre en 1863 le décida à s'éloigner de sa chaire de la Sorbonne qu'il avait occupée avec le même éclat pendant trente années.

On lui doit: 1° un tableau de l'*Histoire de la littérature française au XVIe siècle, jusqu'à* 1610, qui, en 1829, a partagé avec M. Chasles le prix d'éloquence proposé par l'Académie française; 2° *De l'état politique de l'Allemagne actuelle;* 3° *Allemagne, notices politiques et littéraires;* 4° *De l'instruction intermédiaire et de son état dans le midi de l'Allemagne*, ouvrage qu'il a publié à la suite d'une mission dont l'avait chargé M. Guizot, ministre de l'instruction publique.

Depuis 1828, M. Saint-Marc Girardin concourt à la rédaction du *Journal des Débats.*

LA DANSE DES MORTS.

Le célèbre peintre Holbein[1] a représenté sur les murs d'une église de Bâle, avec une vérité effrayante, cette *Danse des Morts*, naguère objet de curiosité et d'admiration pour tous les étrangers. Il est incroyable avec quel art Holbein donne l'expression de la vie et du sentiment à ces squelettes hideux, à ces figures décharnées. Toutes ses morts vivent, pensent, respirent; toutes ont le geste, la physionomie, j'allais presque dire les regards et les couleurs de la vie.

Je connais deux Danses des Morts: l'une à Dresde, dans le cimetière au delà d'Elbe; l'autre en Auvergne, dans l'admirable église de la Chaise-Dieu. Cette dernière est une fresque que l'humidité ronge chaque jour. Dans ces deux Danses des Morts, la Mort est en tête d'un chœur d'hommes d'âges et d'états divers. Il y a le roi et le mendiant, le vieillard et le jeune homme, et la Mort les entraîne tous après elle. Ces deux Danses des Morts expriment l'idée populaire de la manière la plus simple. Le génie d'Holbein a fécondé cette idée dans sa fameuse Danse des Morts du cloître des Dominicains. A Bâle, c'était une fresque, et elle a péri comme périssent peu à peu les fresques. Il en reste au Musée de Bâle quelques débris et des miniatures coloriées. La Danse d'Holbein n'est pas, comme celles de Dresde et de la Chaise-Dieu, une chaîne continue de danseurs menés par la Mort : chaque danseur a sa mort costumée d'une façon différente, selon l'état du mourant; de cette manière, la Danse d'Holbein est une suite d'épisodes réunis dans un même cadre; il y a quarante et une scènes dans le drame d'Holbein ; et, dans ces quarante et une scènes, une variété infinie. Dans aucun de ces tableaux vous ne trouverez la même pose, la même attitude, la même expression. Holbein a compris que les hommes ne se ressemblent pas plus dans leur mort que dans leur vie, et que, comme nous vivons tous à notre manière, nous avons tous aussi notre manière de mourir.

L'idée de cette danse est juste et vraie: ce monde-ci est un grand bal où la mort donne le branle. On danse plus ou moins de contredanses, avec plus ou moins de joie; mais cette danse enfin, c'est toujours la mort qui la mène, et ces danseurs de tous rangs et de tous états, que sont-ils? des mourants à plus ou moins long terme.

Voici un enfant qui vient au monde, bien attendu, bien désiré, bien chéri; vous appelez cela naître, mot charmant aux oreilles maternelles, en dépit des douleurs de l'enfantement. Si vous comprenez la poésie de la Danse des Morts, il ne naît pas; il entre dans cette longue chaîne de danse qui traverse le monde d'un abîme à l'autre, de l'abîme qui précède la vie à l'abîme qui la suit, chœur immense qui s'agite, qui tourbillonne, qui se replie sur lui-même sans pouvoir échapper, quels que soient ses replis, à l'élan terrible et inexorable que son conducteur lui imprime. Dansez donc, qui que vous soyez, rois, capitaines, savants! "Mais ma couronne qui va tomber! Mais mon épée qu'il va falloir quitter! Mais mes livres que je ne pourrai plus lire!" Pauvres rois, comme si leurs couronnes n'étaient pas faites pour tomber; pauvres capitaines, comme si leurs épées devaient toujours rester attachées à leurs flancs pour qu'ils se croient invincibles et immortels; pauvres savants, comme si savoir l'ordre et le train de ce monde pouvait l'arrêter! Telle est la poésie de la Danse des Morts, poésie sublime et grotesque, qui respire une si profonde douleur sous une forme si gaie et si ironique.[2]

§ 43. HUGO, NÉ EN 1802.

Victor Hugo, né le 26 février 1802, à Besançon, suivit très jeune en Italie et en Espagne son père, qui occupait un grade élevé dans l'armée française, et puisa dans ces deux poétiques contrées ses premières inspirations de poète. Revenu en France, élevé avec ses deux frères, sous les yeux de sa mère, femme remarquable par la force de son caractère, il développa par de solides études l'énergie de son esprit et son goût par la poésie. Il était à peine âgé de quinze ans, quand il envoya au concours de l'Académie française une pièce de vers sur les *Avantages de l'étude;* cette pièce n'obtint pas le prix. Deux odes, l'une sur la *statue de Henri IV* et l'autre sur les *vierges de Verdun*, furent couronnées à l'Académie des jeux floraux. Une troisième, intitulée *Moïse sur le Nil*, lui valut le grade de maître de ces jeux: il avait à peine dix-huit ans. "*C'est un enfant sublime,*" dit alors M. de Chateaubriand. Dès ce moment, V. Hugo sentit sa vocation et prépara, dans le calme de la solitude, quoique souvent aux prises avec le besoin, la révolution qu'il devait opérer en littérature, et qui allait faire de lui le chef d'une nouvelle école. Dès lors, il se forma à ces graves et sévères pensées d'avenir, à ce style si éclatant, si magnifique, qui exprime l'enthousiasme du poète, et à ce style si simple, si naturel, qui contraste si pittoresquement avec le premier; alliance inconnue jusqu'alors, et qui caractérise le *romantisme* proprement dit; style où le naturel succède au sublime, la vulgarité de l'expression à la noblesse des pensées.

En littérature, il est, pour la France et pour l'étranger, le chef incontesté de l'école romantique. Il a exhumé et mis à la mode le moyen âge, qui est passé, depuis, de la poésie dans les arts, dans les idées et les habitudes de la vie. A des traditions littéraires qui ne conservaient des modèles classiques que des formes, il a substitué la vie et le mouvement. Sa révolte contre les règles et les conventions a eu des excès inévitables, surtout chez les disciples. Ce style romantique, maladroitement imité par de jeunes poètes sans talent, se fait surtout remarquer dans les productions dramatiques de Victor Hugo.

L'ÉVEIL DES CLOCHES DU VIEUX PARIS (1470).

Si vous voulez recevoir de la vieille ville une impression que la moderne ne saurait plus vous donner, montez un matin de grande fête, au soleil levant de Pâques ou de la Pentecôte, montez sur quelque point élevé d'où vous dominiez la capitale entière, et assistez à l'éveil des carillons. Voyez, à un signal parti du ciel, car c'est le soleil qui le donne, ces mille églises tressaillir à la fois. Ce sont d'abord des tintements épars, allant d'une église à l'autre, comme lorsque des musiciens s'avertissent qu'on va commencer. Puis, tout à coup, voyez, car il semble qu'en certains instants l'oreille aussi a sa vue,[1] voyez s'élever, au même moment, de chaque clocher, comme une colonne de bruit, comme une fumée d'harmonie. D'abord la vibration de chaque cloche monte droite, pure, et pour ainsi dire isolée des autres, dans le ciel splendide du matin, puis, peu à peu, en grossissant, elles se fondent, elles se mêlent, elles s'effacent l'une dans l'autre, elles s'amalgament dans un magnifique concert. Ce n'est plus qu'une masse de vibrations sonores qui se dégage sans cesse des innombrables clochers, qui flotte, ondule, bondit, tourbillonne sur la ville, et prolonge bien au delà de l'horizon le cercle assourdissant de ses oscillations. Cependant cette mer d'harmonie n'est point un chaos; si grosse et si profonde qu'elle soit, elle n'a point perdu sa transparence: vous y voyez serpenter à part chaque groupe de notes, qui s'échappe des sonneries; vous y pouvez suivre le dialogue, tour à tour grave et criard, de la crécelle[2] et du bourdon[3]; vous y voyez sauteler[4] les octaves d'un clocher à l'autre, vous les regardez s'élancer ailées, légères et sifflantes, de la cloche d'argent, tomber cassées et boiteuses de la cloche de bois; vous admirez au milieu d'elles la riche gamme qui descend et remonte sans cesse les sept cloches de Saint-Eustache; vous voyez courir tout au travers des notes claires et rapides qui font trois ou quatre zigzags lumineux, et s'évanouissent comme des éclairs. Là-bas, c'est l'abbaye Saint-Martin, chanteuse aigre et fêlée; ici, la voix sinistre et bourrue de la Bastille[5]; à l'autre bout, la grosse tour du

Louvre, avec sa basse-taille. Le royal carillon du Palais jette sans relâche de tous côtés des trilles resplendissantes,[6] sur lesquelles tombent à temps égaux les lourdes coupetées[7] du beffroi de Notre-Dame, qui les font étinceler comme l'enclume sous le marteau. Par intervalles vous voyez passer des sons de toutes formes, qui viennent de la triple volée de Saint-Germain-des-Prés. Puis encore, de temps en temps, cette masse de bruits sublimes s'entr'ouvre et donne passage à la strette[8] de l'*Ave-Maria*, qui éclate et petille comme une aigrette d'étoiles.[9] Au-dessus, au plus profond du concert, vous distinguez confusément le chant intérieur des églises, qui transpire à travers les pores vibrants de leurs voûtes. Certes, c'est là un opéra qui vaut la peine d'être écouté. D'ordinaire, la rumeur qui s'échappe de Paris le jour, c'est la ville qui parle; la nuit, c'est la ville qui respire: ici, c'est la ville qui chante. Prêtez donc l'oreille à ce tutti[10] des clochers; répandez sur l'ensemble le murmure d'un demi-million d'hommes,[11] la plainte éternelle du fleuve, les souffles infinis du vent, le quatuor grave et lointain des quatre forêts disposées sur les collines de l'horizon, comme d'immenses buffets d'orgue; éteignez-y, ainsi que dans une demi-teinte, tout ce que le carillon central aurait de trop rauque et de trop aigu, et dites si vous connaissez au monde quelque chose de plus riche, de plus joyeux, de plus doré, de plus éblouissant que ce tumulte de cloches et de sonneries; que cette fournaise de musique; que ces dix mille voix d'airain chantant à la fois dans des flûtes de pierre hautes de trois cents pieds; que cette cité qui n'est plus qu'un orchestre; que cette symphonie qui fait le bruit d'une tempête.

L'AVENIR.[12]

Au vingtième siècle, il y aura une nation extraordinaire. Cette nation sera grande, ce qui ne l'empêchera pas d'être libre. Elle sera illustre, riche, pensante, pacifique, cordiale au reste de l'humanité. Elle aura la gravité douce d'une aînée.

Elle s'étonnera de la gloire des projectiles coniques, et elle aura quelque peine à faire la différence entre un général d'armée et un boucher; la pourpre de l'un ne lui semblera pas très distincte du rouge de l'autre. Une bataille entre Italiens et Allemands, entre Anglais et Russes, entre Prussiens et Français, lui apparaîtra comme nous apparaît une bataille entre Picards et Bourguignons. Elle considérera le gaspillage du sang humain comme inutile. Elle n'éprouvera que médiocrement l'admiration d'un gros chiffre d'hommes tués. Le haussement d'épaules que nous avons devant l'inquisition, elle l'aura devant la guerre. Elle regardera le champ de bataille de Sadowa de l'air dont nous regarderions le quemadero[13] de Séville. Elle trouvera bête cette oscillation de la victoire aboutissant invariablement à de funèbres remises en équilibre, et Austerlitz toujours soldé par Waterloo. Elle aura pour "l'autorité" à peu près le respect que nous avons pour l'orthodoxie; un procès de presse lui semblera ce que nous semblerait un procès d'hérésie; elle admettra la vindicte contre les écrivains juste comme nous admettons la vindicte contre les astronomes, et sans rapprocher autrement Béranger de Galilée, elle ne comprendra pas plus Béranger en cellule que Galilée en prison. *E pur si muove*,[14] loin d'être sa peur sera sa joie. Elle aura la suprême justice de la bonté. Elle sera pudique et indignée devant les barbaries. La vision d'un échafaud dressé lui fera affront. Chez cette nation, la pénalité fondra et décroîtra dans l'instruction grandissante comme la glace au soleil levant. La circulation sera préférée à la stagnation. On ne s'empêchera plus de passer. Aux fleuves frontières succéderont les fleuves artères. Couper un pont sera aussi impossible que couper une tête. La poudre à canon sera poudre à forage; le salpêtre qui a pour utilité actuelle de percer les poitrines, aura pour fonction de percer les montagnes.

Qu'au dix-neuvième siècle, le continent, pour l'avantage de détruire une bourgade, Sébastopol, ait sacrifié la population d'une capitale, sept cent quatre vingt cinq mille hommes, cela semblera glorieux, mais singulier. Cette nation estimera un tunnel sous les Alpes plus que la gargousse Armstrong.[15] Elle poussera l'ignorance au point de ne pas savoir qu'on fabriquait en 1866 un canon pesant vingt-trois tonnes, appelé *Bigwill.* D'autres beautés et magnificences du temps présent seront perdues; par exemple, chez ces gens-là, on ne verra plus de ces budgets, tels que celui de la France actuelle, lequel fait tous les ans une pyramide d'or de dix pieds carrés de base, et de trente pieds de haut. Une pauvre petite île comme Jersey[16] y regardera à deux fois avant de se passer, comme elle l'a fait le 6 août 1866, la fantaisie d'un pendu[17] dont le gibet coûte deux mille huit cents francs. On n'aura pas de ces dépenses de luxe. Cette nation aura pour législation un fac-simile, le plus ressemblant possible, du droit naturel. Sous l'influence de cette nation motrice, les incommensurables friches d'Amérique, d'Asie, d'Afrique, et d'Australie seront offertes aux émigrations civilisantes; les huit cent mille bœufs, annuellement brûlés pour les peaux, dans l'Amérique du Sud, seront mangés; elle fera ce raisonnement que s'il y a des bœufs d'un côté de l'Atlantique, il y a des bouches qui ont faim de l'autre côté. Sous son impulsion, la longue traînée des misérables envahira magnifiquement les grasses et riches solitudes inconnues; on ira aux Californies ou aux Tasmanies,[18] non pour l'or, trompe-l'œil et grossier appât d'aujourd'hui, mais pour la terre; les meurt-de-faim et les va-nu-pieds, ces frères douloureux et vénérables de nos splendeurs myopes et de nos prospérités égoïstes, auront, en dépit de Malthus,[19] leur table servie sous le même soleil; l'humanité essaimera hors de la cité mère, devenue étroite, et couvrira de ses ruches les continents; les solutions probables des problèmes qui mûrissent, la locomotion aérienne pondérée et dirigée, le ciel peuplé d'air-navires, aideront à ces dispersions fécondes et verseront de toutes parts la vie sur ce vaste fourmillement des travailleurs: le globe sera la maison de l'homme, et rien n'en sera perdu; le Corrientes,[20] par exemple, ce gigantesque appareil hydraulique naturel, ce réseau veineux de rivières et de fleuves, cette prodigieuse canalisation toute faite, traversée aujourd'hui par la nage des bisons et charriant des arbres morts, portera et nourrira cent villes; quiconque voudra aura sur un sol vierge un toit, un champ, un bien-être, une richesse, à la seule condition d'élargir à toute la terre l'idée patrie, et de se considérer comme citoyen et laboureur du monde; de sorte que la propriété, ce grand droit humain, cette suprême liberté, cette maîtrise de l'esprit sur la matière, cette souveraineté de l'homme interdite à la bête, loin d'être supprimée, sera démocratisée et universalisée. Il n'y aura plus de ligatures; ni péages aux ponts, ni octrois[21] aux villes, ni douanes aux États, ni isthmes aux Océans, ni préjugés aux âmes.

La nation centrale d'où ce mouvement rayonnera sur tous les continents sera parmi les autres sociétés ce qu'est la ferme modèle parmi les métairies. Elle sera plus que nation, elle sera civilisation; elle sera mieux que civilisation, elle sera famille. Unité de langue, unité de monnaie, unité de mètre, unité de méridien, unité de code; la circulation fiduciaire à son haut degré; une incalculable plus-value résultant de l'abolition des parasitismes; plus d'oisiveté l'arme au bras; la gigantesque dépense des guérites supprimée; les quatre milliards que coûtent annuellement les armées permanentes laissés dans la poche des citoyens; les quatre millions de jeunes travailleurs qu'annule honorablement l'uniforme restitués au commerce, à l'agriculture et à l'industrie; partout le fer disparu sous la forme glaive et reforgé sous la forme charrue; la paix majestueusement assise au milieu des hommes; aucune exploitation ni des petits par les gros, ni des gros par les petits, et partout la dignité de l'utilité de chacun sentie par tous; l'idée de domesticité purgée de l'idée de servitude; l'égalité sortant toute construite de l'instruction gratuite et obligatoire; le châtiment remplacé par l'enseignement; la prison transfigurée en école; l'ignorance, qui est la suprême indigence, abolie; l'homme qui ne sait pas lire aussi rare que l'aveugle-né; le *jus contra legem* compris; la politique résorbée par la science; pour loi, l'incontestable, pour unique sénat, l'Institut. Nulle part l'entrave, partout la norme. Le collége normal, l'atelier normal, l'entrepôt normal, la boutique normale, la ferme normale, le théâtre normal, la publicité normale, et à côté la liberté. Pour guerre l'émulation. Tout autre colère disparue. Voilà quelle sera cette nation.

Cette nation aura pour capitale Paris, et ne s'appellera point la France; elle s'appellera l'Europe. Elle s'appellera l'Europe au vingtième siècle, et, aux siècles suivants, plus transfigurée encore, elle s'appellera l'Humanité.

§ 44. DUMAS, NÉ EN 1803.

ALEXANDRE DUMAS, célèbre auteur dramatique et romancier français, né à Villers-Cotterets le 24 juillet 1803, est fils du général républicain Alexandre Davy-Dumas. Parmi ses pièces de théâtre on remarque *Henri III et sa cour*, drame historique en cinq actes, dont la première représentation (11 février 1829) fut un événement et toute une révolution littéraire; *Charles VII chez ses grands vassaux*, tragédie en cinq actes; *Napoléon Bonaparte, ou trente ans de l'histoire de France*, en six actes; *les Demoiselles de Saint-Cyr*, comédie en cinq actes, et une grande foule d'autres productions dramatiques.

Malgré la dépense de temps et d'activité que supposait une telle multitude de pièces de théâtre, M. Dumas prenait place parmi les plus féconds romanciers, dans le double genre de la fantaisie et de l'histoire. Ses *Impressions de voyages* renferment des tableaux pittoresques, des récits intéressants, de vives peintures de mœurs et des anecdotes fort plaisantes; le style en est coloré, brillant et souvent énergique.

Quelques sacrifices que M. Alexandre Dumas ait faits au besoin de produire tant et si vite, il n'en conserve pas moins une valeur propre qu'il est puéril de nier. Ces sujets ou ces matériaux de romans et de drames, qu'il n'a souvent ni trouvés ni cherchés, il les emploie avec une habileté, une puissance de mise en œuvre qui fait l'unité de ses livres, et son originalité. Nul n'a poussé aussi loin le talent de l'arrangement et de la disposition dramatique des faits et des personnages. De là, l'intérêt soutenu, entraînant, de ces interminables récits qui, après avoir trouvé tant de lecteurs en France et à l'étranger, soit en livres, soit en feuilletons, ont encore captivé la foule au théâtre avec les mêmes héros et les mêmes aventures. Tant il y avait de vie et de mouvement dans ces combinaisons improvisées de la réalité et de la fantaisie, de l'histoire et du roman! Tant il y a de véritable verve dans cette hâblerie perpétuelle de langage qui est comme la forme propre de son talent! Le sentiment de cette facilité puissante a donné à l'auteur une confiance en soi, qui se manifeste par la mise en scène perpétuelle de lui-même, et de tout ce qui le touche, et par l'emploi imperturbable de ce *moi*, qui, haïssable pour le philosophe, agit toujours sur la foule, comme l'expression naïve d'une énorme personalité.

PREMIÈRE ASCENSION AU MONT-BLANC.[1]

Enfin, le 8 août 1786, le temps me parut assez sûr pour risquer le voyage. J'allai trouver Paccard, et je lui dis : Voyons, docteur, êtes-vous bon ? N'avez-vous peur ni du froid, ni de la neige, ni des précipices? Parlez comme un homme. Je n'ai peur de rien avec toi, Balmat, répondit Paccard. Eh bien! repris-je, le moment est venu de grimper sur la taupinière. — Le docteur me dit qu'il était tout prêt; mais au moment de fermer sa porte je crois que son grand courage lui manqua un peu, car la clef ne sortait pas de la serrure: il tournait le double tour, le détournait, le retournait. Tiens, Balmat, ajouta-t-il, si nous faisions bien, nous prendrions deux autres guides. — Non pas, lui répondis-je, je monterai seul avec vous, ou vous y monterez avec d'autres; je veux être le premier, et pas le second. Il réfléchit un instant, tira sa clef, la mit dans sa poche, et me suivit machinalement et la tête baissée. Au bout d'un instant il secoua les oreilles. — Eh bien! dit-il, je me fie à toi, Balmat. — En route, et à la grâce de Dieu. Puis il se mit à chanter, mais pas très juste. Ça le tracassait, le docteur.

Alors je lui pris le bras. — Ce n'est pas le tout, lui dis-je, il faut que personne ne sache notre projet, excepté nos femmes. — Une troisième personne fut cependant mise dans la confidence: c'est la marchande chez laquelle nous avions été obligés d'acheter du sirop pour mêler avec notre eau, le vin ou l'eau-de-vie étant trop fort pour un pareil voyage. Comme elle s'était doutée de quelque chose, nous lui dîmes tout, en l'invitant à regarder le lendemain à neuf heures du matin du côté du dôme du Goûter[2]: c'était l'heure à laquelle nous devions y être, si rien ne dérangeait nos calculs.

Toutes nos petites affaires arrangées et nos adieux faits à nos femmes, nous partîmes vers les cinq heures du soir: prenant l'un du côté gauche, et l'autre du côté droit de l'Arve, afin que nul ne se doutât de notre projet, et nous nous réunîmes au village de la Côte. Le même soir, nous allâmes coucher au sommet de la Côte, entre le glacier des Bossons et celui de Taconnay. J'avais emporté une couverture, je m'en servis pour envelopper le docteur comme on emmaillotte un enfant; et, grâce à cette précaution, il passa une assez bonne nuit: quant à moi, je dormis tout d'un trait jusqu'à une heure et demie à peu près. A deux heures la ligne blanche parut, et bientôt le soleil se leva sans nuages, sans brouillard, beau et brillant, enfin nous promettant une fameuse journée: je réveillai le docteur, et nous nous mîmes en route.

Au bout d'un quart d'heure nous nous engageâmes dans le glacier de Taconnay: les premiers pas du docteur sur cette mer, au milieu de ces immenses gerçures dans la profondeur desquelles l'œil se perd, sur ces ponts de glace que l'on sent craquer sous soi, et qui, s'ils s'abîmaient, vous abîmeraient avec eux, furent un peu chancelants; mais peu à peu il se rassura en me voyant faire, et nous nous en tirâmes sains et saufs. Nous nous mîmes aussitôt à gravir les Grands-Mulets, que nous laissâmes bientôt derrière nous. Je montrai au docteur la place où j'avais passé la première nuit. Il fit une grimace très significative, garda le silence dix minutes; puis, s'arrêtant tout-à-coup: — Crois-tu, Balmat, me dit-il, que nous arriverons aujourd'hui au haut du Mont Blanc? Je vis bien de quoi il retournait, et je le rassurai en riant, mais sans lui rien promettre. Nous montâmes encore ainsi l'espace de deux heures; depuis le plateau, le vent nous avait pris, et devenait de plus en plus vif: enfin, arrivés à la saillie du rocher qu'on appelle le Petit-Mulet, un coup d'air plus violent enleva le chapeau du docteur. Au juron qu'il proféra je me retournai, et j'aperçus son feutre qui décampait du côté de Cormayeur. — Il le regardait s'en aller, les bras tendus. — Oh! il faut en faire votre deuil, docteur, que je lui dis; nous ne le reverrons jamais. Il s'en va dans le Piémont. Bon voyage! — Il parait que le vent avait pris goût à la plaisanterie, car à peine avais-je fermé la bouche, qu'il nous en arriva une bouffée si violente que nous fûmes obligés de nous coucher à plat-ventre pour ne pas aller rejoindre le chapeau: de dix minutes nous ne pûmes nous relever; le vent fouettait la montagne, et passait en sifflant sur nos têtes, emportant des tourbillons de neige gros comme la maison. Le docteur était découragé. Moi, je ne pensais pendant ce temps qu'à la marchande, qui à cette heure devait regarder le dôme du Goûter: aussi au premier répit que nous donna la bise, je me relevai; mais le docteur ne consentit à me suivre qu'en marchant à quatre pattes. Nous parvînmes ainsi à une pointe d'où l'on pouvait découvrir le village: arrivé là, je tirai ma lunette, et à douze mille pieds au-dessous de nous dans la vallée je distinguai notre commère à la tête d'un rassemblement de cinquante personnes, qui s'arrachaient les lunettes pour nous regarder. Une considération d'amour-propre détermina le docteur à se remettre sur ses jambes, et à l'instant où il fut debout, nous nous aperçûmes que nous étions reconnus, lui à sa grande redingote, et moi à mon costume habituel: ceux de la vallée nous firent des signes avec leurs chapeaux. — J'y répondis avec le mien. — Celui du docteur était absent par congé définitif.

Cependant Paccard avait usé toute son énergie à se remettre sur pied, et ni les encouragements que nous recevions ni ceux que je lui donnais ne pouvaient le déterminer à continuer son ascension. Après que j'eus épuisé toute mon éloquence, et que je vis que je perdais mon temps, je lui dis de se tenir le plus chaudement possible et se donner du mouvement; il m'écoutait sans m'entendre, et répondait *oui, oui*, pour se débarrasser de moi. Je comprenais qu'il devait souffrir du froid, j'étais moi-même tout engourdi. Je lui laissai la bouteille, et je partis seul en lui disant que je reviendrais le chercher. — *Oui, oui*, me répondit-il. — Je lui recommandai de nouveau de ne pas se tenir en place, et je partis. Je n'avais pas fait trente pas, que je me retournai, et je vis qu'au lieu de courir et de battre la semelle, il s'était assis le dos au vent: c'était déjà une précaution. A compter de ce moment la route ne présentait pas une grande difficulté, mais à mesure que je m'élevais l'air devenait de moins en moins respirable. De dix pas en dix pas j'étais obligé de m'arrêter comme un phthisique. Il me semblait que je n'avais plus de poumons et que ma poitrine était vide : je pliai alors mon mouchoir comme une cravate, je le nouai sur ma bouche, et je respirai à travers, ce qui me soulagea un peu. Cependant le froid me gagna de plus en plus, je mis une heure à faire un petit quart de lieue: je marchais le front baissé; mais, voyant que j'étais sur une pointe que je ne connaissais pas, je relevai la tête et je m'aperçus que j'étais enfin arrivé sur la sommité du Mont-Blanc.

Alors je tournai les yeux tout autour de moi, tremblant de me tromper et de trouver quelque aiguille, quelque pointe nouvelle, car je n'aurais pas eu la force de la gravir; les articulations de mes jambes me semblait ne tenir qu'à l'aide de mon pantalon. Mais non, non. J'étais au terme de mon voyage. — J'étais arrivé là où personne n'était venu encore, pas même l'aigle et le chamois; j'y étais arrivé seul, sans autre secours que celui de ma force et de ma volonté; tout ce qui m'entourait semblait m'appartenir, j'étais le roi du Mont-Blanc, j'étais la statue de cet immense piédestal. — Ah!

Alors je me tournai vers Chamouny, agitant mon chapeau au bout de mon bâton, et je vis, à l'aide de ma lunette, qu'on répondait à mes signes. Mes sujets de la vallée m'avaient aperçu. Tout le village était sur la place.

Ce premier moment d'exaltation passé, je pensai à mon pauvre docteur. Je redescendis vers lui aussi vite que je le pus, l'appelant par son nom et tout effrayé de ne pas l'entendre me répondre; au bout d'un quart d'heure je l'aperçus de loin, rond comme une boule, mais ne faisant aucun mouvement, malgré les cris que je poussais et qui arrivaient certainement jusqu'à lui. Je le trouvai la tête entre les genoux et tout racorni sur lui-même comme un chat qui fait le manchon. Je lui frappai sur l'épaule, il leva machinalement la tête. Je lui dis que j'étais parvenu au haut du Mont-Blanc; cela parut médiocrement l'intéresser, car il ne me répondit que pour me demander où il pourrait se coucher et dormir. Je lui dis qu'il était venu pour monter au plus haut de la montagne, et qu'il y monterait. Je le secouai, le pris sous les épaules et lui fis faire quelques pas: il était comme abruti, et il lui paraissait aussi égal d'aller d'un côté que de l'autre, de monter que de redescendre. Cependant le mouvement que je le forçai de prendre rétablit un peu la circulation du sang: alors il me demanda si je n'aurais point par hasard dans ma poche des gants pareils à ceux que je portais à mes mains: c'étaient des gants en poil de lièvre que je m'étais faits exprès pour mon excursion, sans séparation entre les doigts. Dans la situation où je me trouvais moi-même, je les eusse refusés tous les deux à mon frère : je lui en donnai un.

A six heures passées nous étions sûr le sommet du Mont-Blanc, et quoique le soleil jetât un vif éclat, le ciel nous paraissait bleu foncé, et nous y voyions briller quelques étoiles. Lorsque nous reportions les yeux au-dessous de nous, nous n'apercevions que glaces, neiges, rocs, aiguilles, pics décharnés. L'immense chaîne de montagnes qui parcourt le Dauphiné et s'étend jusqu'au Tyrol nous étalait ses quatre cents glaciers resplendissants de lumière. — A peine si[3] la verdure nous paraissait occuper une place sur la terre. Les lacs de Genève et de Neuchâtel n'étaient que des points bleus presque imperceptibles. A notre gauche s'étendait la Suisse des montagnes toute moutonneuse, et au-delà la Suisse des prairies, qui semblaient un riche tapis vert; à notre droite tout le Piémont et la Lombardie jusqu'à Gênes; en face, l'Italie. Paccard ne voyait rien, je lui racontais tout; quant à moi je ne souffrais plus, je n'étais plus fatigué ; à peine si[3] je sentais cette difficulté de respirer qui, une heure auparavant, avait failli me faire renoncer à mon entreprise. Nous restâmes ainsi trente-trois minutes.

Il était sept heures du soir, nous n'avions plus que deux heures et demie de jour : il fallait partir. Je repris Paccard par dessous le bras : j'agitai de nouveau mon chapeau pour faire un dernier signe à ceux de la vallée, et nous commençâmes à redescendre. Aucun chemin tracé ne nous dirigeait : le vent était si froid que la neige n'était pas même dégelée à sa surface ; nous retrouvions seulement sur la glace les petits trous qu'y avait faits la pointe de nos bâtons ferrés. Paccard n'était plus qu'un enfant sans énergie et sans volonté, que je guidais dans les bons chemins et que dans les mauvais je portais. La nuit commençait à tomber lorsque nous traversâmes la crevasse ; au bas du grand plateau elle nous prit tout-à-fait : à chaque instant Paccard s'arrêtait, déclarant qu'il n'irait pas plus loin, et à chaque instant je le forçais de reprendre sa marche, non par la persuasion, il n'entendait rien, mais par la force. A onze heures nous sortîmes enfin des régions des glaces et mîmes le pied sur la terre ferme : il y avait déjà une heure que nous avions perdu toute réverbération du soleil ; alors je permis à Paccard de s'arrêter, et je me préparai à l'envelopper de nouveau dans des couvertures, lorsque je m'aperçus qu'il ne s'aidait plus de ses mains. Je lui en fis l'observation. Il me répondit que cela se pouvait bien, vu qu'il ne les sentait pas. Je tirai ses gants, ses mains étaient blanches et comme mortes ; moi-même j'étais bête de la main où j'avais mis son petit gant de peau à la place du mien : je lui dis que nous avions trois mains de gelées à nous deux, cela paraissait lui être fort égal, il ne demandait qu'à se coucher et à dormir ; quant à moi, il me dit de me frotter la partie malade avec de la neige : le remède n'était pas loin.

Je commençai l'opération par lui et je la terminai par moi. Bientôt le sang revint, et avec le sang la chaleur, mais avec des douleurs aussi aiguës que si on nous avait piqué chaque veine avec des aiguilles. Je roulai mon poupard dans sa couverture, je le couchai à l'abri d'un rocher ; nous mangeâmes un morceau, bûmes un coup, nous nous serrâmes l'un contre l'autre le plus que nous pûmes, et nous endormîmes.

Le lendemain à six heures, je fus réveillé par Paccard.—C'est drôle ! Balmat, me dit-il, j'entends chanter les oiseaux, et je ne vois pas le jour ; probablement que je ne peux pas ouvrir les yeux. Notez qu'il les avait écarquillés comme ceux d'un grand duc. Je lui répondis qu'il se trompait sans doute, et qu'il devait très bien y voir. Alors il me demanda un peu de neige, la fit fondre dans le creux de sa main avec de l'eau-de-vie, et s'en frotta les paupières. Cette opération finie il n'en voyait pas davantage, seulement les yeux lui cuisaient beaucoup plus.

— Allons, dit-il, il paraît que je suis aveugle, Balmat!

— Dame! répondis-je, ça m'en a bien l'air.

— Comment vais-je faire pour descendre? continua-t-il.

— Prenez la bretelle de mon sac et marchez derrière moi, voilà un moyen.

C'est ainsi que nous descendîmes, et arrivâmes au village de la Côte.

Là, comme je craignais que ma femme ne fût inquiète, je quittai le docteur, qui regagna sa maison en tâtonnant avec son bâton, et je revins chez moi: c'est alors seulement que je me vis.

Je n'était pas reconnaissable: j'avais les yeux rouges, la figure noire et les lèvres bleues; chaque fois que je riais ou bâillais, le sang me jaillissait des lèvres et des joues. — Enfin je n'y voyais plus qu'à l'ombre. Quatre jours après je partis pour Genève, afin de prévenir M. de Saussure que j'avais réussi à escalader le Mont-Blanc: il l'avait déjà appris par des Anglais. Il vint aussitôt à Chamouny, et essaya avec moi la même ascension; mais le temps ne nous permit pas d'aller plus haut que la montagne de la Côte, et ce ne fut que l'année suivante qu'il put accomplir son grand projet.

Et le docteur Paccard, dis-je, est-il resté aveugle?

Ah oui! aveugle! il est mort il y a onze mois, à l'âge de soixante-dix-neuf ans, et il lisait encore sans lunettes.

§ 45. MÉRIMÉE, NÉ EN 1803.

PROSPER MÉRIMÉE, littérateur français, membre de l'Académie française, sénateur, né à Paris, le 28 septembre 1803, est le fils du peintre Mérimée, secrétaire de l'École des beaux-arts, à qui l'on doit un des plafonds des salles de sculpture au Louvre, et un *Traité de la Peinture à l'huile.* Il débuta dans la carrière littéraire par la publication du *Théâtre de Clara Gazul,* œuvre singulièrement originale, dont il attribue la création à une actrice espagnole, et dont il est véritablement l'auteur. A *Clara Gazul* succédèrent *la Jacquerie,* scènes féodales offrant quelques vérités historiques; et *une chronique du temps de Charles IX,* récit dramatique et plein d'intérêt. En 1831, il succéda à M. Vitet, comme inspecteur des monuments antiques et historiques de France, et sa plume exercée a fourni sur ce sujet des articles d'un esprit sage, qui se distinguent autant par la grâce du style que par l'esprit d'observation.

Il a été nommé sénateur en 1853. En 1844, il a remplacé Charles Nodier à l'Académie française. Il est aussi membre libre de l'Académie des inscriptions. Le 12 avril 1860, il a été promu commandeur de la Légion d'honneur.

AVIGNON.

En arrivant à Avignon, il me sembla que je venais de quitter la France. Sortant du bateau à vapeur, je n'avais pas été préparé, par une transition graduée, à la nouveauté du spectacle qui s'offrait à moi; langage, costumes, aspect du pays, tout paraît étrange à qui vient du centre de la France. Je me croyais au milieu d'une ville espagnole. Les murailles crénelées, les tours garnies de mâchicoulis,[1] la campagne couverte d'oliviers, de roseaux, d'une végétation toute méridionale, me rappelaient Valence et sa magnifique *Huerta,*[2] entourée, comme la plaine d'Avignon, d'un mur de montagnes aux profils déchiquetés, qui se dessinent nettement sur un ciel d'un azur foncé. Puis, en parcourant la ville, je retrouvais avec surprise une foule d'habitudes, d'usages espagnols. Ici, comme en Espagne, les boutiques sont fermées par un rideau, et les enseignes des marchands, peintes sur des toiles, flottent suspendues le long d'une corde comme des pavillons de navire. Les hommes du peuple, basanés, la veste jetée sur l'épaule en guise de manteau, travaillent à l'ombre, ou dorment couchés au milieu de la rue, insouciants des passants; car chacun sur la voie publique se croit chez lui. La rue, pour les Espagnols, c'est le forum antique; c'est là que chacun s'occupe de ses affaires, conclut ses marchés, ou cause avec ses amis. Les Provençaux, comme eux, semblent ne regarder leur maison que comme un lieu d'abri temporaire, où il est ridicule de demeurer lorsqu'il fait beau. Enfin, la physionomie prononcée et un peu dure des Avignonais, leur langage fortement accentué, où les voyelles dominent, et dont la prononciation ne ressemble en rien à la nôtre, complétaient mon illusion et me transportaient si loin de la France, que je me retournais avec surprise en entendant près de moi des soldats du Nord qui parlaient ma langue.

L'aspect général d'Avignon est celui d'une place de guerre. Le style de tous les grands édifices est militaire; et ses palais, comme ses églises, semblent autant de forteresses. Des créneaux, des mâchicoulis couronnent les clochers; enfin tout annonce des habitudes de révolte et de guerres civiles.

Le château des papes, le plus considérable de tous ces bâtiments, construit sur un rocher escarpé, élève ses tours massives à une hauteur prodigieuse. Rien dans cet immense édifice ne paraît avoir été donné à l'art; partout l'agrément et même la commodité ont été sacrifiés à la sûreté. Non-seulement l'épaisseur des murs, leur élévation, les fossés qui les bordent, semblent défier les attaques de vive force, mais on a prévu encore le cas d'une surprise. L'intérieur du palais est aussi bien fortifié que l'extérieur. La grande cour est dominée de tous côtés par des tours et de hautes courtines. Maître de la porte et de cette cour, l'assaillant n'a rien fait encore, c'est un nouveau siège qu'il lui faut entreprendre; enfin toutes ces défenses emportées, reste une tour à forcer. La porte se brise, l'ennemi se précipite dans l'escalier, il va pénétrer dans l'appartement que le pape[3] a choisi pour sa retraite. Tout d'un coup l'escalier se perd dans une muraille. Au-dessus, une espèce de palier, où l'on ne peut monter que par une échelle, est garni de soldats, qui peuvent assommer un à un ceux qui déjà se croyaient vainqueurs.

Ce château, dont la plus grande partie date de la première moitié du XIVe siècle, peut être considéré comme un modèle de l'architecture militaire à cette époque. On est frappé de la rusticité de sa construction, de l'irrégularité choquante de toutes ses parties, irrégularité qui n'est motivée ni par la disposition du terrain, ni par des avantages matériels. Ainsi les tours ne sont pas carrées, les fenêtres n'observent aucun alignement, on ne rencontre pas un seul angle droit, et la communication d'un corps de logis à un autre n'a lieu qu'au moyen de circuits sans nombre.

§ 46. JANIN, NÉ EN 1804.

JULES-GABRIEL JANIN, célèbre critique français, naquit à Saint Étienne, département de la Loire, en 1804. Il est écrivain très spirituel, dont le style un peu marivaux est plein d'étincelles. Ses feuilletons lui ont fait un nom, parce qu'il a une manière et un genre à lui. Ses ouvrages sont bizarres et décousus; sa critique, quelquefois bonne, est quelquefois aussi passionnée à l'excès.

En avril 1865, la candidature de M. Janin à l'Académie française a échoué avec un certain éclat: il s'est vu préférer son jeune confrère des *Débats*, M. Prévost-Paradol, pour des considérations encore plus politiques que littéraires.

LE BIBLIOPHILE.

Pendant que la passion des tableaux amuse l'arrière-saison de l'un, la passion des livres s'empare de cet autre que vous voyez là-bas, marchant la tête haute, le corps tout droit, vieillard bien portant et clairvoyant qui sort de chez lui bien brossé, et qui rentrera tout poudreux le soir.[1]

C'est celui-là qui est heureux! ne lui parlez pas de tableaux à celui-là! Il a en horreur les vieilles toiles où l'on ne voit rien, les couleurs passées, les cadres ternis, les lambeaux de couleurs disséminés çà et là; sa passion est bien meilleure: il en veut, lui, à des passions qu'on tient dans sa main, qu'on met dans sa poche, dont on jouit tout seul et partout, la nuit comme le jour. Parlez-lui des vieux livres, des belles éditions, des Elzévirs non rognés; parlez-lui des reliures de Derome et de Thouvenin: pauvre Thouvenin, mort jeune encore et si grand artiste! parlez-lui des vieux chefs-d'œuvre de la typographie française; il les a tous vus, il les a tous touchés; il vous en dira l'histoire et à quels maîtres ils ont appartenu depuis la vente du duc de la Vallière. Il y a tel volume qu'il a suivi depuis dix années. Enfin le dernier maître de ce volume est mort il y a un mois. La vente se fera demain: demain! dans vingt-quatre heures! Quelle patience pour le bibliophile! Il s'agite, il s'inquiète, il ne peut rester en place. Quelle heure est-il? il ne sera jamais à demain. Cependant, il va sans le vouloir à sa promenade accoutumée; il faut bien qu'il achète un petit livre pour se distraire. Donc il cherche, il remue, il ouvre, il ferme des livres; il les étudie, il les flaire. "Voici un volume mieux conservé que tel autre volume que j'ai déjà; mais le frontispice de mon volume est mieux tiré que le frontispice de ce volume. J'aurais un chef-d'œuvre en mettant mon frontispice à cet exemplaire." Et il achète l'exemplaire; un autre jour il en achètera un troisième pour remplacer un feuillet de la table des matières qui est légèrement jauni; il faut du temps pour faire un beau livre. La journée se passe ainsi. Quatre heures venues, le bibliophile rentre à la maison; ses poches sont pleines; il les vides sur la table; il se met à table, et il mange; et, tout en mangeant, il collationne ses livres, il les tourne dans tous les sens; il boit, il mange; sa digestion est facile: il a tant d'amis à sa table! Au dessert il va à sa bibliothèque, et il arrange tous les nouveaux venus. Il n'en veut qu'à certains ouvrages, mais il les veut beaux; et, quand il les a beaux, il les veut parfaits. Ainsi il change, il arrange, il troque, il achète sans cesse; plus il donne d'aliment à sa passion, et plus sa passion grandit et s'enflamme. Quand tout est en ordre chez ses livres, il se met au lit et il dort. Il dort, et il rêve gravures, parchemins, reliures; il ne flaire que du cuir de Russie, son sommeil est calme. Le matin il se lève, et il regarde ses livres; il leur donne de l'air et du soleil;

et, par la même occasion, il en prend pour lui-même. Ce jour-là, il est plus heureux que de coutume, car c'est ce soir, à huit heures, chez Sylvestre, qu'on vend l'exemplaire en question, qu'il poursuit depuis tant d'années. Le soir venu, il s'y rend des premiers. Celui qui fait la vente, Merlin ou Crozet, lui a gardé une place à ses côtés ; il prend sa place ; il a tous les beaux livres sous ses regards ; il les voit, il les touche, mais dans le nombre il n'en voit qu'un seul. Enfin son livre est annoncé, le cœur lui manque. — A vingt francs, — à vingt-cinq, — à trente francs, — trente-cinq, — quarante, — cinquante, — soixante et dix, — soixante et quinze, — quatre-vingt-cinq. Et, pendant tout ce temps, il se trouble, il pâlit, il frissonne. Quatre-vingt-cinq — dix — quinze — cent francs ! — Cent francs, répète lentement le commissaire-priseur. — Cent francs ! qui pourrait dire l'émotion du bibliophile ? . . . Mais enfin, le ciel est juste : notre homme l'emporte, le livre est à lui, il triomphe, il est heureux. Ses rivaux le regardent d'un œil d'envie ; lui, triomphant, il emporte son livre ; vous le feriez officier de la Légion d'honneur, et cela dans les bons temps, qu'il ne serait pas plus superbe. Heureuse passion ! Elle ne laisse même pas voir à cet homme qu'à présent qu'il a ce bouquin, sublime entre tous ses bouquins, c'est à lui, à présent, à mourir !

§ 47. SUE, 1804–1859.

Marie-Joseph-Eugène Sue, un des romanciers célèbres de notre siècle, naquit à Paris le 10 décembre 1804. Il eut pour parrain le prince Eugène et pour marraine l'impératrice Joséphine.

La littérature lui doit la création d'un genre nouveau, le roman maritime. Il a senti tout ce qu'il pouvait y avoir d'intérêt et de poésie dans les scènes variées de l'Océan, dans l'existence forte et aventureuse du marin, dans cette perpétuelle agitation des choses et des hommes livrés à la merci des vents et du sort, et surtout dans ces âmes revêtues d'une écorce si rude et qui cachent tant d'émotions puissantes et inconnues sous un air d'insouciante froideur. M. Eugène Sue a dignement réalisé sa pensée sous le rapport de l'art. Malheureusement les mœurs sont trop souvent méconnues dans ses écrits. *Plick et Plock*, *la Salamandre*, *l'Histoire de la marine française*, et *les Mystères de Paris* auraient mérité à l'auteur une place remarquable parmi les écrivains de nos jours, si ces livres ne contenaient trop de pages inspirés par cette triste pensée qui fait partout triompher le crime. Le principal but du roman intitulé *le Juif errant*, qui a fait beaucoup de bruit, est d'attaquer le jésuitisme.

En 1850, Eugène Sue fut élu député de la Seine à l'assemblée législative, et siégea sur les bancs de l'extrême gauche. Exilé à la suite du coup d'État du 2 décembre, il se retira en Savoie, où il mourut, de la rupture d'un anévrisme. Il écrivit jusqu'à la fin des romans, publiés dans le journal *le Siècle*, qui s'était assuré exclusivement sa collaboration. Il faut rendre cette justice à Eugène Sue, qu'il a toujours supporté la critique sans aigreur.

L'ASPIRANT DE MARINE.

Élevé à bord, à l'école de cette vie dure et sauvage, la sublimité et les harmonies de cette nature toujours primitive se reflétèrent dans cette jeune âme si ardente et si vive, et y firent germer les plus nobles sentiments.

Tout enfant,[1] son père se plaisait à lui faire admirer les tableaux variés et grandioses qui se déroulaient sans cesse à sa vue. Tantôt bercé dans les hunes[2] au bruit de la tempête, Paul souriait à sa voix mugissante. Tantôt le vieux maître La Joie, le prenant sur son dos, le portait à la cime du mât le plus élevé ; et là, façonnant ses petites mains au rude toucher des manœuvres, il lui apprenait, en jouant, la pratique de cette pénible profession : et c'était plaisir de voir souvent Paul, dans sa folle joie, se lançant au bout d'un cordage, se suspendre au-dessus de l'abîme et s'y balancer insouciant.

De tels jeux, une telle existence développent fortement le physique et le moral ; le cœur se trempe à ces dangers continus ; aussi, l'exemple se joignant à la théorie, le jeune homme fit de rapides progrès, fut nommé aspirant, et reçut sa première blessure dans un des glorieux combats de *la Salamandre*.[3]

Son père le vit tomber, saignant, brisé, détourna les yeux, et continua froidement le commandement qu'il avait commencé.

Mais après le combat, quand il eut déposé, avec le porte-voix, le caractère dur et impassible du marin, cet homme de fer, inébranlable au milieu du feu, pleura, sanglota comme une jeune mère auprès du berceau de son fils. Des nuits entières, il les passa près de lui, le veillant seul, le soignant seul, épiant ses moindres désirs, empressé, attentif, soumis aux plus poignants caprices de sa souffrance, dévorant ses larmes quand, dans son délire, Paul, ne le reconnaissant pas, l'appelait à grands cris.

Oh ! qu'il y avait alors de douleur, de profonde et atroce douleur dans la voix de ce pauvre père, disant tout bas: "Mais je suis là, mon enfant, mon Paul... mon Dieu ! mon Dieu, je suis là !... C'est moi, c'est ma main... c'est la main de ton père que tu serres dans tes mains brûlantes et sèches... Paul, mon Paul, mon enfant !... il ne me connaît plus... oh ! je suis bien malheureux !" Paul, hélas ! ne l'entendait pas, et disait toujours : "Mon père !"

Instinctive et sublime invocation, cri d'espérance et d'amour, admirable illusion qui, colorant les ténèbres d'une cruelle agonie, faisait croire à cet enfant qu'un père pouvait, comme Dieu, prolonger nos jours.

Mais la mort n'atteignit pas cette âme si belle. Paul se rétablit, et son père devint presque fou de joie. Dans sa longue convalescence, il ne le quitta pas d'un moment ; pour l'amuser, il lui contait ses merveilleux et lointains voyages, ses hardis combats. Puis, quand un sommeil réparateur fermait les paupières de Paul, il se taisait, et, respirant à peine, penché sur son hamac, il le contemplait avec amour, et ne retenait pas de grosses larmes de joie ; car c'était alors de joie qu'il pleurait, le pauvre père, en entendant son enfant l'appeler au milieu d'un rêve riant et paisible !

PART II.

SELECTIONS IN POETRY.

FOR a treatise upon the system of French versification, the student is referred to Part III. of this work. The subject can be studied to the best advantage in connection with the poetical selections in this portion of the volume, and this practical application of the principles upon which French verses are constructed, will be found to be a study both interesting and profitable. To facilitate the labors of both teacher and pupil in this direction, full references to the rules of versification will be given in the notes. Care must, however, be taken, in reading the poetry, not to acquire the habit of measuring it off in a monotonous, scanning style. As a means of obviating this, careful attention should be given to the principles of the *tonic accent* and the *cesura* (10–12), and especially to the feeling and sentiment which the verses are intended to inspire. This, indeed, is the true key to the proper reading of French poetry; without attention to it, the most perfect knowledge of the principles of versification could produce only a monotonous and artificial style, destitute of either sense or harmony. A knowledge of the rules and a due appreciation of the sentiment must go hand in hand.

The following lines by FRANÇOIS DE NEUFCHATEAU upon the true mode of reading French poetry may properly be inserted here. The measure is the hexameter, or twelve-syllabled verse, upon which the student should consult Part III., §§ **3**; **4**; **8**; **9**, R. 1; **30**, R. 2; and upon the rhyme, §§ **13–27**; **32**, 1.

MANIÈRE DE LIRE LES VERS.

Arrête, sot lecteur, dont la triste manie
Détruit de nos accords la savante harmonie;
Arrête, par pitié! Quel funeste travers,
En dépit d'Apollon, te fait lire des vers!

21

Ah! si ta voix ingrate ou languit, ou détonne,
Ou traîne avec lenteur son fausset monotone;
Si du feu du génie en nos vers allumé
N'étincelle jamais ton œil inanimé;
Si ta lecture enfin, dolente psalmodie,
Ne dit rien, ne peint rien à mon âme engourdie,
Cesse, ou laisse-moi fuir. Ton regard abattu
Du regard de Méduse a la triste vertu.
L'auditeur qu'ont glacé tes sons et ta présence,
Croit subir le supplice inventé par Mézence:
C'est un vivant qu'on lie au cadavre d'un mort:
Attentif à ta voix, Phébus même s'endort;
Sa défaillante main laisse tomber sa lyre.

C'est peu d'aimer les vers, il les faut savoir lire;
Il faut avoir appris cet art mélodieux,
De parler dignement le langage des dieux;
Cet art qui, par les tons des phrases cadencées,
Donne de l'harmonie et du nombre aux pensées;
Cet art de déclamer, dont le charme vainqueur
Assujettit l'oreille et subjugue le cœur.

"D'où vient, me diras-tu, cette brusque apostrophe?
Lisant pour m'éclairer, je lis en philosophe.
Plus un écrit est beau, moins il a besoin d'art,
Et le teint de Vénus peut se passer de fard;
L'harmonieux débit que ta Muse me vante,
Ne séduisit jamais une oreille savante.
De cette illusion qu'un autre soit épris;
Mais la vérité nue a pour moi plus de prix."

Eh quoi! d'une lecture insipide et glacée,
Tu prétends attrister mon oreille lassée!
Quoi! traître, à tes côtés tu prétends m'enchaîner!
A loisir, en détail, tu veux m'assassiner;
Dans les longs bâillements et les vapeurs mortelles
Ensevelir l'honneur des œuvres les plus belles;

Et toujours méthodique, et toujours concerté,
Des élans d'un auteur abaisser la fierté,
Tomber quand il s'élève, et ramper quand il vole!

Ah! garde pour toi seul ton scrupule frivole:
Sois captif dans le cercle obscur et limité
Qui fut tracé des mains de l'uniformité;
Aux lois de ton compas asservis Melpomène,
Et la douleur de Phèdre, et l'amour de Chimène;
Ravale à ton niveau l'essor audacieux
De l'oiseau du tonnerre égaré dans les cieux;
Meurs d'ennui, j'y consens; sois barbare à ton aise;
Mais ne m'accable pas sous un joug qui me pèse;
N'exige pas du moins, insensible lecteur,
Que jamais je me plie à ton goût destructeur.
Va, d'un débit heureux l'innocente imposture
Sans la défigurer embellit la nature;
Et les traits que la Muse éternise en ses chants,
Récités avec art, en seront plus touchants:
Ils laisseront dans l'âme une trace durable,
Du génie éloquent empreinte inaltérable,
Et rien ne plaira plus à tous les goûts divers
Qu'un organe flatteur déclamant de beaux vers.
Jadis on les chantait: les annales antiques
De Moïse et d'Orphée exaltent les cantiques.
Te faut-il rappeler ces prodiges connus?
Ces rochers attentifs à la voix de Linus?
Et Sparte qui s'éveille aux accents de Tyrtée?
Et Terpandre apaisant la foudre révoltée?
Les poètes divins, maîtres des nations,
Savaient noter alors l'accent des passions.
L'âme était adoucie et l'oreille charmée,
Et même des tyrans la rage désarmée.
Ce fut l'attrait des vers qui fit aimer les lois.
L'art de les déclamer fut le talent des rois.
Les dieux mêmes, les dieux, par la voix des oracles,
De cet art enchanteur consacraient les miracles.

Chez les fils de Cadmus, peuples ingénieux,
Que les sons de la lyre étaient harmonieux!
Que, dans ces beaux climats, l'exacte prosodie
Aux chansons des neuf Sœurs prêtait de mélodie!
On voyait, à côté des dactyles volants,
Le spondée allongé se traîner à pas lents.
Chaque mot, chez les Grecs, amants de la mesure,
Se pliait de lui-même aux lois de la césure.
Chaque genre eut son rhythme. En vers majestueux,
L'épopée entonna ses récits fastueux.
La modeste élégie eut recours au distique;
Archiloque s'arma de l'iambe caustique.
A des mètres divers Alcée, Anacréon
Prêtèrent leur génie, et leur gloire, et leur nom.
Pour nous, enfants des Goths, Apollon, plus avare,
A dédaigné longtemps notre jargon barbare.
Ce jargon s'est poli: les Muses, sur nos bords,
Ont d'une mine ingrate arraché les trésors.
O Racine! ô Boileau! votre savante audace
Fait parler notre langue aux échos du Parnasse,
Ce rebelle instrument rend des accents flatteurs;
Vous peignez la nature en sons imitateurs:
Tantôt doux et légers, tantôt pesants et graves,
Votre Apollon est libre au milieu des entraves;
Et l'oreille, attentive aux charmes de vos vers,
Croit de Virgile même entendre les concerts.

§ 48. MALHERBE, 1555–1628.

La poésie française atteignit son point de maturité et de perfection avant la prose : elle le dut en grande partie à MALHERBE. Les compositions qu'il a laissées ne sont pas nombreuses, et consistent en morceaux de peu d'étendue, tels que des odes, stances, paraphrases de psaumes; mais, par l'heureuse sévérité dont il fit preuve en jugeant les autres et en écrivant lui-même, il réforma son époque; il lui enseigna les qualités qui devaient distinguer les beaux vers; il fut surtout utile à notre langue, qui, maniée précédemment avec trop d'audace par quelques esprits aventureux, avait besoin d'être épurée et fixée.

Originaire de Caen, Malherbe, après avoir vécu sous six rois, mourut à Paris en 1628, un an avant que Corneille, qui profita de ses leçons, donnât au théâtre *Mélite*, la première de ses pièces. Il fut enseveli dans l'église Saint-Germain l'Auxerrois. Outre ses poésies, on a conservé de lui des lettres familières en prose, plus remarquables par la correction que par la facilité et l'abondance. Comme tous les réformateurs efficaces, il avait quelque chose d'absolu et de roide, qui messied dans le genre épistolaire. Il a traduit aussi un livre de Tite-Live, le 33ᵉ, qui fut découvert dans son époque, et le traité de Sénèque sur les Bienfaits. Par là on peut voir que les plus grands esprits ont toujours considéré la traduction comme l'exercice le plus propre à fortifier leur talent et à perfectionner leur style.

A HENRI IV : VŒUX POUR CE PRINCE.

L'AUTEUR CÉLÈBRE LE RETOUR DE LA PAIX PUBLIQUE.

Tu vas nous rendre enfin nos douces destinées[1]:
Nous ne reverrons plus ces fâcheuses années
Qui pour les plus heureux n'ont produit que des pleurs.
Toute sorte de biens comblera nos familles;
La moisson de nos champs lassera les faucilles,
Et les fruits passeront la promesse des fleurs.

La terreur de ton nom rendra nos villes fortes:
On n'en gardera plus ni les murs ni les portes;
Les veilles cesseront au sommet de nos tours.
Le fer, mieux employé, cultivera la terre;
Et le peuple qui tremble aux frayeurs de la guerre,
Si ce n'est pour danser, n'orra[2] plus de tambours.

La fin de tant d'ennuis dont nous fûmes la proie
Nous ravira les sens de merveille[3] et de joie;
Et d'autant que le monde est ainsi composé,
Qu'une bonne fortune en craint une mauvaise,
Ton pouvoir absolu, pour conserver notre aise,
Conservera celui qui nous l'aura causé.

Quand un roi fainéant, la vergogne[4] des princes,
Laissant à ses flatteurs le soin de ses provinces,
Entre les voluptés indignement s'endort,
Quoique l'on dissimule, on[5] en fait peu d'estime;
Et si la vérité se peut dire sans crime,
C'est avecque[6] plaisir qu'on survit à sa mort.

Mais ce roi, des bons rois l'éternel exemplaire,[7]
Qui de notre salut[8] est l'ange tutélaire,
L'infaillible refuge et l'assuré secours,
Son extrême douceur ayant dompté l'envie,
De quels jours assez longs peut-il borner sa vie,
Que notre affection ne les juge trop courts?

Nous voyons les esprits nés pour la tyrannie,
Ennuyés de couver leur cruelle manie,
Tourner tous leurs conseils à notre affliction;
Et lisons clairement dedans[9] leur conscience,
Que s'ils tiennent la bride à leur impatience,
Nous n'en sommes tenus qu'à sa protection.[10]

Qu'il vive donc, Seigneur, et qu'il nous fasse vivre!
Que de toutes ces peurs nos âmes[11] il délivre;
Et rendant l'univers de son heur[12] étonné,
Ajoute chaque jour quelque nouvelle marque
Au nom qu'il s'est acquis du plus rare monarque
Que ta bonté propice ait jamais couronné!

ODE A MARIE DE MÉDICIS SUR SA BIENVENUE EN FRANCE.[13]

Peuples, qu'on mette sur la tête[14]
Tout ce que la terre a de fleurs:
Peuples, que cette belle fête
A jamais tarisse nos pleurs.
Qu'aux deux bouts du monde se voie
Luire le feu[15] de notre joie;
Et soient[16] dans les coupes noyés
Les soucis de tous ces orages
Que pour nos rebelles courages[17]
Les dieux nous avaient envoyés.

A ce coup iront en fumée
Les vœux que faisaient[16] nos mutins,
En leur âme encore affamée
De massacres et de butins.
Nos doutes seront éclaircies,[18]
Et mentiront les prophéties
De tous ces visages pâlis
De qui le cerveau s'alambique[19]
A chercher l'an climatérique[20]
De l'éternelle fleur de lis.

Aujourd'hui nous est amenée
Cette princesse que la foi
D'un saint et loyal hyménée
Destine à la main de mon roi.
La voici la belle Marie,
Belle merveille d'Étrurie[21];
Et son front, témoin assuré
Qu'au vice elle est inaccessible,
Ne peut que d'un cœur insensible
Être vu sans être adoré.

La voici, peuples, qui nous montre
Tout ce que la gloire a de prix:
Les fleurs naissent à sa rencontre
Dans les cœurs et dans les esprits.

Et la présence des merveilles
Qu'en oyaient[22] dire nos oreilles[15]
Accuse la témérité
De ceux qui nous l'avaient décrite,
D'avoir figuré son mérite
Moindre que n'est la vérité.

Ce sera vous qui de nos villes
Ferez la beauté refleurir;
Vous qui de nos haines civiles
Ferez la racine mourir.
Et par vous la paix assurée
N'aura pas la courte durée
Qu'espèrent infidèlement,
Non lassés de notre souffrance,
Ces Français[15] qui n'ont de la France
Que la langue et l'habillement.

Par vous un dauphin nous va naître,
Que vous-même verrez un jour
De la terre entière le maître,
Ou par armes ou par amour.
Et ne tarderont ses conquêtes,
Dans les oracles déjà prêtes,
Qu'autant que le premier coton
Qui de jeunesse est le message
Tardera d'être en son visage
Et de faire ombre à son menton.[23]

Oh! combien lors aura de veuves
La gent qui porte le turban[24]!
Que de sang rougira les fleuves
Qui lavent les pieds du Liban!
Que le Bosphore en ses deux rives
Aura de sultanes captives!
Et que de mères à Memphis,
En pleurant, diront la vaillance
De son courage et de sa lance,
Aux funérailles de leurs fils!

A UN PÈRE SUR LA MORT DE SA FILLE.

Ta douleur, du Perrier,[25] sera donc éternelle!
Et les tristes discours[26]
Que te met en l'esprit l'amitié paternelle
L'augmenteront toujours!

Le malheur de ta fille au tombeau descendue
Par un commun trépas,[27]
Est-ce quelque dédale où ta raison perdue
Ne se retrouve pas?

Je sais de quels appas son enfance était pleine:
Et n'ai pas entrepris,
Injurieux ami, de soulager ta peine
Avecque[6] son mépris.

Mais elle était du monde, où les plus belles choses
Ont le pire destin;
Et rose, elle a vécu ce que vivent les roses:
L'espace d'un matin.

La Mort a des rigueurs à nulle autre pareilles:
On a beau la prier;
La cruelle qu'elle est se bouche les oreilles,
Et nous laisse crier.

Le pauvre en sa cabane, où le chaume le couvre,
Est sujet à ses lois;
Et la garde qui veille aux barrières du Louvre
N'en défend point nos rois.

De murmurer contre elle et perdre patience
Il est mal à propos:
Vouloir ce que Dieu veut est la seule science
Qui nous met en repos.[28]

§ 49. RACAN, 1589–1670.

Doué d'un rare mélange de raison et de verve, Malherbe avait dû particulièrement ses grands succès à la force de sa volonté et à la persévérance de son travail: HONORAT DE BUEIL, MARQUIS DE RACAN, son disciple, et qui a écrit sa vie, réussit surtout, après lui, par l'heureuse facilité d'un talent naturel. Jamais son maître ne put lui imposer le joug de sa rigoureuse discipline; et la négligence, dont on ne put le dégoûter, empêcha peut-être seule qu'il ne laissât des œuvres aussi accomplies que Malherbe. Boileau et La Fontaine l'ont toutefois honoré de leurs suffrages; mais, auprès de la postérité, il a beaucoup perdu de ses titres, parce qu'elle ne fait cas, ainsi que l'a justement dit Pline le jeune,[1] que de ce qui est achevé. Au reste, il avait porté assez longtemps les armes. Né en 1589 dans un domaine de ses pères, à la Roche-Racan en Touraine, dont il emprunta son nom, il fut d'abord page de Henri IV, et il quitta le service avec le grade de maréchal de camp. On comprend donc qu'il n'ait donné que de courts moments à l'étude et qu'il ne se soit pas consacré tout entier à la poésie. Elle fut du moins l'amusement de ses loisirs et le charme de ses dernières années. L'Académie française, dès sa fondation, l'avait compté parmi ses membres: il mourut seulement en 1670, à l'époque où le grand siècle avait produit une partie de ses chefs-d'œuvre.

Nous avons de Racan quelques *Odes*, des *Poésies diverses* et principalement *sacrées*, avec des idylles appelées *Bergeries:* on y trouve un tour facile, de l'abandon et de la grâce. La Fontaine a dit, en rappelant le souvenir de Malherbe et de Racan:

> Malherbe avec Racan, parmi les chœurs des anges,
> Là-haut de l'Éternel célébrant les louanges,
> Ont emporté leur lyre; et j'espère qu'un jour
> J'entendrai leur concert au céleste séjour.

DOUCEURS DE LA VIE CHAMPÊTRE.

Tircis, il faut songer à faire la retraite;[2]
La course de nos jours est plus qu'à demi faite;
L'âge insensiblement nous conduit à la mort.
Nous avons assez vu sur la mer de ce monde
Errer au gré des vents notre nef vagabonde:
Il est temps de jouir des délices du port.

Le bien de la fortune est un bien périssable ;
Quand on bâtit sur elle, on bâtit sur le sable;
Plus on est élevé, plus on court de dangers:
Les grands pins sont en butte aux coups de la tempête,
Et la rage des vents brise plutôt le faîte
Des maisons de nos rois que les toits des bergers.

O bien heureux celui qui peut de sa mémoire
Effacer pour jamais ce vain espoir de gloire
Dont l'inutile soin traverse nos plaisirs,
Et qui, loin retiré de la foule importune,
Vivant dans sa maison, content de sa fortune
A selon son pouvoir mesuré ses désirs !

Il laboure le champ que labourait son père;
Il ne s'informe point de ce qu'on délibère
Dans ces graves conseils d'affaires accablés.
Il voit sans intérêt la mer grosse d'orages,
Et n'observe des vents les sinistres présages
Que pour le soin qu'il a du salut de ses blés.

Roi de ses passions, il a ce qu'il désire ;
Son fertile domaine est son petit empire ;
Sa cabane est son Louvre et son Fontainebleau.
Ses champs et ses jardins sont autant de provinces ;
Et sans porter envie à la pompe des princes,
Il est content chez lui de les voir en tableau.

Il voit de toutes parts combler d'heur[3] sa famille,
La javelle à plein poing tomber sous sa faucille,
Le vendangeur plier sous le faix des paniers.
Il semble qu'à l'envi les fertiles montagnes,
Les humides vallons et les grasses campagnes
S'efforcent à remplir sa cave et ses greniers.

Il soupire en repos l'ennui de sa vieillesse
Dans ce même foyer où sa tendre jeunesse

A vu dans le berceau ses bras emmaillotés;
Il tient par les moissons registre des années,
Et voit de temps en temps leurs courses enchaînées
Faire avec lui vieiller les bois qu'il a plantés.

Il ne va point fouiller aux terres inconnues,
A la merci des vents et des ondes chenues,[4]
Ce que nature avare a caché de trésors.
Il ne recherche point, pour honorer sa vie,
De plus illustre mort ni plus digne d'envie,
Que de mourir au lit où ses pères sont morts.

S'il ne possède point ces maisons magnifiques,
Ces tours, ces chapiteaux, ces superbes portiques
Où la magnificence étale ses attraits,
Il jouit des beautés qu'ont les saisons nouvelles,
Il voit de la verdure et des fleurs naturelles,
Qu'en ces riches lambris on ne voit qu'en portraits.

Agréables déserts, séjour de l'innocence,
Où, loin des vanités de la magnificence,
Commence mon repos et finit mon tourment;
Vallons, fleuves, rochers, aimable solitude,
Si vous fûtes témoins de mon inquiétude,
Soyez-le[5] désormais de mon contentement.

AU JEUNE LOUIS XIII.[6]

Ce grand Henri, dont la mémoire[7]
A triomphé du monument,[8]
Est maintenant comblé de gloire
Sur les voûtes du firmament.
La nuit pour lui n'a plus de voiles:
Il marche dessus les étoiles;
Il boit dans la coupe des dieux,
Et voit sous ses pieds les tempêtes

Venger sur nos coupables têtes
La juste colère des cieux.[9]

Mais, quoique[10] ce roi considère,
De tout ce qu'il voit aux deux bouts
De l'un et de l'autre hémisphère,
Il ne voit rien d'égal à vous.
Aussi combien qu'après[11] sa vie
Son âme, d'honneur assouvie,[12]
Possède ce bonheur entier
Qu'à ses vertus le ciel octroie,[13]
Il n'a point de si grande joie
Que d'avoir un tel héritier.

Il voit dans les choses futures,
Qui sont présentes à ses yeux,
Les glorieuses aventures
De vos exploits laborieux:
Il voit déjà les citadelles,
Que défendent les infidèles,
Cacher sous l'herbe leur sommet,
Et, dans Byzance[14] reconquise,
Ses fleurs de lis venger l'Église
Des blasphêmes de Mahomet.

§ 50. CORNEILLE, 1606–1684.

Pierre Corneille, ou, comme on parlait déjà de son temps, le grand Corneille, naquit à Rouen en 1606. C'était le fils d'un avocat général, et sa famille le destinait au barreau : après de bonnes études, il fut reçu avocat. Mais la carrière dramatique, où Mairet, du Ryer et Rotrou obtenaient de brillant succès, ne tarda pas à l'attirer. Il débuta dès 1629 par quelques comédies, excellentes pour cette époque, et il donna en 1635 sa première tragédie, *Médée*, dans laquelle plusieurs passages annonçaient déjà celui que presque aussitôt, le *Cid* allait immortaliser.

Les années qui s'écoulèrent pour Corneille de trente à quarante ans furent comptées par des chefs-d'œuvre, *Horace*, *Cinna*, *Polyeucte*, *Pompée*, *Rodogune*. En 1647, il fut admis à l'Académie française, qui avait honoré le *Cid* d'une critique respectueuse. Parvenu alors au comble de la gloire, il ne cessa de produire de nouveaux ouvrages, qui, bien qu'inférieurs à ceux de sa forte maturité, eussent donné la gloire à tout autre par les traits sublimes qu'ils renferment : il suffit de rappeler *Sertorius*, *Othon*, *Nicomède*, etc. Il a laissé beaucoup de pièces détachées sur différents sujets, et une *Paraphrase de l'Imitation de Jésus-Christ*, qui n'a pas été réimprimée moins de quarante fois.

Corneille mourut pauvre en 1684. Sa vie privée avait offert le modèle de toutes les vertus. Il était le doyen de l'Académie française ; et, dans cette compagnie, il fut loué par Racine d'une manière digne de ces deux grands hommes.

COMBAT DU CID CONTRE LES MAURES.

D. Rodrigue, surnommé le Cid (ou le chef), raconte à D. Fernand, roi de Castille, la victoire qu'il vient de remporter (vers 1060).

Sous moi cette troupe [1] s'avance,[2]
Et porte sur le front une mâle assurance.
Nous partîmes cinq cents ; mais, par un prompt renfort,
Nous nous vîmes trois mille en arrivant au port.
Tant, à nous voir marcher avec un tel visage,
Les plus épouvantés reprenaient de courage !
J'en cache les deux tiers, aussitôt qu'arrivés,
Dans le fond des vaisseaux qui lors [3] furent trouvés :
Le reste, dont le nombre augmentait à toute heure,
Brûlant d'impatience, autour de moi demeure,

Se couche contre terre, et, sans faire aucun bruit,
Passe une bonne part d'une si belle nuit.
Par mon commandement la garde en fait de même,
Et, se tenant cachée, aide à[4] mon stratagème ;
Et je feins hardiment d'avoir reçu de vous
L'ordre qu'on me voit suivre et que je donne à tous.[5]
Cette obscure clarté qui tombe des étoiles,
Enfin avec le flux nous fit voir trente voiles.
L'onde s'enflait dessous, et, d'un commun effort,
Les Maures et la mer montent jusques au port.
On les laisse passer : tout leur paraît tranquille ;
Point de soldats au port, point aux murs de la ville.
Notre profond silence abusant leurs esprits,
Ils n'osent plus douter de nous avoir surpris :
Ils abordent sans peur ; ils ancrent, ils descendent,
Et courent se livrer aux mains qui les attendent.
Nous nous levons alors, et tous en même temps
Poussons jusques au ciel mille cris éclatants ;
Les nôtres au signal de nos vaisseaux répondent :
Ils paraissent armés ; les Maures se confondent ;
L'épouvante les prend à demi descendus ;
Avant que de[6] combattre ils s'estiment perdus.
Ils couraient au pillage, et rencontrent la guerre.
Nous les pressons sur l'eau, nous les pressons sur terre ;
Et nous faisons courir des ruisseaux de leur sang,
Avant qu'aucun résiste ou reprenne son rang.
Mais bientôt, malgré nous, leurs princes les rallient :
Leur courage renaît, et leurs terreurs s'oublient ;
La honte de mourir sans avoir combattu
Arrête leur désordre et leur rend leur vertu.
Contre nous de pied ferme ils tirent leurs alfanges,[7]
De notre sang[8] au leur font d'horribles mélanges ;
Et la terre et le fleuve, et leur flotte et le port,
Sont des champs de carnage où triomphe la mort.
O combien d'actions, combien d'exploits célèbres
Sont demeurés sans gloire au milieu des ténèbres,
Où chacun, seul témoin des grands coups qu'il donnait,

Ne pouvait discerner où le sort inclinait!
J'allais de tous côtés encourager les nôtres,
Faire avancer les uns et soutenir les autres;
Ranger ceux qui venaient, les pousser à leur tour,
Et[9] ne l'ai pu savoir jusques au point du jour.
Mais enfin sa clarté montre notre avantage:
Le Maure voit sa perte, et perd[10] soudain courage;
Et, voyant un renfort qui nous vient secourir,
L'ardeur de vaincre cède à la peur de mourir.
Ils gagnent leurs vaisseaux, ils en coupent les câbles,
Poussent jusques aux cieux des cris épouvantables,[11]
Font retraite en tumulte, et sans considérer
Si leurs rois avec eux peuvent se retirer.
Pour souffrir ce devoir, leur frayeur est trop forte:
Le flux les apporta, le reflux les remporte,
Cependant que leurs rois, engagés parmi nous,
Et quelque peu des leurs, tous percés de nos coups,
Disputent vaillamment et vendent bien leur vie.
A se rendre moi-même en vain je les convie:
Le cimeterre au poing, ils ne m'écoutent pas;
Mais, voyant à leurs pieds tomber tous leurs soldats,
Et que seuls désormais en vain ils se défendent,
Ils demandent le chef: je me nomme; ils se rendent.
Je vous les envoyai tous deux en même temps,
Et le combat cessa faute de combattants.

HORACE ET CURIACE.

Ces guerriers apprennent que chacun d'eux, ainsi que leurs frères de part et d'autre, sont choisis pour être les représentants des armées albaine et romaine et pour se combattre. Or, de nombreux liens de famille existaient entre les maisons auxquelles ils appartenaient.

HORACE, CURIACE, FLAVIAN.[12]

CURIACE. Albe de trois guerriers a-t-elle fait le choix?
FLAVIAN. Je viens pour vous l'apprendre.
CURIACE. Eh bien! qui sont les trois?

FLAVIAN. Vos deux frères et vous.
CURIACE. Qui?
FLAVIAN. Vous et vos deux frères.
Mais pourquoi ce front triste et ces regards sévères?
Ce choix vous déplaît-il?
CURIACE. Non; mais il me surprend:
Je m'estimais trop peu pour un honneur si grand.
FLAVIAN. Dirai-je au dictateur, dont l'ordre ici m'envoie,
Que vous le recevez avec si peu de joie?
Ce morne et froid accueil me surprend à mon tour.
CURIACE. Dis-lui que l'amitié, l'alliance et l'amour
Ne pourront empêcher que les trois Curiaces
Ne servent leur pays contre les trois Horaces.
FLAVIAN. Contre eux! Ah! c'est beaucoup me dire en peu de mots.
CURIACE. Porte-lui ma réponse, et nous laisse en repos.
(FLAVIAN *se retire.*)

HORACE. Le sort, qui de l'honneur nous ouvre la barrière,
Offre à notre constance une illustre matière:
Il épuise sa force à former un malheur,
Pour mieux se mesurer avec notre valeur;
Et, comme il voit en nous des âmes peu communes,
Hors de l'ordre commun il nous fait des fortunes.
Combattre un ennemi pour le salut de tous,
Et contre un inconnu s'exposer seul aux coups,
D'une simple vertu c'est l'effet ordinaire;
Mille déjà l'ont fait, mille pourraient le faire:
Mourir pour le pays est un si digne sort,
Qu'on briguerait en foule une si belle mort.
Mais vouloir au public immoler ce qu'on aime,
S'attacher au combat contre un autre soi-même,
Attaquer un parti qui prend pour défenseur
Le frère d'une femme et l'amant d'une sœur[13];
Et, rompant tous ces nœuds, s'armer pour la patrie
Contre un sang qu'on voudrait racheter de sa vie:
Une telle vertu n'appartenait qu'à nous.
L'éclat de son grand nom lui fait peu de jaloux,

Et peu d'hommes au cœur l'ont assez imprimée
Pour oser aspirer à tant de renommée.
CURIACE. Il est vrai que nos noms ne sauraient plus périr.
L'occasion est belle, il nous la faut chérir.
Nous serons les miroirs[14] d'une vertu bien rare :
Mais votre fermeté tient un peu du barbare ;
Peu, même des grands cœurs, tireraient vanité[15]
D'aller par ce chemin à l'immortalité.
A quelque prix qu'on mette une telle fumée,
L'obscurité vaut mieux que tant de renommée.
Pour moi, je l'ose dire, et vous l'avez pu voir,
Je n'ai point consulté[16] pour suivre mon devoir :
Notre longue amitié, l'amour, ni l'alliance
N'ont pu mettre un moment mon esprit en balance ;
Et puisque, par ce choix, Albe montre en effet
Qu'elle m'estime autant que Rome vous a fait,[17]
Je crois faire pour elle autant que vous pour Rome ;
J'ai le cœur aussi bon, mais enfin je suis homme.
Je vois que votre honneur demande tout mon sang
Que tout le mien consiste à vous percer le flanc ;
Près d'épouser la sœur, qu'il faut tuer le frère,
Et que pour mon pays j'ai le sort si contraire.
Encor qu'à[18] mon devoir je coure sans terreur,
Mon cœur s'en effarouche, et j'en frémis d'horreur ;
J'ai pitié de moi-même, et jette un œil d'envie
Sur ceux dont notre guerre a consumé la vie,
Sans souhaits toutefois de pouvoir reculer.
Ce triste et fier honneur m'émeut sans m'ébranler :
J'aime ce qu'il me donne, et je plains ce qu'il m'ôte ;
Et, si Rome demande une vertu plus haute,
Je rends grâces aux dieux de n'être pas Romain,
Pour conserver encor quelque chose d'humain.
HORACE. Si vous n'êtes Romain, soyez digne de l'être ;
Et, si vous m'égalez, faites-le mieux paraître.
La solide vertu dont je fais vanité[19]
N'admet point de faiblesse avec sa fermeté ;
Et c'est mal de l'honneur entrer dans la carrière

Que, dès le premier pas, regarder en arrière.
Notre malheur est grand, il est au plus haut point:
Je l'envisage entier; mais je n'en frémis point.
Contre qui que ce soit que[20] mon pays m'emploie,
J'accepte aveuglément cette gloire avec joie:
Celle de recevoir de tels commandements
Doit étouffer en nous tous autres sentiments.
Qui, près de le servir, considère autre chose,
A faire ce qu'il doit lâchement se dispose;
Ce droit saint et sacré rompt tout autre lien:
Rome a choisi mon bras, je n'examine rien.
Avec une allégresse aussi pleine et sincère
Que j'épousai la sœur, je combattrai le frère;
Et, pour trancher enfin ces discours superflus,
Albe vous a nommé, je ne vous connais plus.[21]

CURIACE. Je vous connais encore, et c'est ce qui me tue[22]:
Mais cette âpre vertu ne m'était pas connue;
Comme notre malheur, elle est au plus haut point:
Souffrez que je l'admire et ne l'imite point.

HORACE. Non, non, n'embrassez pas de vertu par contrainte;
Et, puisque vous trouvez plus de charme à la plainte,
En toute liberté goûtez un bien si doux.
Voici venir[23] ma sœur pour se plaindre avec vous:
Je vais revoir la vôtre, et résoudre son âme
A se bien souvenir qu'elle est toujours ma femme,
A vous aimer encor, si je meurs par vos mains,
Et prendre[24] en son malheur des sentiments romains.

IMPRÉCATIONS DE CAMILLE.

Son fiancé a succombé dans le combat qui devait décider de la prééminence entre Albe et Rome. Elle exprime sa douleur par des imprécations prononcées contre cette dernière ville, sa patrie. C'est à Horace, son frère, qu'elle s'adresse.

Rome, l'unique objet de mon ressentiment[2]!
Rome à qui vient ton bras d'immoler mon amant!

Rome qui t'a vu naître, et que ton cœur adore!
Rome enfin que je hais, parce qu'elle t'honore!
Puissent tous ses voisins, ensemble conjurés,
Saper ses fondements encor[25] mal assurés!
Et, si ce n'est assez de toute l'Italie,
Que l'Orient contre elle à l'Occident s'allie;
Que cent peuples, unis des bouts de l'univers,
Passent pour la détruire, et les monts et les mers;
Qu'elle-même sur soi renverse ses murailles,
Et de ses propres mains déchire ses entrailles:
Que le courroux[26] du ciel, allumé par mes vœux,
Fasse pleuvoir sur eux un déluge de feux!
Puissé-je de mes yeux y voir tomber la foudre,
Voir ses maisons en cendre et tes lauriers en poudre,
Voir le dernier Romain à son dernier soupir,
Moi seule en être cause, et mourir de plaisir!

DÉFENSE D'HORACE.

Horace a tué Camille, sa sœur, pour punir les vœux impies qu'elle a formés contre son pays. Accusé en raison de ce meurtre, il est défendu par son père devant le roi Tullus Hostilius.

Romains, souffrirez-vous qu'on vous immole un homme
Sans qui Rome aujourd'hui cesserait d'être Rome,
Et qu'un Romain s'efforce à[27] tacher le renom
D'un guerrier à qui tous doivent un si beau nom?
Dis, Valère,[28] dis-nous, si tu veux qu'il périsse,
Où tu penses choisir un lieu pour son supplice:
Sera-ce entre ces murs que mille et mille voix
Font résonner encor du bruit de ses exploits?
Sera-ce hors des murs, au milieu de ces places
Qu'on voit fumer encor du sang des Curiaces,
Entre leurs trois tombeaux, et dans ce champ d'honneur
Témoin de sa vaillance et de notre bonheur?
Tu ne saurais cacher sa peine à sa victoire[29]:
Dans les murs, hors des murs, tout parle de sa gloire;

Tout s'oppose à l'effort de ton injuste amour,
Qui veut d'un si bon sang souiller un si beau jour.
Albe ne pourra pas souffrir un tel spectacle,
Et Rome par ses pleurs y mettra trop d'obstacle.
Vous les préviendrez, sire; et par un juste arrêt
Vous saurez embrasser bien mieux son intérêt.
Ce qu'il a fait pour elle, il peut encor le faire;
Il peut la garantir encor d'un sort contraire.
Sire, ne donnez rien à mes débiles ans:
Rome aujourd'hui m'a vu père de quatre enfants;
Trois en ce même jour sont morts pour sa querelle:
Il m'en reste encore un; conservez-le pour elle:
N'ôtez pas à ces murs un si puissant appui.

PTOLOMÉE, ROI D'ÉGYPTE, MEURTRIER DE POMPÉE, CONFONDU PAR CÉSAR.

Pompée, vaincu à Pharsale, est venu chercher un asile auprès du jeune roi Ptolomée, qui lui avait dû son trône. Mais ce prince, corrompu par d'infâmes conseils, l'a fait mettre à mort. Bientôt César, arrivé lui-même en Égypte, a reçu pour premier présent la tête de son rival; mais, rejetant avec horreur cette abominable offrande, il interpelle ainsi Ptolomée: —

Eh! quel droit aviez-vous sur cette illustre vie,
Que vous devait son sang pour y tremper vos mains?
Vous qui devez respect au moindre des Romains?
Ai-je vaincu pour vous dans les champs de Pharsale?
Et, par une victoire aux vaincus trop fatale,
Vous ai-je acquis sur eux, en ce dernier effort,
La puissance absolue et de vie et de mort [30]?
Moi qui n'ai jamais pu la souffrir à Pompée,
La souffrirai-je en vous sur lui-même usurpée,
Et [31] que de mon bonheur vous avez abusé
Jusqu'à plus attenter [32] que je n'aurais osé?
De quel nom, après tout, pensez-vous que je nomme
Ce coup où vous tranchez du souverain de Rome,

Et qui sur un seul chef lui fait bien plus d'affront
Que sur tant de milliers ne fit le roi de Pont[33] ?
Pensez-vous que j'ignore ou que je dissimule
Que vous n'auriez pas eu pour moi plus de scrupule,
Et que s'il m'eût vaincu, votre esprit complaisant
Lui faisait de ma tête un semblable présent?
Grâces[34] à ma victoire, on me rend des hommages
Où ma fuite eût reçu toutes sortes d'outrages;
Au vainqueur, non à moi, vous faites tout l'honneur.
Si César en jouit, ce n'est que par bonheur.
Amitié dangereuse et redoutable zèle
Que règle la fortune et qui tourne avec elle!

. . . . .

O combien d'allégresse une si triste guerre
Aurait-elle laissé dessus toute la terre,
Si Rome avait pu voir marcher en même char,
Vainqueurs de la discorde, et Pompée et César.
Voilà ces grands malheurs que craignait votre zèle.
O crainte ridicule autant que criminelle!
Vous craigniez ma clémence; ah! n'ayez plus ce soin:
Souhaitez-la plutôt, vous en avez besoin.

§ 51. LA FONTAINE, 1621–1695.

La Fontaine, né à Château-Thierry en 1621, était assez incertain de la voie qu'il devait suivre, lorsqu'à vingt-deux ans la lecture, faite en sa présence, d'une ode de Malherbe, lui apprit qu'il était poète. Ses premiers essais l'annoncèrent en effet comme tel ; mais, resserrée dans la province qu'il habitait, sa réputation fut assez lente à se répandre : il touchait à sa quarantième année lorsqu'il vint à Paris, où il rencontra un protecteur dans le surintendant Fouquet. La reconnaissance qu'il voua à ce ministre déchu, les beaux vers par lesquels il plaignit et s'efforça d'adoucir son malheur, éloignèrent de La Fontaine l'esprit de Louis XIV, qui ne lui accorda jamais aucune faveur. Il trouva du reste, à défaut de l'appui du prince, des amitiés dévouées qui, en écartant de sa personne les besoins et les embarras vulgaires de la vie, lui permirent de se livrer tout entier à son goût pour les vers. Le surnom de Bonhomme, que lui a conservé la postérité, atteste quels étaient la simplicité de son caractère et son détachement des affaires et des intérêts mondains. Il ne commença qu'en 1668 à faire paraître ses inimitables *Fables*. On a dit qu'un merveilleux instinct les lui dictait ; mais il ne faut pas croire qu'il atteignît sans beaucoup de travail la perfection où il s'est élevé. De là ces distractions et ces rêveries, ou plutôt ces méditations profondes, dont se sont amusés les contemporains de La Fontaine. On a prétendu encore que ceux-ci n'avaient pas compris tout ce qu'il y avait de rare et d'exquis dans ses talents. Néanmoins, une circonstance qui semble indiquer le contraire, c'est qu'il fut reçu à l'Académie française avant Boileau (1684). Ce qui est certain, c'est qu'on s'accorde à admirer présentement en lui, pour la pensée et pour la langue, le plus original et le plus parfait des modèles.

UTILITÉ DU TRAVAIL.

Travaillez, prenez de la peine[1] :
C'est le fonds qui manque le moins.[2]

Un riche laboureur, sentant sa fin prochaine,
Fit venir ses enfants, leur parla sans témoins :
« Gardez-vous, leur dit-il, de vendre l'héritage
Que nous ont laissé nos parents :
Un trésor est caché dedans.
Je ne sais pas l'endroit ; mais un peu de courage

Vous le fera trouver ; vous en viendrez à bout.[3]
Remuez votre champ dès qu'on aura fait l'oût[4] :
Creusez, fouillez, bêchez ; ne laissez nulle place
Où la main ne passe et repasse."
Le père mort, les fils vous[5] retournent le champ,
Deçà, delà, partout ; si bien qu'au bout de l'an
Il en rapporta davantage.
D'argent, point de caché. Mais le père fut sage
De leur montrer, avant sa mort,
Que le travail est un trésor.

L'ART DE BIEN VIVRE.

Rien ne m'engage à faire un livre[1] :
Mais la raison m'oblige à vivre
En sage citoyen de ce vaste univers ;
Citoyen qui, voyant un monde si divers,
Rend à son auteur les hommages
Que méritent de tels ouvrages.
Ce devoir acquitté, les beaux vers, les doux sons,
Il est vrai, sont peu nécessaires :
Mais qui dira qu'ils soient contraires
A ces éternelles leçons ?
On peut goûter la joie en diverses façons :
Au sein de ses amis répandre mille choses,
Et, recherchant de tout les effets et les causes,
A table, au bord d'un bois, le long d'un clair ruisseau,
Raisonner avec eux sur le bon et le beau.

LE RENARD ET LA CIGOGNE.

Compère le Renard se mit un jour en frais,[1]
Et retint à dîner commère la Cigogne.
Le régal fut petit et sans beaucoup d'apprêts :
Le galant, pour toute besogne,

Avait un brouet clair ; il vivait chichement.
Ce brouet fut par lui servi sur une assiette :
La Cigogne au long bec n'en put attraper miette,
Et le drôle eut lapé le tout en un moment.
    Pour se venger de cette tromperie,
A quelque temps de là, la Cigogne le prie.
"Volontiers, lui dit-il, car avec mes amis
    Je ne fais point cérémonie."
A l'heure dite il courut au logis
    De la Cigogne son hôtesse,
    Loua très fort sa politesse,
    Trouva le dîner cuit à point :
Bon appétit surtout ; renards n'en manquent point :
Il se réjouissait à l'odeur de la viande,
Mise en menus morceaux, et qu'il croyait friande.
    On servit, pour l'embarrasser,
En un vase à long col et d'étroite embouchure.
Le bec de la Cigogne y pouvait bien passer ;
Mais le museau du sire était d'autre mesure.
Il lui fallut à jeun retourner au logis,
Honteux comme un renard qu'une poule aurait pris,
    Serrant la queue et portant bas l'oreille.
        Trompeurs, c'est pour vous que j'écris :
        Attendez-vous à la pareille.

LE COCHE[6] ET LA MOUCHE.

Dans un chemin montant, sablonneux, malaisé,[1]
Et de tous les côtés au soleil exposé,
    Six forts chevaux tiraient un coche.
Femmes, moines, vieillards, tout était descendu :
L'attelage suait, soufflait, était rendu.
Une Mouche survient, et des chevaux s'approche,
Prétend les animer par son bourdonnement,
Pique l'un, pique l'autre, et pense à tout moment
    Qu'elle fait aller la machine ;

S'assied sur le timon, sur le nez du cocher.
Aussitôt que le char chemine,
Et qu'elle voit les gens marcher,
Elle s'en attribue uniquement la gloire,
Va, vient, fait l'empressée : il semble que ce soit
Un sergent de bataille allant en chaque endroit
Faire avancer ses gens et hâter la victoire.
La Mouche, en ce commun besoin,
Se plaint qu'elle agit seule, et qu'elle a tout le soin;
Qu'aucun n'aide aux chevaux à se tirer d'affaire.
Le moine disait son bréviaire :
Il prenait bien son temps ! Une femme chantait :
C'était bien de chansons qu'alors il s'agissait !
Dame Mouche s'en va chanter à leurs oreilles,
Et fait cent sottises pareilles.
Après bien du travail, le Coche arrive au haut.
"Respirons maintenant, dit la Mouche aussitôt;
J'ai tant fait que nos gens sont enfin dans la plaine.
Çà, messieurs les chevaux, payez-moi de ma peine."
Ainsi certaines gens, faisant les empressés,
S'introduisent dans les affaires :
Ils font partout les nécessaires,
Et, partout importuns, devraient être chassés.

LE CHÊNE ET LE ROSEAU.[7]

Le Chêne un jour dit au Roseau[1]:
"Vous avez bien sujet d'accuser la nature;
Un roitelet pour vous est un pesant fardeau;
Le moindre vent qui d'aventure
Fait rider la face de l'eau
Vous oblige à baisser la tête;
Cependant que[8] mon front, au Caucase pareil,
Non content d'arrêter les rayons du soleil,
Brave l'effort de la tempête.
Tout vous est aquilon, tout me semble zéphyr.

Encor [9] si vous naissiez à l'abri du feuillage
Dont je couvre le voisinage,
Vous n'auriez pas tant à souffrir;
Je vous défendrais de l'orage:
Mais vous naissez le plus souvent
Sur les humides bords des royaumes du vent.
La nature envers vous me semble bien injuste.
— Votre compassion, lui répondit l'arbuste,
Part d'un bon naturel; mais quittez ce souci;
Les vents me sont moins qu'à vous redoutables:
Je plie et ne romps pas. Vous avez jusqu'ici
Contre leurs coups épouvantables
Résisté sans courber le dos;
Mais attendons la fin." Comme il disait ces mots,
Du bout de l'horizon accourt avec furie
Le plus terrible des enfants
Que le nord eût portés jusque-là dans ses flancs.
L'arbre tient bon; le Roseau plie,
Le vent redouble ses efforts,
Et fait si bien qu'il déracine
Celui de qui la tête au ciel était voisine,
Et dont les pieds touchaient à l'empire des morts.[10]

LE CHAT ET LE VIEUX RAT.

J'ai lu, chez un conteur de fables,[1]
Qu'un second Rodillard,[11] l'Alexandre des chats,
L'Attila,[12] le fléau des rats,
Rendait ces derniers misérables;
J'ai lu, dis-je, en certain auteur,
Que ce chat exterminateur,
Vrai Cerbère, était craint une lieue à la ronde;
Il voulait de souris dépeupler tout le monde.
Les planches qu'on suspend sur un léger appui,
La mort-aux-rats, les souricières
N'étaient que jeux au prix de lui.[13]

Comme il voit que dans leur tanières
Les souris étaient prisonnières,
Qu'elles n'osaient sortir, qu'il avait beau chercher,
Le galant fait le mort, et du haut d'un plancher
Se pend la tête en bas: la bête scélérate
A de certains cordons se tenait par la patte.
Le peuple des souris croit que c'est châtiment,
Qu'il a fait un larcin de rôt ou de fromage,
Égratigné quelqu'un, causé quelque dommage;
Enfin qu'on a pendu le mauvais garnement:
Toutes, dis-je, unanimement,
Se promettent de rire à son enterrement,
Mettent le nez à l'air, montrent un peu la tête,
Puis rentrent dans leurs nids à rats,
Puis, ressortant, font quatre pas,
Puis enfin se mettent en quête.
Mais voici bien une autre fête.
Le pendu ressuscite, et, sur ses pieds tombant,
Attrape les plus paresseuses.
"Nous en savons plus d'un, dit-il en les gobant:
C'est tour de vieille guerre: et vos cavernes creuses
Ne vous sauveront pas, je vous en avertis:
Vous viendrez toutes au logis."
Il prophétisait vrai: notre maître Mitis,[14]
Pour la seconde fois, les trompe et les affine,[15]
Blanchit sa robe et s'enfarine;
Et, de la sorte déguisé,
Se niche et se blottit dans une huche ouverte.
Ce fut à lui bien avisé:
La gent trotte-menu[16] s'en vient chercher sa perte.
Un rat, sans plus, s'abstient d'aller flairer autour:
C'était un vieux routier, il savait plus d'un tour,
Même il avait perdu sa queue à la bataille.
"Ce bloc enfariné ne me dit rien qui vaille,
S'écria-t-il de loin au général des chats:
Je soupçonne dessous encor quelque machine.
Rien ne te sert d'être farine;

Car, quand tu serais sac, je n'approcherais pas."
C'était bien dit à lui ; j'approuve sa prudence :
Il était expérimenté,
Et savait que la méfiance
Est mère de la sûreté.

§ 52. MOLIÈRE, 1622–1673.

Enfant de Paris, où il était né en 1622, MOLIÈRE y avait reçu une excellente éducation ; mais, au sortir du collége, entraîné par un goût impérieux dans la vie périlleuse du théâtre, il se fit acteur, et parcourut longtemps les provinces à la tête d'une troupe de comédiens, représentant avec eux les pièces qu'il composait : cependant la force de son génie résista à cette existence précaire et aventureuse. Rendu, vers sa quarantième année, au séjour de la capitale, il y trouva, avec des spectateurs dignes de lui, de sages conseils qui ne contribuèrent pas peu à développer ses grands talents. La faveur de Louis XIV, qui sut les apprécier à leur valeur, en assurant à Molière des encouragements et un appui qui ne se démentirent jamais, lui permit enfin de les déployer dans tout leur éclat. Depuis lors jusqu'à la fin de sa carrière, qui fut abrégée par les fatigues de sa profession (il mourut après une représentation du *Malade imaginaire* en février 1673), on vit se succéder presque sans interruption ces chefs-d'œuvre dont se glorifie la scène comique française, et qui la rendent, d'un avis unanime, supérieure à celle de toutes les autres nations. On doit ajouter, pour réfuter d'injustes attaques dirigées contre la mémoire de Molière, que, du moins, dans la position difficile où il se trouvait, il demeura toujours homme de probité, et qu'il montra dans plus d'une circonstance, avec un caractère loyal, une âme élevée, un cœur charitable et généreux.

LE FAUX SAVANT QUI SOLLICITE.[1]

ÉRASTE, CARITIDÈS.

CARITIDÈS. C'est un rare bonheur dont le destin m'honore ;
Car, deux moments plus tard, je vous manquais encore.
ÉRASTE. Monsieur, souhaitez-vous quelque chose de moi ?
CARITIDÈS. Je m'acquitte, monsieur, de ce que je vous doi,[2]

Et vous viens . . . Excusez l'audace qui m'inspire.
Si . . .
ÉRASTE. Sans tant de façons, qu'avez-vous à me dire?
CARITIDÈS. Comme le rang, l'esprit, la générosité,
Que chacun vante en vous . . .
ÉRASTE. Oui, je suis fort vanté.
Passons, monsieur.
CARITIDÈS. Monsieur, c'est une peine extrême
Lorsqu'il faut à quelqu'un se produire soi-même;
Et toujours près des grands on doit être introduit
Par des gens qui de nous fassent un peu de bruit,
Dont la bouche écoutée avecque[3] poids débite
Ce qui peut faire voir notre petit mérite.
Pour moi, j'aurais voulu que des gens bien instruits
Vous eussent pu, monsieur, dire ce que je[4] suis.
ÉRASTE. Je vois assez, monsieur, ce que vous pouvez être,
Et votre seul abord le peut faire connaître.
CARITIDÈS. Oui, je suis un savant charmé de vos vertus:
Non pas de ces savants dont le nom n'est qu'en *us*[5];
Il n'est rien si commun qu'un nom à la latine:
Ceux qu'on habille en grec ont bien meilleure mine;
Et pour en avoir un qui se termine en *ès*,[6]
Je me fais appeler monsieur Caritidès.
ÉRASTE. Monsieur Caritidès, soit. Qu'avez-vous à dire?
CARITIDÈS. C'est un placet, monsieur, que je voudrais vous lire,
Et que, dans la posture[7] où vous met votre emploi,
J'ose vous conjurer de présenter au roi.
ÉRASTE. Hé! monsieur, vous pouvez le présenter vous-même.
CARITIDÈS. Il est vrai que le roi fait cette grâce extrême:
Mais, par ce même excès de ses rares bontés,
Tant de méchants placets, monsieur, sont présentés,
Qu'ils étouffent les bons; et l'espoir où[8] je[9] fonde
Est qu'on donne le mien quand le prince est sans monde.
ÉRASTE. Hé bien! vous le pouvez, et prendre votre temps.
CARITIDÈS. Ah! monsieur, les huissiers sont de terribles gens!

Mais, j'ose l'espérer, vous serez mon Mécène.[10]
Oui, votre crédit m'est un moyen assuré . . .

ÉRASTE. Hé bien! donnez-moi donc; je le présenterai.

CARITIDÈS. Le voici. Mais au moins écoutez la lecture.

ÉRASTE. Non . . .

CARITIDÈS. C'est pour être instruit; monsieur: je vous conjure . . . (*Il commence à lire son placet.*)

ÉRASTE (*l'interrompant après quelque temps*). Ce placet est fort long, et pourrait bien fâcher.

CARITIDÈS. Ah! monsieur, pas un mot ne s'en peut retrancher. (*Il continue sa lecture.*)

ÉRASTE (*l'interrompant encore*). Fort bien. Donnez-le vite, et faites la retraite.
Il sera vu du roi; c'est une affaire faite.

CARITIDÈS. Hélas! monsieur, c'est tout que montrer mon placet.
Si le roi le peut voir, je suis sûr de mon fait;
Car, comme sa justice en toute chose est grande,
Il ne pourra jamais refuser ma demande.
Au reste, pour porter au ciel votre renom,
Donnez-moi par écrit votre nom et surnom;
J'en veux faire un poème en forme d'acrostiche
Dans les deux bouts du vers et dans chaque hémistiche.[11]

ÉRASTE. Oui, vous l'aurez demain, monsieur Caritidès.
(*Seul.*) Ma foi, de tels savants sont des ânes bien faits.

LES FEMMES SAVANTES.

C'est à vous que je parle, ma sœur;
Le moindre solécisme en parlant vous irrite,
Mais vous en faites, vous, d'étranges en conduite;
Vos livres éternels ne me contentent pas;
Et, hors un gros Plutarque à mettre mes rabats,
Vous devriez brûler tout ce meuble inutile,
Et laisser la science aux docteurs de la ville;
M'ôter, pour faire bien, du grenier de céans[12]
Cette longue lunette à faire peur aux gens,

Et cent brimborions dont l'aspect m'importune;
Ne point aller chercher ce qu'on fait dans la lune;
Et vous mêler un peu de ce qu'on fait chez vous,
Où nous voyons aller tout sens dessus dessous;
Il n'est pas bien honnête, et pour beaucoup de causes,
Qu'une femme étudie et sache tant de choses.

Former aux bonnes mœurs l'esprit de ses enfants,
Faire aller son ménage, avoir l'œil sur ses gens,
Et régler la dépense avec économie,
Doit être son étude et sa philosophie.
Nos pères, sur ce point, étaient gens bien sensés,
Qui disaient qu'une femme en sait toujours assez,
Quand la capacité de son esprit se hausse
A connaître un pourpoint d'avec un haut-de-chausse.
Les leurs ne lisaient point, mais elles vivaient bien;
Leurs ménages étaient tout leur docte entretien;
Et leurs livres, un dé, du fil et des aiguilles,
Dont elles travaillaient au trousseau de leurs filles.

Les femmes d'à-présent sont bien loin de ces mœurs:
Elles veulent écrire et devenir auteurs:
Nulle science n'est pour elles trop profonde,
Et céans, beaucoup plus qu'en aucun lieu du monde,
Les secrets les plus hauts s'y laissent concevoir;
Et l'on sait tout chez moi, hors ce qu'il faut savoir.
On y sait comme vont lune, étoile polaire,
Vénus, Saturne et Mars, dont je n'ai point affaire;
Et, dans ce vain savoir qu'on va chercher si loin,
On ne sait comme va mon pot, dont j'ai besoin.

Mes gens à la science aspirent pour vous plaire,
Et tous ne font rien moins que ce qu'ils ont à faire:
Raisonner est l'emploi de toute ma maison,
Et le raisonnement en bannit la raison.
L'un me brûle mon rôt en lisant quelque histoire,
L'autre rêve à des vers quand je demande à boire;

Enfin, je vois par eux votre exemple suivi,
Et j'ai des serviteurs, et ne suis point servi.
Une pauvre servante au moins m'était restée,
Qui de ce mauvais air n'était point infectée:
Et voilà qu'on la chasse avec un grand fracas,
A cause qu'elle manque à parler Vaugelas.[13]

LA VÉRITABLE ET LA FAUSSE DÉVOTION.

Et comme je ne vois nul genre de héros
Qui soit plus à priser que les parfaits dévots,
Aucune chose au monde et plus noble et plus belle
Que la sainte ferveur d'un véritable zèle[14];
Aussi je ne vois rien qui soit plus odieux
Que le dehors plâtré d'un zèle spécieux;
Que ces francs charlatans, que ces dévots de place,
De qui la sacrilége et trompeuse grimace
Abuse impunément et se joue à leur gré
De ce qu'ont les mortels[15] de plus saint et sacré;
Ces gens qui, par une âme à l'intérêt soumise,
Font de dévotion métier et marchandise,
Et veulent acheter crédit et dignités
A prix de faux clins d'yeux et d'élans affectés;
Ces gens, dis-je, qu'on voit d'une ardeur non commune
Par le chemin du ciel courir à la fortune;
Qui, brûlant et priant, demandent chaque jour,
Et prêchent la retraite au milieu de la Cour;
Qui savent ajuster leur zèle avec leurs vices,
Sont prompts, vindicatifs, sans foi, pleins d'artifices;
Et, pour perdre quelqu'un, couvrent insolemment
De l'intérêt du Ciel leur fier ressentiment;
D'autant plus dangereux dans leur âpre colère,
Qu'ils prennent contre nous des armes qu'on révère,
Et que leur passion, dont on leur sait bon gré,
Veut nous assassiner avec un fer sacré.
De ce faux caractère on en voit trop paraître;
Mais les dévots de cœur sont aisés à connaître;

Ce titre par aucun ne leur est débattu;
Ce ne sont point du tout fanfarons de vertu;
On ne voit pas en eux ce faste insupportable,
Et leur dévotion est humaine et traitable.
Ils ne censurent point toutes nos actions;
Ils trouvent trop d'orgueil dans ces corrections,[16]
Et laissent la fierté des paroles aux autres;
C'est par leurs actions qu'ils reprennent les nôtres;
L'apparence du mal a chez eux peu d'appui,
Et leur âme est portée à juger bien d'autrui.
Point de cabale en eux, point d'intrigues à suivre;
On les voit pour tous soins se mêler de bien vivre;
Jamais contre un pêcheur ils n'ont d'acharnement;
Ils attachent leur haine au péché seulement,
Et ne veulent point prendre avec un zèle extrême
Les intérêts du Ciel plus qu'il ne veut lui-même.

LE PHILANTHROPE.

Mon Dieu! des mœurs du temps mettons-nous moins
en peine,
Et faisons un peu grâce à la nature humaine;
Ne l'examinons point dans la grande rigueur,
Et voyons ses défauts avec quelque douceur.
A force de sagesse, on peut être blâmable:
Il faut parmi le monde une vertu traitable.
La parfaite raison fuit toute extrémité,
Et veut que l'on soit sage avec sobriété.
Cette grande roideur des vertus des vieux âges
Heurte trop notre siècle et les communs usages;
Elle veut aux mortels trop de perfection:
Il faut fléchir au temps sans obstination,[16]
Et c'est une folie à nulle autre seconde,
De vouloir se mêler de corriger le monde.
J'observe, comme vous, cent choses tous les jours
Qui pourraient mieux aller prenant un autre cours;

Mais quoi qu'à chaque pas je puisse voir paraître,
En courroux,[17] comme vous, on ne me voit point être;
Je prends tout doucement les hommes comme ils sont,
J'accoutume mon âme à souffrir ce qu'ils font;
Et je crois qu'à la cour, de même qu'à la ville.
Mon flegme est philosophe autant que votre bile.

LES DEUX PEDANTS.[18]

TRISSOTIN, VADIUS, PHILAMINTE.

C'est chez Philaminte, femme bel-esprit, que se sont rencontrés les deux pédants.

TRISSOTIN. Vos vers ont des beautés que n'ont point tous les autres.
VADIUS. Les Grâces et Vénus règnent dans tous les vôtres.
TRISSOTIN. Vous avez le tour libre et le beau choix des mots.
VADIUS. On voit partout chez vous l'*ithos* et le *pathos*.[19]
TRISSOTIN. Nous avons vu de vous des églogues d'un style
Qui passe en doux attraits Théocrite et Virgile.
VADIUS. Vos odes ont un air noble, galant et doux,
Qui laisse de bien loin votre Horace après vous.
TRISSOTIN. Est-il rien[20] d'amoureux comme vos chansonnettes?
VADIUS. Peut-on voir rien d'égal aux sonnets que vous faites?
TRISSOTIN. Rien qui soit plus charmant que vos petits rondeaux?
VADIUS. Rien de si plein d'esprit que tous vos madrigaux?
TRISSOTIN. Aux ballades surtout vous êtes admirable.
VADIUS. Et dans les bouts-rimés[21] je vous trouve adorable.
TRISSOTIN. Si la France pouvait connaître votre prix,
VADIUS. Si le siècle rendait justice aux beaux esprits,
TRISSOTIN. En carrosse doré vous iriez par les rues.
VADIUS. On verrait le public vous dresser des statues.
(*A Trissotin.*) Hom! c'est une ballade, et je veux que tout net
Vous m'en . . .

TRISSOTIN (*à Vadius*). Avez-vous vu certain petit sonnet
Sur la fièvre qui tient la princesse Uranie?
VADIUS. Oui. Hier il me fut lu dans une compagnie.
TRISSOTIN. Vous en savez l'auteur?
VADIUS. Non; mais je sais fort bien
Qu'à ne le point flatter, son sonnet ne vaut rien.
TRISSOTIN. Beaucoup de gens pourtant le trouvent admirable.
VADIUS. Cela n'empêche pas qu'il ne soit misérable;
Et, si vous l'avez vu, vous serez de mon goût.
TRISSOTIN. Je sais que là-dessus je n'en suis point du tout,
Et que d'un tel sonnet peu de gens sont capables.
VADIUS. Me préserve le Ciel d'en faire de semblables!
TRISSOTIN. Je soutiens qu'on ne peut en faire de meilleur;
Et ma grande raison, c'est que j'en suis l'auteur.
VADIUS. Vous?
TRISSOTIN. Moi.
VADIUS. Je ne sais donc comment se fit l'affaire.
TRISSOTIN. C'est qu'on fut malheureux de ne pouvoir vous plaire.
VADIUS. Il faut qu'en écoutant j'ai eu l'esprit distrait,
Ou bien que le lecteur m'ait gâté le sonnet.
Mais laissons ce discours, et voyons ma ballade.
TRISSOTIN. La ballade, à mon goût, est une chose fade:
Ce n'en est plus la mode; elle sent son vieux temps.
VADIUS. La ballade pourtant charme beaucoup de gens.
TRISSOTIN. Cela n'empêche pas qu'elle ne me déplaise.
VADIUS. Elle n'en reste pas pour cela plus mauvaise.
TRISSOTIN. Elle a pour les pédants de merveilleux appas.
VADIUS. Cependant nous voyons qu'elle ne vous plaît pas.
TRISSOTIN. Vous donnez sottement vos qualités aux autres.
(*Ils se lèvent.*)
VADIUS. Fort impertinemment vous me jetez les vôtres.
TRISSOTIN. Allez, petit grimaud, barbouilleur de papier.
VADIUS. Allez, rimeur de balle,[22] opprobre du métier.
TRISSOTIN. Allez, fripier d'écrits, impudent plagiaire.
VADIUS. Allez, cuistre . . .

PHILAMINTE. Hé! messieurs, que prétendez-vous faire?
TRISSOTIN (*à Vadius*). Va, va restituer tous les honteux larcins
Que réclament sur toi les Grecs et les Latins.
VADIUS. Va, va-t'en faire amende honorable au Parnasse
D'avoir fait à tes vers estropier Horace.[23]
TRISSOTIN. Souviens-toi de ton livre et de son peu de bruit.
VADIUS. Et toi, de ton libraire à l'hôpital réduit.
TRISSOTIN. Ma gloire est établie, en vain tu la déchires.
VADIUS. Oui, oui, je te renvoie à l'auteur des satires[24] . . .
TRISSOTIN. Je t'y renvoie aussi.
VADIUS. J'ai le contentement
Qu'on voit qu'il m'a traité plus honorablement.
Il me donne en passant une atteinte légère
Parmi plusieurs auteurs qu'au Palais on révère;
Mais jamais dans ses vers il ne te laisse en paix,
Et l'on t'y voit partout être en butte à ses traits.
TRISSOTIN. C'est par là que j'y tiens un rang plus honorable:
Il te met dans la foule, ainsi qu'un misérable;
Il croit que c'est assez d'un coup pour t'accabler,
Et ne t'a jamais fait l'honneur de redoubler:
Mais il m'attaque à part comme un noble adversaire
Sur qui tout son effort lui semble nécessaire;
Et ses coups, contre moi redoublés en tous lieux,
Montrent qu'il ne se croit jamais victorieux.
VADIUS. Ma plume t'apprendra quel homme je puis être.
TRISSOTIN. Et la mienne saura te faire voir ton maître.
VADIUS. Je te défie en vers, prose, grec et latin.
TRISSOTIN. Hé bien! nous nous verrons seul à seul chez Barbin.[25]

§ 53. BOILEAU, 1636–1711.

Boileau, par le plus rare jugement et la plus exquise culture d'esprit, s'éleva au rang des écrivains de génie. Né en 1636, dans une famille de judicature où les plus fortes études classiques étaient en honneur, il y puisa ce goût solide et sévère qui fit de lui le législateur littéraire de son époque. Avec un caractère plein de droiture et de hardiesse, qui secondait la vigueur de ses talents, il prit possession de ce rôle en 1660 par la publication de ses premières *Satires*, dont les années suivantes augmentèrent le nombre. Il accrut plus tard sa réputation en composant ses *Épîtres ;* il y mit le comble par son *Art poétique* et par son *Lutrin*, le modèle des épopées plaisantes. Peu d'hommes, en donnant aux auteurs de meilleurs conseils, ont exercé sur la raison publique une influence plus souveraine et plus salutaire que Boileau ; là est sa principale gloire : il a été, en joignant l'exemple au précepte, levéritable chef de cette école poétique qui a réalisé de la manière la plus heureuse l'accord de l'imagination et du bon sens. Dans sa vieillesse il s'éloigna de la cour, où il avait partagé avec Molière et Racine la faveur du prince, et se retira à sa campagne d'Auteuil, où il mourut en 1711, après avoir survécu à presque toutes les illustrations du règne de Louis XIV. Il n'avait pas su bien écrire seulement ; mais, ce qui vaut beaucoup mieux, il avait su bien vivre. Depuis 1684 il appartenait à l'Académie française, qui l'avait admis dans son sein un peu après La Fontaine.

Boileau fut aussi l'un des premiers membres de l'Académie des Inscriptions, fondée dans son temps ; et, comme tel, il a travaillé au fameux livre des *Médailles sur les principaux événements du règne de Louis XIV.* Parmi ses ouvrages en prose, il faut signaler surtout sa traduction du *Traité du Sublime*, attribué à Longin.

A QUOI DOIVENT TENDRE LES EFFORTS DU SAGE.

C'est l'erreur que je fuis : c'est la vertu que j'aime.
Je songe à me connaître, et me cherche en moi-même.
Sur cette vaste mer qu'ici-bas nous courons,
Je songe à me pourvoir d'esquif et d'avirons,
A régler mes désirs, à prévenir l'orage,
Et sauver, s'il se peut, ma raison du naufrage.

C'est au repos d'esprit que nous aspirons tous ;
Mais ce repos heureux se doit chercher en nous.
Un fou rempli d'erreurs, que le trouble accompagne,

Est malade à la ville ainsi qu'à la campagne.
De nos propres malheurs auteurs infortunés,
Nous sommes loin de nous à toute heure entraînés.
A quoi bon ravir l'or au sein du nouveau monde ?
Le bonheur tant cherché sur la terre et sur l'onde
Est ici, comme aux lieux où mûrit le coco,[1]
Et se trouve à Paris de même qu'à Cuzco[2]:
On ne le tire point des veines du Potose.
Qui vit content de rien possède toute chose:
Mais, sans cesse ignorants de nos propres besoins,
Nous demandons au ciel ce qu'il nous faut le moins.

CONSEILS AUX POÈTES.[3]

Craignez-vous pour vos vers la censure publique,
Soyez-vous à vous-même un sévère critique:
L'ignorance toujours est prête à s'admirer.
Faites-vous des amis prompts à vous censurer;
Qu'ils soient de vos écrits les confidents sincères
Et de tous vos défauts les zélés adversaires:
Dépouillez devant eux l'arrogance d'auteur.
Mais sachez de l'ami discerner le flatteur:
Tel vous semble applaudir, qui vous raille et vous joue.
Aimez qu'on vous conseille, et non pas qu'on vous loue.
Un flatteur aussitôt cherche à se récrier:
Chaque vers qu'il entend le fait extasier.
Tout est charmant, divin ; aucun mot ne le blesse
Il trépigne de joie, il pleure de tendresse ;
Il vous comble partout d'éloges fastueux.
La vérité n'a point cet air impétueux.
Un sage ami, toujours rigoureux, inflexible,
Sur vos fautes jamais ne vous laisse paisible:
Il ne pardonne point les endroits négligés,
Il renvoie en leur lieu les vers mal arrangés.
Il réprime des mots l'ambitieuse emphase ;
Ici le sens le choque, et plus loin c'est la phrase.

Votre construction semble un peu s'obscurcir:
Ce terme est équivoque ; il le faut éclaircir.
C'est ainsi que vous parle un ami véritable.
Mais souvent sur ses vers un auteur intraitable
A les protéger tous se croit intéressé,
Et d'abord prend en main le droit de l'offensé.
De ce vers, direz-vous, l'expression est basse. —
Ah ! monsieur, pour ce vers je vous demande grâce,
Répondra-t-il d'abord. — Ce mot me semble froid;
Je le retrancherais. — C'est le plus bel endroit ! —
Ce tour ne me plaît pas. — Tout le monde l'admire.
Ainsi toujours constant à ne se point dédire,
Qu'un mot dans son ouvrage ait paru vous blesser,
C'est un titre chez lui pour ne point l'effacer.

ÉLOGE DU VRAI.

Rien n'est beau que le vrai : le vrai seul est aimable ;
Il doit régner partout, et même dans la fable:
De toute fiction l'adroite fausseté
Ne tend qu'à faire aux yeux briller la vérité.
Sais-tu pourquoi mes vers sont lus dans les provinces,
Sont recherchés du peuple et reçus chez les princes ?
Ce n'est pas que leur sons, agréables, nombreux,
Soient toujours à l'oreille également heureux ;
Qu'en plus d'un lieu le sens n'y gêne la mesure,
Et qu'un mot quelquefois n'y brave la césure :
Mais c'est qu'en eux le vrai, du mensonge vainqueur,
Partout se montre aux yeux et va saisir le cœur ;
Que le bien et le mal y sont prisés au juste ;
Que jamais un faquin n'y tint un rang auguste ;
Et que mon cœur, toujours conduisant mon esprit,
Ne dit rien aux lecteurs qu'à soi-même il n'ait dit.
Ma pensée au grand jour partout s'offre et s'expose
Et mon vers, bien ou mal, dit toujours quelque chose.
C'est par là quelquefois que ma rime surprend ;
C'est là ce que n'ont point Jonas et Childebrand,[1]

Mais peut-être, enivré des vapeurs de ma muse,
Moi-même en ma faveur, Seignelay,[5] je m'abuse.
Cessons de nous flatter. Il n'est esprit si droit
Qui ne soit imposteur et faux par quelque endroit:
Sans cesse on prend le masque, et, quittant la nature,
On craint de se montrer sous sa propre figure.
Par là le plus sincère assez souvent déplaît.
Rarement un esprit ose être ce qu'il est.
Vois-tu cet importun que tout le monde évite;
Cet homme à toujours fuir, qui jamais ne vous quitte?
Il n'est pas sans esprit; mais, né triste et pesant,
Il veut être folâtre, évaporé, plaisant;
Il s'est fait de sa joie une loi nécessaire,
Et ne déplaît enfin que pour vouloir trop plaire.
La simplicité plaît sans étude et sans art.
Tout charme en un enfant[6] dont la langue sans fard,
A peine du filet encor débarrassée,
Sait d'un air innocent bégayer sa pensée.
Le faux est toujours fade, ennuyeux, languissant;
Mais la nature est vraie, et d'abord on la sent:
C'est elle seule en tout qu'on admire et qu'on aime.
Un esprit né chagrin plaît par son chagrin même.
Chacun pris dans son air est agréable en soi:
Ce n'est que l'air d'autrui qui peut déplaire en moi.

L'HUÎTRE ET LES PLAIDEURS.

Un jour, dit un auteur, n'importe en quel chapitre,
Deux voyageurs à jeun rencontrèrent une huître:
Tous deux la contestaient, lorsque dans leur chemin
La Justice passa, la balance à la main.
Devant elle à grand bruit, ils expliquent la chose,
Tous deux avec dépens veulent gagner leur cause.
La Justice, pesant ce droit litigieux,
Demande l'huître, l'ouvre, et l'avale à leurs yeux,
Et par ce bel arrêt, terminant la bataille:

"Tenez, voilà, dit-elle, à chacun une écaille.
Des sottises d'autrui nous vivons au palais :
Messieurs, l'huître était bonne. Adieu ! vivez en paix."

MALHERBE.

Enfin Malherbe vint, et le premier en France,
Fit sentir dans les vers une juste cadence,
D'un mot mis en sa place enseigna le pouvoir,
Et réduisit la muse aux règles du devoir.
Par ce sage écrivain la langue réparée
N'offrit plus rien de rude à l'oreille épurée ;
Les stances avec grâce apprirent à tomber,
Et le vers sur le vers n'osa plus enjamber[7] ;
Tout reconnut ses lois ; et ce guide fidèle
Aux auteurs de ce temps sert encor de modèle.
Marchez donc sur ses pas ; aimez sa pureté,
Et de son tour heureux imitez la clarté.
Si le sens de vos vers tarde à se faire entendre,
Mon esprit aussitôt commence à se détendre,
Et, de vos vains discours, prompt à se détacher,
Ne suit point un auteur qu'il faut toujours chercher.

LES EMBARRAS DE PARIS.

Qui frappe l'air, bon Dieu, de ces lugubres cris ?
Est-ce donc pour veiller qu'on se couche à Paris ?
Et quel fâcheux démon, durant les nuits entières,
Rassemble ici les chats de toutes les gouttières?
J'ai beau sauter du lit, plein de trouble et d'effroi,
Je pense qu'avec eux tout l'enfer est chez moi :
L'un miaule en grondant comme un tigre en furie ;
L'autre roule sa voix comme un enfant qui crie.
Ce n'est pas tout encor : les souris et les rats
Semblent, pour m'éveiller, s'entendre avec les chats.

Mais à peine les coqs, commençant leur ramage,
Auront de cris aigus frappé le voisinage,
Qu'un affreux serrurier, laborieux Vulcain,
Qu'éveillera bientôt l'ardente soif du gain,
Avec un fer maudit qu'à grand bruit il apprête
De cent coups de marteau me va fendre la tête.
J'entends déjà partout les charrettes courir,
Les maçons travailler, les boutiques s'ouvrir;
Tandis que, dans les airs, mille cloches émues,
D'un funèbre concert font retentir les nues,
Et se mêlant au bruit de la grêle et des vents,
Pour honorer les morts font mourir les vivants.
Encor, je bénirais la bonté souveraine,
Si le ciel à ces maux avait borné ma peine;
Mais si seul en mon lit je peste avec raison,
C'est encor pis vingt fois en quittant la maison:
En quelque endroit que j'aille, il faut fendre la presse
D'un peuple d'importuns qui fourmillent sans cesse.
L'un me heurte d'un ais[8] dont je suis tout froissé;
Je vois d'un autre coup mon chapeau renversé.
Des paveurs en ces lieux me bouchent le passage;
Là je trouve une croix[9] de funeste présage,
Et des couvreurs grimpés au toit d'une maison
En font pleuvoir l'ardoise et la tuile à foison.
Là, sur une charrette, une poutre branlante
Vient, menaçant de loin la foule qu'elle augmente;
Six chevaux attelés à ce fardeau pesant
Ont peine à l'émouvoir sur le pavé glissant.
D'un carrosse en tournant il accroche une roue,
Et du choc le renverse en un grand tas de boue.
On n'entend que des cris poussés confusément:
Dieu pour s'y faire ouïr tonnerait vainement.[10]

§ 54. RACINE, 1639–1699.

Les sentiments héroïques de la nature humaine avaient trouvé dans Corneille le plus éloquent et le plus sublime organe : les sentiments tendres et affectueux de notre nature trouvèrent dans RACINE leur plus touchant et leur plus parfait interprète. A l'âge de vingt ans, il révéla, dans une ode composée pour le mariage de Louis XIV, *la Nymphe de la Seine*, ses talents pour la poésie. Un regard et une récompense de celui qui allait devenir le grand roi encouragea ce premier essai. Le souvenir d'un roman grec que Racine avait lu à Port-Royal lui inspira ensuite l'idée d'une tragédie que de prudents avis le conduisirent à supprimer, *Théagène et Chariclée.* Déjà il avait rencontré dans Molière et Boileau de sévères conseillers qui lui apprenaient qu'on ne peut atteindre le bien qu'avec beaucoup d'application et de peine ; et, ce qui est plus rare, il savait les écouter. En 1664 il donna *la Thébaïde*, en 1665 *Alexandre*, qui annonçaient un poète plutôt qu'un auteur dramatique. Mais *Andromaque*, deux ans après, attesta que Corneille avait un successeur, ou, pour mieux dire, que la scène française comptait désormais une autre gloire. Un nouveau ressort tragique avait été inventé : jusque-là le théâtre enlevait et subjuguait par l'admiration les âmes des spectateurs : Racine avait découvert le secret de les captiver en les charmant ; il devait de plus en plus, dans *Iphigénie*, dans *Bérénice*, dans *Phèdre*, se rendre maître des cœurs. En même temps il montrait, dans *Britannicus* et dans *Mithridate*, qu'il était capable de prêter aux plus généreux et aux plus fermes esprits un langage digne d'eux. Les succès de ce grand homme furent loin, cependant, de répondre à la supériorité de ses ouvrages. Le dégoût des injustices qu'il eut à subir, et un plus noble motif, d'honorables scrupules religieux, l'éloignèrent des travaux du théâtre dans la pleine maturité de son génie. Toutefois, vers la fin de sa carrière, il le déploya encore, dans son plus grand éclat, en composant pour la maison de Saint-Cyr, où Mme de Maintenon avait recueilli les jeunes filles nobles sans fortune, les tragédies sacrées d'*Esther* et d'*Athalie.* Il est triste de rappeler que ce dernier chef-d'œuvre, le chef-d'œuvre, a dit Voltaire, non-seulement de notre scène, mais de l'esprit humain, fut méconnu des contemporains, et que Racine, lorsqu'il mourut en 1699, emporta la douloureuse pensée qu'il n'avait pas réussi : l'admiration unanime de la postérité a du moins protesté contre cette erreur.

PRIÈRE D'ESTHER.

O mon souverain roi,
Me voici donc tremblante et seule devant toi?
Mon père mille fois m'a dit, dans mon enfance,
Qu'avec nous tu juras une sainte alliance,
Quand, pour te faire un peuple agréable à tes yeux,
Il plut à ton amour de choisir nos aïeux.
Même tu leur promis, de ta bouche sacrée,
Une prospérité d'éternelle durée.
Hélas! ce peuple ingrat a méprisé ta loi;
La nation chérie a violé sa foi;
Elle a répudié son époux et son père,
Pour rendre à d'autres dieux un honneur adultère;
Maintenant elle sert sous un maître étranger.
Mais c'est peu d'être esclave, on la[1] veut égorger.
Nos superbes vainqueurs, insultant à nos larmes,
Imputent à leurs dieux le bonheur de leurs armes,
Et veulent aujourd'hui qu'un même coup mortel
Abolisse ton nom, ton peuple et ton autel.
Ainsi donc un perfide, après tant de miracles,
Pourrait anéantir la foi de tes oracles,
Ravirait aux mortels le plus cher de tes dons,
Le saint que tu promets et que nous attendons!
Non, non, ne souffre pas que ces peuples farouches,
Ivres de notre sang, ferment les seules bouches
Qui, dans tout l'univers, célèbrent tes bienfaits;
Et confonds tous ces dieux qui ne furent jamais.

Pour moi, que tu retiens parmi ces infidèles,
Tu sais combien je hais leurs fêtes criminelles,
Et que je mets au rang des profanations
Leur table, leurs festins et leurs libations[2];
Que même cette pompe où je suis condamnée,
Ce bandeau dont il faut que je paraisse ornée
Dans ces jours solennels à l'orgueil dédiés,
Seule et dans le secret, je le foule à mes pieds;

Qu'à ces vains ornements je préfère la cendre,
Et n'ai de goût qu'aux pleurs que tu me vois répandre.
J'attendais le moment marqué dans ton arrêt,
Pour oser de ton peuple embrasser l'intérêt.
Ce moment est venu: ma prompte obéissance
Va d'un roi redoutable affronter la présence.
C'est pour toi que je marche: accompagne mes pas
Devant ce fier lion qui ne te connaît pas;
Commande en me voyant que son courroux s'apaise
Et prête à mes discours un charme qui lui plaise.
Les orages, les vents, les Cieux te sont soumis:
Tourne enfin sa fureur contre nos ennemis.

CHŒUR D'ESTHER.

ÉLISE. Je n'admirai jamais la gloire de l'impie.
UNE AUTRE ISRAÉLITE. Au bonheur du méchant qu'un autre porte envie.
ÉLISE. Tous ses jours paraissent charmants[3];
L'or éclate en ses vêtements;
Son orgueil est sans borne ainsi que sa richesse.
Jamais l'air n'est troublé de ses gémissements;
Il s'endort, et s'éveille au son des instruments;
Son cœur nage dans la mollesse.
UNE AUTRE ISRAÉLITE. Pour comble de prospérité,
Il espère revivre en sa postérité,
Et d'enfants à sa table une riante troupe
Semble boire avec lui la joie à pleine coupe.
LE CHŒUR. Heureux, dit-on, le peuple florissant
Sur qui ces biens coulent en abondance!
Plus heureux le peuple innocent
Qui dans le Dieu du ciel a mis sa confiance!
UNE ISRAÉLITE (*seule*). Le bonheur de l'impie est toujours agité;
Il erre à la merci de sa propre inconstance.
Ne cherchons la félicité
Que dans la paix de l'innocence.

UNE AUTRE. Nulle paix pour l'impie. Il la cherche, elle fuit;
Et le calme en son cœur ne trouve point de place:
Le glaive au dehors le poursuit,
Le remords au dedans le glace.
UNE AUTRE. La gloire des méchants en un moment s'éteint;
L'affreux tombeau pour jamais les dévore.
Il n'en est pas ainsi de celui qui te craint;
Il renaîtra, mon Dieu, plus brillant que l'aurore.
LE CHŒUR. O douce paix!
Heureux le cœur qui ne te perd jamais!
UNE AUTRE. J'ai vu l'impie adoré sur la terre:
Pareil au cèdre, il cachait dans les cieux
Son front audacieux;
Il semblait à son gré gouverner le tonnerre,
Foulait aux pieds ses ennemis vaincus;
Je n'ai fait que passer, il n'était déjà plus.

SONGE D'ATHALIE.

C'était pendant l'horreur d'une profonde nuit;
Ma mère Jésabel devant moi s'est montrée,
Comme au jour de sa mort pompeusement parée.
Ses malheurs n'avaient point abattu sa fierté;
Même elle avait encor cet éclat emprunté
Dont elle eut soin de peindre et d'orner son visage
Pour réparer des ans l'irréparable outrage.
"Tremble, m'a-t-elle dit, fille digne de moi!
Le cruel Dieu des Juifs l'emporte aussi sur toi.
Je te plains de tomber dans ses mains redoutables,
Ma fille." En achevant ces mots épouvantables,
Son ombre vers mon lit a paru se baisser;
Et moi, je lui tendais les mains pour l'embrasser:
Mais je n'ai plus trouvé qu'un horrible mélange
D'os et de chair meurtris, et traînés dans la fange;
Des lambeaux pleins de sang, et des membres affreux,
Que des chiens dévorants se disputaient entre eux.

. . . Dans ce désordre à mes yeux se présente
Un jeune enfant couvert d'une robe éclatante,
Tel qu'on voit des Hébreux les prêtres revêtus.
Sa vue a ranimé mes esprits abattus;
Mais lorsque, revenant de mon trouble funeste,
J'admirais sa douceur, son air noble et modeste,
J'ai senti tout à coup un homicide acier
Que le traître en mon sein a plongé tout entier.
De tant d'objets divers le bizarre assemblage
Peut-être du hasard vous paraît un ouvrage:
Moi-même quelque temps, honteuse de ma peur,
Je l'ai pris pour l'effet d'une sombre vapeur:
Mais de ce souvenir mon âme possédée
A deux fois, en dormant, revu la même idée;
Deux fois mes tristes yeux se sont vu retracer
Ce même enfant toujours tout prêt à me percer.
Lasse enfin des horreurs dont j'étais poursuivie,
J'allais prier Baal[4] de veiller sur ma vie,
Et chercher du repos au pied de ses autels:
Que ne peut le frayeur sur l'esprit des mortels!
Dans le temple des Juifs un instinct m'a poussée,
Et d'apaiser leur Dieu j'ai conçu la pensée;
J'ai cru que des présents calmeraient son courroux,
Que ce Dieu, quel qu'il soit, en deviendrait plus doux.
Pontife de Baal, excusez ma faiblesse.
J'entre: le peuple fuit, le sacrifice cesse.
Le grand prêtre vers moi s'avance avec fureur:
Pendant qu'il me parlait, ô surprise! ô terreur!
J'ai vu ce même enfant dont je suis menacée,
Tel qu'un songe effrayant l'a peint à ma pensée.
Je l'ai vu: son même air, son même habit de lin,
Sa démarche, ses yeux, et tous ses traits enfin;
C'est lui-même. Il marchait à côté du grand prêtre;
Mais bientôt à ma vue on l'a fait disparaître.
Voilà quel trouble ici m'oblige à m'arrêter,
Et sur quoi j'ai voulu tous deux vous consulter.

CHŒUR D'ATHALIE.

LE CHŒUR. Tout l'univers est plein de sa magnificence[3]:
Qu'on l'adore ce Dieu, qu'on l'invoque à jamais!
Son empire a des temps précédé la naissance.
Chantons, publions ses bienfaits.
UNE VOIX. En vain l'injuste violence
Au peuple qui le loue imposerait silence:
Son nom ne périra jamais.
Le jour annonce au jour sa gloire et sa puissance;
Tout l'univers est plein de sa magnificence.
Chantons, publions ses bienfaits.
LE CHŒUR. Tout l'univers, etc.
UNE VOIX. Il donne aux fleurs leur aimable peinture;
Il fait naître et mûrir les fruits;
Il leur dispense avec mesure
Et la chaleur des jours et la fraîcheur des nuits.
Le champ qui les reçut les rend avec usure.
UNE AUTRE. Il commande au soleil d'animer la nature,
Et la lumière est un don de ses mains.
Mais sa loi sainte, sa loi pure
Est le plus riche don qu'il ait fait aux humains.
UNE AUTRE. O mont de Sinaï, conserve la mémoire
De ce jour à jamais auguste et renommé,
Quand, sur ton sommet enflammé,
Dans un nuage épais le Seigneur enfermé
Fit luire aux yeux mortels un rayon de sa gloire.
Dis-nous pourquoi ces feux et ces éclairs,
Ces torrents de fumée, et ce bruit dans les airs,
Ces trompettes et ce tonnerre.
Venait-il renverser l'ordre des éléments?
Sur ses antiques fondements
Venait-il ébranler la terre?
UNE AUTRE. Il venait révéler aux enfants des Hébreux
De ses préceptes saints la lumière immortelle.
Il venait à ce peuple heureux.
Ordonner de l'aimer d'une amour éternelle.

LE CHŒUR. O divine, ô charmante loi!
O justice! ô bonté suprême!
Que de raisons, que de douceur extrême,
D'engager à ce Dieu son amour et sa foi!

JOAS EN PRÉSENCE D'ATHALIE.

Le jeune roi de Juda, Joas, a échappé, dans son premier âge, aux coups d'Athalie, qui a égorgé sa famille entière. Depuis, on l'a caché dans le temple de Jérusalem; et il y a été élevé, sous un faux nom, sans se connaître, par le grand prêtre Joad et Josabeth, sa femme. Mais Athalie a découvert cet enfant, et, troublée à sa vue, elle le fait venir: Josabeth, qui est la tante de Joas, l'accompagne.

ATHALIE, JOAS, JOSABETH, ABNER.

JOSABETH (*à part*). Daigne mettre, grand Dieu, ta sagesse en sa bouche!

ATHALIE (*s'adressant à l'enfant*). Comment vous nommez-vous?

JOAS. J'ai nom Éliacin.

ATHALIE. Votre père?

JOAS. Je suis, dit-on, un orphelin
Entre les bras de Dieu jeté dès ma naissance,
Et qui de mes parents n'eus jamais connaissance.

ATHALIE. Vous êtes sans parents?

JOAS. Ils m'ont abandonné.

ATHALIE. Comment? et depuis quand?

JOAS. Depuis que je suis né.

ATHALIE. Ne sait-on pas au moins quel pays est le vôtre?

JOAS. Ce temple est mon pays: je n'en connais point d'autre.

ATHALIE. Où dit-on que le sort vous a fait rencontrer?

JOAS. Parmi des loups cruels prêts à me dévorer.

ATHALIE. Qui vous mit dans ce temple?

JOAS. Une femme inconnue,
Qui ne dit point son nom et qu'on n'a point revue.

ATHALIE. Mais de vos premiers ans quelles mains ont pris soin?

JOAS. Dieu laissa-t-il jamais ses enfants au besoin?
Aux petits des oiseaux il donne leur pâture,
Et sa bonté s'étend sur toute la nature.
Tous les jours je l'invoque; et d'un soin paternel
Il me nourrit des dons offerts sur son autel.

ATHALIE (*à part*). Quel prodige nouveau me trouble et m'embarrasse?
La douceur de sa voix, son enfance, sa grâce,
Font insensiblement à mon inimitié
Succéder . . . Je serais sensible à la pitié?

ABNER. Madame, voilà donc cet ennemi terrible?
De vos songes menteurs l'imposture est visible;
A moins que la pitié qui semble vous troubler
Ne soit ce coup fatal qui vous faisait trembler.

ATHALIE (*à Joas et à Josabeth*). Vous sortez?

JOSABETH. Vous avez entendu sa fortune:
Sa présence à la fin pourrait être importune.

ATHALIE. Non: revenez.
(*A Joas.*) Quel est tous les jours votre emploi?

JOAS. J'adore le Seigneur; on m'explique sa loi:
Dans son livre divin on m'apprend à la lire;
Et déjà de ma main je commence à l'écrire.

ATHALIE. Que vous dit cette loi?

JOAS. Que Dieu veut être aimé;
Qu'il venge tôt ou tard son saint nom blasphémé;
Qu'il est le défenseur de l'orphelin timide;
Qu'il résiste au superbe, et punit l'homicide.

ATHALIE. J'entends. Mais tout ce peuple enfermé dans ce lieu,
A quoi s'occupe-t-il?

JOAS. Il loue, il bénit Dieu.

ATHALIE. Dieu veut-il qu'à toute heure on prie, on le contemple?

JOAS. Tout profane exercice est banni de son temple.

ATHALIE. Quels sont donc vos plaisirs?

JOAS. Quelquefois à l'autel
Je présente au grand prêtre ou l'encens ou le sel;

J'entends chanter de Dieu les grandeurs infinies;
Je vois l'ordre pompeux de ses cérémonies.

ATHALIE. Hé quoi! vous n'avez point de passe-temps plus doux?
Je plains le triste sort d'un enfant tel que vous.
Venez dans mon palais, vous y verrez ma gloire.

JOAS. Moi! des bienfaits de Dieu je perdrais la mémoire?

ATHALIE. Non, je ne vous veux pas contraindre à l'oublier.

JOAS. Vous ne le priez point.

ATHALIE. Vous pourrez le prier.

JOAS. Je verrais cependant en invoquer un autre.

ATHALIE. J'ai mon Dieu que je sers; vous servirez le vôtre:
Ce sont deux puissants dieux.

JOAS. Il faut craindre le mien:
Lui seul est Dieu, madame, et le vôtre n'est rien.

ATHALIE. Les plaisirs près de moi vous chercheront en foule.

JOAS. Le bonheur des méchants comme un torrent s'écoule.

ATHALIE. Ces méchants, qui sont-ils?

JOSABETH. Hé, madame! excusez.
Un enfant . . .

ATHALIE (*à Josabeth*). J'aime à voir comme vous l'instruisez.
Enfin, Éliacin, vous avez su me plaire;
Vous n'êtes point sans doute un enfant ordinaire.
Vous voyez, je suis reine, et n'ai point d'héritier:
Laissez là cet habit, quittez ce vil métier;
Je veux vous faire part de toutes mes richesses;
Essayez dès ce jour l'effet de mes promesses.
A ma table, partout, à mes côtés assis,
Je prétends vous traiter comme mon propre fils.

JOAS. Comme votre fils?

ATHALIE. Oui. . . . Vous vous taisez?

JOAS. Quel père
Je quitterais! et pour . . .

ATHALIE. Hé bien?

JOAS. Pour quelle mère!

IDYLLE SUR LA PAIX.[5]

Charmante paix, délices de la terre,
Fille du ciel et mère des plaisirs,
Tu reviens combler nos désirs:
Tu bannis la terreur et les tristes soupirs,
Malheureux enfants de la guerre.

Un plein repos favorise nos vœux:
Chantons, chantons la paix, qui nous rend tous heureux.

Tu rends le fils à sa tremblante mère;
Par toi la jeune épouse espère
D'être longtemps unie à son époux aimé;
De ton retour le laboureur charmé
Ne craint plus désormais qu'une main étrangère
Moissonne avant le temps le champ qu'il a semé:
Tu pares nos jardins d'une grâce nouvelle;
Tu rends le jour plus pur, et la terre plus belle.

Un plein repos favorise nos vœux:
Chantons, chantons la paix, qui nous rend tous heureux.

Mais quelle main puissante et secourable
A rappelé du ciel cette paix adorable?

Quel Dieu, sensible aux vœux de l'univers,
A replongé la discorde aux enfers?

Déjà grondaient les horribles tonnerres
Par qui sont brisés les remparts:
Déjà marchait devant les étendards
Bellone, les cheveux épars,
Et se flattait[6] d'éterniser les guerres
Que sa fureur soufflait de toutes parts.

Divine paix, apprends-nous par quels charmes
Un calme si profond succède à tant d'alarmes?

Un héros, des mortels l'amour et le plaisir,
Un roi victorieux vous a fait ce loisir.[7]

Ses ennemis, offensés de sa gloire,
Vaincus cent fois, cent fois le suppliant,
En leur fureur de nouveau s'oubliant,
Ont osé dans ses bras irriter la victoire.

Qu'ont-ils gagné, ces esprits orgueilleux,
Qui menaçaient d'armer la terre entière?
Ils ont vu de nouveau resserrer leur frontière;
Ils ont vu ce roc sourcilleux,[8]
De leur orgueil l'espérance dernière,
De nos champs fortunés devenir la barrière.

Un héros, des mortels l'amour et le plaisir,
Un roi victorieux nous a fait ce loisir.

O ciel, ô saintes destinées,
Qui prenez soin de ses jours florissants,
Retranchez de nos ans
Pour ajouter à ses années.[9]

Qu'il règne ce héros, qu'il triomphe toujours;
Qu'avec lui soit toujours la paix ou la victoire:
Que le cours de ses ans dure autant que le cours
De la Seine et la Loire.

Qu'il règne ce héros, qu'il triomphe toujours;
Qu'il vive autant que sa gloire[10]!

§ 55. J. B. ROUSSEAU, 1671-1741.

Malgré d'assez grandes inégalités dans ses ouvrages, J. B. ROUSSEAU est digne encore d'être compté parmi les poètes classiques français.

On admirera toujours la magnificence et l'éclat de ses belles odes : en outre, il a été le créateur d'un genre nouveau en poésie, de la cantate.[1] Ajoutons qu'il a laissé plusieurs comédies assez froides, des épigrammes piquantes, et des épîtres parfois ingénieuses et faciles. Né à Paris, en 1671,[2] d'un artisan qui épuisa ses ressources pour le placer au collége du Plessis, il annonça de bonne heure les plus brillantes dispositions; mais son caractère ne fut jamais au niveau de son esprit. Assez faible pour rougir de sa naissance, il fut, assure-t-on, un fils ingrat, et l'on ne saurait s'étonner qu'il ait passé dès lors pour un malhonnête homme. De là les malheurs de sa vie, qui exercèrent une fâcheuse influence sur ses talents. Il fut en effet banni en 1712 par arrêt du parlement, et il passa à l'étranger le reste de ses jours : ce long exil finit par altérer sensiblement la correction de son langage. La cause de sa condamnation avait été une pièce de vers scandaleux, dont il fut réputé l'auteur : il paraît bien avéré aujourd'hui qu'il n'était pas coupable, mais il porta la peine de sa mauvaise réputation. Néanmoins, il faut constater, à l'avantage de sa mémoire, que J. B. Rousseau, jusqu'à sa mort, qui eut lieu à Bruxelles en 1741, conserva des amis honorables, entre lesquels on remarque Rollin, qui lui a adressé plusieurs lettres. On peut le considérer, pour le style, comme l'anneau qui unit, en quelque sorte, le dix-septième siècle au dix-huitième.

L'INSPIRATION POÉTIQUE.

Tel que le vieux pasteur des troupeaux de Neptune,[3]
Protée, à qui le Ciel, père de la fortune,
    Ne cache aucuns secrets,
Sous diverse figure, arbre, flamme, fontaine,
S'efforce d'échapper à la vue incertaine
    Des mortels indiscrets[4];

Ou tel que d'Apollon le ministre terrible,
Impatient du Dieu dont le souffle invincible
    Agite tous ses sens,

Le regard furieux, la tête échevelée,
Du temple fait mugir la demeure ébranlée
Par ses cris impuissants:

Tel, au premiers accès d'une sainte manie,
Mon esprit alarmé redoute du génie
L'assaut victorieux;
Il s'étonne, il combat l'ardeur qui le possède,
Et voudrait secouer du démon qui l'obsède
Le joug impérieux.[5]

Mais sitôt que, cédant à la fureur divine,
Il reconnaît enfin du dieu qui le domine
Les souveraines lois,
Alors, tout pénétré de sa vertu suprême,
Ce n'est plus un mortel, c'est Apollon lui-même
Qui parle par ma voix.

LA RENOMMÉE.[6]

Est-ce une illusion soudaine[7]
Qui trompe mes regards surpris?
Est-ce un songe dont l'ombre vaine
Trouble mes timides esprits?
Quelle est cette déesse énorme,
Ou plutôt ce monstre difforme
Tout couvert d'oreilles et d'yeux,
Dont la voix ressemble au tonnerre,
Et qui, des pieds touchant la terre,
Cache sa tête dans les cieux?
C'est l'inconstante Renommée,
Qui, sans cesse les yeux ouverts,
Fait sa revue accoutumée
Dans tous les coins de l'univers:
Toujours vaine, toujours errante,
Et messagère indifférente

Des vérités et de l'erreur,
Sa voix, en merveilles féconde,
Va chez tous les peuples du monde
Semer le bruit et la terreur.

EXISTENCE DE DIEU.

Les cieux instruisent la terre[8]
A révérer leur Auteur :
Tout ce que leur globe enserre
Célèbre un Dieu créateur.
O quel sublime cantique,
Que ce concert magnifique
De tous les célestes corps !
Quelle grandeur infinie !
Quelle divine harmonie
Résulte de leurs accords !

De sa puissance immortelle
Tout parle, tout nous instruit.
Le jour au jour la révèle
La nuit l'annonce à la nuit.[9]
Ce grand et superbe ouvrage
N'est point pour l'homme un langage
Obscur et mystérieux.
Son adorable structure
Est la voix de la nature
Qui se fait entendre aux yeux.

Dans une éclatante voûte
Il a placé de ses mains
Ce soleil qui, dans sa route,
Éclaire tous les humains.
Environné de lumière,
Cet astre ouvre sa carrière
Comme un époux glorieux,

Qui, dès l'aube matinale,
De sa couche nuptiale
Sort brillant et radieux.[10]

L'univers, à sa présence,
Semble sortir du néant.
Il prend sa course, il s'avance
Comme un superbe géant.
Bientôt sa marche féconde
Embrasse le tour du monde
Dans le cercle qu'il décrit;
E, par sa chaleur puissante,
La nature languissante,
Se ranime et se nourrit.

O que tes œuvres sont belles,
Grand Dieu! quel sont tes bienfaits!
Que ceux qui te sont fidèles
Sous ton joug trouvent d'attraits[11]!
Ta crainte inspire la joie;
Elle assure notre voie,
Elle nous rend triomphants;
Elle éclaire la jeunesse,
Et fait briller la sagesse
Dans les plus faibles enfants.

§ 56. RACINE FILS, 1692-1763.

Louis Racine, second fils de Jean Racine le célèbre poète tragique, est auteur de *la Religion*, poème; des *Odes tirées des livres saints;* des *Épîtres sur l'homme, sur l'âme des bêtes*, etc.; de poésies diverses, entre autres l'*Ode sur l'harmonie;* de *Réflexions sur la poésie;* de *Mémoires sur la vie de J. Racine;* de *Remarques sur les tragédies de Racine*, avec un *Traité de la poésie dramatique;* du *Paradis perdu* de Milton, traduit, avec les remarques d'Addison.

PREUVES PHYSIQUES DE L'EXISTENCE DE DIEU.

Oui, c'est un Dieu caché que le Dieu qu'il faut croire,[1]
Mais, tout caché qu'il est, pour révéler sa gloire,
Quels témoins éclatants, devant moi rassemblés!
Répondez, cieux et mers; et vous, terre, parlez!
Quel bras peut vous suspendre, innombrables étoiles?
Nuit brillante, dis-nous, qui t'a donné tes voiles?
O cieux, que de grandeur, et quelle majesté!
J'y reconnais un maître à qui rien n'a coûté,
Et qui dans vos déserts a semé la lumière,
Ainsi que dans nos champs il sème la poussière.
Toi qu'annonce l'aurore, admirable flambeau,
Astre toujours le même, astre toujours nouveau,
Par quel ordre, ô soleil! viens-tu du sein de l'onde
Nous rendre les rayons de ta clarté féconde?
Tous les jours je t'attends, tu reviens tous les jours:
Est-ce moi qui t'appelle, et qui règle ton cours?
Et toi dont le courroux veut engloutir la terre,
Mer terrible, en ton lit quelle main te resserre?
Pour forcer ta prison tu fais de vains efforts;
La rage de tes flots expire sur tes bords.
Fais sentir ta vengeance à ceux dont l'avarice
Sur ton perfide sein va chercher son supplice.
Hélas! prêts à périr, t'adressent-ils leurs vœux?
Ils regardent le ciel, secours des malheureux.
La nature, qui parle en ce péril extrême,

Leur fait lever les mains vers l'asile suprême :
Hommage que toujours rend un cœur effrayé
Au Dieu que jusqu'alors il avait oublié !
La voix de l'univers à ce Dieu me rappelle ;
La terre le publie. "Est-ce moi, me dit-elle,
Est-ce moi qui produis mes riches ornements ?
C'est celui dont la main posa mes fondements.
Si je sers tes besoins, c'est lui qui me l'ordonne ;
Les présents qu'il me fait, c'est à toi qu'il les donne.
Je me pare des fleurs qui tombent de sa main ;
Il ne fait que l'ouvrir, et m'en remplit le sein.
Pour consoler l'espoir du laboureur avide,
C'est lui qui dans l'Égypte, où je suis trop aride,
Veut qu'au moment prescrit, le Nil, loin de ses bords,
Répandu sur ma plaine, y porte mes trésors.
A de moindres objets tu peux le reconnaître[2] :
Contemple seulement l'arbre que je fais croître ;
Mon suc, dans la racine à peine répandu,
Du tronc qui le reçoit à la branche est rendu :
La feuille le demande, et la branche fidèle,
Prodigue de son bien, le partage avec elle.
De l'éclat de ses fruits justement enchanté,
Ne méprise jamais ces plantes sans beauté,
Troupe obscure et timide, humble et faible vulgaire ;
Si tu sais découvrir leur vertu salutaire,
Elles pourront server à prolonger tes jours,
Et ne t'afflige pas si les leurs sont si courts :
Toute plante, en naissant, déjà renferme en elle
D'enfants qui la suivront une race immortelle ;
Chacun de ces enfants, dans ma fécondité,
Trouve un gage nouveau de sa postérité."

LES POÈTES DU SIÈCLE DE LOUIS XIV.

Quelle humeur triste et dédaigneuse [3]
Nous dégoûte de notre bien ?
Notre langue est riche et pompeuse
Pour quiconque la connaît bien [4];
Et moins brillant par son génie
Qu'aimable par son harmonie,
Notre Malherbe sut cueillir
Ces feuilles si vertes, si belles,
Dont les couronnes immortelles
Empêchent son nom de vieiller.

Mais quoi ! le fer brille à ma vue,
Et de morts les champs sont couverts,
L'aigle par l'aigle est abattue,
On combat pour choisir ses fers.
Rome déchire ses entrailles !
Que de meurtres, de funérailles !
Paix sanglante, ouvrage d'horreur !
Que de cris percent mon oreille !
Plein d'effroi j'admire Corneille,
Et je me plais dans ma terreur.[5]

Toi qui rends à la tragédie
L'ornement pompeux de ses chœurs,
Ta muse encore plus hardie
D'un saint trouble remplit nos cœurs ;
Je te suis jusqu'à la montagne,
Où Dieu, que sa gloire accompagne,
Vient dicter ses commandements.
Frappé du bruit de son tonnerre,
Je crois sentir trembler la terre
Sur ses antiques fondements.[6]

Au moindre zéphyr dont l'haleine
Fait rider la face de l'eau,

L'aimable et tendre La Fontaine
M'intéresse pour un roseau.
Mais s'il appelle la tempête
Contre cette orgueilleuse tête
Qui veut entraver ses efforts,
Quelle chute! quelle ruine!
Le chêne qu'elle déracine
Touchait à l'empire des morts.[7]

Que j'aime la voix languissante
Qui laisse tomber faiblement
Ces mots dont la douceur m'enchante,
Et qui coulent si lentement!
O grand peintre de la mollesse[8]!
J'aime encor jusqu'à ta vieillesse,
Lorsqu'après dix lustres pesants
Amassés sur ta tête illustre,
Elle y jette un onzième lustre,
Qu'elle surcharge de trois ans!

Si le maître de notre lyre
Aujourd'hui chante loin de nous,
Dans l'air étranger qu'il respire,
Ses accords n'en sont pas moins doux.[9]
Non, la veine de notre Alcée[10]
N'a point encore été glacée
Par la froideur de ces climats,
Où si souvent de la Scythie
Le fougueux époux d'Orithye[11]
Rassemble les tristes frimas.

Telle est la noble poésie
Que les muses nous font goûter,
Qu'à son tour avec jalousie
Homère pourrait écouter.
Ne regrettons point le Méandre,[12]
La Seine nous a fait entendre

Quelques cygnes mélodieux ;
Mais partout ils ont été rares :
Si les dieux étaient moins avares,
Leurs dons seraient moins précieux.

Amateurs des pointes brillantes,
Des jeux d'esprit et des éclairs,
Toutes ces beautés petillantes
N'immortalisent point nos vers.
Mais une constante harmonie
A la raison toujours unie
De l'oubli nous rendra vainqueurs.
Qu'elle soit l'objet de nos veilles :
C'est l'art d'enchanter les oreilles
Qui fait la conquête des cœurs.

§ 57. VOLTAIRE, 1694–1778.

François-Marie-Arouet de Voltaire, poète épique, dramatique, satirique, historien et philosophe, fut l'un des hommes les plus célèbres du XVIIIe siècle. Soupçonné, en 1716, d'être l'auteur d'une satire dirigée contre la mémoire de Louis XIV, il fut enfermé pendant un an à la Bastille, où il ébaucha sa *Henriade.* En 1718, Voltaire fit jouer *Œdipe*, sa première tragédie, qui eut un immense succès, et se consacrant dès lors exclusivement aux lettres, il publia plusieurs ouvrages qui mirent le sceau à sa réputation. Il a réussi dans presque tous les genres ; sa *Henriade* est le seul poème épique que la France possède. Quelques-unes de ses tragédies, telles que *Zaïre*, *Mérope*, *Oreste*, *Mahomet*, approchent pour la perfection de celles de Racine ; ses poésies légères, badines, satiriques, sont demeurées sans égales, et ses histoires notamment le mettent au rang des prosateurs les plus corrects, et les plus élégants.

MORT DE COLIGNY.[1]

Cependant tout s'apprête, et l'heure est arrivée[2]
Qu'au fatal dénoûment la Reine à réservée.
Le signal est donné sans tumulte et sans bruit:
C'était à la faveur des ombres de la nuit.
De ce mois malheureux l'inégale courrière
Semblait cacher d'effroi sa tremblante lumière;
Coligny languissait dans les bras du repos,
Et le sommeil trompeur lui versait ses pavots.

Soudain de mille cris le bruit épouvantable
Vient arracher ses sens à ce calme agréable.
Il se lève, il regarde; il voit de tous côtés
Courir des assassins à pas précipités;
Il voit briller partout les flambeaux et les armes;
Son palais embrasé, tout un peuple en alarmes;
Ses serviteurs sanglants, dans la flamme étouffés;
Les meurtriers en foule au carnage échauffés,
Criant à haute voix: "Qu'on n'épargne personne;
C'est Dieu, c'est Médicis,[3] c'est le Roi qui l'ordonne!"

Il entend retentir le nom de Coligny:
Il aperçoit de loin le jeune Téligny,
Téligny dont l'amour a mérité sa fille,
L'espoir de son parti, l'honneur de sa famille,
Qui, sanglant, déchiré, traîné par des soldats,
Lui demandait vengeance, et lui tendait les bras.
Le héros malheureux, sans armes, sans défense,
Voyant qu'il faut périr, et périr sans vengeance,
Voulut mourir du moins comme il avait vécu,
Avec toute sa gloire et toute sa vertu.
Déjà des assassins la nombreuse cohorte,
Du salon qui l'enferme allait briser la porte;
Il leur ouvre lui-même, et se montre à leurs yeux,
Avec cet œil serein, ce front majestueux,

Tel que, dans les combats, maître de son courage,
Tranquille, il arrêtait ou pressait le carnage.

A cet air vénérable, à cet auguste aspect,
Les meurtriers surpris sont saisis de respect;
Une force inconnue a suspendu leur rage.
"Compagnons, leur dit-il, achevez votre ouvrage,
Et de mon sang glacé souillez ces cheveux blancs,
Que le sort des combats respecta quarante ans.
Frappez, ne craignez rien: Coligny vous pardonne;
Ma vie est peu de chose, et je vous l'abandonne;
J'eusse aimé mieux la perdre en combattant pour vous."
Ces tigres, à ces mots, tombent à ses genoux:
L'un, saisi d'épouvante, abandonne ses armes;
L'autre embrasse ses pieds qu'il trempe de ses larmes;
Et de ses assassins ce grand homme entouré,
Semblait un roi puissant par son peuple adoré.
Besme, qui dans la cour attendait sa victime,
Monte, accourt, indigné qu'on diffère son crime;
Des assassins trop lents il veut hâter les coups:
Aux pieds de ce héros il les voit trembler tous.[4]
A cet objet touchant lui seul est inflexible;
Lui seul, à la pitié toujours inaccessible,
Aurait cru faire un crime, et trahir Médicis,
Si du moindre remords il se sentait surpris.
A travers les soldats, il court d'un pas rapide:
Coligny l'attendait d'un visage intrépide:
Et bientôt dans le flanc ce monstre furieux
Lui plonge son épée en détournant les yeux,
De peur que d'un coup d'œil cet auguste visage
Ne fît trembler son bras, et glaçât son courage.

Du plus grand des Français tel fut le triste sort:
On l'insulte, on l'outrage encore après sa mort.
Son corps percé de coups, privé de sépulture,
Des oiseaux dévorants fut l'indigne pâture;
Et l'on porta sa tête aux pieds de Médicis:

Conquête digne d'elle et digne de son fils![5]
Médicis la reçut avec indifférence,
Sans paraître jouir du fruit de sa vengeance,
Sans remords, sans plaisir, maîtresse de ses sens,
Et comme accoutumée à de pareils présents.

COMBAT DE TURENNE ET D'AUMALE.

Paris, le roi, l'armée, et l'enfer et les cieux,[2]
Sur ce combat illustre avaient fixé les yeux.
Bientôt les deux guerriers entrent dans la carrière.
Henri,[6] du champ d'honneur leur ouvre la barrière.
Leur bras n'est point chargé du poids d'un bouclier;
Ils ne se cachent point sous ces bustes d'acier,
Des anciens chevaliers ornement honorable,
Eclatant à la vue, aux coups impénétrable;
Ils négligent tous deux cet appareil qui rend
Et le combat plus long et le danger moins grand.
Leur arme est une épée; et, sans autre défense,
Exposé tout entier, l'un et l'autre s'avance.[7]

"O Dieu! cria Turenne, arbitre de mon roi,
Descends, juge sa cause, et combats avec moi:
Le courage n'est rien sans ta main protectrice;
J'attends peu de moi-même, et tout de ta justice."
D'Aumale répondit: "J'attends tout de mon bras;
C'est de nous que dépend le destin des combats;[8]
En vain l'homme timide implore un Dieu suprême;
Tranquille au haut du ciel, il nous laisse à nous-même:
Le parti le plus juste est celui du vainqueur,
Et le Dieu de la guerre est la seule valeur."
Il dit, et, d'un regard enflammé d'arrogance,
Il voit de son rival la modeste assurance.

Mais la trompette sonne. Ils s'élancent tous deux;
Ils commencent enfin ce combat dangereux.

Tout ce qu'ont pu jamais la valeur et l'adresse,
L'ardeur, la fermeté, la force, la souplesse,
Parut des deux côtés en ce choc éclatant.
Cent coups étaient portés et parés à l'instant.
Tantôt avec fureur l'un d'eux se précipite;
L'autre, d'un pas léger, se détourne et l'évite:
Tantôt plus rapprochés, ils semblent se saisir;
Leur péril renaissant donne un affreux plaisir;
On se plaît à les voir s'observer et se craindre,
Avancer, s'arrêter, se mesurer, s'atteindre:
Le fer étincelant, avec art détourné,
Par de feints mouvements trompe l'œil étonné.
Telle on voit du soleil la lumière éclatante,
Briser ses traits de feu dans l'onde transparente;
Et, se rompant encor[9] par des chemins divers,
De ce cristal mouvant repasser dans les airs.

Le spectateur, surpris, et ne pouvant le croire,
Voyait à tout moment leur chute et leur victoire.
D'Aumale est plus ardent, plus fort, plus furieux;
Turenne est plus adroit, et moins impétueux;
Maître de tous ses sens, animé sans colère,
Il fatigue à loisir son terrible adversaire.
D'Aumale en vains efforts épuise sa vigueur:
Bientôt son bras lassé ne sert plus sa valeur.
Turenne, qui l'observe, aperçoit sa faiblesse;
Il se ranime alors, il le pousse, il le presse:
Enfin, d'un coup mortel il lui perce le flanc;
D'Aumale est renversé dans les flots de son sang.[10]
Il tombe, et de l'enfer tous les monstres frémirent;
Ces lugubres accents dans les airs s'entendirent:
"De la Ligue à jamais le trône est renversé;
Tu l'emportes, Bourbon! notre règne est passé."
Tout le peuple y répond par un cri lamentable.
D'Aumale, sans vigueur, étendu sur le sable,
Menace encor Turenne, et le menace en vain;
Sa redoutable épée échappe de sa main.

Il veut parler; sa voix expire dans sa bouche:[11]
L'horreur d'être vaincu rend son air plus farouche.
Il se lève, il retombe, il ouvre un œil mourant;
Il regarde Paris, et meurt en soupirant.
Tu le vis expirer, infortuné Mayenne![12]
Tu le vis, tu frémis, et ta chute prochaine
Dans ce moment affreux s'offrit à tes esprits.

L'IMMORTALITÉ DE L'ÂME.

Oui, Platon, tu dis vrai: notre âme est immortelle;
C'est un Dieu qui lui parle, un Dieu qui vit en elle.
Eh! d'où viendrait sans lui ce grand pressentiment,
Ce dégoût des faux biens, cette horreur du néant?
Vers des siècles sans fin je sens que tu m'entraînes;
Du monde et de mes sens je vais briser les chaînes,
Et m'ouvrir loin du corps, dans la fange arrêté,
Les portes de la vie et de l'éternité.
L'éternité! quel mot consolant et terrible!
O lumière! ô nuage! ô profondeur horrible!
Que dis-je? où suis-je? où vais-je? et d'où suis-je tiré?
Dans quels climats nouveaux, dans quels monde ignoré
Le moment du trépas va-t-il plonger mon être?
Où sera cet esprit qui ne peut se connaître?
Que me préparez-vous, abîmes ténébreux?
Allons, s'il est un Dieu, Platon doit être heureux.
Il en est un, sans doute, et je suis son ouvrage;
Lui-même au cœur du juste il empreint son image.
Il doit venger sa cause, et punir les pervers.
Mais comment? dans quel temps? et dans quel univers?
Ici la vertu pleure, et l'audace l'opprime;
L'innocence à genoux y tend la gorge au crime;
La fortune y domine, et tout y suit son char.
Ce globe infortuné fut formé pour César.
Hâtons-nous de sortir d'une prison funeste.

Je te verrai sans ombre, ô Vérité céleste !
Tu te caches de nous dans nos jours de sommeil ;
Cette vie est un songe, et la mort un réveil.

RICHELIEU[13] ET MAZARIN.

Henri[6] dans ce moment voit sur des fleurs de lis
Deux mortels orgueilleux auprès du trône assis ;
Ils tiennent sous leurs pieds tout un peuple à la chaîne ;
Tous deux sont revêtus de la pourpre romaine ;
Tous deux sont entourés de gardes, de soldats :
Il les prend pour des rois. " Vous ne vous trompez pas ;
Ils le sont, dit Louis, sans en avoir le titre ;
Du Prince et de l'État l'un et l'autre est l'arbitre.
Richelieu, Mazarin, ministres immortels,
Jusqu'au trône élevés de l'ombre des autels,
Enfants de la fortune et de la politique,
Marcheront à grands pas au pouvoir despotique.
Richelieu, grand, sublime, implacable ennemi ;
Mazarin, souple, adroit, et dangereux ami :
L'un fuyant avec art, et cédant à l'orage ;
L'autre aux flots irrités opposant son courage :
Des Princes de mon sang ennemis déclarés ;
Tous deux haïs du peuple, et tous deux admirés ;
Enfin, par leurs efforts, ou par leur industrie,
Utiles à leurs rois, cruels à la patrie."

LE SOMMEIL ET L'ESPÉRANCE.

Du Dieu qui nous créa la clémence infinie,
Pour adoucir les maux de cette courte vie,
A placé parmi nous deux êtres bienfaisants,
De la terre à jamais aimables habitants,
Soutiens dans les travaux, trésors dans l'indigence.
L'un est le doux sommeil, et l'autre est l'espérance.

L'un, quand l'homme accablé sent de son faible corps
Les organes vaincus sans force et sans ressorts,
Vient par un calme heureux secourir la nature,
Et lui porter l'oubli des peines qu'elle endure;
L'autre anime nos cœurs, enflamme nos désirs,
Et même en nous trompant donne de vrais plaisirs:
Mais aux mortels chéris à qui le ciel l'envoie,
Elle n'inspire point une infidèle joie,
Elle apporte de Dieu la promesse et l'appui;
Elle est inébranlable et pure comme lui.

§ 58. GRESSET, 1709–1777.

Jean-Baptiste Gresset est l'un des poètes français les plus gracieux et les plus spirituels.

Son premier essai fut *Vert-Vert*, chef-d'œuvre de grâce, d'élégant badinage, de poésie facile et de piquante malice. A ce charmant poème, qui établit la réputation de l'auteur, succéda une foule de poésies légères qui attestent sa verve féconde; ce sont: *la Chartreuse*, *le Carême impromptu*, *le Lutrin vivant*, *les Ombres*, l'*Épître d'un Chartreux*, l'*Épître au père Bugeant*, etc., toutes pièces remplies d'originalité, de verve et d'esprit. Il donna aussi au théâtre *Édouard III*, tragédie, *le Méchant*, excellente comédie où l'on remarque des observations ingénieuses, un dialogue vif et animé, ainsi que des situations comiques. Parmi ses œuvres posthumes, on distingue *le Parrain magnifique*, poème fort original, et digne de figurer avec ceux que l'auteur a publiés pendant sa vie.

L'ART DE JOUIR.

En retranchant de notre vie[1]
Les façons, la cérémonie,
Et tout populaire fardeau,
Loin de l'humaine comédie,
Et comme en un monde nouveau,

Dans une charmante pratique
Nous réaliserons enfin
Cette petite république
Si longtemps projetée en vain.

Une divinité commode,
L'Amitié, sans bruit, sans éclat,
Fondera ce nouvel État:
La Franchise en fera le code,
Les Jeux en seront le sénat;
Et sur un tribunal de roses,
Siége de notre consulat,
L'Enjoûment jugera les causes.
On exclura de ce climat
Tout ce qui porte l'air d'étude;
La Raison, quittant son ton rude,
Prendra le ton du sentiment:
La Vertu n'y sera point prude,
L'Esprit n'y sera point pédant;
Le Savoir n'y sera mettable
Que sous les traits de l'Agrément:
Pourvu que l'on sache être aimable,
On y saura suffisamment.[2]
On y proscrira l'étalage
Des phrasiers, des rhéteurs bouffis:
Rien n'y prendra le nom d'ouvrage;
Mais sous le nom de badinage,
Il sera quelquefois permis
De rimer quelques chansonnettes,
Et d'embellir quelques sornettes
Du poétique coloris,
En répandant avec finesse
Une nuance de sagesse
Jusque sur Bacchus et les Ris.
Par un arrêt en vaudevilles
On bannira les faux plaisants,
Les cagots fades et rampants,

Les complimenteurs imbécilles,
Et le peuple des froids savants.

Enfin, cet heureux coin du monde
N'aura pour but dans ses statuts[3]
Que de nous soustraire aux abus
Dont ce bon univers abonde.
Toujours sur ces lieux enchanteurs
Le soleil levé sans nuages
Fournira son cours sans orages,
Et se couchera dans les fleurs.
Pour prévenir la décadence
Du nouvel établissement,
Nul indiscret, nul inconstant,
N'entrera dans la confidence:
Ce canton veut être inconnu.
Ses charmes, sa béatitude,
Pour base ayant la solitude,
S'il devient peuple, il est perdu.
Les États de la république
Chaque automne s'assembleront[4];
Et là, notre regret unique,
Nos uniques peines seront
De ne pouvoir toute l'année
Suivre cette loi fortunée[2]
De philosophiques loisirs,
Jusqu'à ce moment où la Parque
Emporte dans la même barque
Nos jeux, nos cœurs et nos plaisirs.

LE MÉCHANT.

Que dans ses procédés l'homme est inconséquent[5]!
On recherche un esprit dont on hait le talent;
On applaudit aux traits du *Méchant* qu'on abhorre,
Et, loin de le proscrire, on l'encourage encore.

Mais convenez aussi qu'avec ce mauvais ton,
Tous ces gens dont il est l'oracle et le bouffon
Craignent pour eux le sort des absents qu'il leur livre,
Et que tous avec lui seraient fâchés de vivre:
On le voit une fois, il peut être applaudi;
Mais quelqu'un voudrait-il en faire son ami?
—On le craint, c'est beaucoup.—Mérite pitoyable!
Pour les esprits sensés est-il donc redoutable?
C'est ordinairement à de faibles rivaux
Qu'il adresse les traits de ses mauvais propos.
Quel honneur trouvez-vous à poursuivre, à confondre,
A désoler quelqu'un qui ne peut vous répondre?
Ce triomphe honteux de la méchanceté
Réunit la bassesse et l'inhumanité.
Quand sur l'esprit d'un autre on a quelque avantage,
N'est-il pas plus flatteur d'en mériter l'hommage,
De voiler, d'enhardir la faiblesse d'autrui,
Et d'en être à la fois et l'amour et l'appui?
Vous le croyez heureux? Quelle âme méprisable!
Si c'est là son bonheur, c'est être misérable.
Étranger au milieu de la société,
Et partout fugitif, et partout rejeté,
Vous connaîtrez bientôt par votre expérience
Que le bonheur du cœur est dans la confiance.
Un commerce de suite avec les mêmes gens,
L'union des plaisirs, des goûts, des sentiments;
Une société peu nombreuse, et qui s'aime,
Où vous pensez tout haut, ou vous êtes vous-même,
Sans lendemain, sans crainte et sans malignité;
Dans le sein de la paix et de la sûreté,
Voilà le seul bonheur honorable et paisible
D'un esprit raisonnable et d'un cœur né sensible.
Sans amis, sans repos, suspect et dangereux,
L'homme frivole et vague est déjà malheureux.
Mais jugez avec moi combien l'est davantage
Un méchant affiché, dont on craint le passage;

Qui, traînant après lui les rapports, les horreurs,
L'esprit de fausseté, l'art affreux des noirceurs,
Abhorré, méprisé, couvert d'ignominie,
Chez les honnêtes gens demeure sans patrie!

§ 59. LE FRANC DE POMPIGNAN, 1709–1784.

JEAN-JACQUES-NICOLAS LE FRANC, MARQUIS DE POMPIGNAN, a fait *Didon*, tragédie; *les Adieux de Mars*, comédie; traduction des *Géorgiques* et du sixième livre de l'*Énéide; Poésies sacrées et philosophiques*, tirées des livres saints; des *Odes*, des *Épîtres*, des *Hymnes*, etc., etc. Sa tragédie de *Didon* est son meilleur ouvrage.

DÉSESPOIR DE DIDON, ET SES IMPRÉCATIONS CONTRE ÉNÉE.[1]

Ah! barbare! ah! perfide!
Le voilà ce héros dont le Ciel est le guide,[2]
Ce guerrier magnanime, et ce mortel pieux
Qui sauva de la flamme et son père et ses Dieux!
Le parjure abusait de ma faiblesse extrême;
Et la gloire n'est point à trahir ce qu'on aime.
Du sang dont il naquit j'ai dû me défier,
Et de Laomédon connaître l'héritier.
Cruel, tu t'applaudis de ce triomphe insigne;
De tes lâches aïeux, va, tu n'es que trop digne.
Mais tu me fuis en vain, mon ombre te suivra.
Tremble, ingrat, je mourrai, mais ma haine vivra.

Tu vas fonder le trône où le Destin t'appelle;
Et moi je te déclare une guerre immortelle.
Mon peuple héritera de ma haine pour toi:
Le tien doit hériter de ton horreur pour moi.

Que ces peuples rivaux, sur la terre et sur l'onde,
De leurs divisions épouvantent le monde!
Que pour mieux se détruire ils franchissent les mers;
Qu'ils ne puissent ensemble habiter l'univers;
Qu'une égale fureur sans cesse les dévore,
Qu'après s'être assouvie elle renaisse encore;
Qu'ils violent entre eux et la foi des traités,
Et les droits les plus saints et les plus respectés!
Qu'excités par mes cris, les enfants de Carthage
Jurent dès le berceau de venger mon outrage;
Et puissent en mourant mes derniers successeurs
Sur tes derniers neveux être encor mes vengeurs!

LA MORT DE J.-B. ROUSSEAU.

Quand le premier chantre du monde[3]
Expira sur les bords glacés
Où l'Hèbre effrayé dans son onde
Reçut ses membres dispersés,[4]
Le Thrace, errant sur les montagnes,
Remplit les bois et les campagnes
Du cri perçant de ses douleurs;
Les champs de l'air en retentirent,
Et dans les antres qui gémirent
Le lion répandit des pleurs.

La France a perdu son Orphée . . .
Muses, dans ce moment de deuil,
Élevez le pompeux trophée
Que vous demande son cercueil.
Laissez, par de nouveaux prodiges,
D'éclatants et dignes vestiges
D'un jour marqué par vos regrets.
Ainsi le tombeau de Virgile
Est couvert du laurier fertile
Qui par vos soins ne meurt jamais.[5]

D'une brillante et triste vie
Rousseau quitte aujourd'hui les fers;
Et, loin du ciel de sa patrie,
La mort termine ses revers.[6]
D'où ses maux prirent-ils leur source?
Quelles épines dans sa course
Étouffaient les fleurs sous ses pas!
Quels ennuis, quelle vie errante!
Et quelle foule renaissante
D'adversaires et de combats!

Jusques à quand, mortels farouches,
Vivrons-nous de haine et d'aigreur?
Prêterons-nous toujours nos bouches
Au langage de la fureur?
Implacable dans ma colère,
Je m'applaudis de la misère
De mon ennemi terrassé;
Il se relève, je succombe,
Et moi-même à ses pieds je tombe,
Frappé du trait que j'ai lancé.

Du sein des ombres éternelles,
S'élevant au trône des Dieux,
L'envie offusque de ses ailes
Tout éclat qui frappe ses yeux.
Quel ministre, quel capitaine,
Quel monarque vaincra sa haine,
Et les injustices du sort?
Le temps à peine les consomme;
Et, quoi que fasse le grand homme,
Il n'est grand homme qu'à sa mort.

Le Nil a vu, sur ses rivages,
Les noirs habitants des déserts
Insulter, par leurs cris sauvages,
L'astre éclatant de l'univers;

Cris impuissants, fureurs bizarres!
Tandis que ces monstres barbares
Poussaient d'insolentes clameurs,
Le Dieu poursuivant sa carrière,
Versait des torrents de lumière
Sur ses obscurs blasphémateurs.[7]

§ 60. SAINT LAMBERT, 1717–1805.

Jean-Charles-François de Saint Lambert, poète distingué et littérateur aimable, naquit à Nancy en 1717, et mort à Paris en 1805. Le poème des *Saisons* est son plus bel ouvrage.

L'ORAGE.

On voit à l'horizon de deux points opposés[1]
Des nuages monter dans les airs embrasés;
On les voit s'épaissir, s'élever et s'étendre.
D'un tonnerre éloigné le bruit s'est fait entendre:
Les flots en ont frémi, l'air en est ébranlé,
Et le long du vallon le feuillage a tremblé;
Les monts ont prolongé le lugubre murmure,
Dont le son lent et sourd attriste la nature.
Il succède à ce bruit un calme plein d'horreur,
Et la terre en silence attend dans la terreur;
Des monts et des rochers le vaste amphithéâtre
Disparaît tout-à-coup sous un voile grisâtre,
Le nuage élargi les couvre de ses flancs;
Il pèse sur les airs tranquilles et brûlants.

Mais des traits enflammés ont sillonné la nue,
Et la foudre, en grondant, roule dans l'étendue;

Elle redouble, vole, éclate dans les airs;
Leur nuit est plus profonde; et de vastes éclairs
En font sortir sans cesse un jour pâle et livide.
Du couchant ténébreux s'élance un vent rapide
Qui tourne sur la plaine, et, rasant les sillons,
Enlève un sable noir qu'il roule en tourbillons.
Ce nuage nouveau, ce torrent de poussière,
Dérobe à la campagne un reste de lumière.
La peur, l'airain sonnant, dans les temples sacrés
Font entrer à grands flots les peuples égarés.
Grand Dieu! vois à tes pieds leur foule consternée
Te demander le prix des travaux de l'année.

Hélas! d'un ciel en feu les globules glacés
Écrasent en tombant les épis renversés.
Le tonnerre et les vents déchirent les nuages;
Le fermier de ses champs contemple les ravages,
Et presse dans ses bras ses enfants effrayés.
La foudre éclate, tombe; et des monts foudroyés
Descendent à grand bruit les graviers et les ondes,
Qui courent en torrents sur les plaines fécondes.
O récolte! ô moissons! tout périt sans retour.
L'ouvrage de l'année est détruit dans un jour.

LA CHASSE DU CERF.

Mais l'automne offre encor d'autres amusements,[1]
Où le courage et l'art mènent à la victoire;
Diane dans ses jeux se propose la gloire.
Entendez-vous quel bruit retentit dans les airs,
Et d'échos en échos roule dans ces déserts?
La Discorde, Bellone ou le Dieu de la guerre,
Par ce bruit effrayant menacent-ils la terre?
De la vaste forêt l'espace en est rempli,
Dans ses sombres buissons le cerf a tressailli;
Au monarque des bois la guerre est déclarée.

Il a vu d'ennemis sa demeure entourée,
Et des chiens dévorants, en groupes dispersés,
De distance en distance autour de lui placés.
Là, le coursier fougueux levant sa tête altière,
Bondissant sous son maître et frappant la bruyère,
De la course tardive appelle les instants.

Mais on part; il s'élance; et des sons éclatants
Sur les traces du cerf, dont la terre est empreinte,
Ont conduit le chasseur au centre de l'enceinte.
Le timide animal s'épouvante et s'enfuit,
Et voit dans chaque objet la mort qui le poursuit.
Sa route sur le sable est à peine tracée:
Il devance en courant la vue et la pensée;
L'œil le suit et le cherche aux lieux qu'il a quittés.
Ses cruels ennemis, par le cor excités,
S'élèvent sur ses pas au sommet des montagnes,
Ou fondent à grands cris sur les vastes campagnes.
Effrayé des clameurs et des longs hurlements
Sans cesse à son oreille apportés par les vents,
Vers ces vents importuns il dirige sa fuite;
Mais la troupe implacable, ardente à sa poursuite,
En saisit mieux alors ses esprits vagabonds.
Il écoute et s'élance, et s'élève par bonds;
Il voudrait ou confondre, ou dérober sa trace,
Se dérober du sable et voler dans l'espace.
Hélas! il change en vain sa route et ses retours.

Dans le taillis obscur il fait de longs détours;
Il revoit ces grands bois, théâtre de sa gloire,
Où jadis cent rivaux lui cédaient la victoire,
Où, couvert de leur sang, consumé de désirs,
Pour prix de son courage il obtint les plaisirs.
Il force un jeune cerf à courir dans la plaine,
Pour présenter sa trace à la meute incertaine;
Mais le chasseur la guide, et prévient son erreur.
Le cerf est abattu, tremblant, saisi d'horreur;

Son armure l'accable, et sa tête est penchée;
Sous son palais brûlant sa langue est desséchée.
Il entend de plus près des cris plus menaçants,
Et fait pour fuir encor des efforts impuissants.
Ses yeux appesantis laissent tomber des larmes.
A la troupe en fureur il oppose ses armes:
En vain le désespoir le ranime un instant;
Il tombe, se relève, et meurt en combattant.

§ 61. DELILLE, 1738–1813.

Jacques Delille naquit à Aigueperse, près de Clermont, en Auvergne, et il fit à Paris de brillantes études.

Son premier ouvrage fut une traduction des *Géorgiques* de Virgile, qui fut accueillie, avec un concert unanime d'applaudissements; tout le monde admira la facilité, la grâce et l'aisance de l'élégant traducteur: les savants surtout furent étonnés de la difficulté vaincue avec tant de bonheur, et l'Académie crut s'honorer en ouvrant ses portes au jeune poète.

Le poème des *Jardins* vint bientôt ajouter un nouveau titre à sa gloire, et fut accueillie avec le même enthousiasme. Cet ouvrage manque de plan et d'ensemble, mais il est rempli de beautés de détail; il brille d'une poésie riche et colorée, et l'auteur lui-même le regardait comme son chef-d'œuvre. Delille publia successivement: un *Dithyrambe sur l'immortalité de l'âme*, composé à la pressante sollicitation de Robespierre et où respirent un enthousiasme lyrique et une ardente indignation contre la tyrannie; une traduction de l'*Énéide*, à laquelle il travaillait depuis trente ans, et qui n'est cependant qu'un faible reflet de l'original; *l'Homme des Champs*, qui n'eût pas dû paraître après les *Géorgiques; les Trois Règnes de la Nature*, poème où l'on remarque toutes les beautés, mais aussi tous les défauts, du genre descriptif; le poème de *la Pitié*, dans lequel l'auteur peint les crimes de la révolution et les malheurs de la famille royale, à laquelle il a été constamment attaché; une traduction du *Paradis perdu* de Milton, belle copie du tableau d'un grand maître; et enfin le poème de *la Conversation*, où il se prit pour modèle, car personne ne possédait plus que lui le talent de converser, de plaire et de charmer. Pendant très longtemps professeur de belles-lettres à l'université, et de poésie latine au collége de France, il sut toujours captiver son nombreux auditoire par un esprit brillant, une gaieté douce et un admirable talent pour la lecture. Comme Homère et Milton, il mourut aveugle.

LE CHIEN.

A leur tête est le chien, aimable autant qu'utile,[1]
Superbe et caressant, courageux, mais docile.
Formé pour le conduire et pour le protéger,
Du troupeau qu'il gouverne il est le vrai berger.
Le ciel l'a fait pour nous, et dans leur cour rustique,
Il fut des rois pasteurs le premier domestique ;
Redevenu sauvage, il erre dans les bois :
Qu'il aperçoive l'homme, il rentre sous ses lois,
Et, par un vieil instinct qui jamais ne s'efface,
Semble de ses amis reconnaître la trace.

Gardant du bienfait seul le doux ressentiment,
Il vient lécher ma main après le châtiment ;
Souvent il me regarde ; humide de tendresse,
Son œil affectueux implore une caresse.
J'ordonne, il vient à moi ; je menace, il me fuit ;
Je l'appelle, il revient ; je fais signe, il me suit ;
Je m'éloigne, quels pleurs ! je reviens, quelle joie !
Chasseur sans intérêt, il m'apporte sa proie.
Sévère dans la ferme, humain dans la cité
Il soigne le malheur, conduit la cécité,
Et moi, de l'Hélicon malheureux Bélisaire,
Peut-être un jour ses yeux guideront ma misère.
Est-il hôte plus sûr, ami plus généreux ?
Un riche marchandait le chien d'un malheureux ;
Cette offre l'affligea : "Dans mon destin funeste
Qui m'aimera, dit-il, si mon chien ne me reste ?"
Point de trêve à ses soins, de borne à son amour ;
Il me garde la nuit, m'accompagne le jour :
Dans la foule étonnée on l'a vu reconnaître,

Saisir et dénoncer l'assassin de son maître,
Et, quand son amitié n'a pu le secourir,
Quelquefois sur sa tombe il s'obstine à mourir.

Enfin le grand Buffon écrivit son histoire;
Homère l'a chanté, rien ne manque à sa gloire:
Et, lorsqu'à son retour le chien d'Ulysse absent,
Dans l'excès du plaisir meurt en le caressant,
Oubliant Pénélope, Eumée, Ulysse même,
Le lecteur voit en lui le héros du poème.

LES TOMBEAUX AÉRIENS.

Dirai-je des Natchés la tristesse touchante!
Combien de leur douleur l'heureux instinct m'enchante!
Là, d'un fils qui n'est plus la tendre mère en deuil
A des rameaux voisins vient pendre le cercueil.
Eh! quel soin pouvait mieux consoler sa jeune ombre!
Au lieu d'être enfermé dans la demeure sombre,
Suspendu sur la terre et regardant les cieux,
Quoique mort, des vivants il attire les yeux.
Là, souvent sous le fils vient reposer le père;
Là, ses sœurs en pleurant accompagnent leur mère;
L'oiseau vient y chanter, l'arbre y verse des pleurs,
Lui prête son abri, l'embaume de ses fleurs;
Des premiers feux du jour sa tombe se colore;
Les doux zéphyrs du soir, le doux vent de l'aurore,
Balancent mollement ce précieux fardeau,
Et sa tombe riante est encore un berceau:
De l'amour maternel illusion touchante!

LE CAFÉ.

Il est une liqueur, au poète plus chère,
Qui manquait à Virgile, et qu'adorait Voltaire.
C'est toi, divin café, dont l'aimable liqueur,

Sans altérer la tête, épanouit le cœur.
Aussi, quand mon palais est émoussé par l'âge,
Avec plaisir encor je goûte ton breuvage.
Que j'aime à préparer ton nectar précieux!
Nul n'usurpe chez moi ce soin délicieux.
Sur le réchaud brûlant moi seul tournant ta graine,
A l'or de ta couleur fait succéder l'ébène;
Moi seul contre la noix,[2] qu'arment ses dents de fer,
Je fais, en le broyant, crier ton fruit amer;
Charmé de ton parfum, c'est moi seul qui dans l'onde
Infuse à mon foyer ta poussière féconde;
Qui, tour-à-tour calmant, excitant tes bouillons,
Suis d'un œil attentif tes légers tourbillons.
Enfin de ta liqueur lentement reposée,
Dans le vase fumant la lie est déposée;
Ma coupe, ton nectar, le miel américain,[3]
Que du suc des roseaux exprima l'Africain,
Tout est prêt: du Japon l'émail reçoit tes ondes,
Et seul tu réunis les tributs des deux mondes.
Viens donc, divin nectar, viens donc, inspire-moi:
Je ne veux qu'un désert, mon Antigone,[4] et toi.
A peine j'ai senti ta vapeur odorante,
Soudain de ton climat la chaleur pénétrante
Réveille tous mes sens; sans trouble, sans chaos,
Mes pensers plus nombreux accourent à grands flots.
Mon idée était triste, aride, dépouillée;
Elle rit, elle sort richement habillée;
Et je crois, du génie éprouvant le réveil,
Boire dans chaque goutte un rayon du soleil.

LES CATACOMBES DE ROME.

Sous les remparts de Rome et sous ses vastes plaines
Sont des antres profonds, des voûtes souterraines,
Qui, pendant deux mille ans, creusés par les humains
Donnèrent leurs rochers aux palais des Romains;

Avec ses rois, ses dieux et sa magnificence,
Rome entière sortit de cet abîme immense.
Depuis, loin des regards et du fer des tyrans,
L'Église encor naissante y cacha ses enfants,
Jusqu'au jour où du sein de cette nuit profonde,
Triomphante, elle vint donner des lois au monde,
Et marqua de sa croix les drapeaux des Césars.
Jaloux de tout connaître, un jeune amant des arts,
L'amour de ses parents, l'espoir de la peinture,
Brûlait de visiter cette demeure obscure,
De notre antique foi vénérable berceau.
Un fil dans une main, et dans l'autre un flambeau,
Il entre ; il se confie à ces voûtes nombreuses
Qui croisent en tous sens leurs routes ténébreuses.
Il aime à voir ce lieu, sa triste majesté,
Ce palais de la nuit, cette sombre cité,
Ces temples où le Christ vit ses premiers fidèles,
Et de ces grands tombeaux les ombres éternelles.
Dans un coin écarté se présente un réduit,
Mystérieux asile où l'espoir le conduit.
Il voit des vases saints et des urnes pieuses,
Des vierges, des martyrs dépouilles précieuses ;
Il saisit ce trésor ; il veut poursuivre. Hélas !
Il a perdu le fil qui conduisait ses pas ;
Il cherche, mais en vain ; il s'égare, il se trouble ;
Il s'éloigne, il revient, et sa crainte redouble ;
Il prend tous les chemins que lui montre la peur ;
Enfin, de route en route, et d'erreur en erreur,
Dans les enfoncements de cette obscure enceinte,
Il trouve un vaste espace, effrayant labyrinthe,
D'où vingt chemins divers conduisent alentour.
Lequel choisir ? lequel doit le reconduire au jour ?
Il les consulte tous : il les prend, il les quitte ;
L'effroi suspend ses pas, l'effroi les précipite ;
Il appelle : l'écho redouble sa frayeur ;
De sinistres pensers viennent glacer son cœur.
L'astre heureux qu'il regrette a mesuré dix heures,

Depuis qu'il est errant dans ces noires demeures.
Ce lieu d'effroi, ce lieu d'un silence éternel,
En trois lustres entiers voit à peine un mortel;
Et, pour comble d'effroi, dans cette nuit funeste,
Du flambeau qui le guide il voit périr le reste.
Craignant que chaque pas, que chaque mouvement,
En agitant la flamme en use l'aliment,
Quelquefois il s'arrête et demeure immobile.
Vaines précautions! Tout soin est inutile;
L'heure approche, et déjà son cœur épouvanté
Croit de l'affreuse nuit sentir l'obscurité.
Il marche, il erre encor sous cette voûte sombre,
Et le flambeau mourant fume et s'éteint dans l'ombre.
Il gémit; toutefois d'un souffle haletant
Le flambeau ranimé se rallume à l'instant.
Vain espoir! par le feu la cire consumée,
Par degrés s'abaissant sur la mèche enflammée,
Atteint sa main souffrante, et de ses doigts vaincus
Les nerfs découragés ne la soutiennent plus:
De son bras défaillant enfin la torche tombe,
Et ses derniers rayons ont éclairé sa tombe. . . .
L'infortuné déjà voit cent spectres hideux,.
Le Délire brûlant, le Désespoir affreux.
La mort! . . . non cette Mort qui plaît à la Victoire,
Qui vole avec la foudre, et que pare la Gloire;
Mais lente, mais horrible, et traînant par la main
La Faim qui se déchire et se ronge le sein.
Son sang, à ces pensers, s'arrête dans ses veines.
Et quels regrets touchants viennent aigrir ses peines!
Ses parents, ses amis, qu'il ne reverra plus,
Et ces nobles travaux qu'il laissa suspendus;
Ces travaux qui devaient illustrer sa mémoire,
Qui donnaient le bonheur et promettaient la gloire! . . .
Cependant il espère; il pense quelquefois
Entrevoir des clartés, distinguer une voix.
Il regarde, il écoute . . . Hélas! dans l'ombre immense
Il ne voit que la nuit, n'entend que le silence,

Et le silence ajoute encore à sa terreur.
Alors, de son destin sentant toute l'horreur,
Son cœur tumultueux roule de rêve en rêve;
Il se lève, il retombe, et soudain se relève;
Se traîne quelquefois sur de vieux ossements,
De la mort qu'il veut fuir horribles monuments!
Quand tout à coup son pied trouve un léger obstacle,
Il y porte la main. O surprise! ô miracle!
Il sent, il reconnaît le fil qu'il a perdu:
Et de joie et d'espoir il tressaille éperdu.
Ce fil libérateur, il le baise, il l'adore,
Il s'en assure, il craint qu'il ne s'échappe encore;
Il veut le suivre, il veut revoir l'éclat du jour:
Je ne sais quel instinct l'arrête en se séjour;
A l'abri du danger, son âme encor tremblante
Veut jouir de ces lieux et de son épouvante.
A leur aspect lugubre, il éprouve en son cœur
Un plaisir agité d'un reste de terreur;
Enfin, tenant en main son conducteur fidèle,
Il part, il vole aux lieux où la clarté l'appelle.
Dieu! quel ravissement quand il revoit les cieux
Qu'il croyait pour jamais éclipsés à ses yeux!
Avec quel doux transport il promène sa vue
Sur leur majestueuse et brillante étendue!
La cité, le hameau, la verdure, les bois,
Semblent s'offrir à lui pour la première fois;
Et, rempli d'une joie inconnue et profonde,
Son cœur croit assister au premier jour du monde.

§ 62. LA HARPE, 1739–1803.

JEAN-FRANÇOIS DE LA HARPE, poète dramatique, littérateur et critique célèbre, a laissé plusieurs tragédies, parmi lesquelles on remarque *Warwick*, *Coriolan*, *Philoctète* et *Virginie ;* il a composé aussi les *Eloges de Fénelon*, *de Racine* et *de Catinat ;* mais son principal titre de gloire est son *Cours de littérature*, résumé des leçons faites par lui au Lycée (aujourd'hui l'Athénée) de 1786 à 1792.

LE PAYSAGE.

Que d'objets rassemblés dans ce frais paysage !
Le fleuve en son heureux passage [1]
Réfléchit de ses bords la fertile beauté,
Et baigne de ses eaux lentement fugitives
Tous ces monts de verdure élevés sur ses rives.
Que le ciel est serein ! quel calme dans les champs.
Que ces sites sont doux ! que ces lieux sont touchants !
O puissante nature ! ô grande enchanteresse !
Tout ce que j'aperçois m'attache et m'intéresse ;
L'arbre de ces vergers, dont les rameaux féconds
Courbent leurs fruits pendants sur l'ombre des gazons,
Et le saule incliné sur la rive penchante,
Balançant mollement sa tête blanchissante ;
Le pavot effeuillé par le souffle des vents,
Et ce pâle rideau [2] de peupliers mouvants ;
Ces sentiers, ces détours qu'ombrage la charmille ;
Dans ce nid suspendu cette jeune famille.
Assis auprès de ce ruisseau
Qui tombe d'une grotte et fuit dans la prairie,
Je sens naître dans moi la vague rêverie
Qui suit les erreurs de son eau.
Le soleil, plus brillant au bout de sa carrière,
Des couleurs de l'iris nuance sa lumière ;
Il embrase les cieux, et son disque incliné
Descend sur l'horizon, de flamme environné.
J'entends les sons aigus de l'instrument rustique,

Rappelant les troupeaux à cette ferme antique.
Au pâtre fatigué la nuit permet enfin
De suspendre un travail qu'il reprendra demain.
Au signal du repos, le laboureur ramène
Le bœuf laborieux, compagnon de sa peine :
Ils foulent à pas lents la mousse des vallons,
Et le soc retourné traîne dans les sillons.[3]

LE GÉNIE DES TEMPÊTES.

Ce hardi Portugais Gama,[4] dont le courage[5]
D'un nouvel océan nous ouvrit le passage,
De l'Afrique déjà voyait fuir les rochers ;
Un fantôme, du sein de ces mers inconnues
S'élevant jusqu'aux nues,
D'un prodige sinistre effraya les nochers.

Il étendait son bras sur l'élément terrible ;
Des nuages épais chargeaient son front horrible,
Autour de lui grondaient le tonnerre et les vents ;
Il ébranla d'un cri les demeures profondes,
Et sa voix sur les ondes
Fit retentir au loin ces funestes accents :

« Arrête (disait-il), arrête, peuple impie ;
Reconnais de ces bords le souverain génie,
Le Dieu de l'océan dont tu foules les flots !
Crois-tu qu'impunément, ô race sacrilége,
Ta fureur qui m'assiége
Ait sillonné ces mers qu'ignoraient tes vaisseaux ?

Tremble, tu vas porter ton audace profane
Aux rives de Mélinde,[6] aux bords de Taprobane,[7]
Qu'en vain si loin de toi placèrent les Destins.
Vingt peuples t'y suivront ; mais ce nouvel Empire
Où tu vas les conduire
N'est qu'un tombeau de plus creusé pour les humains.

J'entends des cris de guerre au milieu des naufrages,
Et les sons de l'airain se mêlant aux orages,
Et les foudres de l'homme au tonnerre des cieux.
Les vainqueurs, les vaincus, deviendront mes victimes:
Au fond de mes abîmes
Leurs coupables trésors descendront avec eux."

Il dit, et se courbant sur les eaux écumantes,
Il se plongea soudain dans ces roches bruyantes
Où le flot va se perdre, et mugit renfermé.
L'air parut s'embraser, et le roc se dissoudre,
Et les traits de la foudre
Éclatèrent trois fois sur l'écueil enflammé.

§ 63. GILBERT, 1751–1780.

NICOLAS-JOSEPH-LAURENT GILBERT, poète satirique, naquit à Fontenoi-le-Château (Lorraine), de pauvres cultivateurs. Il vint à Paris, fit d'abord des odes; pauvre, il demanda protection aux puissants, mais son indigence lui ferma toutes les portes. Cette première épreuve du monde, cet outrage lui tournèrent le cœur et l'aigrirent; il se livra à la satire. Pendant qu'il luttait contre la mauvaise fortune, une chute de cheval qu'il fit l'ayant rendu fou, il fut conduit à l'Hôtel-Dieu, où il s'étrangla en avalant une petite clé.[1]

DERNIERS MOMENTS D'UN JEUNE POÈTE.

J'ai révélé mon cœur au Dieu de l'innocence[2];
Il a vu mes pleurs pénitents;
Il guérit mes remords, il m'arme de constance:
Les malheureux sont ses enfants.

Mes ennemis riant ont dit dans leur colère:
Qu'il meure, et sa gloire avec lui!
Mais à mon cœur calmé le Seigneur dit en père:
Leur haine sera ton appui.

A tes plus chers amis ils ont prêté leur rage;
Tout trompe la simplicité:
Celui que tu nourris court vendre ton image,
Noire de sa méchanceté.

Mais Dieu t'entend gémir, Dieu vers qui te ramène
Un vrai remords né des douleurs;
Dieu qui pardonne enfin à la nature humaine[3]
D'être faible dans les malheurs.

J'éveillerai pour toi la pitié, la justice
De l'incorruptible avenir;
Eux même[4] épureront, par leur long artifice,
Ton honneur qu'ils pensent ternir.

Soyez béni, mon Dieu! vous qui daignez me rendre
L'innocence et son noble orgueil;
Vous qui, pour protéger le repos de ma cendre,
Veillerez près de mon cercueil!

Au banquet de la vie, infortuné convive,
J'apparus un jour, et je meurs:
Je meurs, et sur ma tombe, où lentement j'arrive,
Nul ne viendra verser des pleurs.

Salut, champs que j'aimais, et vous, douce verdure,
Et vous, riant exil des bois!
Ciel, pavillon de l'homme, admirable nature,
Salut pour la dernière fois!

Ah! puissent voir longtemps votre beauté sacrée
Tant d'amis sourds à mes adieux!
Qu'ils meurent pleins de jours, que leur mort soit pleurée,
Qu'un ami leur ferme les yeux!

§ 64. BERTIN, 1752–1790.

Antoine Bertin, poète érotique, ami de Parny, se fit une réputation littéraire par un recueil de poésies intitulé *les Amours*. La tendresse et la légèreté de ses œuvres l'ont fait comparer à Properce.

LES SOUVENIRS DE L'ANCIENNE ROME.

Le zéphyr règne dans les airs[1];
Et, mollement porté sur la mer de Tyrrhène,
Je découvre déjà la ville des Césars,
Rome, en guerriers fameux autrefois si féconde,
Rome, encore aujourd'hui l'empire des beaux-arts,
L'oracle de vingt rois, et le temple du monde.
Voilà donc les foyers des fils de Scipion,
Et des fiers descendants du demi-dieu du Tibre!
Voilà ce Capitole, et ce beau Panthéon,
Où semble encore errer l'ombre d'un peuple libre!
Oh! qui me nommera tous ces marbres épars,
Et ces grands monuments dont mon âme est frappée?
Montons au Vatican, courons au Champ-de-Mars,[2]
Au portique d'Auguste, à celui de Pompée.
  Avec quel doux saisissement,
  Ton livre en main, charmant Horace,
Je parcourrai ces bois et ce coteau charmant
Que ta muse a décrits dans des vers pleins de grâce,
De ton goût délicat éternel monument!
  J'irai dans les champs de Sabine,
 Sous l'abri frais de ces longs peupliers,
  Qui couvrent encor la ruine
De tes modestes bains, de tes humbles celliers;
  J'irai chercher d'un œil avide
De leurs débris sacrés un reste enseveli,
  Et dans ce désert embelli
Par l'Anio grondant dans sa chute rapide,[3]
  Respirer la poussière humide
  Des cascades de Tivoli.

Puissé-je, hélas! au doux bruit de leur onde,
Finir mes jours, ainsi que mes revers!
Ce petit coin de l'univers
Rit plus à mes regards que le reste du monde.
L'olive, le citron, la noix chère à Palès,
Y rompent de leur poids les branches gémissantes;
Et sur le mont voisin les grappes mûrissantes
Ne portent point envie aux raisins de Calès.

§ 65. PARNY, 1753–1814.

Évariste-Désiré Desforges, chevalier de Parny, poète érotique, surnommé *le Tibulle Français*, naquit à l'île Bourbon en 1753. Ses élégies sont des chefs-d'œuvre de sentiment.

LA CHASSE DU TAUREAU SAUVAGE.

Le cor lointain a retenti trois fois,[1]
Et le taureau mugit au fond des bois.
De la forêt usurpateur sauvage,
Il vous attend, volez, adroits guerriers;
Là, des combats vous trouverez l'image,
Les dangers même, et de nouveaux lauriers.

Sur le taureau mugissant et terrible,
Pleuvent les dards, les lances, les épieux.
Il cède, il fuit, revient plus furieux,
Plus menacé, mais toujours invincible;
Il fuit encor[2] sous les traits renaissants.
Devant ses pas, au loin retentissants,
Des bois émus le peuple se disperse:
Son front écarte, ou brise les rameaux.
Dans le torrent il tombe, le traverse;
Et son passage avec fracas renverse
Les troncs vieillis et les jeunes ormeaux.

Alkent prévoit ses détours, le devance,
Et près d'un chêne il se place en silence.
Le dard lancé par sa robuste main
Atteint le flanc du monstre, qui soudain
Se retournant sur lui se précipite.
D'un saut léger l'adroit chasseur l'évite,
Et frappe encor le flanc déjà sanglant.
Le taureau tombe, et prompt il se relève.
Tremblez, Alkent, fuyez en reculant;
A ce front large il oppose son glaive,
Succès trompeur! dans la tête enfoncé,
Le fer se rompt: de ses mains frémissantes
Alkent saisit les cornes menaçantes,
Lutte, combat, repousse, est repoussé,
Du monstre évite et lasse la furie,
Ranime alors sa vigueur affaiblie,
Et le taureau sur l'herbe est renversé:
Pour les chasseurs sa chute est une fête.
L'heureux Alkent, immobile un instant,
Reprend haleine, et fier de sa conquête,
Pour l'achever, du monstre palpitant
Sa hache enfin coupe l'énorme tête.
Joyeux il part, et suivi des chasseurs,
Environné de flottantes bannières,
Des chiens hurlants, et des trompes guerrières,
De la victoire il goûte les douceurs.

A ces douceurs l'espoir ajoute encore;
Vers le cortége il marche radieux:
Sur lui soudain se fixent tous les yeux;
Et toujours fier il jette aux pieds d'Isaure
Le don sanglant, le don le plus flatteur,
Qu'à la beauté puisse offrir la valeur.

LA ROSE.

Lorsque Vénus, sortant du sein des mers,[1]
Sourit aux Dieux charmés de sa présence,
Un nouveau jour éclaira l'univers;
Dans ce moment la rose prit naissance.
D'un jeune lis elle avait la blancheur;
Mais aussitôt le père de la treille,
De ce nectar dont il fut l'inventeur
Laissa tomber une goutte vermeille,
Et pour toujours il changea sa couleur.
De Cythérée elle est la fleur chérie,
Et de Paphos elle orne les bosquets.
Sa douce odeur, aux célestes banquets,
Fait oublier celle de l'ambroisie.
Son vermillon doit parer la beauté;
C'est le seul fard que met la volupté;[3]
A cette bouche où le sourire joue,
Son coloris prête un charme divin:
De la Pudeur elle couvre la joue,
Et de l'Aurore elle rougit la main.

§ 66. FLORIAN, 1755–1794.

Jean-Pierre Claris de Florian, né au château de Florian dans les Cevennes, était le second des fabulistes français. On distingue dans ses œuvres, qui forment 13 volumes in 8°, 1823–24, des pastorales : *Estelle*, *Galatée ;* des romans : *Numa-Pompilius*, *Gonsalve de Cordoue ;* des comédies, des fables et des nouvelles. Il a laissé aussi une mauvaise imitation du *Don Quichotte*.

LA FABLE ET LA VÉRITÉ.

La Vérité toute nue[1]
Sortit un jour de son puits.
Ses attraits par le temps étaient un peu détruits[2];
Jeune et vieux fuyaient à sa vue.
La pauvre Vérité restait là morfondue,
Sans trouver un asile où pouvoir habiter.
A ses yeux vient se présenter
La Fable richement vêtue,
Portant plumes et diamants,
La plupart faux, mais très brillants.
"Eh! vous voilà? Bonjour, dit-elle.
Que faites-vous ici seule sur un chemin?"
La Vérité répond: "Vous le voyez, je gèle:
Aux passants je demande en vain
De me donner une retraite;
Je leur fais peur à tous. Hélas! je le vois bien,
Vieille femme n'obtient plus rien."
"Vous êtes pourtant ma cadette,
Dit la Fable, et, sans vanité,
Partout je suis fort bien reçue.
Mais aussi, dame Vérité,
Pourquoi vous montrer toute nue?
Cela n'est pas adroit. Tenez, arrangeons-nous;
Qu'un même intérêt nous rassemble.
Venez sous mon manteau, nous marcherons ensemble:
Chez le sage, à cause de vous,
Je ne serai point rebutée;
A cause de moi, chez les fous
Vous ne serez point maltraitée.
Servant par ce moyen chacun selon son goût,
Grâce à votre raison, et grâce à ma folie,
Vous verrez, ma sœur, que partout
Nous passerons de compagnie."

LE CHÂTEAU DE CARTES.

Un bon mari, sa femme et deux jolis enfants
Coulaient en paix leurs jours dans le simple héritage
Où, paisibles comme eux, vécurent leurs parents.
Ces époux, partageant les doux soins du ménage,
Cultivaient leur jardin, recueillaient leurs moissons;
Et le soir, dans l'été, soupant sous le feuillage,
Dans l'hiver, devant leurs tisons,
Ils prêchaient à leurs fils la vertu, la sagesse,
Leur parlaient du bonheur qu'elles donnent toujours:
Le père par un conte égayait ses discours,
La mère par une caresse.
L'aîné de ces enfants, né grave, studieux,
Lisait et méditait sans cesse;
Le cadet, vif, léger, mais plein de gentillesse,
Sautait, riait toujours, ne se plaisait qu'aux jeux.
Un soir, selon l'usage, à côté de leur père,
Assis près d'une table où s'appuyait la mère,
L'aîné lisait Rollin: le cadet, peu soigneux
D'apprendre les hauts faits des Romains et des Parthes,
Employait tout son art, toutes ses facultés,
A joindre, à soutenir par les quatre côtés,
Un fragile château de cartes.
Il n'en respirait pas d'attention, de peur.
Tout à coup voici le lecteur
Qui s'interrompt: "Papa, dit-il, daigne m'instruire
Pourquoi certains guerriers sont nommés conquérants,
Et d'autres fondateurs d'empire?
Ces deux noms sont-ils différents?"
Le père méditait une réponse sage,
Lorsque son fils cadet, transporté de plaisir,
Après tant de travail, d'avoir pu parvenir
A placer son second étage,
S'écrie: "Il est fini!" Son frère, murmurant,
Se fâche, et d'un seul coup détruit son long ouvrage;

Et voilà le cadet pleurant.
"Mon fils, répond alors le père,
Le fondateur, c'est votre frère,
Et vous êtes le conquérant."

LE SINGE QUI MONTRE LA LANTERNE MAGIQUE.

Messieurs les beaux esprits, dont la prose et les vers
Sont d'un style pompeux et toujours admirable,
Mais que l'on n'entend point, écoutez cette fable,
Et tâchez de devenir clairs.
Un homme qui montrait la lanterne magique
Avait un singe dont les tours
Attiraient chez lui grand concours;
Jacqueau, c'était son nom, sur la corde élastique
Dansait et voltigeait au mieux,
Puis faisait le saut périlleux,
Et puis sur un cordon, sans que rien le soutienne,
Le corps droit, fixe, d'aplomb,
Notre Jacqueau fait tout au long
L'exercice à la prussienne.
Un jour qu'au cabaret son maître était resté
(C'était, je pense, un jour de fête),
Notre Singe en liberté
Veut faire un coup de sa tête.
Il s'en va rassembler les divers animaux
Qu'il peut rencontrer dans la ville;
Chiens, chats, poulets, dindons, pourceaux
Arrivent bientôt à la file.
"Entrez, entrez, messieurs, criait notre Jacqueau,
C'est ici, c'est ici qu'un spectacle nouveau
Vous charmera gratis. Oui, messieurs, à la porte
On ne prend point d'argent, je fais tout pour l'honneur."
A ces mots, chaque spectateur
Va se placer, et l'on apporte

La lanterne magique ; on ferme les volets,
Et, par un discours fait exprès,
Jacqueau prépare l'auditoire.
Ce morceau vraiment oratoire
Fit bâiller ; mais on applaudit.
Content de son succès, notre Singe saisit
Un verre peint qu'il met dans la lanterne.
Il sait comment on le gouverne,
Et crie, en le poussant : "Est-il rien[3] de pareil ?
Messieurs, vous voyez le soleil,
Ses rayons et toute sa gloire.
Voici présentement la lune ; et puis l'histoire
D'Adam, d'Ève et des animaux.
Voyez, messieurs, comme ils sont beaux !
Voyez la naissance du monde,
Voyez . . . " Les spectateurs, dans une nuit profonde,
Écarquillaient leurs yeux, et ne pouvaient rien voir ;
L'appartement, le mur, tout était noir.
"Ma foi, disait un chat, de toutes les merveilles,
Dont il étourdit nos oreilles,
Le fait est que je ne vois rien.
— Ni moi non plus, disait un chien.
— Moi, disait un dindon, je vois bien quelque chose ;
Mais je ne sais pour quelle cause
Je ne distingue pas très bien."
Pendant tout ce discours, le Cicéron moderne
Parlait éloquemment et ne se lassait point.
Il n'avait oublié qu'un point,
C'était d'éclairer sa lanterne.

§ 67. COLLIN D'HARLEVILLE, 1755–1806.

JEAN-FRANÇOIS COLLIN D'HARLEVILLE, poète comique, et membre de l'Institut, naquit à Maintenon (Eure-et-Loir) en 1755. On distingue dans ses œuvres *Les châteaux en Espagne; l'Optimiste* et *le Vieux Célibataire.*

LA PROVINCE ET PARIS.

Oui, j'habite, en effet, un singulier séjour;[1]
Car on y dort la nuit, on y veille le jour.
S'amuser n'est pas tout; on s'y fait un délice
Du travail[2]: promener est même un exercice.
Les fils, dans mon pays, respectent leurs parents;
On n'imagine pas tout savoir à vingt ans:
On ne prodigue point non plus le nom d'aimable,
Et, pour le mériter, il faut être estimable.
On ne dit pas toujours: "Ma parole d'honneur!"
Il est moins dans la bouche, et plus au fond du cœur.
Aimer de bonne foi n'est point un ridicule;
De s'enrichir trop vite on se fait un scrupule;
Sans briller, il suffit que l'on ne doive rien:
On s'aime, on vit content, et l'on se porte bien.

. . . . .

Mais il est un Paris que j'estime, que j'aime,
Que souvent je visite, où je me plais à voir
Tout le monde attentif à remplir son devoir.
Peu connue au dehors, même du voisinage,
La femme vit, se plait au sein de son ménage;
Soigne, instruit, et gaîment, l'enfant qu'elle a nourri;
Trouve tout naturel d'honorer son mari.
Celui-ci, plein de zèle, et s'agite et s'exerce:
Heureux dans son état, son emploi, son commerce,
D'élever sa famille et de la soutenir!
Le soir, leur récompense est de se réunir.
Tour-à-tour, promenade, ou spectacle, ou lecture:

On est blasé sur rien, c'est partout la nature.
Peut-être que pour vous c'est un monde inconnu :
Vous ne m'en croirez pas ; mais d'honneur, je l'ai vu.

LE PESSIMISTE.

Et moi . . . , car à mon tour il faut que je réponde,
Et que par mille faits, enfin, je vous confonde ;
Je vous soutiens, morbleu ! qu'ici-bas tout est mal,
Tout, sans exception, au physique, au moral.
Nous souffrons en naissant, pendant la vie entière,
Et nous souffrons surtout à notre heure dernière.
Nous sentons, tourmentés au dedans, au dehors,
Et les chagrins de l'âme, et les douleurs du corps.
Les fléaux avec nous ne font ni paix ni trève ;
Ou la terre s'entr'ouvre, ou la mer se soulève.
Nous-mêmes à l'envi, déchaînés contre nous,
Comme si nous voulions nous exterminer tous,
Nous avons inventé les combats, les supplices.

C'était peu de nos maux, nous y joignons nos vices :
Aux riches, aux puissants, l'innocent est vendu ;
On outrage l'honneur, on flétrit la vertu.
On ne sait ce que c'est que de payer ses dettes,
Et de sa bienfaisance on remplit les gazettes.
On fait de plate prose, et de plus méchants vers,
On raisonne de tout, et toujours de travers ;
Et, dans ce monde enfin, s'il faut que je le dise,
On ne voit que noirceur, et misère et sottise.

L'OPTIMISTE.

Voilà ce qui s'appelle un tableau consolant !
Vous ne le croyez pas vous-même ressemblant.
De cet excès d'humeur je ne vois point la cause.

Pourquoi donc s'emporter, mon ami, quand on cause?
Vous parlez de volcans, de naufrage. . . . Eh ! mon cher,
Demeurez en Touraine, et n'allez point sur mer.
Sans doute autant que vous je déteste la guerre;
Mais on s'éclaire enfin, on ne l'aura plus guère;
Bien des gens, dites-vous, doivent: sans contredit,
Ils ont tort; mais pourquoi leur a-t-on fait crédit?

Tous nos plaisirs sont faux? Mais quelquefois à table,
Je vous ai vu goûter un plaisir véritable.
On fait de méchants vers? Eh ! ne les lisez pas:
Il en paraît aussi dont je fais très grand cas.
On déraisonne? Eh ! oui, parfois un faux système
Nous égare. . . . Entre nous, vous le prouvez vous-même.
Calmez donc votre bile, et croyez qu'en un mot,
L'homme n'est ni méchant, ni malheureux, ni sot.

. . . . . .

Je ne suis point aveugle; et je vois, j'en conviens,
Quelques maux, mais je vois encore plus de biens;
Je savoure les biens; les maux, je les supporte.
Que gagnez-vous, de grâce, à gémir de la sorte?
Vos plaintes, après tout, ne sont qu'un mal de plus.
Laissez donc là, mon cher, les regrets superflus;
Reconnaissez du Ciel la sagesse profonde,
Et croyez que tout est pour le mieux dans le monde.

LA JEUNESSE DU JOUR.

Moi! je me garde bien de dire un mot; j'admire.
Je sens que pour s'instruire il n'était pas besoin
De tant se fatiguer, de prendre tant de soin.
Oh! non, je reconnais que ces longues études
N'étaient qu'un sot ennui, que tristes habitudes;
Je vois qu'à moins de frais il est de beaux esprits,
Et même des savants, qui, n'ayant rien appris,
N'ignorent nulle chose, et, des heures entières,

Vont parler, discuter sur toutes les matières,
Sur des points de science, en affaires de goût,
Dans le monde, au spectacle, en famille et partout,
S'érigent en censeurs, en arbitres suprêmes,
Et toujours, en un mot, sont très contents d'eux-mêmes.
On est tout confondu d'un ton si décidé.
Tu sais tout, à t'entendre ; et monsieur de Naudé
Me disait même hier : « Que de choses j'ignore !
Mon ami, je vieillis en m'instruisant encore.
. . . . . J'admire, ajoutait-il,
Et l'air de confiance et l'éternel babil
De ces messieurs à peine échappés de l'enfance ;
Car ils ont d'un seul pas franchi l'adolescence.
Ils semblent tout savoir, à leur ton, leur maintien ;
Mais ils ne savent rien, n'apprendront jamais rien :
Parlent avec mépris de tout ce qu'ils ignorent,
Et de leur nullité publiquement s'honorent ;
Êtres inconséquents, neufs, blasés et flétris,
Tels que des fruits sans goût, avant le temps mûris :
A quinze ans les voilà déjà de petits hommes,
Plus forts, même plus vieux que tous tant que nous sommes.[3]"

§ 68. ANDRIEUX, 1759–1833.

François-Guillaume-Jean-Stanislas Andrieux naquit à Strasbourg, et après avoir fait de brillantes études au collége du cardinal Lemoine, à Paris, il s'annonça dans le monde littéraire par deux comédies qui eurent un grand succès, *Anaximandre* et *les Étourdis*.

Quoique sa route semblât lui être tracée par ce début, il s'en détourna et se livra à l'étude du droit, pour être utile à des parents sans fortune; il allait être inscrit au tableau des avocats, lorsque l'ordre fut dissous par les événements de la révolution.

Il parut alors plus que jamais éloigné de la carrière littéraire. Successivement chef de bureau, juge, vice-président au tribunal de cassation, député, membre du tribunat, il semblait jeté dans une voie tout opposée. Bonaparte, à qui sa résistance avait déplu, le rendit à lui-même, en l'éliminant du tribunat.

Chargé d'une femme, de deux filles et d'une sœur, Andrieux était loin même de l'aisance; Fouché, qui l'appréciait, lui offrit une place de censeur: "Mon rôle, répondit-il, est d'être pendu, et non pas d'être bourreau." Dans cette position pénible, il trouva ressource et consolation dans les lettres, qu'il n'avait jamais négligées. L'Institut lui fut ouvert; Joseph Bonaparte, devenu prince, le fit son bibliothécaire, et on lui confia aussi la bibliothèque du sénat. C'est alors qu'il fut chargé de la chaire de littérature française à l'école Polytechnique, emploi qu'il a conservé jusqu'en 1816.

En 1814, il avait obtenu la même chaire au collége de France; c'est ce cours qui, pendant dix-neuf ans, a été sa plus chère occupation: il s'attacha aux nombreux auditeurs qui se pressaient à ses leçons, et leur voua toutes ses veilles jusqu'à la dernière. A sa mort, le 9 mai 1833, il remplissait les fonctions de secrétaire perpétuel de l'Académie française.

LE MEUNIER DE SANS-SOUCI ET FRÉDÉRIC-LE-GRAND.

Sur le riant coteau par le prince choisi,
S'élevait le moulin du meunier Sans-Souci.
Le vendeur de farine avait pour habitude
D'y vivre au jour le jour exempt d'inquiétude;
Et, de quelque côté que vînt tourner le vent,
Il y tournait son aile[1] et s'endormait content.

Fort bien achalandé, grâce à son caractère,
Le moulin prit le nom de son propriétaire;

Et des hameaux voisins, les filles, les garçons
Allaient à Sans-Souci pour danser aux chansons.
Sans-Souci! . . . Ce doux nom d'un favorable augure
Devait plaire aux amis des dogmes d'Épicure.
Frédéric le trouva conforme à ses projets,
Et du nom d'un moulin honora son palais.

Hélas! est-ce une loi sur notre pauvre terre
Que toujours deux voisins auront entre eux la guerre,
Que la soif d'envahir et d'étendre ses droits
Tourmentera toujours les meuniers et les rois?
En cette occasion le roi fut le moins sage;
Il lorgna du voisin le modeste héritage.

On avait fait des plans fort beaux sur le papier,
Où le chétif enclos se perdait tout entier.
Il fallait sans cela renoncer à la vue,
Rétrécir les jardins et masquer l'avenue.

Des bâtiments royaux l'ordinaire intendant
Fit venir le meunier, et d'un ton important:
"Il nous faut ton moulin; que veux-tu qu'on t'en donne?
— Rien du tout, car j'entends ne le vendre à personne.
Il nous faut est fort bon . . . mon moulin est à moi . . .,
Tout aussi bien au moins que la Prusse est au roi. —
Allons, ton dernier mot, bonhomme, et prends-y garde.
— Faut-il vous parler clair? — Oui. — C'est que je le garde:
Voilà mon dernier mot." Ce refus effronté
Avec un grand scandale au prince est raconté.
Il mande auprès de lui le meunier indocile;
Presse, flatte, promet; ce fut peine inutile,
Sans-Souci s'obstinait. "Entendez la raison,
Sire, je ne peux pas vous vendre ma maison:
Mon vieux père y mourut, mon fils y vient de naître;
C'est mon Potsdam à moi. Je suis tranchant peut-être:
Ne l'êtes-vous jamais? Tenez, mille ducats
Au bout de vos discours ne me tenteraient pas.
Il faut vous en passer, je l'ai dit, j'y persiste."

Les rois malaisément souffrent qu'on leur résiste.
Frédéric, un moment par l'humeur emporté :
"Parbleu ! de ton moulin c'est bien être entêté ;
Je suis bon de vouloir t'engager à le vendre :
Sais-tu que sans payer je pourrais bien le prendre ?
Je suis le maître. — Vous ! . . . de prendre mon moulin ?
Oui, si nous n'avions pas des juges à Berlin."

Le monarque, à ce mot, revient de son caprice.
Charmé que sous son règne on crût à la justice,
Il rit, et se tournant vers quelques courtisans :
"Ma foi, messieurs, je crois qu'il faut changer nos plans.
Voisin, garde ton bien ; j'aime fort ta réplique."

Qu'aurait-on fait de mieux dans une république ?
Le plus sûr est pourtant de ne pas s'y fier :
Ce même Frédéric, juste envers un meunier,
Se permit maintes fois telle autre fantaisie :
Témoin ce certain jour qu'il prit la Silésie ;
Qu'à peine sur le trône, avide de lauriers,
Épris du vain renom qui séduit les guerriers,
Il mit l'Europe en feu. Ce sont là jeux de prince :
On respecte un moulin, on vole une province.

PROCÈS DU SÉNAT DE CAPOUE.

Dans Capoue autrefois, chez ce peuple si doux,
S'élevaient des partis, l'un de l'autre jaloux :
L'Ambition, l'Orgueil, l'Envie à l'œil oblique,
Tourmentaient, déchiraient, perdaient la république.
D'impertinents bavards, soi-disant orateurs,
Des meilleurs citoyens ardents persécuteurs,
Excitent à dessein les haines les plus fortes ;
Et, pour comble de maux, Annibal est aux portes.
Que faire et que résoudre en ce pressant danger ?
Tu vas tomber, Capoue, aux mains de l'étranger !

Le Sénat effrayé délibère en tumulte;
Le peuple soulevé lui prodigue l'insulte;
On s'arme, on est déjà près d'en venir aux mains.
Les meneurs triomphaient; pour rompre leur desseins,
Certain Pacuvius, vieux routier, forte tête,
Trouva dans son esprit cette ressource honnête:
"Avec vous, Sénateurs, je fus longtemps brouillé;
De mon bien, sans raison, vous m'avez dépouillé,
Leur dit-il; mais je vois, dans la crise où nous sommes,
Les périls de l'État, non les fautes des hommes.
On égare le peuple, il le faut ramener;
Il est une leçon que je veux lui donner:
J'ai du cœur des humains un peu d'expérience;
Laissez-moi faire enfin; soyez sans défiance:
La patrie aujourd'hui me devra son salut."

La peur en fit passer par tout ce qu'il voulut:
Il prend cet ascendant et ce pouvoir suprême . . .
Quand chacun consterné tremble et craint pour soi-même,
S'il se présente un homme au langage assuré,
On l'écoute, on lui cède, il ordonne à son gré:
Ainsi Pacuvius, du droit d'une âme forte,
Sort du Sénat, le ferme, en fait garder la porte,
S'avance sur la place, et son autorité
Calme un instant les flots de ce peuple irrité:
"Citoyens, leur dit-il, la divine justice
A vos vœux redoublés se montre enfin propice;
Elle livre en vos mains tous ces hommes pervers,
Ces Sénateurs noircis de cent forfaits divers,
Dont chacun d'entre vous a reçu quelqu'offense:
Je les tiens renfermés, seuls, tremblants, sans défense;
Vous pouvez les punir, vous pouvez vous venger,
Sans livrer de combat, sans courir de danger.
Contre eux tout est permis, tout devient légitime:
Pardonner est honteux, et proscrire est sublime.
Je suis l'ami du peuple, ainsi vous m'en croirez;
Et surtout gardez-vous des avis modérés."

L'assemblée applaudit à ce début si sage,
Et par un bruit flatteur lui donne son suffrage.
Le harangueur reprend : "Punissez leurs forfaits;
Mais ne trahissez pas vos propres intérêts:
A qui veut se venger, trop souvent il en coûte.
Votre juste courroux, je n'en fais aucun doute,
Proscrit les Sénateurs, et non-pas le Sénat,
Ce conseil nécessaire est l'âme de l'État,
Le gardien de vos lois, l'appui d'un peuple libre:
Aux rives du Vulturne,[2] ainsi qu'au bord du Tibre,
On hait la servitude, on abhorre les rois."
Tout le peuple applaudit une seconde fois.
"Voici donc, citoyens, le parti qu'il faut suivre:
Parmi ces Sénateurs que le destin vous livre,
Que chacun à son tour, sur la place cité,
Vienne entendre l'arrêt qu'il aura mérité.
Mais avant qu'à nos lois sa peine satisfasse,
Il faudra qu'au Sénat un autre le remplace;
Que vous preniez le soin d'élire parmi vous
Un nouveau Sénateur, de ses devoirs jaloux,
Exempt d'ambition, de faste, d'avarice,
Ayant mille vertus sans avoir aucun vice,
Et que tout le Sénat soit ainsi composé;
Vous voyez, citoyens, que rien n'est plus aisé."

La motion aux voix est d'abord adoptée,
Et, sans autre examen, soudain exécutée:
Les noms des Sénateurs qu'on doit tirer au sort
Sont jetés dans une urne, et le premier qui sort
Est au regard du peuple amené sur la place.
A son nom, à sa vue, on crie, on le menace.
Aucun tourment pour lui ne semble trop cruel,
Et peut-être de tous c'est le plus criminel.
—"Bien, dit Pacuvius, le cri public m'atteste
Que tout le monde ici l'accuse et le déteste.
Il faut donc de son rang l'exclure, et décider
Quel homme vertueux devra lui succéder.
Pesez les candidats, tenez bien la balance:

Allons, qui nommez-vous ?" —Il se fit un silence.
On avait beau chercher ; chacun, excepté soi,
Ne connaissait personne à mettre en cet emploi.
Cependant, à la fin, quelqu'un de l'assistance
Voyant qu'on ne dit mot, prend un peu d'assurance,
Hasarde un nom, encor le risqua-t-il si bas,
Qu'à moins d'être tout près, on ne l'entendit pas.
Les voisins, plus hardis, tout haut le répétèrent.
Mille cris à la fois contre lui s'élevèrent.
Pouvait-on présenter un pareil Sénateur !
Celui qu'on rejetait était cent fois meilleur.
Le second proposé fut accueilli de même,
Et ce fut encor pis quand on vint au troisième.
Quelques autres encor ne semblèrent nommés
Que pour être hués, conspués, diffamés. . . .

Le peuple ouvre les yeux, se ravise ; et la foule,
Sans avoir fait de choix, tout doucement s'écoule.
De beaucoup d'intrigants ce jour devint l'écueil.

Le bon Pacuvius que suivait tout de l'œil :
"Pardonnez-moi, dit-il, l'innocent artifice
Qui vous fait rendre à tous une exacte justice.
Et vous, jaloux esprits, dont les cris détracteurs
D'un blâme intéressé chargeaient nos Sénateurs,
Pourquoi vomir contre eux les plaintes, les menaces ?
Eh ! que [3] ne disiez-vous que vous vouliez leurs places ?
Ajournons, citoyens, ce dangereux procès ;
D'Annibal qui s'avance arrêtons les progrès ;
Eteignons nos débats ; que le passé s'oublie,
Et réunissons-nous pour sauver l'Italie."

On crut Pacuvius, mais non pas pour longtemps :
Les esprits à Capoue étaient fort inconstants.
Bientôt se ranima la discorde civile ;
Et bientôt l'étranger, s'emparant de la ville,
Mit sous un même joug et peuple et Sénateurs.
Français, ce trait s'appelle un avis aux lecteurs.

§ 69. FONTANES, 1761–1821.

Louis-Marcellin de Fontanes, littérateur, journaliste, homme politique, et membre de l'Institut, fut proscrit comme royaliste au 18 fructidor, et se réfugia en Angleterre. Il rentra en France en 1800, fut nommé bientôt après membre du Corps législatif, puis président de cette assemblée, et enfin sénateur et grand-maître de l'université. Il se fit remarquer par ses basses flatteries envers Napoléon I dans ces dernières fonctions, qu'il quitta en 1815 pour celles de pair de France et de ministre d'État. Parmi ses ouvrages on peut distinguer *la Journée des morts; les Tombeaux de Saint-Denis*, et une traduction de *l'Essai sur l'homme*, de Pope.

LES MONDES.

Tout passe donc, hélas! ces globes inconstants[1]
Cèdent comme le nôtre à l'empire du Temps:
Comme le nôtre aussi sans doute ils ont vu naître
Une race pensante, avide de connaître:
Ils ont eu des Pascals, des Leibnitz, des Buffons.

Tandis que je me perds en ces rêves profonds,
Peut-être un habitant de Vénus, de Mercure,
De ce globe voisin qui blanchit l'ombre obscure,
Se livre à des transports aussi doux que les miens.
Ah! si nous rapprochions nos hardis entretiens!
Cherche-t-il quelquefois ce globe de la terre,
Qui dans l'espace immense en un point se resserre?
A-t-il pu soupçonner qu'en ce séjour de pleurs
Rampe un être immortel qu'ont flétri les douleurs?
Habitants inconnus de ces sphères lointaines,
Sentez-vous nos besoins, nos plaisirs et nos peines?
Connaissez-vous nos arts? Dieu vous a-t-il donné
Des sens moins imparfaits, un destin moins borné?
Royaumes étoilés, célestes colonies,
Peut-être enfermez-vous ces esprits, ces génies,
Qui, par tous les degrés de l'échelle du ciel,
Montaient, suivant Platon, jusqu'au trône éternel.

Si pourtant, loin de nous, de ce vaste empirée,
Un autre genre humain peuple une autre contrée,
Hommes, n'imitez pas vos frères malheureux!
En apprenant leur sort, vous gémiriez sur eux;
Vos larmes mouilleraient nos fastes lamentables.
Tous les siècles en deuil, l'un à l'autre semblables,
Courent sans s'arrêter, foulent de toutes parts
Les trônes, les autels, les Empires épars,
Et, sans cesse frappés de plaintes importunes,
Passent en me contant nos longues infortunes:
Vous, hommes, nos égaux, puissiez-vous être, hélas!
Plus sages, plus unis, plus heureux qu'ici-bas!

LES ALPES, LE JURA, ETC., OU LES GRANDES IMAGES DE LA NATURE.

Trop vaine ambition! Ah, peut-être comme eux
J'admire la nature en ses sublimes jeux!
Mais, si je veux jouir de ses grandes images,
Je m'écarte, je cours au fond des lieux sauvages.
Alpes, et vous, Jura, je reviens vous chercher!
Sapins du Mont-Envers,[2] puissiez-vous me cacher!
Dans cet antre azuré que la glace environne,
Qu'entends-je! l'Arvéron[3] bondit, tombe et bouillonne,
Rejaillit et retombe, et menace à jamais
Ceux qui tentent l'abord de ces âpres sommets.
Plus haut l'aigle a son nid, l'éclair luit, les vents grondent;
Les tonnerres lointains sourdement se répondent.
L'orgueil de ces grands monts, leurs immenses contours,
Cent siècles qu'ils ont vu passer comme des jours,
De l'homme humilié terrassent l'impuissance:
C'est là qu'il rêve, adore, ou frémit en silence.
Et lorsqu'abandonnant ces informes beautés,
Qui repoussent bientôt les yeux épouvantés,
J'entrevis ces vallons, ces beaux lieux où respire
Un charme que Saint-Preux n'a pu même décrire;

Quand de l'heureux Léman je découvris les flots,
Oui, je crus qu'échappé des débris du chaos,
L'univers, tout-à-coup naissant à la lumière,
M'étalait sa jeunesse et sa beauté première.[4]

LE JOUR DES MORTS A LA CAMPAGNE.[5]

. . . Malheur aux temps, aux nations profanes,
Chez qui, dans tous les cœurs affaibli par degré,[6]
Le culte des tombeaux cessa d'être sacré!
Les morts ici, du moins, n'ont pas reçu d'outrage;
Ils conservent en paix leur antique héritage.
Leurs noms ne chargent point des marbres fastueux!
Un pâtre, un laboureur, un fermier vertueux,
Sous ces pierres sans art tranquillement sommeille.
Elles couvrent peut-être un Turenne, un Corneille,
Qui dans l'ombre a vécu de lui-même ignoré.
Eh bien, si de la foule autrefois séparé,
Illustre dans les camps, ou sublime au théâtre,
Son nom charmait encor l'univers idolâtre,
Aujourd'hui son sommeil en serait-il plus doux?
De ce nom, de ce bruit dont l'homme est si jaloux,
Combien, auprès des morts, j'oubliais les chimères!
Ils réveillaient en moi des pensers plus austères.
Quel spectacle! D'abord un sourd gémissement
Sur le fatal enclos erre confusément:
Bientôt les vœux, les cris, les sanglots retentissent;
Tous les yeux sont en pleurs, toutes les voix gémissent.
Seulement j'aperçois une jeune beauté
Dont la douleur se tait et veut fuir la clarté.
Ses larmes cependant coulent en dépit d'elle,
Son œil est égaré, son pied tremble et chancelle.
Hélas! elle a perdu l'amant qu'elle adorait,
Que son cœur pour époux se choisit en secret!
Son cœur promet encor de n'être point parjure.
Une veuve, non loin de ce tronc sans verdure,

Regrettait un époux, tandis qu'à ses côtés
Un enfant qui n'a vu qu'à peine trois étés,
Ignorant son malheur, pleurait aussi comme elle.
Là, d'un fils qui mourut en suçant la mamelle
Une mère au destin reprochait le trépas,
Et sur la pierre étroite elle attachait ses bras.
Ici, des laboureurs au front chargé de rides,
Tremblants, agenouillés sur des feuilles arides,
Venaient encor prier, s'attendrir dans ces lieux
Où les redemandait la voix de leurs aïeux.
Quelques vieillards, surtout, d'une voix languissante,
Embrassaient tour à tour une tombe récente:
C'était celle d'Hombert, d'un mortel respecté,
Qui depuis neuf soleils en ces lieux fut porté.
Il a vécu cent ans; il fut cent ans utile.
Des fermes d'alentour le sol rendu fertile,
Les arbres qu'il planta, les heureux qu'il a faits,
A ses derniers neveux conteront ses bienfaits;
Souvent on les vanta dans nos longues soirées.
Lorsqu'un hiver fameux désolait nos contrées,
Et que le grand Louis, dans son palais en deuil,
Vaincu, pleurait trop tard les fautes de l'orgueil,
Hombert, dans l'âge heureux qu'embellit l'espéranco,
Déjà d'un premier fils bénissait la naissance.
Le rigoureux janvier, ramenant l'aquilon,
Détruit tous les trésors qu'attendait le sillon.
Sur les champs dévastés la mort seule domine.
Deux mois dans nos climats la hideuse famine
Courut seule et muette en dévorant toujours.
Hombert désespéré, sa femme sans secours,
Voyaient le monstre affreux menacer leur asile.
Ils pleuraient sur leur fils: leur fils dormait tranquille.
O courage! ô vertu! renfermant ses douleurs,
Hombert, pour la sauver, fuit une épouse en pleurs:
Soldat, il prend le glaive, il s'exile loin d'elle;
Mais du milieu des camps sa tendresse fidèle
A sa femme, à son fils, se hâtait d'envoyer

Ce salaire indigent, noble prix du guerrier.
On dit que de Villars[7] il mérita l'estime,
Et même, sous les yeux de ce chef magnanime,
Aux bataillons d'Eugène[8] il ravit un drapeau.
La paix revint alors, il revit son hameau,
Et pour le soc paisible oublia son armure.

Son exemple, éclairant une aveugle culture,
Apprit à féconder ces domaines ingrats;
Ce rempart tutélaire, élevé par son bras,
Du fleuve débordé contint les eaux rebelles.
Que de fois il calma les naissantes querelles!
Lui seul para ces monts de leurs premiers raisins,
Et même il transplanta sur les mûriers voisins
Ce ver laborieux qui déroule en silence
Les fragiles réseaux filés pour l'opulence.
Tu méritais sans doute, ô vieillard généreux,
Les honneurs de ce jour, nos regards et nos vœux.

§ 70. CHÉNIER, 1763–1794.

Marie-André Chénier naquit à Constantinople en 1763. Traduit au tribunal révolutionnaire pour avoir fait insérer dans le *Journal de Paris* des articles royalistes, il fut condamné à mort et exécuté en 1794. Ses œuvres, recueillies et publiées pour la première fois en 1819, eurent un immense succès, et leur influence se fit bientôt sentir sur le développement de la littérature. Ses *Élégies*, où l'on trouve renouvelées les grâces naïves de la poésie grecque, sont, dit un célèbre critique, un admirable mélange d'étude et de passion, où la simplicité a quelque chose d'imprévu, où l'art n'est pas sans négligence, et parfois sans effort, mais qui respire un charme à peine égalé de nos jours.

FABLE.

LE RAT DE VILLE ET LE RAT DES CHAMPS.

(*Horace*, Sat. VI., Liv. II.)

Un jour le Rat des champs, ami du Rat de ville,[1]
Invita son ami dans son rustique asile.
Il était économe et soigneux de son bien:
Mais l'hospitalité, leur antique lien,
Fit les frais de ce jour, comme d'un jour de fête.
Tout fut prêt, lard, raisin, et fromage et noisette.
Il cherchait par le luxe et la variété
A vaincre les dégoûts d'un hôte rebuté,
Qui, parcourant de l'œil sa table officieuse,
Jetait sur tout à peine une dent dédaigneuse:
Et lui d'orge et de blé faisant tout son repas,
Laissait au citadin les mets plus délicats.
"Ami, dit celui-ci, veux-tu dans la misère
Vivre au dos escarpé de ce mont solitaire,
Ou préférer le monde à tes tristes forêts?
Viens; crois-moi, suis mes pas, la ville est ici près:
Festins, fêtes, plaisirs y sont en abondance.
L'heure s'écoule, ami, tout fuit, la mort s'avance:
Les grands, ni les petits n'échappent à ses lois;
Jouis, et te[2] souviens qu'on ne vit qu'une fois."

Le villageois écoute, accepte la partie:
On se lève: et d'aller tous deux de compagnie;
Nocturnes voyageurs, dans des sentiers obscurs,
Se glissent vers la ville et rampent sous les murs.

La nuit quittait les cieux quand notre couple avide
Arrive en un palais, opulent et splendide,
Et voit fumer encor dans des plats de vermeil
Des restes d'un souper le brillant appareil.
L'un s'écrie; et riant de sa frayeur naïve,
L'autre sur le duvet fait placer son convive,
S'empresse de servir, ordonner, disposer,
Va, vient, fait les honneurs, le priant d'excuser.

Le campagnard bénit sa nouvelle fortune,
Sa vie en ses déserts était âpre, importune,
La tristesse, l'ennui, le travail et la faim.
Ici l'on y peut vivre ! Et de rire. Et soudain
Des volets à grand bruit interrompent la fête.
On court, on vole, on fuit : nul coin, nul retraite.
Les dogues éveillés les glacent par leur voix :
Toute la maison tremble au bruit de leurs abois.
Alors le campagnard, honteux de son délire :
"Soyez heureux, dit-il : adieu, je me retire,
Et je vais dans mon trou rejoindre en sûreté
Le sommeil, un peu d'orge, et la tranquillité.

ÉLÉGIE.

Aujourd'hui qu'au tombeau je suis prêt à descendre
Mes amis, dans vos mains je dépose ma cendre.
L'espoir que des amis pleureront notre sort
Charme l'instant suprême et console la mort.

Vous-mêmes choisirez à mes jeunes reliques
Quelques bords fréquentés des pénates rustiques,
Des regards d'un beau ciel doucement animé,
Des fleurs et de l'ombrage, et tout ce que j'aimai.
C'est là près d'une eau pure, au coin d'un bois tranquille
Qu'à mes mânes éteints je demande un asile,
Afin que votre ami soit présent à vos yeux,
Afin qu'au voyageur amené dans ces lieux,
La pierre, par vos mains de ma fortune instruite
Raconte en ce tombeau quel malheureux habite,
Quels maux ont abrégé ses rapides instants ;
Qu'il fut bon, qu'il aima, qu'il dut vivre longtemps.
Ah ! le meurtre jamais n'a souillé mon courage,
Ma bouche du mensonge ignora le langage,
Et jamais prodiguant un serment faux et vain,
Ne trahit le secret révélé dans mon sein.

Nul forfait odieux, nul remords implacable
Ne déchire mon âme inquiète et coupable.
Vos regrets la verront pure et digne de pleurs.
Oui, vous plaindrez sans doute en mes longues douleurs
Et ce brillant midi qu'annonçait mon aurore,
Et ces fruits dans leur germe éteints avant d'éclore,
Que mes naissantes fleurs auront en vain promis.

Oui, je vais vivre encore au sein de mes amis!
Souvent à vos festins qu'égaya ma jeunesse,
Au milieu des éclats d'une vive allégresse,
Frappés d'un souvenir, hélas! amer et doux,
Sans doute vous direz: Que n'est-il avec nous[3]?

Je meurs! Avant le soir j'ai fini ma journée.
A peine ouverte au jour ma rose s'est fanée.
La vie eut bien pour moi de volages douceurs:
Je les goûtais à peine, et voilà que je meurs!
Mais, ô que mollement reposera ma cendre,
Si parfois un penchant impérieux et tendre
Vous guidant vers la tombe où je suis endormi,
Vos yeux, en approchant, pensent voir leur ami!
Si vos chants de mes feux vont redisant l'histoire,
Si vos discours flatteurs, tout pleins de ma mémoire,
Inspirent à vos fils, qui ne m'ont point connu,
L'ennui de naître à peine, et de m'avoir perdu.
Qu'à votre belle vie ainsi ma mort obtienne
Tout l'âge, tous les biens dérobés à la mienne!
Que jamais les douleurs par de cruels combats
N'allument dans vos flancs un pénible trépas;
Que la joie en vos cœurs ignore les alarmes,
Que les peines d'autrui causent seules vos larmes;
Que vos heureux destins, les délices du ciel,
Coulent toujours trempés d'ambroisie et de miel;
Et non sans quelque amour paisible et mutuelle!
Et, quand la mort viendra, qu'une amante fidèle,
Près de vous désolée, en accusant les dieux,
Pleure et veuille vous suivre, et vous ferme les yeux!

§ 71. BÉRANGER, 1780–1857.

Pierre-Jean de Béranger, une des grandes célébrités de notre siècle comme poète et chansonnier, naquit à Paris le 19 août 1780. Il fut longtemps avant d'avoir trouvé la voie où devaient le rencontrer la gloire et l'immortalité. En 1815 il chanta les malheurs de la France et la gloire du colosse déchu, et il acquit ses premiers titres à la popularité. En 1821, Benjamin Constant disait de lui: "Béranger fait des odes sublimes en croyant ne faire que des chansons." L'arme du chansonnier fut pour les Bourbons une arme terrible, et nul plus que Béranger ne contribua à la révolution de juillet. Dans toutes les classes de la société Européenne, depuis l'échoppe du cordonnier jusqu'au salon des puissants du jour, on retrouve les œuvres immortelles du grand chansonnier; car, malgré le caractère éminemment français de ce genre de poésie, les chansons de Béranger ont été traduites dans toutes les langues de l'Europe.

LE JUIF ERRANT.

Chrétien, au voyageur souffrant [1]
Tends un verre d'eau sur ta porte.
Je suis, je suis le juif errant,
Qu'un tourbillon toujours emporte.
Sans vieillir, accablé de jours,
La fin du monde est mon seul rêve.
Chaque soir j'espère toujours;
Mais toujours le soleil se lève.
Toujours, toujours,
Tourne la terre où moi je cours,
Toujours, toujours, toujours, toujours.

Depuis dix-huit siècles, hélas!
Sur la cendre grecque et romaine,
Sur les débris de mille États,
L'affreux tourbillon me promène.
J'ai vu sans fruit germer le bien,
Vu des calamités fécondes;
Et, pour survivre au monde ancien,
Des flots j'ai vu sortir deux mondes.

Toujours, toujours,
Tourne la terre où moi je cours,
Toujours, toujours, toujours, toujours.

Dieu m'a changé pour me punir:
A tout ce qui meurt je m'attache;
Mais du toit, prêt à me bénir
Le tourbillon soudain m'arrache.
Plus d'un pauvre vient implorer
Le denier que je puis répandre,
Qui n'a pas le temps de serrer
La main qu'en passant j'aime à tendre.
Toujours, toujours,
Tourne la terre où moi je cours,
Toujours, toujours, toujours, toujours.

Seul, au pied d'arbustes en fleurs,
Sur le gazon, au bord de l'onde,
Si je repose mes douleurs,
J'entends le tourbillon qui gronde.
Eh! qu'importe au ciel irrité
Cet instant passé sous l'ombrage?
Faut-il moins que l'éternité
Pour délasser d'un tel voyage!
Toujours, toujours,
Tourne la terre où moi je cours,
Toujours, toujours, toujours, toujours.

Que des enfants vifs et joyeux
Des miens me retracent l'image;
Si j'en veux repaître mes yeux,
Le tourbillon souffle avec rage.
Vieillards, osez-vous à tout prix,
M'envier ma longue carrière?
Ces enfants à qui je souris,
Mon pied balaîra [2] leur poussière.
Toujours, toujours,

Tourne la terre où moi je cours,
Toujours, toujours, toujours, toujours.

Des murs où je suis né jadis
Retrouvé-je encore quelque trace,
Pour m'arrêter je me roidis;
Mais le tourbillon me dit: "Passe!
Passe!" et la voix me crie aussi:
"Reste debout quand tout succombe.
Tes aïeux ne t'ont point ici
Gardé de place dans leur tombe."
Toujours, toujours,
Tourne la terre où moi je cours,
Toujours, toujours, toujours, toujours.

J'outrageai d'un rire inhumain
L'homme Dieu respirant à peine. . . .
Mais sous mes pieds fuit le chemin;
Adieu, le tourbillon m'entraîne.
Vous qui manquez de charité,
Tremblez à mon supplice étrange:
Ce n'est point sa divinité,
C'est l'humanité que Dieu venge.
Toujours, toujours,
Tourne la terre où moi je cours,
Toujours, toujours, toujours, toujours.

LAFAYETTE EN AMÉRIQUE.

Républicains, quel cortége s'avance[3]?
Un vieux guerrier débarque parmi nous.
Vient-il d'un roi vous jurer l'alliance?
Il a des rois allumé le courroux.
Est-il puissant? Seul il franchit les ondes.
Qu'a-t-il donc fait? Il a brisé des fers.
Gloire immortelle à l'homme des deux mondes!
Jours de triomphe, éclairez l'univers!

Européen, partout sur ce rivage
Qui retentit de joyeuses clameurs,
Tu vois régner, sans trouble et sans servage,
La paix, les lois, le travail et les mœurs.[4]
Des opprimés ces bords sont le refuge:
La tyrannie a peuplé nos déserts.
L'homme et ses droits ont ici Dieu pour juge.
Jours de triomphe, éclairez l'univers!

Mais que de sang nous coûta ce bien-être!
Nous succombions; Lafayette accourut,
Montra la France, eut Washington pour maître,
Lutta, vainquit, et l'anglais disparut.
Pour son pays, pour la liberté sainte,
Il a depuis grandi dans les revers.
Des fers d'Olmutz[5] nous effaçons l'empreinte.
Jours de triomphe, éclairez l'univers!

Ce vieil ami que tant d'ivresse accueille,
Par un héros ce héros adopté,
Bénit jadis, à sa première feuille,
L'arbre naissant de notre liberté.
Mais aujourd'hui que l'arbre et son feuillage
Bravent en paix la foudre et les hivers,
Il vient s'asseoir sous son fertile ombrage.
Jours de triomphe, éclairez l'univers!

Autour de lui vois nos chefs, vois nos sages,
Nos vieux soldats se rappelant ses traits,
Vois tout un peuple et ces tribus sauvages
A son nom seul sortant de leurs forêts.
L'arbre sacré sur ce concours immense
Forme un abri de rameaux toujours verts:
Les vents au loin porteront la semence.
Jours de triomphe, éclairez l'univers!

L'Européen que frappent ces paroles
Servit des rois, suivit des conquérants:

Un peuple esclave encensait ces idoles;
Un peuple libre a des honneurs plus grands.
Hélas! dit-il, et son œil sur les ondes
Semble chercher des bords lointains et chers.
Que la vertu rapproche les deux mondes!
Jours de triomphe, éclairez l'univers!

LA PAUVRE FEMME.

Il neige, il neige, et là, devant l'église[6]
Une vieille prie à genoux.[1]
Sous ses haillons où s'engouffre la bise,
C'est du pain qu'elle attend de nous.
Seule, à tâtons, au parvis Notre-Dame,
Elle vient, hiver comme été;
Elle est aveugle, hélas! la pauvre femme;
Ah! faisons-lui la charité.[7]

Savez-vous bien ce que fut cette vieille
Au teint hâve, aux traits amaigris?
D'un grand spectacle autrefois la merveille,
Ses chants ravisaient tout Paris.
Les jeunes gens, dans le rire ou les larmes,
S'exaltaient devant sa beauté;
Tous ils ont dû des rêves à ses charmes:
Ah! faisons-lui la charité.

Combien de fois, s'éloignant du théâtre
Au pas pressé de ses chevaux,
Elle entendit une foule idolâtre
La poursuivre de longs bravos!
Pour l'enlever au char qui la transporte,
Pour la rendre à la volupté,
Que de rivaux l'attendaient à sa porte.
Ah! faisons-lui la charité.

Quand tous les arts lui tressaient des couronnes,
Qu'elle avait un pompeux séjour!
Que de cristaux, de bronzes, de colonnes,
Tributs de l'amour à l'amour!
Dans ses banquets, que de muses fidèles
Au vin de sa prospérité!
Tous les palais ont leurs nids d'hirondelles:
Ah! faisons-lui la charité.

Revers affreux! un jour la maladie
Éteint ses yeux, brise sa voix,
Et bientôt, seule et pauvre, elle mendie
Où, depuis vingt ans, je la vois.
Aucune main n'eut mieux l'art de répandre
Plus d'or avec plus de bonté
Que cette main qu'elle hésite à nous tendre:
Ah! faisons-lui la charité.

Le froid redouble: ô douleur, ô misère!
Tous ses membres sont engourdis;
Ses doigts ont peine à tenir le rosaire
Qui l'eût fait sourire jadis.
Sous tant de maux si son cœur tendre encore
Peut se nourrir de piété,
Pour qu'il ait foi dans le ciel qu'elle implore,
Ah! faisons-lui la charité.

CINQUANTE ANS.

Pourquoi ces fleurs? est-ce ma fête[1]?
Non: ce bouquet vient m'annoncer
Qu'un demi-siècle sur ma tête
Achève aujourd'hui de passer.
Oh! combien nos jours sont rapides!
Oh! combien j'ai perdu d'instants!
Oh! combien je me sens de rides!
Hélas! hélas! j'ai cinquante ans.[7]

A cet âge, tout nous échappe;
Le fruit meurt sur l'arbre jauni.
Mais à ma porte quelqu'un frappe;
N'ouvrons point: mon rôle est fini.
C'est, je gage, un docteur qui jette
Sa carte, où s'est logé le Temps.
Jadis, j'aurais dit: C'est Lisette.
Hélas! hélas! j'ai cinquante ans.

En maux cuisants vieillesse abonde:
C'est la goutte qui nous meurtrit;
La cécité, prison profonde;
La surdité, dont chacun rit.
Puis la raison, lampe qui baisse,
N'a plus que des feux tremblotants.
Enfants, honorez la vieillesse!
Hélas! hélas! j'ai cinquante ans!

Ciel! j'entends la Mort, qui, joyeuse,
Arrive en se frottant les mains.
A ma porte la fossoyeuse
Frappe; adieu, messieurs les humains!
En bas, guerre, famine et peste;
En haut, plus d'astres éclatants.
Ouvrons, tandis que Dieu me reste.
Hélas! hélas! j'ai cinquante ans.

Mais non; c'est vous! vous, jeune amie,
Sœur de charité des amours!
Vous tirez mon âme endormie
Du cauchemar des mauvais jours.
Semant les roses de votre âge
Partout, comme fait le printemps,
Parfumez les rêves d'un sage.
Hélas! hélas! j'ai cinquante ans.

§ 72. MILLEVOYE, 1782–1816.

Charles-Hubert Millevoye, célèbre poète élégiaque, né à Abbeville en 1782, remporta plusieurs fois le prix de poésie à l'Académie française.

Ses principaux ouvrages sont: *les Plaisirs du poète; l'Amour maternel; l'Indépendance de l'homme de lettres; Belsunce, ou la Peste de Marseille*, etc.; quelques traductions de l'*Iliade*, de *Théocrite*, de *Virgile*, du *Camoëns; Charlemagne à Pavie*, poème; *Alfred, roi d'Angleterre; la Rançon d'Égild; la Tête des Martyrs;* poèmes, etc.

LA TENDRESSE MATERNELLE.

Si de ses premiers maux le tribut passager
Au nourrisson débile arrache un cri léger,
Une mère, l'effroi, le désespoir dans l'âme,
Voit déjà de ses jours se délier la trame;
Elle écoute la nuit son paisible sommeil;
Par un souffle elle craint de hâter son réveil;
Elle entoure de soins sa fragile existence;
Avec celle d'un fils la sienne recommence:
Elle sait, dans ses cris devinant ses désirs,
Pour ses caprices même inventer des plaisirs.
Quand la raison précoce a devancé son âge,
Sa mère la première épure son langage;
De mots nouveaux pour lui, par de courtes leçons,
Dans sa jeune mémoire elle imprime les sons:
Soin précieux et tendre, aimable ministère,
Qu'interrompent souvent les baisers d'une mère!
D'un utile entretien elle poursuit le cours,
Sans jamais se lasser répond à ses discours,
L'applaudit doucement, et doucement le blâme,
Cultive son esprit, fertilise son âme,
Et fait luire à son œil, encore faible et tremblant,
De la religion le flambeau consolant.
Quelquefois une histoire abrége la veillée;
L'enfant prête une oreille active, émerveillée:

Appuyé sur sa mère, à ses genoux assis,
Il craint de perdre un mot de ces fameux récits.
Quelquefois de Gessner[1] la Muse pastorale
Offre au jeune lecteur sa riante morale;
Il préfère à ses jeux ces passe-temps chéris,
Et pour lui le travail du travail est le prix.
La lice va s'ouvrir: l'étude opiniâtre
Te dispute ce fils que ton cœur idolâtre,
Tendre mère! déjà de sérieux loisirs
Préparent ses succès ainsi que tes plaisirs.
Enfin vient la journée où le grave Aristarque,
D'un peuple turbulent flegmatique monarque,
Dépouillant de son front la vieille austérité,
Décerne au jeune athlète un laurier mérité.
En silence on attache une vue attendrie
Sur l'enfant qui promet un homme à la patrie;
Cet enfant, c'est le tien. Un cri part: le vainqueur,
Porté par mille bras, est déjà sur ton cœur;
Son triomphe est à toi, sa gloire t'environne,
Et de pleurs maternels tu mouilles sa couronne.

§ **73.** NODIER, 1783-1844.

Charles Nodier, philologue et romancier, né à Besançon, s'est placé au rang des écrivains contemporains les plus estimés. Il était membre de l'Académie française.

LE RETOUR AU VILLAGE.

Je vais revoir mon village,[1]
Les lieux que j'ai tant chéris,
Et la montagne sauvage,
Et les églantiers fleuris:
Douce trêve

Qu'un long rève
Qui s'achève
Laisse encore à mes esprits.

Je verrai la croix qui penche
Au front des rochers alpins,
Et les tapis de pervenche,
Et les halliers d'aubépins,
Et la mousse,
Qui repousse,
Molle et douce,
A l'abri des noirs sapins.

Je reverrai la bruyère
Qui s'incline en gémissant,
Je reverrai la clairière
Où le ruisseau va glissant,
Et son onde
Vagabonde
Qui féconde
Le pacage verdissant.

Voici la vieille ramée
Où, dans ses riches habits,
La luciole enflammée
Tombe en nuages subits,
Quand son aile
La décèle,
Et recèle
Les feux de mille rubis.

Mais je ne verrai plus Lise,
Après un joyeux banquet,
Essayer devant l'église
Le jeu de son œil coquet,
Et surprise,
Par méprise,
A la brise,
Abandonner son bouquet.

Mais je ne verrai plus Flore,
Qui chantait tous les matins;
Mais je ne verrai plus Laure,
Boudeuse aux regards mutins:
    Clementine,
    Augustine,
    Et Justine,
Joli trio de Lutins.

Le soleil, toujours le même,
Parcourt des chemins tracés;
Et de son beau diadême
Nuls traits ne sont effacés.
    Ce qui passe
    Et s'efface
    C'est la trace
Des plaisirs qui sont passés.

§ 74. LAMARTINE, 1790–1869.

(*Voyez, pour la Notice,* § **38**.)

HYMNE DE L'ENFANT A SON RÉVEIL.

O Père, qu'adore mon père,[1]
Toi qu'on ne nomme qu'à genoux!
Toi dont le nom terrible et doux
Fait courber le front de ma mère[2]!

On dit que ce brillant soleil
N'est qu'un jouet de ta puissance,
Que sous tes pieds il se balance
Comme une lampe de vermeil.

On dit que c'est toi qui fais naître
Les petits oiseaux dans les champs,
Et qui donnes aux petits enfants
Une âme aussi pour te connaître!

On dit que c'est toi qui produis
Les fleurs dont le jardin se pare,
Et que, sans toi, toujours avare,
Le verger n'aurait point de fruits.

Aux dons que ta bonté mesure
Tout l'univers est convié;
Nul insecte n'est oublié
A ce festin de la nature.

L'agneau broute le serpolet;
La chèvre s'attache au cytise;
La mouche au bord du vase puise
Les blanches gouttes de mon lait.

L'alouette a la graine amère
Que laisse envoler le glaneur;
Le passereau suit le vanneur;
Et l'enfant s'attache à sa mère.

Et pour obtenir chaque don
Que chaque jour tu fais éclore,
A midi, le soir, à l'aurore,
Que faut-il? prononcer ton nom!

O Dieu! ma bouche balbutie
Ce nom, des anges redouté.
Un enfant même est écouté
Dans le cœur qui te glorifie.

On dit qu'il aime à recevoir
Les vœux présentés par l'enfance,
A cause de cette innocence
Que nous avons sans le savoir.

On dit que leurs humbles louanges
A son oreille montent mieux;
Que les anges peuplent les cieux,
Et que nous ressemblons aux anges!

Ah! puisqu'il entend de si loin
Les vœux que notre bouche adressse,
Je veux lui demander sans cesse
Ce dont les autres ont besoin.

Mon Dieu, donne l'onde aux fontaines,
Donne la plume aux passereaux,
Et la laine aux petits agneaux,
Et l'ombre et la rosée aux plaines.

Donne aux malades la santé,
Au mendiant le pain qu'il pleure,
A l'orphelin une demeure,
Au prisonnier la liberté.

Donne une famille nombreuse
Au père qui craint le Seigneur;
Donne à moi sagesse et bonheur,
Pour que ma mère soit heureuse!

Que je sois bon, quoique petit,
Comme cet enfant dans le temple,
Que chaque matin je contemple,
Souriant auprès de mon lit[3]!

Mets dans mon âme la justice,
Sur mes lèvres la vérité;
Qu'avec crainte et docilité
Ta parole en mon cœur mûrisse!

Et que ma voix s'élève à toi
Comme cette douce fumée
Que balance l'urne embaumée
Dans la main d'enfants comme moi[4]!

L'ANGE GARDIEN.

Dieu se lève, et soudain sa voix terrible appelle
De ses ordres secrets un ministre fidèle,
Un de ces esprits purs qui sont chargés par lui
De servir aux humains de conseil et d'appui,
De lui porter leurs vœux sur leurs ailes de flamme,
De veiller sur leur vie et de garder leur âme.[5]
Tout mortel a le sien : cet ange protecteur,
Cet invisible ami veille autour de son cœur,
L'inspire, le conduit, le relève s'il tombe,
Le reçoit au berceau, l'accompagne à la tombe,
Et, portant dans les cieux son âme entre ses mains,
La présente en tremblant au juge des humains.
C'est ainsi qu'entre l'homme et Jéhovah lui-même
Entre le pur néant et la grandeur suprême,
D'êtres inaperçus une chaîne sans fin
Réunit l'homme à l'ange et l'ange au séraphin ;
C'est ainsi que, peuplant l'étendue infinie,
Dieu répandit partout l'esprit, l'âme et la vie.

LE GOLFE DE BAYA.

Vois-tu comme le flot paisible[6]
Sur le rivage vient mourir ?
Vois-tu le volage zéphyr
Rider, d'une haleine insensible,
L'onde qu'il aime à parcourir ?
Montons sur la barque légère
Que ma main guide sans efforts,
Et de ce golfe solitaire
Rasons timidement les bords.[7]

Loin de nous déjà fuit la rive :
Tandis que d'une main craintive
Tu tiens le docile aviron,

Courbé sur la rame bruyante,
Au sein de l'onde frémissante
Je trace un rapide sillon.[8]

Dieu! quelle fraîcheur on respire!
Plongé dans le sein de Téthys,
Le soleil a cédé l'empire
A la pâle reine des nuits;
Le sein des fleurs demi-fermées
S'ouvre, et de vapeurs embaumées
En ce moment remplit les airs;
Et du soir la brise légère
Des plus doux parfums de la terre
A son tour embaume les mers.[9]

Quels chants sur ces flots retentissent?
Quels chants éclatent sur ces bords?
De ces deux concerts qui s'unissent
L'echo prolonge les accords.
N'osant se fier aux étoiles,
Le pêcheur, repliant ses voiles,
Salue, en chantant, son séjour;
Tandis qu'une folle jeunesse
Pousse au ciel des cris d'allégresse,
Et fête son heureux retour.

Mais déjà l'ombre plus épaisse
Tombe, et brunit les vastes mers;
Le bord s'efface, le bruit cesse,
Le silence occupe les airs.
C'est l'heure où la mélancolie
S'assied, pensive et recueillie,
Aux bords silencieux des mers,
Et, méditant sur les ruines,
Contemple au penchant des collines
Ce palais, ces temples déserts.

Oh! de la liberté vieille et sainte patrie,[10]
Terre autrefois féconde en sublimes vertus,
Sous d'indignes Césars[11] maintenant asservie,
Ton empire est tombé, tes héros ne sont plus!
Mais dans ton sein l'âme agrandie
Croit sur leurs monuments respirer leur génie,
Comme on respire encor dans un temple aboli
La majesté du Dieu dont il était rempli.
Mais n'interrogeons pas vos cendres généreuses,
Vieux Romains, fiers Catons, mânes des deux Brutus;
Allons redemander à ces murs abattus
Des souvenirs plus doux, des ombres plus heureuses.

Horace, dans ce frais séjour,[12]
Dans une retraite embellie
Par les plaisirs et le génie,
Fuyait les pompes de la cour;
Properce y visitait Cynthie,
Et sous les regards de Délie
Tibulle y modulait les soupirs de l'amour;
Plus loin, voici l'asile où vint chanter le Tasse,
Quand, victime à la fois du génie et du sort,
Errant dans l'univers, sans refuge et sans port,
La pitié recueillit son illustre disgrâce.
Non loin des mêmes bords, plus tard il vint mourir;
La gloire l'appelait, il arrive, il succombe:
La palme qui l'attend devant lui semble fuir,
Et son laurier tardif n'ombrage que sa tombe.
Colline de Baya poétique séjour,
Voluptueux vallon qu'habita tour à tour
Tout ce qui fut grand dans le monde,
Tu ne retentis plus de gloire ni d'amour.
Pas une voix qui me réponde,
Que le bruit plaintif de cette onde,
Ou l'écho réveillé des débris d'alentour!

Ainsi tout change, ainsi tout passe ;
Ainsi nous-mèmes nous passons,
Hélas ! sans laisser plus de trace
Que cette barque où nous glissons
Sur cette mer où tout s'efface.

§ 75. DELAVIGNE, 1794–1843.

J. F. CASIMIR DELAVIGNE, poète et auteur dramatique distingué, membre de l'Académie française, naquit au Havre en 1793. Ses principaux ouvrages sont : *Le Paria, Marino Faliero, les Vêpres siciliennes, Louis XI et les Enfants d'Édouard,* tragédies ; *l'École des vieillards,* comédie ; et poésies diverses, parmi lesquelles on remarque les *Messéniennes.*

MORT DE JEANNE D'ARC.

A qui réserve-t-on ces apprêts meurtriers [1] ?
Pour qui ces torches qu'on excite ?
L'airain sacré tremble et s'agite. . . .
D'où vient ce bruit lugubre ? où courent ces guerriers,
Dont la foule à longs flots roule et se précipite ?

La joie éclate sur leurs traits ;
Sans doute l'honneur les enflamme,
Ils vont pour un assaut former leurs rangs épais ?
Non, ces guerriers sont des Anglais
Qui vont voir mourir une femme.

Qu'ils sont nobles dans leur courroux !
Qu'il est beau d'insulter au bras chargé d'entraves !
La voyant sans défense, ils s'écriaient,[2] ces braves :
" Qu'elle meure ! elle a contre nous
Des esprits infernaux suscité la magie. . . .[3] "
Lâches, que lui reprochez-vous ?

D'un courage inspiré la brûlante énergie,
L'amour du nom français, le mépris du danger,
Voilà sa magie et ses charmes :
En faut-il d'autres que des armes
Pour combattre, pour vaincre et punir l'étranger ?

Du Christ, avec ardeur, Jeanne baisait l'image ;
Ses longs cheveux épars flottaient au gré des vents :
Au pied de l'échafaud, sans changer de visage,
Elle avançait à pas lents.

Tranquille elle y monta ; quand, debout sur le faîte,
Elle vit ce bûcher qui l'allait dévorer,
Les bourreaux en suspens, la flamme déjà prête,
Sentant son cœur faillir, elle baissa la tête,
Et se prit à pleurer.

Ah ! pleure, fille infortunée !
Ta jeunesse va se flétrir,
Dans sa fleur trop tôt moissonnée !
Adieu, beau ciel, il faut mourir !

Tu ne reverras plus tes riantes montagnes,
Le temple, le hameau, les champs de Vaucouleurs ;
Et ta chaumière, et tes compagnes,
Et ton père expirant sous le poids des douleurs.

Après quelques instants d'un horrible silence,
Tout à coup le feu brille, il s'irrite, il s'élance. . . .
Le cœur de la guerrière alors s'est ranimé ;
A travers les vapeurs d'une fumée ardente,
Jeanne, encore menaçante,
Montre aux Anglais son bras à demi consumé.
Pourquoi reculer d'épouvante,
Anglais ? son bras est désarmé ;
La flamme l'environne, et sa voix expirante
Murmure encore : " O France ! ô mon roi bien-aimé ! "

Qu'un monument s'élève au lieu de ta naissance,
O toi qui des vainqueurs renversas les projets!
La France y portera son deuil et ses regrets,
    Sa tardive reconnaissance;
Elle y viendra gémir sous de jeunes cyprès:
Puissent croître avec eux ta gloire et sa puissance!

Que sur l'airain funèbre, on grave des combats,
Des étendards anglais fuyant devant tes pas,
Dieu vengeant par tes mains la plus juste des causes.
Venez, jeunes beautés, venez braves soldats:
Semez sur son tombeau les lauriers et les roses!
Qu'un jour, le voyageur en parcourant ces bois,
Cueille un rameau sacré, l'y dépose, et s'écrie:
"A celle qui sauva le trône et la patrie,
Et n'obtint qu'un tombeau, pour prix de ses exploits."

§ 76. DE VIGNY, 1799–1863.

Alfred-Victor, comte de Vigny, poète français, membre de l'Institut, naquit à Loches, le 27 mars 1799.

Il débuta dans la carrière des lettres par des poésies qui furent accueillies avec faveur. Son roman de *Cinq-Mars*, publié en 1826, se distingue de la foule des compositions du même genre que l'on voit, chaque année, naître et mourir.

M. de Vigny a publié d'autres écrits empreints du même talent, mais qui ont obtenu moins de succès.

En 1855, il remplaça Étienne à l'Académie française.

LA FILLE DE JEPHTÉ.

Voilà ce qu'ont chanté les filles d'Israel,[1]
Et leur pleurs ont coulé sur l'herbe du Carmel:

— Jephté de Galaad a ravagé trois villes;
Abel! la flame a lui sur tes vignes fertiles!

Aroër sous la cendre éteignit ses chansons!
Et Mennith s'est assise en pleurant ses moissons!

Tous les guerriers d'Ammon sont détruits, et leur terre
Du Seigneur notre Dieu reste la tributaire.
Israel est vainqueur, et par ses cris perçants
Reconnaît du Très-haut les secours tout puissants.

A l'hymne universel que le désert répète
Se mêle en longs éclats le son de la trompette,
Et l'armée, en marchant vers les tours de Maspha,
Leur raconte de loin que Jephté triompha;

Le peuple tout entier tressaille de la fête.
Mais le sombre vainqueur marche en baissant la tête;
Sourd à ce bruit de gloire, et seul, silencieux,
Tout à coup il s'arrête, il a fermé ses yeux.

Il a fermé ses yeux; car au loin, de la ville,
Les vierges, en chantant, d'un pas lent et tranquille
Venaient; il entrevoit le chœur religieux,
C'est pourquoi, plein de crainte, il a fermé ses yeux.

Il entend le concert qui s'approche et l'honore;
La harpe harmonieuse et le tambour sonore,
Et la lyre aux dix voix, et le Kinnor léger,
Et les sons argentins du Nebel étranger;

Puis, de plus près, les chants, leur paroles pieuses,
Et les pas mesurés en des danses joyeuses,
Et, par des bruits flatteurs, les mains frappant les mains,
Et de rameaux fleuris parfumant les chemins.

Ses genoux ont tremblé sous le poids de ses armes;
Sa paupière s'entr'ouvre à ses premières larmes:
C'est que, parmi les voix, le père a reconnu
La voix la plus aimée à ce chant ingénu:

— "O vierges d'Israel, ma couronne s'apprête
La première à parer les cheveux de sa tête;
C'est mon père, et jamais un autre enfant que moi
N'augmenta la famille heureuse sous la loi."

Et ses bras à Jephté donnés avec tendresse,
Suspendant à son cou leur pieuse caresse:
"Mon père, embrassez-moi! D'où naissent vos retards?
Je ne vois que vos pleurs et non pas vos regards.

Je n'ai point oublié l'encens du sacrifice;
J'offrais pour vous hier la naissante génisse;
Qui peut vous affliger? Le Seigneur n'a-t-il pas
Renversé les cités au seul bruit de vos pas?"

— "C'est vous, hélas! c'est vous, ma fille bien-aimée?"
Dit le père en rouvrant sa paupière enflammée?
"Faut-il que ce soit vous? ô douleurs des douleurs!
Que vos embrassements feront couler de pleurs!

Seigneur, vous êtes bien le Dieu de la vengeance,
En échange du crime il vous faut l'innocence.
C'est la vapeur du sang qui plaît au Dieu jaloux!
Je lui dois une hostie, ô ma fille! et c'est vous!"

— "Moi?" dit-elle. Et ses yeux se remplirent de larmes.
Elle était jeune et belle, et la vie a des charmes.
Puis elle répondit: "O, si votre serment
Dispose de mes jours, permettez seulement

Qu'emmenant avec moi les vierges mes compagnes,
J'aille, deux mois entiers, sur le haut des montagnes,
Pour la dernière fois, errante en liberté,
Pleurer sur ma jeunesse et ma virginité!

Car je n'aurai jamais, de mes mains orgueilleuses,
Purifié mon fils sous les eaux merveilleuses;

Vous n'aurez pas béni sa venue, et mes pleurs
Et mes chants n'auront pas endormi ses douleurs;

Et, le jour de ma mort, nulle vierge jalouse
Ne viendra demander de qui je fus l'épouse,
Quel guerrier prend pour moi le cilice et le deuil:
Et seul vous pleurerez autour de mon cercueil."

Après ces mots, l'armée assise tout entière
Pleurait, et sur son front répandait la poussière.
Jephté sous un manteau tenait ses pleurs voilés;
Mais parmi les sanglots, on entendit: "Allez."

Elle inclina la tête et partit. Ses compagnes,
Comme nous la pleurons, pleuraient sur les montagnes.
Puis elle vint s'offrir au couteau paternel.
—Voilà ce qu'ont chanté les filles d'Israel.

§ **77.** HUGO, NÉ EN 1802.

(*Voyez, pour la Notice,* § **43.**)

LA CAPTIVE.

Si je n'étais captive,[1]
J'aimerais ce pays,
Et cette mer plaintive,
Et ces champs de maïs,[2]
Et ces astres sans nombre,
Si le long du mur sombre,
N'étincelait dans l'ombre
Le sabre des spahis.

Je ne suis point Tartare
Pour qu'un eunuque noir

M'accorde ma guitare,
Me tienne mon miroir.
Bien loin de ces Sodomes,
Au pays dont nous sommes,
Avec les jeunes hommes
On peut parler le soir.

Pourtant j'aime une rive
Où jamais des hivers
Le souffle froid n'arrive
Par les vitraux ouverts.
L'été, la pluie est chaude ;
L'insecte vert qui rode,
Luit, vivante émeraude,
Sous les brins d'herbe verts.

Smyrne est une princesse
Avec son beau chapel ;
L'heureux printemps sans cesse
Répond à son appel,
Et comme un riant groupe
De fleurs dans une coupe,
Dans ses mers se découpe
Plus d'un frais archipel.

J'aime ces tours vermeilles,
Ces drapeaux triomphants,
Ces maisons d'or, pareilles
A des jouets d'enfants ;
J'aime pour mes pensées
Plus mollement bercées,
Ces tentes balancées
Au dos des éléphants.

Dans ce palais des fées,
Mon cœur, plein de concerts,

Croit, aux voix étouffées
Qui viennent des déserts,
Entendre les génies
Mêler les harmonies
Des chansons infinies
Qu'ils chantent dans les airs!

J'aime de ces contrées
Les doux parfums brûlants;
Sur les vitres dorées
Les feuillages tremblants;
L'eau que la source épanche
Sous le palmier qui penche,
Et la cigogne blanche
Sur les minarets blancs.

J'aime en un lit de mousses
Dire un air espagnol,
Quands mes compagnes douces,
Du pied rasant le sol,
Légion vagabonde
Où le sourire abonde,
Font tournoyer leur ronde
Sous un rond parasol.

Mais surtout quand la brise
Me touche en voltigeant,
Surtout j'aime être assise,
Être assise en songeant,
L'œil sur la mer profonde,
Tandis que, pâle et blonde,
La lune ouvre dans l'onde
Son évantail d'argent.

LES DJINNS.[3]

Murs, ville,[4]
Et port,
Asile
De mort,
Mer grise
Où brise
La brise ;
Tout dort.

Dans la plaine
Naît un bruit.
C'est l'haleine
De la nuit.
Elle brame
Comme une âme
Qu'une flamme
Toujours suit.

La voix plus haute
Semble un grelot. —
D'un nain qui saute
C'est le galop :
Il fuit, s'élance,
Puis en cadence
Sur un pied danse
Au bout d'un flot.

La rumeur approche ;
L'écho la redit.
C'est comme la cloche
D'un couvent maudit : —
Comme un bruit de foule,
Qui tonne et qui roule,
Et tantôt s'écroule
Et tantôt grandit.

Dieu! la voix sépulcrale
Des Djinns! . . . — Quel bruit ils font!
Fuyons sous la spirale
De l'escalier profond!
Déjà s'éteint ma lampe;
Et l'ombre de la rampe,
Qui le long du mur rampe,
Monte jusqu'au plafond.

C'est l'essaim des Djinns qui passe,
Et tourbillonne en sifflant.
Les ifs, que leur vol fracasse,
Craquent comme un pin brûlant.
Leur troupeau lourd et rapide,
Volant dans l'espace vide,
Semble un nuage livide
Qui porte un éclair au flanc.

Ils sont tout près! — Tenons fermée
Cette salle où nous les narguons.
Quel bruit dehors! Hideuse armée
De vampires et de dragons!
La poutre du toit descellée
Ploie ainsi qu'une herbe mouillée,
Et la vieille porte rouillée
Tremble à déraciner ses gonds!

Cris de l'enfer! voix qui hurle et qui pleure!
L'horrible essaim, poussé par l'aquilon,
Sans doute, ô ciel! s'abat sur ma demeure.
Le mur fléchit sous le noir bataillon.
La maison crie et chancèle penchée,
Et l'on dirait que, du sol arrachée,
Ainsi qu'il chasse une feuille séchée,
Le vent la roule avec leur tourbillon!

Prophète! si ta main me sauve
De ces impurs démons des soirs,

J'irai prosterner mon front chauve
Devant tes sacrés encensoirs!
Fais que sur ces portes fidèles
Meure leur souffle d'étincelles,
Et qu'en vain l'ongle de leurs ailes
Grince et crie à ces vitraux noirs!

Ils sont passés! — leur cohorte
S'envole et fuit, et leurs pieds
Cessent de battre ma porte
De leurs coups multipliés.
L'air est plein d'un bruit de chaînes,
Et dans les forêts prochaines
Frissonnent tous les grands chênes,
Sous leur vol de feu pliés!

De leurs ailes lointaines
Le battement décroît,
Si confus dans les plaines,
Si faible que l'on croit
Ouïr la sauterelle
Crier d'une voix grêle,
Ou pétiller la grêle
Sur le plomb d'un vieux toit.

D'étrange syllabes
Nous viennent encor[5]; —
Ainsi des Arabes
Quand sonne le cor,
Un chant sur la grève
Par instant s'élève,
Et l'enfant qui rêve
Fait des rêves d'or.

Des Djinns funèbres,
Fils du trépas,
Dans les ténèbres
Pressent leurs pas;

Leur essaim gronde :
Ainsi profonde
Murmure une onde
Qu'on ne voit pas.

Ce bruit vague
Qui s'endort,
C'est la vague
Sur le bord ;
C'est la plainte
Presque éteinte
D'une sainte
Pour un mort.

On doute
La nuit. . . .
J'écoute : —
Tout fuit,
Tout passe ;
L'espace
Efface
Le bruit.

§ 78. SAINTE-BEUVE, 1804–1869.

Charles-Augustin Sainte-Beuve, poète et critique français, naquit à Boulogne-sur-Mer, le 23 décembre 1804.

Poète délicat, pénétrant, original, M. Sainte-Beuve a trop de nuances, de mystère et d'intimité pour déployer ces grands coups d'aile qui ravissent les foules. Aussi a-t-il pu dire justement avec une tristesse contenue : "Le poète en moi, l'avouerai-je? a quelquefois souffert de toutes les indulgences mêmes qu'on avait pour le prosateur." Le prosateur, le critique, voilà en effet le titre de gloire le plus généralement reconnu de M. Sainte-Beuve. Son originalité consiste principalement dans la manière éminemment habile et intéressante dont il a mêlé la biographie anecdotique à la critique, et surtout dans le procédé de dissection anatomique inventé et pratiqué par lui avec une merveilleuse délicatesse. Son style est en général piquant, imprévu, quelquefois bizarre et tourmenté. Les tours si originaux de la langue du XVIe siècle s'y rencontrent avec la phraséologie vague du nôtre. C'est ce que Balzac appelait une langue nouvelle "le Sainte-Beuve."

STANCES.

IMITÉ DE KIRKE WHITE.

Puisque, sourde à mon vœu, la fortune jalouse
Me refuse un toit chaste ombragé d'un noyer,
Quelques êtres qu'on aime et qu'on pleure, une épouse,
Et des amis, le soir, en cercle à mon foyer,[1]

O nobles facultés, ô puissances de l'âme,
Levez-vous, et versez à ce cœur qui s'en va
L'huile sainte du fort, et ranimez sa flamme;
Qu'il oublie aujourd'hui ce qu'hier il rêva!

Lorsque la nuit est froide, et que seul, dans ma chambre,
Près de mon poêle éteint j'entends siffler le vent,
Pensant aux longs baisers qu'en ces nuits de décembre
Se donnent les époux, mon cœur saigne, et souvent,

Bien souvent je soupire, et je pleure, et j'écoute.
Alors, ô saints élans, ô prière, arrivez;

Vite, emportez-moi haut sous la céleste voûte,
A la troisième enceinte, aux parvis reservés!

Que je perde à mes pieds ces plaines nébuleuses,
Et l'hiver, et la bise assiégeant mes volets;
Que des sphères en rond les orgues merveilleuses
Animent sous mes pas le jaspe des palais;

Que je voie à genoux les anges sans paroles;
Qu'aux dômes étoilés je lise, triomphant,
Ces mots du doigt divin, ces mystiques symboles,
Grands secrets qu'autrefois connut le monde enfant;

Que lisaient les vieillards des premières années,
Qu'à ses fils en Chaldée enseignait chaque aïeul . . .
Sans plus songer alors à mes saisons fanées,
Peut-être j'oublierai qu'ici-bas je suis seul.

A M. AUGUSTE LE PRÉVOST.

Quis memorabitur tui post mortem, et quis orabit pro te?

(*De Imitatione Christi*, Lib. I., Cap. 23.)

Dans l'île Saint-Louis, le long d'un quai désert,
L'autre soir je passais; le ciel était couvert,
Et l'horizon brumeux eût paru noir d'orages,
Sans la fraîcheur du vent qui chassait les nuages;
Le soleil se couchait sous de sombres rideaux;
La rivière coulait verte entre les radeaux;
Aux balcons çà et là quelque figure blanche
Respirait l'air du soir, — et c'était un dimanche.
Le dimanche est pour nous le jour du souvenir;
Car, dans la tendre enfance, on aime à voir venir,
Après les soins comptés de l'exacte semaine
Et les devoirs remplis, le soleil qui ramène
Le loisir et la fête, et les habits parés,
Et l'église aux doux chants, et les jeux dans les prés;

Et plus tard, quand la vie, en proie à la tempête,
Ou stagnante d'ennui, n'a plus loisir ni fête,
Si pourtant nous sentons, aux choses d'alentour,
A la gaîté d'autrui qu'est revenu ce jour,
Par degrés attendris jusqu'au fond de notre âme,
De nos beaux ans brisés nous renouons la trame
Et nous nous rappelons nos dimanches d'alors,
Et notre blonde enfance, et ses riants trésors.
Je rêvais donc ainsi, sur ce quai solitaire,
A mon jeune matin si voilé de mystère,
A tant de pleurs obscurs en secret dévorés,
A tant de biens trompeurs ardemment espérés,
Qui ne viendront jamais, . . . qui sont venus peut-être!
En suis-je plus heureux qu'avant de les connaître?
Et, tout rêvant ainsi, pauvre rêveur, voilà
Que soudain, loin, bien loin, mon âme s'envola,
Et d'objets en objets, dans sa course inconstante,
Se prit aux longs discours que feu ma bonne tante
Me tenait, tout enfant, durant nos soirs d'hiver,
Dans ma ville natale, à Boulogne-sur-Mer.
Elle m'y racontait souvent, pour me distraire,
Son enfance et les jeux de mon père, son frère,
Que je n'ai pas connu; car je naquis en deuil,
Et mon berceau d'abord posa sur un cercueil.
Elle me parlait donc et de mon père et d'elle;
Et ce qu'aimait surtout sa mémoire fidèle,
C'était de me conter leurs destins entraînés
Loin du bourg paternel où tous deux étaient nés.
De mon antique aïeul je savais le ménage,
Le manoir, son aspect et tout le voisinage;
La rivière coulait à cent pas près du seuil;
Douze enfants (tous sont morts!) entouraient le fauteuil;
Et je disais les noms de chaque jeune fille,
Du curé, du notaire, amis de la famille,
Pieux hommes de bien, dont j'ai rêvé les traits,
Morts pourtant sans savoir que jamais je naîtrais.

Et tout cela revint en mon âme mobile,
Ce jour que je passais le long du quai, dans l'île.

Et bientôt, au sortir de ces songes flottants,
Je me sentis pleurer, et j'admirai longtemps
Que de ces hommes morts, de ces choses vieillies,
De ces traditions par hasard recueillies,
Moi, si jeune et d'hier, inconnu des aïeux,
Qui n'ai vu qu'en récit les images des lieux,
Je susse ses détails, seul peut-être sur terre,
Que j'en gardasse un culte en mon cœur solitaire,
Et qu'à propos de rien, un jour d'été, si loin
Des lieux et des objets, ainsi j'en prisse soin.
Hélas! pensai-je alors, la tristesse dans l'âme,
Humbles hommes, l'oubli sans pitié nous réclame,
Et sitôt que la mort nous a remis à Dieu,
Le souvenir de nous ici nous survit peu;
Notre trace est légère et bien vite effacée;
Et moi, qui de ces morts garde encor la pensée,
Quand je m'endormirai comme eux, du temps vaincu,
Sais-je, hélas! si quelqu'un saura que j'ai vécu?
Et poursuivant toujours, je disais qu'en la gloire,
En la mémoire humaine, il est peu sûr de croire,
Que les cœurs sont ingrats, et que bien mieux il vaut
De bonne heure aspirer et se fonder plus haut,
Et croire en Celui seul qui, dès qu'on le supplie,
Ne nous fait jamais faute, et qui jamais n'oublie.

PART III.

FRENCH VERSIFICATION.

SYLLABLES.

§ **1.** French verses differ from prose in three respects:

1st. They have a limited and regular number of syllables.

2d. They end with the *rhyme*,* a similarity of sound found at the end of at least two verses.

3d. They do not allow of a *hiatus*, i. e., two vowels in succession, one ending a word, and the other beginning the following word, as *tu es, j'ai eu.* The *e* mute alone is excepted.

§ **2.** Since French verses have a fixed number of syllables, attention must first be given to the proper division of the words into syllables. *Scanning* a verse is dividing it into all the syllables of which it is composed.

§ **3.** Every syllable in a verse is counted, even the final *e* mute, unless it is immediately followed by a vowel, or an

---

* "Nous avons un besoin essentiel du retour des mêmes sons, pour que notre poésie ne soit pas confondue avec la prose. Tout le monde connaît ces vers :

Où me cacher ? Fuyons dans la nuit infernale.
Mais que dis-je ? mon père y tient l'urne fatale :
Le sort, dit-on, l'a mise en ses sévères mains ;
Minos juge aux enfers tous les pâles humains.

"Mettez à la place :

Où me cacher ? Fuyons dans la nuit infernale.
Mais que dis-je ? mon père y tient l'urne funeste :
Le sort, dit-on, l'a mise en ses sévères mains ;
Minos juge aux enfers tous les pâles mortels.

"Quelque poétique que soit ce morceau, fera-t-il le même plaisir, dépouillé de l'agrément de la rime ?" VOLTAIRE.

unaspirated *h*. (See § 30, R. 2.) Ex. *l'hom-me vient ; l'homme-a-droit.* In the first case the *e* mute is retained before *v*, and in the second case it is *elided* before the vowel *a*.

§ **4.** Care must be taken, in scanning, to pronounce every syllable, even those which, in the rapidity of ordinary speech, are not pronounced. Ex. *u-ne pe-ti-te ru-se.* Two successive vowels must also be divided when they do not form a diphthong. Ex. *a-vou-ez.*

§ **5.** In the third person plural of the imperfect and the conditional, the last three letters *ent* do not count in the measure. Ex. *vou-laient, vou-draient.* The same is true of the plural of the subjunctives of the auxiliaries, *qu'ils aient, qu'ils soient*, which are monosyllables.

Ex. Qui labourai*ent* leurs champs, et gagnai*ent* des batailles.

SAINT VICTOR.

REM. The same letters (*ent* following *i*) make a syllable in the present of the indicative and the subjunctive in the following verbs : *pai-ent, voi-ent, emploi-ent, pri-ent*, etc.

§ **6.** The *e* mute is also counted at the end of words, and when it is followed by an *s*. Ex. *je jou-e, tu jou-es.*

§ **7.** When two or more vowels occur in succession, the student will frequently experience a difficulty in deciding whether they shall be pronounced together or separately. Sometimes they will form a diphthong, being united by *synæresis ;* and sometimes they will be separated into two syllables by *diæresis.* The following are the principal combinations which require notice :

Ia. — 1. MONOSYLLABLE. In *fiacre, diacre, liard, diable.*

2. More frequently DISSYLABLE. In the tenses of verbs in *ier*, as *pri-a ;* and in *mari-age, ti-are, di-amant, di-adème, di-alogue, fili-al, nupti-al.*

Iai. — 1. MONOSYLLABLE. In *bré-viaire.*

2. Generally DISSYLLABLE. *J'étudi-ais, j'étudi-ai, je confi-ais, ni-ais* (adj.), *auxili-aire, plagi-aire.*

3. COMMON (i. e., monosyllable or dissyllable), but more frequently dissyllable, in *biais.*

***Ian*, *iant*, *ient*.** — 1. Monosyllable. In *viande*.

2. Generally Dissyllable. *Fi-ancée*, *confi-ant*, *souri-ant*, *cli-ent*, *pati-ent*, *audi-ence*, *expéri-ence*, *fri-and*.

***Iau*.** — Dissyllable. *Mi-auler*, *besti-aux*.

***Ié*,* *ier*, *iez*, *ière*.** — 1. Monosyllable. In nouns and adjectives, and *iez* in verbs, when these terminations are not preceded by two consonants, the second of which is a liquid (*l* or *r*). Ex. *pi-tié*, *fier* (adj.), *lu-mière*, vous *ai-miez*, *ciel*, *assiette*.

2. Dissyllable. In nouns and adjectives, and *iez* in verbs, when these terminations are preceded by two consonants, the second of which is a liquid (*l* or *r*). Ex. *ouvri-er*, *pri-ère*, vous *voudri-ez*.

In the infinitive, and in other forms of verbs of the first conjugation in *ier*. Ex. *pri-er*, *pri-ez*, *pri-é*.

In the adverb *hi-er*, and the words *pi-été*, *impi-été*, *inqui-et* and its derivatives, *hardi-esse*, *matéri-el*, *essenti-el*, *artifici-el*.

***Ien*.** — 1. Monosyllable. In *bien*, *mien*, *tien*, *sien*, *rien*, *chien*, *viens*, je *tiens*, *chré-tien*, *main-tien*, *abs-tienne*, *appar-tienne*.

2. Dissyllable. In *li-en* (derived from the verb *li-er*), and in words denoting profession, calling, or country, as *chirurgi-en*, *magici-en*, *Assyri-en*. So *aéri-en*.

3. Common. In *gardien*. The measure of *ancien* is not fixed, and the great poets have avoided its use. It was originally of three syllables, but at present it is generally regarded as a dissyllable. In poetry, *antique* is to be preferred to *ancien*.

***Ient*.** — See *Iant*.

***Ieu*.** — 1. Monosyllable. In *lieu*, *mi-lieu*, *dieu*, *a-dieu*, *pieu*, *essieu*, *cieux*, *vieux*, *mieux*, *mon-sieur*.

2. Dissyllable. In the adjectives *pi-eux*, *odi-eux*, *oubli-eux*, *envi-eux*, *injuri-eux*, *intéri-eur*, *extéri-eur*.

***Io*.** — 1. Monosyllable. In *fiole* and *pioche*.

2. Generally Dissyllable. In *vi-olence*, *vi-olet*, *vi-olon*, *péri-ode*, *médi-ocre*, *idi-ot*, *curi-osité*, *di-ocèse*, *mari-onnette*.

***Ion*.** — 1. Monosyllable. The termination *ions* in verbs, when it is not preceded by two consonants, of which the second is a liquid (*l* or *r*), as nous *ai-mions*.

2. Dissyllable. The termination *ions* in verbs, when it is preceded by two consonants, of which the second is a liquid (*l* or *r*), as nous *entri-ons*.

---

* So *iè*, that is, when *e*, being followed by a consonant, has the sound of *è*, as in *ciel*, *hardi-esse*.

In the first person plural of verbs in *ier*, as nous *déli-ons*. So, nous *ri-ons*, from *rire*.

In the substantives *act-ion, attenti-on, nati-on, missi-on, passi-on, religi-on, li-on, champi-on, espi-on, milli-on*.

Oé.*—1. Monosyllable. In *poêle, moelle, moelleux*.

2. Dissyllable. In *po-ésie, po-ème, po-ète, po-étique*.

Oin.—Monosyllable. As in *loin, soin, besoin, moins, point*.

Oua, oué,*† *ouer, ouette.—1. Monosyllable. In *fouet, fouetter*. So the interjection *ouais*.

2. Generally Dissyllable. Il *avou-a*, il *lou-ait, ou-ailles, secou-ant, lou-er, dou-é, nou-eux, jou-et, alou-ette, pirou-ette, chou-ette*. So *Rou-en*; also *sou-hait* and its compounds.

Oui.—1. Monosyllable. In the affirmative adverb *oui*.

2. Generally Dissyllable. *Ou-ïr, ou-ï, s'évanou-ir, jou-ir, éblou-ir*, and the substantive *Lou-is*.

Ouin.—Monosyllable. *Ba-bouin, bara-gouin*.

Ua, ué,*‡ *uer.—1. Monosyllable. In *é-cuelle*.

2. Generally Dissyllable. Il *tu-a, persua-der, immu-able, chat-hu-ant, tu-er, remu-er, attribu-er, hu-é, nu-ée, su-eur, lu-eur, cru-el, du-el, ru-elle, mu-et*.

Ui.—1. Monosyllable. In *aujour-d'hui, lui, ce-lui, ap-pui, fruit, sui-vre, bruit, ré-duire, fuir, puits*.

2. Dissyllable. In *flu-ide, ru-ine, ru-iner, bru-ine, su-icide*.

Y, Ï (with a diæresis).—1. *Y* and *ï* are not counted as a syllable in *payable, effrayant, payé, foyer, frayeur, moyen, citoyen, royaume, païen, aïeux*; nor the letters *yi* in the subjunctive, as *voyions, voyiez*. These words are thus pronounced *pai-ya-ble, voi-yons*, etc.

2. *Y* and *ï* make a distinct syllable in *paysan* (pai-i-san), *abbaye* (ab-bai-i), *ha-ï, sto-ïque*.

Rem. 1. The *e* mute in the body of certain words, after a vowel, lengthens that vowel, but does not count as a separate syllable. Je *paie-rai*, je *loue-rai*, nous *avoue-rons*, je me *fie-rai*, je *remue-rai, dénue-ment*. At present this *e* is often replaced by a circumflex accent.

Rem. 2. In the words *Saône, août, Aaron*, the first vowel is not pronounced.

---

* So *oê* and *oè*, that is, when *e*, being followed by a consonant, has the sound of *è*, as in *moelle*.

† So *ouè*, as explained in the note on the previous page; also *oueu*.

‡ So *uè* and *ueu*. See the above note.

REM. 3. The syllabication, or "syllabic quantity," of some of the foregoing combinations formerly varied, but at present it is fixed.

§ **8.** French verses cannot have more than *twelve* syllables. Verses of *ten*, *eight*, and *seven* are also of common occurrence. Those of *nine* and less than *seven* are more rare, and will be referred to hereafter.

REM. The *e* mute at the end of a verse does not count in the measure.

EX. VERSE OF TWELVE SYLLABLES. (*Hexameter.*)

Des fleurs et de l'ombrage, et tout ce que j'aimai. CHÉNIER.

VERSE OF TEN SYLLABLES. (*Pentameter.*)

Cris de l'enfer ! voix qui hurle et qui pleure ! HUGO.

VERSE OF EIGHT SYLLABLES. (*Tetrameter.*)

Quels chants sur ces flots retentissent ? * LAMARTINE.

VERSE OF SEVEN SYLLABLES.

Les morts des temps écoulés. NODIER.

§ **9.** A *foot* is a combination of two syllables ; hence the first three of the above verses contain *six*, *five*, and *four* feet respectively, whence their names, *metre* being used as synonymous with *foot.* The term *metre* also applies to the entire measure of a verse, and this is its ordinary signification.

REM. 1. The verse of six feet, or twelve syllables, is called *heroic*, from its adaptability to epic poetry; and also *alexandrine*, from a French poem written in the twelfth century, of which *Alexander* is the hero.

REM. 2. A verse is said to be *sur ses pieds* (upon its feet), when it has the required number of syllables.

CESURA.

§ **10.** Cesura means a *cutting*, and the cesura of a verse is the *place* where it is cut. The word *hemistich*, derived from the Greek, signifies *half a verse ;* but it is applied only to the *alexandrine.*

* The final *nt* of the 3d person plural of verbs being always silent when preceded by *e*, this verse really ends in *e* mute, which does not count in the measure.

Rem. 1. In heroic verse there is always a cesura after the sixth syllable, thus dividing the verse into two equal parts : *

Ex. La terre était riante | et dans sa fleur première. De Vigny.

Rem. 2. In the *pentameter* there is always a cesura after the fourth syllable.

Ex. La maison crie | et chancèle penchée. Hugo.

Rem. 3. The *hexameter* and *pentameter* are the only species of verse in which a regular cesura is required.

Rem. 4. The place of the cesura does not necessarily require a punctuation mark. This principle is both stated and illustrated in the following lines of Boileau :

Que toujours dans vos vers | le sens, coupant les mots,
Suspende l'hémistiche, | en marque le repos.

§ **11.** Accent in French is of two kinds, *written* and *tonic* (accent tonique). The tonic accent may fall on certain important monosyllables, and in words of more than one syllable, only upon the *final*, or the *penult* when the final is a mute syllable. Ex. voyez-*la ;* nous y serons *tous ;* sol*dat*, *guer*re.

Rem. 1. In French, as in all languages, certain words, especially monosyllables, and, in particular, pronouns and prepositions, lose their accent in connected discourse, being united in pronunciation with the following word.

Ex. Nous *sommes ;* par *toi*. In these phrases, the two words being pronounced as one, the final takes the accent; but when the words are transposed, the accent will fall on the monosyllable, as sommes-*nous ;* soyez-*le*.

§ **12.** General Rule for the Cesura. The cesura should not immediately follow an unaccented † syllable.

Rem. 1. A mute *e* should not immediately precede a cesura, unless a vowel follow it, in which case it is *elided* in the pronunciation.

Ex. Oui, je viens dans son *temple* | adorer l'Éternel. Racine.

Note. The mute terminations of the plural of nouns and verbs, as in *livres*, *viennent*, should not immediately precede the cesura, because they cannot be elided. The terminations *aient* (see 5) are excepted, as

* Although the alexandrine verse may be cut in different places, and consequently have different *cesuras*, when we speak of the cesura we mean that of the hemistich, and in the pentameter that which occurs after the fourth syllable.

† This refers, of course, to the *tonic* accent.

the last three letters of these do not count in the measure, being suppressed in pronunciation.

Ex. Les prêtres ne *pouvaient* | suffire aux sacrifices.

REM. 2. The separation, by the cesura, of *words closely united in pronunciation or construction*, should be avoided; i. e., a cesura should not be introduced where the sense absolutely forbids a slight suspension of the voice.

The following verses are given as illustrations of cesuras defective in this particular:

Mais il n'importe : il *faut* suivre ma destinée. MOLIÈRE.

Mon frère, vous *serez* charmé de le connaître. ID.

Crois-tu qu'un juge *n'ait* qu'à faire bonne chère. RACINE.

Voyez cet autre, *avec* sa face de carême. ID.

Elle et moi, n'avons *eu* garde de l'oublier. LA FONTAINE.

REM. 3. Comedy, stories, fables, familiar epistles, etc., allow of cesuras which would be considered a blemish in epic poetry, tragedy, or serious narration, which require a more dignified style.

RHYME.

§ **13.** There are, in French, two species of rhyme, called *masculine* and *feminine;* the latter taking place between syllables which contain an *e* mute, the former between those which do not.

MASCULINE RHYMES.—*Loisir, plaisir; bonté, santé; vertus, abattus.*

FEMININE RHYMES.—*Belle, rebelle; infernale, fatale; alarmes, larmes.*

REM. 1. In feminine rhymes it is upon the *penult* that the rhyme must fall, as it occurs upon the *accented* syllable. (See 11.)

REM. 2. The termination *aient* in verbs (see 5) is classed with masculine rhymes, the *ent* not counting in the measure.

§ **14.** The rhyme is said to be "*rich*" or "*sufficient.*" It is *rich* when the sound of the rhyming syllables is precisely the same, whether spelled alike or differently (but see **24**); *sufficient* when the sounds are similar; thus *père, prospère; content, attend; austère, salutaire; paisible, risible;* are "*rich;*" and *recevoir, espoir; doux, nous;* are "*sufficient*" rhymes.

The *sufficient* rhymes are more agreeable to an English ear.

§ **15.** Sometimes the rhyme takes place between the last two syllables of words, as *insensée*, *pensée ; auteur*, *hauteur*. These double rhymes, when occurring frequently, are regarded as an affectation.

§ **16.** The rhyme, being intended for the ear, demands similar sounds, rather than similar letters; thus, *terre*, *mystère; prix*, *appris ; exige*, *dis-je* (or *di-je* by poetical license) ; *permets*, *jamais*, etc., are legitimate rhymes.

REM. As lately as the age of Louis XIV., "*rhymes for the eye*" were still tolerated, as *enfer*, *triompher ; foyers*, *fiers ; connoître* (*connaître*), *croître ;* because of their similarity of spelling, notwithstanding the difference of pronunciation. Such rhymes are no longer permitted.

§ **17.** A word should not rhyme with itself, though two words spelled and pronounced alike, with different meanings, may rhyme together.

EX. Notre malheur est grand ; il est au plus haut *point :*
Je l'envisage entier, mais je n'en frémis *point*. CORNEILLE.

§ **18.** A substantive should not rhyme with its verb, a simple word with its compound, nor two compounds which have preserved a similarity of signification. Thus, such rhymes as the following should be avoided: *une arme*, *il s'arme ; jeter*, *rejeter ; bonheur*, *malheur*.

§ **19.** With the following terminations the rhyme should be "*rich*," and not merely "*sufficient* :" *a* (in verbs), *é*, *er*, *ée*, *u* (except when one of the words is a monosyllable), *ment*, and generally *ant*, *ent*, *ir*, *eux*, and *eur*.

REM. 1. Rhymes with *a* final, in verbs, are little used in elevated style, as *trouva*, *cultiva*.

REM. 2. When final *é*, *er*, or *ée* is preceded by two consonants, of which the second is a liquid (*l* or *r*), the liquid alone is required in the rhyming word; thus *troublée* and *aveuglée* are legitimate rhymes ; so *gner* may rhyme with *ner*, as *confiner*, *régner*.

REM. 3. *É* and *i*, when forming syllables of themselves, may rhyme with themselves, thus forming a rhyme of a single letter, as *Noé*, *avoué ; trahi*, *obéi ;* so *trahis*, *pays*.

§ **20.** Final *ion* (rarely found in good writers) rhymes only with itself; as *passion*, *action*.

§ **21.** Final *ès* rhymes well with itself, and it may rhyme also with the plurals *ais*, *aits*, *êts ;* as *succès*, *procès*, *essais*.

§ **22.** But few merely "*sufficient*" *masculine* rhymes were admitted by the poets of the age of Louis XIV. They, however, admit them in the following instances: —

When a termination is not frequent in the language, as *égal*, *fatal*, *attentats*, *ingrats ; remords*, *trésors*.

When one of the two words is a proper name; as *Zénon*, *raison ; Héraclius*, *confus*.

When one of the words is a monosyllable; as *finis*, *fils ; ennemis*, *fils ;* but not *finis*, *ennemis*, because neither is a monosyllable.

§ **23.** The "*sufficient*" *feminine* rhyme is frequently met with; as *courage*, *davantage ; étonne*, *couronne*, etc.

Rem. The terminations *ie* and *ue*, in the great poets, require the rhyme to be "*rich*," and not merely "*sufficient*," at least in the elevated style.

§ **24.** Resemblance of sound is not always sufficient to authorize the rhyme. Thus the singular does not rhyme with the plural in nouns, adjectives, and verbs; and in general the addition of a final consonant to one of the words, and not to the other, though absolutely silent, prevents the rhyme.

Defective Rhymes. — *Arme*, *larmes ; dard*, *étendards ; tu charmes*, *alarme ; ils charment*, *il arme ; ils charment*, *alarme* or *alarmes ; pardon*, *cédons ; témoin*, *moins ; accord*, *corps ; lieu*, *mieux ; vers*, *découvert ; or*, *sort ; toi*, *toit ; fer*, *souffert ; loin*, *point ; vœu*, *veut ; autan*, *étang* or *étend ; an*, *enfant ; Apollon*, *long ; son*, *sont ; changé*, *berger*.

Rem. 1. The above rule is a remnant of the system formerly in vogue of "*rhymes for the eye*."

Rem. 2. *S*, *x*, and *z* may be regarded as similar consonants with respect to the rhyme; thus *doux*, *nous ; ordonnés*, *entraînez*, are legitimate rhymes.

Rem. 3. *Rang* and *sang* rhyme with *flanc*, *franc*, and *banc*, but not with *parent* and *reconnaissant*. (See § 19.)

REM. 4. Certain words which present a defective rhyme in the singular, rhyme well in the plural; as *fers, soufferts; tyrans, expirants; rangs, parents;* but the termination *ments* rhymes only with *ments* or *mants*, and *vengés* does not rhyme with *bergers*.

§ **25.** A simple vowel rhyming with a diphthong, though unsatisfactory, is authorized; as *suivre, vivre; diable, table;* etc.

§ **26.** A rhyme formed of a long and a short syllable, though found in the great poets, is not to be imitated; thus, *Mycène, sienne; vienne, peine;* the former from Racine, the latter from Molière.

§ **27.** The French language does not furnish rhymes for all words, and, of those which exist, care must be taken to avoid both the uncommon and the trivial; and also those words which, having but few similar terminations, almost certainly suggest the corresponding rhyme. The following are among the rhymes to be avoided, as being too common: *famille, fille; prince, province; poudre, foudre; juste, auguste; illustre, lustre; marque, monarque; songe, mensonge; sombre, ombre; hommes*, nous *sommes; dieu* or *adieu, lieu;* etc.

REM. 1. Of the forms of verbs, the past indefinite, as *il leva, il cultiva*, the past subjunctive, as *aimât, aimassent*, the third persons of the future, as *aimera, aimeront*, and the present participle, should not be introduced at the end of verses.

REM. 2. A word once used in the rhyme should not be repeated before about fifteen verses.

NOTE. § 12, REM. 3, is applicable to the rhyme as to the cesura.

HIATUS.

§ **28.** The mute *e* is the only vowel which should end a word before a word beginning with a vowel or unaspirated *h*. Any other vowel in this position produces an hiatus. Thus, we cannot say, in poetry, *tu es, tu auras, si elle vient, elle y est.*

REM. The conjunction *et* before a word beginning with a vowel-sound produces an hiatus, the *t* of this word being never carried to the next. Thus, we cannot say, in poetry, *et il* vient; sage *et heureux.*

§ **29.** The hiatus is permitted in poetry in the following cases:

1. In the body of words, as *audaci-eux*, *nati-on*.

2. Between two verses, even when closely connected in sense.

Ex. Deux fois de mon hymen le nœud mal *assorti*
A chassé tous les dieux du plus juste parti. CORNEILLE.

3. A final nasal vowel (*an*, *en*, *in*, etc.) may be followed by a word beginning with a vowel.*

Ex. La *faim* aux animaux ne faisait point la guerre. BOILEAU.

4. When a word ends in *e* mute preceded by a vowel, when this *e* is elided before a vowel there is an hiatus, which is permitted.

Ex. Hector tomba sous lui, *Troie* expira sous vous. RACINE.

REM. Hiatus in the two preceding cases produces a disagreeable effect when two similar sounds are brought together by it.

Ex. Immolant trente mets à leur *faim* indomptable. BOILEAU.
Roulât sur la *pensée* et non pas sur les mots. ID.

5. Words ending in *r* may be followed by a vowel even when the *r* is not pronounced.†

Ex. Je reprends sur-le-champ le *papier* et la plume. BOILEAU.

REM. The above rule may be applied to any final consonant; but observe the note upon it.

Ex. L'an suivant elle mit son *nid* en lieu plus haut. LA FONTAINE.

6. The adverb *oui*, occurring twice in succession, is allowed in dialogue.

Ex. *Oui*, *oui*, vous nous contez une plaisante histoire. MOLIÈRE.

7. The interjections *ah*, *eh*, *oh*, may be followed by a vowel, the final *h* being considered aspirated.

Ex. *Ah!* il faut modérer un peu ses passions. MOLIÈRE.

---

* This produces an agreeable sound when the pronunciation unites the words, as *un homme*, *on aime*; otherwise the sound is harsh and disagreeable, as *Apollon* en connaît; j'en avais *un* encore.

† This produces, as in the case of the nasals, an agreeable sound when the *r* is carried over to the next word, as *le premier homme*; otherwise not, as in the case cited above from Boileau.

ELISION AND SYNÆRESIS.

§ **30.** When a word ends in *e* mute, and the next word of the verse begins with a vowel or unaspirated *h*, the *e* is elided in the pronunciation.

Ex. *Ismène* est auprès d'*elle*, Ismène, *toute* en pleurs. RACINE.

This verse is scanned as follows :

Ismèn' est auprès d'*ell'*, Ismène, *tout'* en pleurs.

REM. 1. The mute *e* must be elided in the body of a verse when an accented vowel immediately precedes it. Hence, les *joies*, les *destinées*, ils *voient*, ils *prient*, containing an *e* mute, which the final consonants do not allow to be elided, can only be placed at the end of a verse.

REM. 2. The *e* mute, which characterizes feminine rhymes, never counts in the measure.

Ex. Que dans le Capitole elle voit *attachées*
Les dépouilles des juifs par vos mains *arrachées*. RACINE.

REM. 3. The feminine *grande* loses by *apocope* its final *e* before certain words, which usage has established: *grand' mère, grand' salle, la grand' chambre, à grand' peine*, etc. (Gr. p. 177. N.)

REM. 4. The *e* mute may be omitted even before a consonant, and in the middle of a word, to represent vulgar speech in the trivial style; as *nous n' somm's pas ; d' la tête ; p'tit.*

REM. 5. The *e* mute sometimes receives the tonic accent, as *voyez-le*, and should not then be elided,* at least in elevated style.

REM. 6. An *e* mute sometimes merely lengthens the previous syllable, being pronounced with it by *synæresis*.

Ex. Avant la fin du jour vous me *justifierez*. RACINE.

NOTE. Modern orthography replaces these *e* mutes by a circumflex accent; as *j'avoûrai, je prîrais, paîment.*

REM. 7. The *e* mute counts for nothing in the measure in the verbal ending *aient* in the past progressive and conditional, and in the subjunctives *aient* and *soient*, from *avoir* and *être*. (See 5.)

Ex. Les présents du tyran *soient* le prix de sa mort. CORNEILLE.

---

* This elision took place in the older poets, and even as late as the age of Louis XIV., but only in the familiar style.

Ex. Condamnez-*le* à l'amende, ou, s'il le casse, au fouet. RACINE.

ENJAMBEMENT.

§ **31.** *Enjambement* takes place when the sense commenced in one verse is finished in a portion of the following. This is forbidden in the alexandrine verse, especially in elevated style. Boileau ascribes to Malherbe the credit of having established this rule, in these lines:

> Les stances avec grâce apprirent à tomber,
> Et le vers sur le vers n'osa plus *enjamber*.

REM. 1. *Enjambement* is permitted when to the words carried over an explanatory or limiting phrase is added, which completes the verse.

Ex. Oui, j'accorde qu'Auguste a droit de conserver
L'empire, où sa vertu l'a fait seule arriver. CORNEILLE.

REM. 2. *Enjambement* is also allowed when there is a suspension or interruption.

Ex. N'y manquez pas du moins, j'ai quatorze bouteilles
D'un vieux vin. . . . Boucingot n'en a pas de pareilles.
BOILEAU.

REM. 3. *Enjambement* is not so strictly forbidden in the familiar style, i. e., in comedy, fables, stories, familiar letters, &c.

REM. 4. *Enjambement* is frequently permitted in the *pentameter*, or verse of ten syllables.

SUCCESSION OF RHYMES.

§ **32.** GENERAL RULE. A masculine rhyme should not be immediately followed by a different masculine rhyme, nor a feminine rhyme by a different feminine rhyme.

Verses may begin with either a masculine or a feminine rhyme, and the following are the principal combinations:

1. Consecutive rhymes (*rimes plates*) are those in which verses of the same rhyme follow each other in couplets, two masculine and two feminine, or *vice versa*.

Ex. Il est pour la pensée, une heure . . . une heure sainte,
Alors que s'enfuyant de la céleste enceinte,

De l'absence du jour pour consoler les cieux,
Le crépuscule aux monts prolonge ses adieux. LAMARTINE.

2. Alternate rhymes (*rimes croisées*) present alternately a masculine and a feminine rhyme, or two masculine rhymes separated by two feminines, or *vice versa*.

Ex. Quand la terre engloutit les cités qui la couvrent;
Que le vent sème au loin un poison voyageur;
Quand l'ouragan mugit; quand des monts brûlants s'ouvrent,
C'est le réveil du Dieu vengeur. HUGO.

Ainsi l'on vit l'aimable Samuel
Croître à l'ombre du tabernacle:
Il devint des Hébreux l'espérance et l'oracle.
Puisses-tu, comme lui, consoler Israël? RACINE.

3. Mixed rhymes (*rimes mêlées*) resemble the alternate, but present an irregularity best seen by an example. The choruses of *Esther* and of *Athalie* furnish rhymes of this description.

Ex. Quel astre à nos yeux vient de luire?
Quel sera, quelque jour, cet enfant merveilleux?
Il brave le faste orgueilleux,
Et ne se laisse pas séduire
A tous ses attraits périlleux. RACINE.

4. Redoubled rhymes (*rimes redoublées*) present the return, or continuation, of the same rhyme; sometimes but two rhymes are thus employed throughout a brief poem.

Ex. Un sot par une puce eut l'épaule mordue.
Dans les plis de ses draps elle alla se loger.
"Hercule, ce dit-il, tu devrais bien purger
La terre de cette hydre au printemps revenue!
Que fais-tu, Jupiter, que du haut de la nue
Tu n'en perdes la race, afin de me venger?"
Pour tuer une puce, il voulait obliger
Les dieux à lui prêter leur foudre et leur massue. LA FONTAINE.

REM. Sometimes only one of the rhymes is repeated.

5. Monorhymes (*monorimes*) are those in which but a single rhyme is employed.

Ex. Nous fûmes donc au château d'If.
C'est un lieu peu récréatif,
Défendu par le fer oisif

De plus d'un soldat maladif,
Qui de guerrier jadis actif,
Est devenu garde passif. LE FRANC DE POMPIGNAN.

REM. 1. Sometimes three rhymes occur in succession, especially in lyric poetry, and in the familiar style.

Ex. Et le mâtin était de taille
A se défendre hardiment.
Le loup donc l'aborde humblement,
Entre en propos, lui fait son compliment
Sur son embonpoint qu'il admire. LA FONTAINE.

REM. 2. The first *General Rule* is sometimes violated by placing different masculine or feminine rhymes in immediate succession. This occurs in brief poems, epigrams, impromptus, songs, &c.

Ex. Qu'on parle mal ou bien du fameux cardinal,
Ma prose ni mes vers n'en diront jamais rien :
Il m'a fait trop de bien pour en dire du mal;
Il m'a fait trop de mal pour en dire du bien. CORNEILLE.

REM. 3. The same poem may present a combination of several species of rhyme.

POETICAL LICENSES.

LICENSES IN ORTHOGRAPHY.

§ **33.** The poets may suppress the final *s* of certain words, or add a final *s*.

1. When the first person of a verb ends in *s* (except *je suis, je fuis*), the *s* may be suppressed.

Ex. Je vous donne un conseil qu'à peine je *reçoi ;*
Du coup qui vous attend vous mourrez moins que moi. RACINE.

REM. The *s* of the second person of the imperative is no longer omitted, as it was in the 17th century.

Ex. Quitte ces bois, et *redevien*
Au lieu de loup, homme de bien. LA FONTAINE.

2. *Grâce, jusque, guère,* and *certe,* may take a final *s* when the verse requires it.

Ex. *Grâces* aux dieux, mes mains ne sont pas criminelles. RACINE.

Veut me sacrifier *jusques* à son amour. ID.

Allons donc nous masquer avec quelques bon frères;
Pour prévenir nos gens, il ne faut tarder *guères*. MOLIÈRE.

Alors, *certes*, alors je me connaîs poète. BOILEAU.

3. *Mêmes* (plural) may be used invariably (*même*), as an adverb, if the verse requires it.

Ex. Nous parlons de nous *même* avec toute franchise. CORNEILLE.

4. Certain proper names ending in *s* may lose this letter in poetry, as *Athènes*, *Mycènes*, *Apelles*, *Charles*, *Versailles*, *Londres*, etc.

Ex. Au tumulte pompeux d'*Athène* et de la cour. RACINE.

5. A few words may suppress or retain the final *e* mute, as *encore*, *zéphyre*.

Ex. Ce qu'il a fait pour elle, il peut *encor* le faire;
Il peut la garantir *encor* d'un sort contraire. CORNEILLE.

Dont Flore et les *zéphyrs* embellissent les bords. VOLTAIRE.

REM. 1. *Avecque* was allowed in poetry for *avec* until the middle of the 17th century, but is now entirely obsolete.

REM. 2. Proper names derived from Latin sometimes take the French or Latin form, according to the exigency of the verse; as *Claude*, *Claudius*; *Mécène*, *Mécénas*; *Lélius*, *Lélie*; *Porsenne*, *Porsenna*; but some cannot now be changed, as *Brutus*, *Crassus*, for which *Brute* and *Crasse* would not be allowed in modern verse.

LICENSES IN ARRANGEMENT.

§ **34.** *Inversion* is one of the most striking characteristics which distinguish poetical language from prose. The following are the principal cases in which it is employed:

1. The preposition and its complement are very frequently placed before the words upon which they depend.

Ex. Et tous, *devant l'autel* avec ordre introduits,
De leurs champs dans leurs mains portaient les premiers fruits.
RACINE.

2. The pronoun which is the object (accusative or dative) of an infinitive depending upon another verb, may be elegantly placed before the two verbs, instead of between them, as in prose.

Ex. Ce terme est équivoque ; il *le* faut éclaircir. Boileau.
Oui, je *le* vais trouver, je *lui* vais obéir. Voltaire.

3. In the second member of a phrase, after one of the conjunctions *et*, *ou*, the personal pronoun joined to the imperative, and placed after it in prose, may, in poetry, be placed before it.

Ex. Tu veux servir : va, sers, et *me* laisse en repos. Racine.

Rem. In this case, *me*, *te* take the place of *moi*, *toi*.

4. The adverbs *pas*, *point*, *plus*, with an infinitive, may suffer inversion in poetry. This inversion is somewhat obsolete.

Ex. A ne confondre *plus* mon fils et l'empereur. Racine.

5. *Assez*, with an accompanying adjective or participle, may suffer inversion in poetry. This inversion is somewhat obsolete.

Ex. En m'arrachant mon fils, m'aurait punie *assez*. Voltaire.

6. In certain phrases, the subject may follow the verb in prose, and of course in poetry; as vienne *le temps ;* les dépenses qu'a occasionnées *votre luxe ;* le siècle où vivait *César*, etc. Other inversions of the subject and verb, though formerly frequent in poetry, are almost entirely abandoned at the present day.

Rem. The inversion of the attribute and verb is also generally avoided ; * but both subject and attribute may suffer inversion in the Marotic † style.

Ex. Vous à qui donnèrent *les dieux*
Tant de lumières naturelles. Voltaire.
Honni seras, ainsi que je prévoi. Rousseau.

7. The inversion of the direct object and verb is very rare at the present day, though preserved in the Marotic style.

Ex. Et ne pouvant *son faible* vous cacher,
Le vôtre au moins il tache d'éplucher. Rousseau.

---

* This inversion is preserved even in prose in the ancient expressions *Bien fou* sera celui ; *homicide* point ne seras.

† *Clément Marot*, born in 1495, was one of the earliest French writers, and the best poet of his time. His epistles, sonnets, epigrams, elegies, and ballads won for him a great reputation. He used poetic licenses very freely, and has since been imitated by La Fontaine, J. B. Rousseau, and Voltaire. His style, full of simple grace, established a school called the *Marotic*.

REM. In certain established phrases and constructions, the inversion of subject and verb takes place in prose, and of course in poetry; as, Le bruit *que* j'entends; je *la* vois; pour *tout* dire; sans *rien* omettre; à *pierre* fendre.

8. An epithet, simple or complex, belonging to the predicate, may be placed before the verb when it would cause no ambiguity.

Ex. *Pleurante* après son char veux-tu que l'on me voie? RACINE.

Raide mort étendu sur la terre il le couche. LA FONTAINE.

§ **35.** The inversion of the preposition and its complement, and the governing word, is to be avoided when it would bring two substantives together, causing thereby harshness or ambiguity.

Ex. Ceux qui louaient le plus *de son chant* l'harmonie. FLORIAN.

The substantives may be separated, and the inversion would not then be inharmonious; as,

Tous ceux qui *de son chant* admiraient l'harmonie.

1. When two complements, depending the one upon the other, are each preceded by a preposition, they should follow the logical order.

Ex. Je n'ai pu *de mon fils* consentir *à la mort*. VOLTAIRE.

This La Harpe calls "a forced and unnatural inversion, foreign to the genius of our language." He corrects it as follows:

Je n'ai pu *de mon fils* envisager la mort,

because *de* preceding *la mort*, and also preceding *à*, there was a double inversion.

There is a gain in simplicity of construction, a loss in harmony.

2. A preposition and an infinitive or substantive forming its complement should not be separated, though examples of this construction are found as late as Corneille.

Ex. *Pour* de ce grand dessein *assurer* le succès. CORNEILLE.

Malgré de nos destins *la rigueur* importune. ID.

3. Inversions producing a double meaning should be avoided.

Ex. Je jure *à mon retour* qu'ils périront tous deux. CORNEILLE.

This line is most happily amended by Voltaire as follows:

Je jure qu'à mon retour ils périront tous deux.

4. Forced inversions should be avoided.

Ex. Tu n'as fait le devoir *que* d'un homme de bien. CORNEILLE.

REM. Inversion should only be used when the measure or the principles of harmony require it. Well employed, according to La Harpe, it gives dignity to the verse, and constitutes the principal distinction between poetry and prose.

GRAMMATICAL LICENSES.*

§ **36.** The adverb *où* is often employed for *à qui*, *auquel*, *à laquelle*, *vers lequel*, etc. This substitution tends to a concise and vigorous style.

Ex. C'est là l'unique étude *où* je veux m'attacher. BOILEAU.

1. The prepositions *en*, *dans*, may be used for *à* before the name of a city beginning with a vowel sound, to prevent an hiatus.

Ex. Cassandre *dans* Argos a suivi votre père. RACINE.

2. A verb in the singular may be used in poetry with several singular subjects.

Ex. Que ma foi, mon amour, mon honneur y *consente*. RACINE.

§ **37.** The *ellipsis*, or omission of words or phrases, to be supplied by the mind, is more frequent in poetry than in prose.

1. The poets may omit the pronoun at the head of the second member of a sentence, although the subject be far removed.

Ex. Je condamnai les dieux, et sans plus rien ouïr,
Fis vœu sur les autels de leur désobéir. RACINE.

2. The omission of the verb is permitted when readily supplied by the context.

Ex. Il passe pour tyran, quiconque s'y fait maître;
Qui le sert pour esclave, et qui l'aime pour traître. CORNEILLE.

---

* *Inversion* is really a *grammatical license*, but its importance demanded separate consideration.

NOTE. The following is a celebrated example of an ellipsis, from Racine:

Je t'aimais inconstant, qu'aurais-je fait fidèle?

Here *fidèle* alone suggests *si tu avais été fidèle.*

POETICAL WORDS.

§ **38.** There are very few words in French poetry which are not found in oratorical prose, but there are many of which the poets make more frequent use. The following are some of the principal words of this description:

PROSE.	POETRY.	PROSE.	POETRY.
Ancien,	Antique.	Hommes,	Mortels, humains.
Aussitôt,	Soudain.	Il n'y a pas longtemps,	Naguère.
Bateau,	Esquif.	Mariage,	Hymen, hyménée.
Cheval,	Coursier.	Matelot,	Nautonier.
Ciel,	l'Olympe.	Mort,	Trépas.
Colère,	Courroux.	Souffle (of wind),	Haleine.
Côté,	Flanc.	Terre ensemencée,	Guérets.
Crime,	Forfait.	Travail,	Labeur.
Eau,	Onde.	Vaisseau,	Nef.
Enfers,	Le Cocyte, le Styx, le Tartare, le Ténare, l'Acheron.	Vent frais,	Zéphyr, zéphyre.
		Vent violent,	Aquilon, Borée, les Autans.
Épée,	Glaive, fer.	Ventre,	Flanc, entrailles, sein.
Espace de cinq ans,	Lustre.		

REM. To the above the following may be added, with examples illustrating the use of each:

1. *Alors que*, *cependant que*, for *lorsque*, *pendant que*, are used, especially in the elevated style.

Ex. Faut-il que l'on s'indigne *alors qu*'on vous admire? VOLTAIRE.

Cependant que de l'autre il croit être le père. CORNEILLE.

2. *Penser* may be used for *pensée.*

Ex. Votre âme, à ce *penser*, de colère murmure. BOILEAU.

3. *Discord*, *discords*, may be used for *différend*, *discussion*, *querelle.*

Ex. De vos *discords* passés perdez le souvenir. ROTROU.

4. *Lors* for *alors*, and *las* for *hélas*, are no longer employed, except in the familiar style.

§ 39. HARMONY.

Il est un heureux choix de mots harmonieux:
Fuyez des mauvais sons le concours odieux:
Le vers le mieux rempli, la plus noble pensée,
Ne peut plaire à l'esprit, quand l'oreille est blessée. BOILEAU.

The following are some of the principal precepts to be observed to secure an harmonious style.

1. The succession of several harsh consonant sounds produces an unpleasant effect.

Ex. J'eus toujours *pour suspects les dons d'un* ennemi. CORNEILLE.

2. Monosyllabic verses are generally inharmonious.

Ex. Je sais ce que j'ai fait, et ce qu'il vous faut faire. CORNEILLE.

3. Foreign words ending in *em*, *am*, *us*, *as*, *ès*, *is*, *os*, etc., whose final consonant is pronounced, are somewhat harsh and disagreeable to the ear when immediately followed by a consonant sound.

Ex. *Minos* juge aux enfers tous les pâles humains. RACINE.

4. Sometimes a single word has a disagreeable effect.

Ex. Ne *perds-je* pas assez sans doubler l'infortune. CORNEILLE.

5. The repetition of the same letter in several successive words should be avoided.

Ex. De toutes *p*arts *p*ressé *p*ar un *p*uissant voisin. RACINE.

6. A final and initial syllable the same, or two successive words of similar sound, should be avoided.

Ex. Bar*bin im*patient chez moi frappe à la porte. BOILEAU.
Et d'un œil *vigilant, épiant* ma conduite. VOLTAIRE.

7. The *disguised hiatus* (see 29, 1–5, and R.) should be but sparingly employed; and even the *h* aspirate has a harsh effect in certain cases; as *et hors; être haï; la haïr.*

8. The first and second hemistichs of a verse should neither rhyme together nor present similar sounds; the same is true of the first hemistichs of two successive verses.

Ex. Sur un de vos *coursiers* pompeusement *orné*. RACINE.
Jusqu'au dernier *soupir* je veux bien te le *dire*. CORNEILLE.
De votre *dignité* soutenez mieux l'éclat :
Est-ce pour *travailler* que vous êtes prélat? BOILEAU.

9. The first hemistich should neither rhyme with a neighboring rhyme, nor present a similar sound.

Ex. Il a dans ces horreurs passé toute la nuit.
Enfin, las d'appeler un sommeil qui le *fuit*,
Pour écarter de *lui* ces images funèbres, etc. RACINE.

10. The same sound in consecutive masculine and feminine rhymes (both alternate and successive) should be avoided.

Ex. Avant que tous les Grecs vous parlent par ma *voix*,
Souffrez que j'ose ici me flatter de leur *choix*,
Et qu'à vos yeux, seigneur, je montre quelque *joie*
De voir le fils d'Achille et le vainqueur de *Troie*. RACINE.

Mal prend aux volereaux de faire les *voleurs* :
L'exemple est un dangereux *leurre*.
Tous les mangeurs de gens ne sont pas grands *seigneurs* :
Où la guêpe a passé, le moucheron *demeure*. LA FONTAINE.

11. The same sound should not appear in two successive pairs of rhymes, either masculine or feminine.

Ex. Soudain, Potier se lève, et demande *audience* :
Chacun, à son aspect, garde un profond *silence*.
Dans ce temps malheureux, par le crime *infecté*,
Potier fut toujours juste, et pourtant *respecté*.
Souvent on l'avait vu, par sa mâle *éloquence*,
De leurs emportements réprimer la *licence*,
Et conservant sur eux sa vieille *autorité*,
Leur montrer la justice avec *impunité*. VOLTAIRE.

12. Certain rhymes are disagreeable to the ear, as those of the past indefinite, and of the imperfect subjunctive: *mîtes*, *reçûtes*, *vîmes*, *flattasse*, *reçusse*.

RHYTHM.

§ **40.** French verses, like those of all modern languages, have certain *accented* and certain *unaccented* syllables, and the different arrangement of these constitutes the difference of *rhythm*.

1. In every alexandrine verse there should be four accents, — two fixed and two movable, — and but four. The fixed accents fall on the last syllable of each hemistich (see § 30, R. 2): the first movable accent falls upon one of the first four syllables of the first hemistich, and the second movable accent falls upon one of the first four syllables of the second hemistich.

REM. 1. The movable accents most frequently fall on the second or third syllable of each hemistich.

REM. 2. The portions of a verse marked off by the accented syllables are called *numbers*, and the combination of all the *numbers* of a verse forms its *cadence* or *rhythm*.

REM. 3. The different places of the movable or secondary accent prevent the monotony which would result from uniform numbers.

The following passage from Racine illustrates the various points above mentioned:

> Ce *Dieu*, maître abso*lu* de la *ter*re et des *cieux*,
> N'est point *tel* que l'er*reur* le *fi*gure à nos *yeux*;
> L'Éter*nel* est son *nom*; le *mon*de est son ou*vrage*:
> Il en*tend* les sou*pirs* de l'*hum*ble qu'on ou*trage*,
> *Ju*ge tous les mor*tels* avec d'é*ga*les *lois*,
> Et du *haut* de son *trô*ne inter*ro*ge les *rois*;
> Des plus *fer*mes *É*tats la *chu*te épouvan*ta*ble,
> Quand il *veut*, n'est qu'un *jeu* de sa *main* redou*ta*ble.

REM. 4. Several *e* mutes in succession prevent the proper recurrence of the secondary accent, and injure the harmony of the verse.

Ex. Ce que je vais vous être et *ce que je* vous suis. CORNEILLE.

REM. 5. More than two accents in a hemistich offend the ear by an irregular, jerking movement.

Ex. Cal*chas*, dit-*on*, pré*pa*re un pompeux sacrifice. RACINE.

Many small phrases, or numerous verbs or epithets, have a tendency to produce this defect.

Ex. Vous *ju*re ami*tié*, *foi*, *zè*le, es*ti*me, ten*dres*se. MOLIÈRE.

REM. 6. A secondary accent immediately before a fixed accent injures the harmony.

Ex. Ainsi que la naissance, ils ont les es*prits bas*. CORNEILLE.

REM. 7. Nothing could be more monotonous than alexandrines if each line or each couplet contained a separate idea. This monotony is prevented, and the harmony of the verse greatly enhanced, by the judicious use of periods. Racine is the best model to follow in this particular. The following period is from his *Athalie :*

Faut-il le transporter aux plus affreux déserts?
Je suis prête : je sais une secrète issue
Par où, sans qu'on le voie, et sans être aperçue,
De Cédron avec lui traversant le torrent,
J'irai dans ce désert où jadis en pleurant,
Et cherchant comme nous son salut dans la fuite
David d'un fils rebelle évita la poursuite.

IMITATIVE HARMONY.

§ **41.** There are various devices by means of which the poet may produce a correspondence between the sound and the sense, and in the application of these the general rules of versification are very frequently violated. The following illustrations present some important applications of this principle:

1. A succession of harsh consonant sounds is happily employed to express a disagreeable idea; as,

Indomptable taureau, dragon impétueux,
Sa croupe se recourbe en replis tortueux. RACINE.

2. The sound described may be imitated by the sound of the lines; as,

La mer tombe et bondit sur ses rives tremblantes;
Elle remonte, gronde, et ses coups redoublés
Font retentir l'abîme et les monts ébranlés. SAINT-LAMBERT.

Et le bronze et l'airain tonnant dans les combats. DELILLE.

3. The letter *s* frequently repeated may be used to express a sharp or hissing sound; as,

Pour qui sont ces serpents qui sifflent sur vos têtes? RACINE.

4. The repetition of the same sound, sometimes a serious defect, may be employed to represent a repeated action, or to enumerate successive details one by one; as,

Français, Anglais, Lorrains, que la fureur assemble,
Avançaient, combattaient, frappaient, mouraient ensemble. VOLTAIRE.

5. Pleasant objects may be represented by flowing, harmonious syllables; as,

Telle qu'une bergère, au plus beau jour de fête,
De superbes rubis ne charge point sa tête,
Et, sans mêler à l'or l'éclat des diamants,
Cueille en un champ voisin ses plus beaux ornements. BOILEAU.

NOTE. The contrast between No. 1 and No. 5 is seen in the following verse of Boileau:

Fait des plus secs chardons des lauriers et des roses.

6. The hiatus, ordinarily disagreeable, may sometimes contribute to the imitative harmony; as,

Gardez qu'une voyelle, à courir *trop hâtée*,
Ne soit d'une voyelle en son *chemin heurtée*. BOILEAU.

7. To represent a prompt or rapid movement, the arrangement of the syllables and accents should produce a light and tripping sound; as,

Compagnons, apportez et le fer et les feux;
Venez, volez, montez sur ces murs orgueilleux. VOLTAIRE.

8. Sluggishness, effort, difficulty, calmness, or dejection may be represented by solemn cadences, a slow and difficult movement of the verse; as,

Dans un chemin montant, sablonneux, malaisé,
Et de tous les côtés au soleil exposé,
Six forts chevaux tiraient un coche.*
Femmes, moines, vieillards, tout était descendu;
L'équipage suait, soufflait, était vendu. LA FONTAINE.

9. The attention may be directed to a word by giving it a prominent place at the end of a hemistich; as,

Les murs, donc le sommet se dérobe la vue,
Sur la cime d'un *roc* s'allongent dans la nue. BOILEAU.

The monosyllable *roc*, thus placed where the voice rests at the close of the hemistich, directs the attention of the reader to the spot which the tower occupies.

* Une diligence.

10. Two accents in succession sometimes direct the attention to an important monosyllable; as,

J'aime mieux les *voir morts* que couverts d'infamie. CORNEILLE.

11. Long words may represent a prolonged sound, a very great object, a continuous action, or a long period; as,

Ses longs *mugissements* font trembler le rivage. RACINE.

Je te plains de tomber dans ses mains *redoutables*. ID.

12. Rapidity of action may be expressed by the suspension of the idea at the cesura; as,

Une église, un prélat m'engage en sa querelle;
Il faut partir, j'y cours. Dissipe tes douleurs. BOILEAU.

13. A suspension of the voice in one of the hemistichs fixes the attention upon the portion thus isolated, and appropriately expresses a suspension, a sudden fall, an action suddenly interrupted or rapidly performed. The following are examples of this suspension after the second, third, and fourth syllables of each hemistich:

J'entre. Le peuple fuit, le sacrifice cesse. RACINE.

Ils cédaient. Mais Mayenne à l'instant les ranime. VOLTAIRE.

Eh bien, allez; sous lui fléchissez les genoux. BOILEAU.

Et périssez du moins *en roi*, s'il faut périr. RACINE.

Tantôt un vaste amas d'effroyables nuages
S'élève, s'épaissit, *se déchire*, et soudain
La pluie à flots pressés s'échappe de son sein. DELILLE.

Vos tombeaux se rouvraient, *c'en était fait;* Tarquin
Rentrait, dès cette nuit, la vengeance à la main. VOLTAIRE.

14. *Enjambement* (see § 31), though generally forbidden in the alexandrine verse, sometimes contributes to the imitative harmony, especially in descriptive poetry. The following are examples of *enjambement* of one, two, three, and four syllables:

Viens, descends, arme-toi; que ta foudre enflammée
Frappe, écrase à nos yeux leur sacrilége armée. VOLTAIRE.

Il marche, et près de lui le peuple entier des mers
Bondit, et fait au loin jaillir les flots amers. DELILLE.

Horace, les voyant l'un de l'autre écartés,
Se retourne, et déjà les croit demi-domptés. CORNEILLE.

L'aimable Bérénice entendrait de ma bouche
Qu'on l'abandonne! Ah! reine, et qui l'aurait pensé? RACINE.

VERSES OF DIFFERENT MEASURES.

§ **42.** The alexandrine verse, to which the preceding rules (§§ 10–41) are especially applicable, is well adapted to epic poetry, tragedy, and comedy. It is also more frequently employed than any other in satires, eclogues, didactic poems, discourses in verse, and ancient sonnets, as likewise in moral epistles, elegies, and epigrams.

All other verses are subject to the same general rules for the rhyme, hiatus, and succession of rhymes as those given for the alexandrine; but each species requires separate consideration.

§ **43.** The *pentameter*, or verse of ten syllables, has a fixed cesura after the fourth foot; and all the rules for the cesura in the alexandrine verse are applicable to this.

Ex. J'ai vu l'impie || adoré sur la terre. Racine.

1. This is the measure most frequently employed by Marot;* and he did not hesitate to make use of the *enjambement* of two feet or four syllables, which is not only one of the licenses, but, moderately used, one of the beauties, of the Marotic style.†

Ex. Auprès des rois il est de pareils fous;
A vos dépens ils font rire le maître.
Pour réprimer leur babil, irez-vous
Les maltraiter? Vous n'êtes pas peut-être
Assez puissant. Il faut les engager
A s'adresser à qui peut se venger. La Fontaine.

Rem. Except after the second foot, other *enjambements* are forbidden, as in the alexandrine verse.

2. As in the alexandrine verse, there are two fixed accents in the *pentameter* — one at the close of each hemistich; but there is, in general, but one movable accent, occurring, as the second movable accent in the alexandrine, upon the second, third, or fourth syllable of the second hemistich.

Ex. J'ai vu l'im*pie* || ado*ré* sur la *terre.* Racine.
Et nous por*tons* || la *pei*ne de leurs crimes. Id.

---

* See § 34, 6, R. †.

† See § 31, R. 4.

3. The *pentameter*, having a more lively movement than the *hexameter*, is especially adapted to light and familiar poetry. It is used in epistles, stories, elegies, epigrams, odes, songs, satires, and sonnets. Some didactic poems of the 18th century are written in this measure, and Voltaire has employed it in several comedies.

§ **44.** Verses of *nine* syllables, though not wanting in harmony, are but little used. They must have a cesura after the third syllable.

Ex. Des destins || la chaîne redoutable
Nous entraîne || à d'éternels malheurs;
Mais l'espoir, || à jamais secourable,
De ses mains || viendra sécher nos pleurs. VOLTAIRE.

§ **45.** Verses of *eight* syllables, also called verses of four feet, and those of a less number of syllables, have no regular cesura. This is one of the most ancient metres, and most of the early romances, fables, and stories were written in it. It is well adapted to epistles, descriptive poetry, odes, elegies, stories, songs, and epigrams. It is not so well suited to ballads and sonnets.

Ex. Quels chants sur ces flots retentissent?
Quels chants éclatent sur ces bords?
De ces deux concerts qui s'unissent
L'écho prolonge les accords. LAMARTINE.

§ **46.** Verses of *seven* syllables are also called verses of three feet and a half. They are used much as the preceding, and are especially adapted to familiar letters, stories, odes, and songs.

Ex. Jupiter, voyant nos fautes,
Dit un jour du haut des airs:
"Remplissons de nouveaux hôtes
Les cantons de l'univers
Habités par cette race
Qui m'importune et me lasse." LA FONTAINE.

§ **47.** Verses of *six* syllables, or of three feet, are usually combined with longer measures.

Ex. Mais elle était du monde où les plus belles choses
Ont le pire destin;
Et, rose, elle a vécu ce que vivent les roses
L'espace d'un matin. MALHERBE.

1. This measure, being equal to a hemistich of the alexandrine, and deceiving the ear by its resemblance to that, is rarely used in the lighter style of poetry to which the other short measures are frequently applied. It is found alone in the lyric style.

Ex. Suivons partout ses pas; *
On ne peut la connaître
Sans aimer ses appas.
Le bonheur ne peut être
Où la Vertu n'est pas. QUINAULT.

§ **48.** Verses of *five* syllables, or of two feet and a half, are more commonly used than those of three feet. They may be used alone, or combined with longer measures; and in either case are especially adapted to music.

Ex. Chantons tour à tour
Dans ces lieux aimables;
Les dieux favorables
Y font leur séjour;
Les seuls traits d'Amour
Y sont redoutables.
Chantons tour à tour
Dans ces lieux aimables. QUINAULT.

§ **49.** Verses of *four* syllables, or less, are of more rare occurrence. The verse of four syllables, or of two feet, may be used alone, or combined with longer measures. It is especially adapted to lyric poetry, and to the familiar style.

Ex. Rompez vos fers,
Tribus captives;
Troupes fugitives
Repassez les monts et les mers. RACINE.

§ **50.** Verses of *three* syllables are generally mingled with longer measures.

Ex. Même il m'est arrivé quelquefois de manger
Le berger. LA FONTAINE.

---

* Les pas de la Vertu.

1. This metre is but rarely employed alone.

Ex. Dans la plaine
Naît un bruit;
C'est l'haleine
De la nuit. HUGO.

51. Verses of *two* syllables are still more rare, and are generally mingled with longer measures.

Ex. Nous pouvons nous rendre sans bruit
Au pied de ce château dès la petite pointe
Du jour.
La surprise à l'ombre étant jointe,
Nous rendra sans hasard maîtres de ce séjour. LA FONTAINE.

1. This metre is but rarely employed alone.

Ex. Murs, ville,
Et port,
Asile
De mort,
Mer grise
Où brise
La brise;
Tout dort. HUGO.

§ **52.** Verses of *one* syllable may be mingled with longer measures.

Ex. Et l'on voit des commis
Mis
Comme des princes,
Qui jadis sont venus
Nus
De leurs provinces. PANARD.

§**53.** Free verses (*vers libres*) are those in which the poet mingles at will various measures, in such a manner as to produce an effect agreeable to the cultivated ear. The measures which mingle most gracefully are verses of *twelve* and of *eight* syllables, and those of *twelve* and *six*.

Ex. Sortez, ombres, sortez de la nuit éternelle;
Voyez le jour pour le troubler;
Que l'affreux Désespoir, que la Rage cruelle
Prennent soin de vous rassembler.

Avancez, malheureux coupables,
Soyez aujourd'hui déchaînés;
Goûtez l'unique bien des cœurs infortunés,
Ne soyez pas seuls misérables. QUINAULT.

1. Verses of *seven* syllables do not combine harmoniously with those of *eight* or of *twelve*, and in general, two metres, one of which has one syllable more than the other, should not be placed in succession.

2. Verses of *ten* syllables should not be combined with those of *twelve* in the regular stanza; and verses of *ten* do not readily unite with those of *eight.*

STANZAS.

§ **54.** Stanza (from an Italian word signifying *repose*) is a succession of verses forming complete sense; and the term *stanzas* is especially applied to a piece of poetry composed of a certain number of stanzas.

1. Stanzas are *irregular* or *regular:* the former belong to free verses (53), and the latter present a fixed number of verses, and are subject, as to the metre and the arrangement of the rhymes, to a regular rule which is observed throughout the poem.

2. In odes *stanzas* are called *strophes*, and in songs, *couplets.*

3. In pieces of poetry entitled *stanzas*, each stanza contains generally four, five, or six verses.

4. A stanza of four verses is called a *quatrain*, of six verses, a *sixain*, of eight a *huitain* or an *octave*, and of ten a *dixain* or *dizain.*

5. Stanzas may employ a single measure, or several measures combined: in the former case they are called *isometrical*, and in the latter they usually consist of alexandrines combined with verses of eight syllables, or of six.

§ 55. GENERAL RULES FOR REGULAR STANZAS.*

RULE 1. The sense should be complete at the end of each stanza.

RULE 2. A stanza should not end with a rhyme of the same nature (i. e., mas. or fem.) as that which begins the following stanza; and except the case where the rhyme changes its nature at the beginning of each stanza,† a stanza should not begin and end by rhymes of the same nature.

RULE 3. Stanzas generally commence with the feminine and close with the masculine rhyme.

RULE 4. Stanzas have necessarily *alternate* rhymes, but sometimes two *consecutive* rhymes are mingled with the alternate.

RULE 5. If a stanza is not *isometrical*, it usually contains but two different measures.

RULE 6. A rhyme at the close of a stanza should not present a sound similar to that of the rhyme of the following verse; as *imprévu, vue; encore, mort.*

REM. Stanzas of different lengths may be varied almost without limit as to the arrangement of their rhymes and their different metres, provided the general rules be observed.

The following are examples of stanzas of different lengths, with the special rules applicable to each. For fuller illustrations, see the poetical selections in Part II. of this volume.

§ **56.** Triplets (*tercets*) are rarely used, except in lyric poetry.

Ex. Quel bonheur! quelle victoire!
Quel triomphe! quelle gloire!
Les Amours sont désarmés.

Jeunes cœurs, rompez vos chaînes;
Cessons de craindre les peines
Dont nous sommes alarmés. ROUSSEAU.

---

* See observations upon these rules, § 63.

† See the example of the *quatrain*, § 57, Note.

§ **57.** The stanza of *four* verses (*quatrain*), usually employs verses of seven, eight, ten, or twelve syllables.

Ex. Guide notre âme dans ta route;
Rends notre corps docile à ta divine loi;
Remplis-nous d'un espoir que n'ébranle aucun doute,
Et que jamais l'erreur n'altère notre foi. RACINE.

NOTE. Instead of alternate masculine and feminine rhymes, the following order may also be adopted:

Vous qui parcourez cette plaine,
Ruisseaux, coulez plus lentement;
Oiseaux, chantez plus doucement;
Zéphyrs, retenez votre haleine.

Respectez un jeune chasseur
Las d'une course violente,
Et du doux repos qui l'enchante
Laissez-lui goûter la douceur. ROUSSEAU.

It will be observed that the order of the masculine and feminine rhymes is here reversed with every succeeding stanza.

§ **58.** In the stanza of *five* verses, one of the rhymes is triple, and the other double; and in every stanza which has an unequal number of verses (except the *triplet*), there must be three similar rhymes, but they should not be placed consecutively.

Ex. Comment tant de grandeur s'est-elle évanouie?
Qu'est devenu l'éclat de ce vaste appareil?
Quoi! leur clarté s'éteint aux clartés du soleil!
Dans un sommeil profond ils ont passé leur vie,
Et la mort a fait leur réveil. ROUSSEAU.

§ **59.** The stanza of *six* verses (*sixain*) is the one most frequently employed. It is very harmonious, and admits of numerous combinations. There is usually a pause after the third verse, dividing it into two triplets (*tercets*); the first verse rhymes with the second, the fourth with the fifth, and the third with the sixth. Rarely this stanza is divided into a *quatrain* and a *distich* (combination of two verses).

Ex. Les lois de la mort sont fatales,
Aussi bien aux maisons royales

Qu'aux taudis couverts de roseaux;
Tous nos jours sont sujets aux Parques;
Ceux des bergers et des monarques
Sont coupés des mêmes ciseaux. RACAN.

The following is an example of the division of this stanza into a *quatrain* and a *distich.*

Seigneur, dans ta gloire adorable
Quel mortel est digne d'entrer?
Qui pourra, grand Dieu, pénétrer
Ce sanctuaire impénétrable,
Où tes saints inclinés, d'un œil respectueux
Contemplent de ton front l'éclat majestueux? ROUSSEAU.

§ **60.** The stanza of *seven* verses is composed of a *quatrain* and a *triplet*, and one of the rhymes of the first passes into the second. Sometimes the triplet precedes the quatrain. This stanza is commonly isometrical.

Ex. Suspends tes flots, heureuse Loire,
Dans ce vallon délicieux;
Quels bords t'offriront plus de gloire
Et des coteaux plus gracieux?
Pactole, Méandre, Penée,
Jamais votre onde fortunée
Ne coula sous de plus beaux cieux. GRESSET.

§ **61.** The stanza of *eight* verses is composed of two quatrains.

Ex. Par les ravages du tonnerre
Nous verrions les champs moissonnés,
Et des entrailles de la terre
Les plus hauts monts déracinés;
Nos yeux verraient leur masse aride,
Transportée au milieu des airs,
Tomber d'une chute rapide
Dans le vaste gouffre des mers. ROUSSEAU.

NOTE. The isometrical stanza of eight verses was much used in the 16th century, especially in verses of eight syllables. At present it is little used, except for the couplets of songs (§ 54, 2).

§ **62.** The stanza of *nine* verses is commonly divided into a quatrain, a triplet, and a distich.

Ex. Dans ces jours destinés aux larmes,
Où mes ennemis en fureur
Aiguisant contre moi les armes
De l'imposture et de l'erreur;
Lorsqu'une coupable licence
Empoisonnait mon innocence,
Le Seigneur fut mon seul recours:
J'implorai sa toute-puissance,*
Et sa main vint à mon secours. ROUSSEAU.

§ **63.** The stanza of *ten* verses (*dizain*) has a distinct pause after the fourth verse, and another less plainly marked after the seventh, thus dividing the stanza into a quatrain and two triplets.

The isometric stanza of ten verses of seven or eight syllables is the most majestic, and is very generally used in odes.

Ex. J'ai vu mes tristes journées
Décliner vers leur penchant:
Au midi de mes années
Je touchais à mon couchant.
La Mort, déployant ses ailes,
Couvrait d'ombres éternelles
La clarté dont je jouis;
Et dans cette nuit funeste,
Je cherchais en vain le reste
De mes jours évanouis. ROUSSEAU.

§ **64.** OBSERVATIONS UPON THE SIX GENERAL RULES.†

RULE 1. The close of a stanza is not necessarily marked by a period. Sometimes there is merely a suspension of the voice, especially in direct addresses, enumerations, and when a long subordinate clause is introduced, commenced generally by *si* or *lorsque*.

Ex. Si du tranquille Parnasse
Les habitants renommés

* If another line followed this, rhyming with *puissance*, this would be a regular *dizain*, consisting of a *quatrain* and two *triplets*.

† See General Rules, § 55.

Y gardent encor leur place,
Lorsque leurs yeux sont fermés;
Et si, contre l'apparence,
Notre farouche ignorance
Et nos insolents propos,
Dans ces demeures sacrées,
De leurs âmes épurées
Troublent encor le repos;

Que dis-tu, sage Malherbe,
De voir tes maîtres proscrits, etc. ROUSSEAU.

RULE 2. Many violations of the general principle that stanzas should not begin and end with rhymes of the same nature, are found in the best poets.

Ex. Rois, chassez la Calomnie:
Ses criminels attentats
Des plus paisibles États
Troublent l'heureuse *harmonie*.

Sa fureur, de sang *avide*,
Poursuit partout l'innocent.
Rois, prenez soin de l'absent
Contre sa langue homicide. RACINE.

RULE 3. When the second and third verses of a quatrain rhyme together, and the first and fourth rhyme together, the stanzas commence alternately with masculine and feminine rhymes.

Ex. Quel plaisir de voir les troupeaux,
Quand le midi brûle l'herbette,
Rangés autour de la houlette,
Chercher le frais sous les ormeaux!

Puis, sur le soir, à nos musettes
Ouïr répondre les coteaux,
Et retentir tous nos hameaux
Du hautbois et des chansonnettes! CHAULIEU.

RULE 4. The necessity of alternate rhymes in the stanza was not recognized until the time of Malherbe.

Ex. Ce petit enfant Amour
Cueillait des fleurs à l'entour
D'une ruche où les avettes*
Font leurs petites logettes. RONSARD.

* The bees.

RULE 5. Although stanzas are usually either isometrical, or contain but two different measures, this is not an invariable rule. The following harmonious stanza from Le Brun presents a combination of three different metres:

Tel qu'aux cris de l'oiseau ministre du tonnerre,
Plus léger que les vents et plus prompt que l'éclair,
Un aigle, jeune encore, élancé de la terre,
S'essaie à l'empire de l'air:
En vain d'oiseaux jaloux une foule rivale
Veut le suivre, l'atteindre et voler son égale;
Vainqueur il disparaît, et plane au haut des cieux:
Tel, au cri d'Apollon, soudain brûlant de gloire,
J'irais, j'irais saisir le prix de la victoire
Loin des profanes yeux.

RULE 6. This rule, founded on the same principle as the second, is, like that, not infrequently violated by the best writers.

Ex. L'épi naissant mûrit de la faux respecté,
Sans crainte du pressoir le pampre tout l'été
Boit les doux présents de l'aurore,
Et moi, comme lui belle et jeune comme lui,
Quoique l'heure présente ait de trouble et d'ennui,
Je ne veux pas mourir *encore!*

Qu'un stoïque aux yeux secs vole embrasser la *mort*, etc.

CHÉNIER.

§ **65.** The choice of stanzas is directed by a regard for harmony and the character of the ideas to be expressed. In general, those stanzas containing few verses and short measures are adapted to light subjects and agreeable descriptions, while those of a greater number of verses and longer measures are better suited to the expression of elevated thoughts.

1. Sometimes the poet employs two different species of stanzas alternately.

Ex. Inspire-moi de saints cantiques,
Mon âme, bénis le Seigneur.
Quels concerts assez magnifiques,
Quels hymnes lui rendront honneur?

L'éclat pompeux de ses ouvrages,
Depuis la naissance des âges,
Fait l'étonnement des mortels ;
Les feux célestes le couronnent,
Et les flammes qui l'environnent
Sont ses vêtements éternels.
Ainsi qu'un pavillon tissu d'or et de soie,
Le vaste azur des cieux sous sa main se déploie ;
Il peuple leurs déserts d'astres étincelants.
Les eaux autour de lui demeurent suspendues ;
Il foule aux pieds les nues,
Et marche sur les vents. LE FRANC DE POMPIGNAN.

2. Sometimes a new measure or stanza is introduced at irregular intervals, when the poet enters upon a new order of thought, which he considers a different rhythm better adapted to express.

For illustrations of this remark, and more full illustrations of the principles laid down in this treatise, see the poetical selections in Part II. of this work.

The following fable presents a combination of verses of all the different measures, except those of *eleven* and of *nine* syllables, which are rarely used (§ 44) :

FABLE.

O Mort, viens terminer || ma misère cruelle !
S'écriait Charle* || accablé par le sort.
La mort accourt du sombre bord : —
C'est bien ici qu'on m'appelle ?
Or çà, de par Pluton,
Que demande-t-on ? —
Je veux, dit Charle...*
Tu veux ? Parle ! —
Hé bien ! —
Rien !

|| Cesura. * Charle for Charles (§ 33).

NOTES

TO

SELECTIONS IN PROSE.

§ **1.** — [1] For this and many of the subsequent notices and selections, the editor is indebted to the valuable labors of M. Léon Feugère, late Professor of Rhetoric in the Imperial Lycées of Napoléon and Louis-le-Grand, and author of an excellent series of readers recommended by the French Minister of Public Instruction, and adopted in the public schools and lycées of France. Several of the notices of authors are also compiled from Vapereau, Dr. Hœffer, Michaud, and other reliable sources. —— [2] "Ce mot, qui est du style familier, ne s'emploie que pour les ouvriers dont les professions n'ont point de nom particulier. L'usage tend a l'effacer tout à fait de la langue." BESCHERELLE. —— [3] It is now considered incorrect to use **davantage** thus in expressed comparisons. See Gr. § **124**, N. 1. —— [4] The expression **pour ce que**, instead of *parce que*, or *vu que*, although correct in Balzac's time, is at present obsolete. —— [5] **Spinola** was a famous Spanish general of the 17th century, and **Tilly** was a distinguished German general of the same period; both were contemporaries of Balzac. —— [6] **Naviguer dans l'orage** is a figurative expression for *to be engaged in great or important affairs.* —— [7] These lines might have been written yesterday, for what are two hundred years added to the antiquity of the Imperial City? What she was in Balzac's time, silent, half deserted, shrunken and shrivelled, until she scarce half filled her ancient walls, full of melancholy interest for what she had been rather than for what she was, — this is the picture which she presents to the eye of the traveller to-day. —— [8] This letter was written in 1623, and the assembly here referred to was that of the cardinals to elect a successor to Pope Gregory XV.; the choice fell upon Maffe Barberini, of Florence, who assumed the pontifical robes under the title of Urban VIII.

§ **2.** — [1] "Je considère Descartes, avec Pascal, comme le fondateur de la prose française. Descartes l'a trouvée, et Pascal l'a fixée." M. COUSIN. —— [2] These "**Maximes**" are taken from the third part of Descartes' "*Discours de la Méthode*," a work of which the foundations were laid soon after he arrived at manhood, although it was not given to the public until he was forty-one years of age. They constitute the plan of conduct which Descartes marked out for himself, by which he acquired the well-merited title of "*Père de la philosophie française.*" —— [3] **Que je ne laissasse pas de vivre**, that I should not fail to live. —— [4] See § **2**, 11. —— [5] **A cause que**, because. This is not sanctioned by the Academy; *parce que* is the usual form. —— [6] **Encore que**, although. An archaism for *bien que*, *quoique*. —— [7] See note, § **1**, [4].

§ **3.** —[1] Cardinal Richelieu was born in Paris in 1585, became Bishop of Luçon in 1607, and cardinal in 1622. He soon after became prime minister of Louis XIII., whom he entirely eclipsed, being a king in everything but the name. He loved and cultivated literature, and was the founder of the French Academy. He died in 1642, a few months before the death of Louis XIII. —— [2] The Calvinists, who had taken up arms and made Rochelle their stronghold, were defeated there by Richelieu in 1628, after a siege of thirteen months. —— [3] The edict of Nismes (Nîmes), 1629. —— [4] The first of these defeats took place in 1630, the second in 1635. —— [5] Afterwards the Prince of Condé, better known as The Great Condé. —— [6] The regular form, instead of **pour le pouvoir souffrir**, is *pour qu'on puisse le souffrir*. —— [7] i. e., the queen mother, Anne of Austria, whose brother Philip IV. was king of Spain. —— [8] His brilliant victory over the Spanish at Rocroi, obtained in his twenty-second year. —— [9] A society called the *Hôtel de Rambouillet*, composed of the distinguished literary men and women of the day, met at the house of the Marchioness de Rambouillet, and by their discussions, and the influence due to their position, birth, talents, and acquirements, rendered eminent service to letters, purifying the language, directing the public taste, and introducing and encouraging the study of Italian and Spanish literature. Among the distinguished names of the members of this society may be mentioned the Voitures, the Balzacs, the Cotins, the La Fayettes, and the Sévignés. —— [10] It will be remembered that the Academy was then in its infancy, having been founded early in the 17th century and regularly incorporated by Richelieu in 1635. —— [11] The manifest justice of this argument prevailed, and **car** is as good a French word to-day as it was in Voiture's time, although it belongs rather, by common consent, to a dignified and formal style. —— [12] The subjunctive, instead of the future, is here the more regular form; i. e., *on n'en entreprenne d'autres*. —— [13] At present the usual form of expression would be *j'avoue que ce que vous dites est vrai*. —— [14] Balzac. —— [15] i. e., through the influence of the literary society to which she belonged, and of which she was a distinguished ornament.

§ **4.** —[1] Notwithstanding this address, the duke was condemned to death, and executed in the Bastile. —— [2] Henry IV., being hard pressed by the Leaguers, and earnestly besought by some of his friends to take refuge in England, was beginning to waver, when these earnest words of the Duke de Biron restored his confidence, and the result was the victory of Arques, obtained by Henry in 1589 over the Duke of Mayenne. —— [3] This active use of **fier** is now antiquated. *Confier* is generally used in this sense, *fier* being generally used reflectively. —— [4] These two passages are good illustrations of the vigorous style of Mézeray's History, the course of direct narrative being frequently interrupted, as in Tacitus and other ancient writers, by speeches of this character. The last of these speeches is given entire by Voltaire in his *Dictionnaire philosophique*, under the word *Éloquence*.

§ **5.** —[1] i. e., *quand on la fait accepter par*. —— [2] A modern writer would use here *cela* instead of *il*. —— [3] i. e., a wish to appear to have more ability than others. —— [4] Instead of *pour ce qu'ils ont dit*. —— [5] J. J. Rousseau calls the **Maximes** of La Rochefoucauld "*un triste livre*," and Montesquieu limits his praises of them to a purely literary point of view. While it is very true that he takes the darkest instead of the brightest view of human nature, there is much truth in the following criticism of Jouffroy: "Il serait sévère d'imputer tout le système de Hobbes à l'auteur des *Maximes*. Je crois que le but de cet homme spirituel et de cet admirable écrivain a été de montrer qu'il existait peu d'actions, même parmi celles qui ont le plus les apparences du désintéressement et de la vertu, qui ne pussent avoir été dictées par un motif égoïste. Mais, entre cette vue et celle que toute action humaine est inspirée par l'égoïsme, il y a très loin. La Rochefoucauld démasque l'hypocrisie possible des actions, nous engage en quelque sorte à bien examiner les motifs qui les ont déterminées, avant de les déclarer vertueuses : il fait la guerre aux apparences, et incline peut-être à faire plus grand qu'il ne l'est, plus grand surtout qu'on ne le croit, le rôle de l'égoïsme dans les déterminations humaines. Voilà jusqu'où va La Rochefoucauld, et tout ce qu'impliquent, à la rigueur, ses Maximes : je ne crois pas qu'on ait le droit de lui imputer davantage."

§ **6.**—[1] **M. le prince**; this was the designation of the Great Condé, a title given to the eldest of the family. This name is preserved in that of the street in Paris called *La rue de monsieur-le-Prince*, where the mansion of the Condé family was situated.——[2] **Jamais**, i. e., *n'est jamais* in modern style.——[3] **Plus concerté**, i. e., *plus réfléchi.*——[4] An inversion for *il n'y avait plus de république romaine, quels que fussent la fermeté et le bon sens dont elle avait fait preuve.*——[5] i. e., Terentius Varro.——[6] **Concertée**, studied, premeditated.

§ **7.**—[1] "Voici un fragment du *Bourgeois gentilhomme* dans lequel Molière, avec son rare bon sens, se moque de l'importance donnée par les sots à la valeur de leurs démonstrations. M. Jourdain fait venir chez lui un maître de philosophie pour réparer les avaries de son éducation. Il refuse d'apprendre la logique, la morale, la physique, et s'arrête à l'orthographe, en attendant qu'on lui apprenne à savoir quand il y a de la lune et quand il n'y en a point."——[2] "On supprime *pas* et *point*, quand l'étendue qu'on veut donner à la négation est suffisamment exprimée par d'autres termes qui la restreignent, ou par d'autres termes qui excluent toute restriction, ou enfin par des termes qui désignent les moindres parties d'un tout, et qui se mettent sans article." BESCHERELLE.——[3] Gr. § **83**, Ex. 6.——[4] **Aller de pair avec**, to be the equal of, to be on an equality with.——[5] **Çà** for *ici*, as in English, *come there* for *come here.*——[6] **Les armes**, i. e., a broom.——[7] Gr. § **139**.——[8] **Je m'en prendrai à vous**, I will make you responsible for it.——[9] **Aviser de**, i. e., *penser à.*——[10] **Souquenille**, a long overcoat or blouse, of coarse linen, worn by laborers while at their work.——[11] **Pourpoint**, a part of the ancient French dress, which covered the body from the neck to the waist.——[12] **Haut-de-chausses**, the ancient name for that portion of a man's garment reaching from the waist to the knees, for which the word *culotte* is at present generally employed. This dress, worn by the ancient Gauls, was called *brœck*, whence the later Latin *bracca*, the Saxon *brœc*, *brœcœ*, and the English breeches.——[13] **Feras-tu**, i. e., *feras-tu faire.*——[14] **Épée de chevet**, sword under the pillow, a proverbial expression for *an unfailing* or *a constant resource.*——[15] **Céans**, i. e., *ici dedans*, or *dans ce logis*. It belongs to the familiar style, and is little used except in stories and in comedy.——[16] **Faire crever**, a familiar expression for *to cause to eat or drink to excess*, common in Molière's time, but no longer in good use.——[17] **Mangeaille**, a word formerly used for the food of man, but in later use referring to that of domestic animals, as *feed* in English. It may be, however, used, as here, in comedy, and in familiar style.——[18] **Viande**: this word, which is now used in the sense of *meat* or *flesh*, was, in Molière's day, the synonyme of *nourriture*, i. e., it was used much as the English word *viands* is at the present time.——[19] **Haricot**, i. e., *haricot de mouton*, a species of ragout made of mutton and turnips, or potatoes.——[20] **Être sur la litière**, to be sick, to be unable to go out of the stable. As the miser would not afford them *litter*, they could not be said to be *sur la litière*.——[21] **Faire conscience de**, to have conscientious scruples about.——[22] **Nous fera-t-il ici besoin**, i. e., *nous sera-t-il ici nécessaire.*

§ **8.**—[1] This passage from the opening chapter of the "**Pensées**" (as these detached thoughts are commonly arranged) is a fine illustration of the clearness, simplicity, and force of the author's style, which his cultivation of the exact sciences contributed so much to form and establish. The author illustrates his subject "*De la manière de prouver la vérité et de l'exposer aux hommes*" by this clear statement of the "foundations and principles of geometry," and the passage, in turn, most happily illustrates the author. —— [2] See Note, § 2, 6. —— [3] **Aux prix de,** i. e., *en comparaison de*, in comparison with; but *auprès de* would be preferable here. "*Auprès de* doit être préféré lorsque, pour comparer deux objets, on les place à côté l'un de l'autre, au propre ou au figuré." BESCHERELLE. [4] "La superstition avait-elle dégradé Pascal au point de n'oser penser que c'est la terre qui tourne, et d'en croire plutôt le jugement des dominicains de Rome que les preuves de Copernic, de Kepler et de Galilée?" CONDORCET. —— [5] "Cette pensée de Pascal, souvent citée et quelquefois défigurée, se trouve dans une préface de Mademoiselle de Gournay, pour les *Essais* de Montaigne; elle l'a empruntée elle-même à un philosophe grec, qui est, je crois, Timée de Locres." BONIFACE. —— [6] "Cette supposition, que rien ne justifie, décèle toutefois une force de pensée peu commune: elle dénote la prodigieuse activité de cette imagination qui inventait des mondes pour donner un aliment à son génie." BONIFACE. —— [7] "Cette pensée paraît un sophisme, et la fausseté consiste dans ce mot d'*ignorance*, qu'on prend en deux sens différents. Celui qui ne sait ni lire ni écrire, est un ignorant; mais un mathématicien, pour ignorer les principes cachés de la nature, n'est pas au point d'ignorance d'où il était parti quand il commença à apprendre à lire. M. Newton ne savait pas pourquoi l'homme remue son bras quand il le veut: mais il n'en était pas moins savant sur le reste. Celui qui ne sait point l'hébreu et qui sait le latin est savant par comparaison avec celui qui ne sait que le français." VOLTAIRE. [8] "Selon Platon, les bonnes lois sont celles que les citoyens aiment plus que leur vie; l'art de faire aimer aux hommes les lois de leur patrie était, selon lui, le grand art des législateurs. Il y a loin d'un philosophe d'Athènes à un philosophe du faubourg Saint Jacques." CONDORCET. —— [9] "Il est faux que nous ne pensions point au présent; nous y pensons en étudiant la nature, et en faisant toutes les fonctions de la vie: mais nous pensons beaucoup aussi au futur." VOLTAIRE. —— [10] **Je mets en fait,** I state as a fact, I aver, I declare. —— [11] "L'auteur de la nature a attaché l'ennui à l'inaction, afin de nous forcer par là à être utiles au prochain et à nous mêmes." VOLTAIRE. —— [12] See Note, § 2, 5.

§ **9.** — [1] The "**surintendants**" were the financial ministers of the French kings, corresponding most nearly with our Secretary of the Treasury. —— [2] These works have won for Pellisson the title of "The Livy of France." —— [3] **Tolhuis,** the name of a fort on the bank of the Rhine. —— [4] **Propre,** i. e., suitable for crossing. —— [5] **Épaulement,** earthworks for a defence against the fire of the enemy. —— [6] **M. le Prince,** i. e., The Great Condé. —— [7] **Destinait,** i. e., *avait choisi.* It is obsolete in this sense. —— [8] **Gué** (pr. ghé), from the Latin *vadum*, B. L. *guadum*, a ford. —— [9] **Pour peu qu',** i. e., however little. —— [10] **Fantassin**: this word, no longer in good use, was a contemptuous epithet conferred by the cavalry upon the infantry. It comes from the Italian *fante*, a valet, through the French *infanterie*. —— [11] **Hors d'état de,** i. e., unable to, not in a condition to. —— [12] **Au-dessus des affaires,** master of the situation. —— [13] **M. de Montécuculli,** an Austrian general. —— [14] **Boisguiot,** one of Turenne's principal officers. —— [15] **Le Tellier** the father of Louvois, minister of war, was chancellor, and keeper of the royal seals. —— [16] **A l'institut,** i. e., to a house belonging to the religious order called the *Oratoire*. On bidding adieu to Cardinal de Retz, he had said that, on his return, he should retire as he had done, and place some time between life and death. —— [17] i. e., William de Lamoignon, who survived Turenne but two years. —— [18] The usual form at present is "*donner* une bataille," and "*livrer* un combat." —— [19] i. e., the 1st of August. —— [20] **M. le comte de Roye,** a brother-in-law of Turenne.

§ **10.** — [1] **Avoir quelque chose sur les bras**, to have anything on one's hands, to be burdened with anything. —— [2] The moral worth of Turenne is greatly overestimated in this letter of Mme. de Sévigné, as the cause which induced him to embrace the party of the Fronde, and his barbarous conduct in the Palatinate, bear abundant evidence. He was undoubtedly the first tactician in Europe, and his loss was regarded in France as the greatest public calamity. The following passage from his funeral oration by Mascaron will give some idea of the manner in which it was received: "Les peuples répondirent à la douleur de leur prince; on vit, dans les villes par où son corps a passé, les mêmes sentiments que l'on avait vus autrefois dans l'empire romain, lorsque les cendres de Germanicus furent portées de la Syrie au tombeau des Césars. Les maisons étaient fermées; le triste et morne silence qui régnait dans les places publiques n'était interrompu que par les gémissements des habitants; les magistrats en deuil eussent volontiers prêté leurs épaules pour le porter de ville en ville; les prêtres et les religieux, à l'envi, l'accompagnaient de leurs larmes et de leurs prières; les villes, pour lesquelles ce triste spectacle était tout nouveau, faisaient paraître une douleur encore plus véhémente que ceux qui l'accompagnaient; et, comme si, en voyant son cercueil, on l'eût perdu une seconde fois, les cris et les larmes recommençaient." —— [3] **Sainte Marie**, the name of a convent in Paris where Mme. de Grignan was educated. —— [4] One of the most celebrated women of the 17th century. —— [5] Many of the expressions in the letters of Mme. de Sévigné, when literally translated, seem extravagant; but a literal translation often fails to give the true spirit of a foreign tongue. The habits of thought of one people are usually so entirely different from those of another, that many of their most familiar forms of expression are really untranslatable. —— [6] The Marquis of Coulanges was a cousin of Mme. de Sévigné. —— [7] **Les forts** is used sarcastically here for those who are destitute of feeling. —— [8] **Rochers**: the name of the country seat of Mme. de Sévigné, near Vitré, was *Les Rochers*, whence she has been styled by an enthusiastic English admirer, "*La Vierge aux Rochers.*" —— [9] *L'Abbé de Coulanges.* —— [10] **Vago di fama**, fond of renown. It was much *à la mode* in the time of Mme. de Sévigné to introduce quotations from the Italian. —— [11] **Bella cosa far niente**, a delightful thing to do nothing.

§ **11.** — [1] It will be borne in mind that this was written for the instruction of the Dauphin, whose education was intrusted to his charge. We, in this free country, and in the middle of the 19th century, must not forget that what looks very like blasphemy to us, would be very differently regarded in France, and especially two hundred years ago. —— [2] Bossuet, in his "Discourse upon Universal History," prepared for the instruction of the Dauphin, may justly be said to have laid the foundation of the science of history. Of this discourse Maigrot says, "Ce vaste tableau de l'histoire du monde, ouvrage unique dans son genre, est marqué au cachet de la supériorité de son auteur. Quelle majesté d'élocution et de pensée! Créations de style, vigueur de conceptions, haute intelligence des choses humaines, éloquence, énergie, originalité, tout concourt à l'ensemble et à l'éclat de ce grand chef-d'œuvre." —— [3] **A la réserve de**, i. e., *à l'exception de*, with the exception of. —— [4] Henrietta of France, the daughter of Henry IV. and Marie de Medicis, wife of Charles I. and mother of Charles II. She died in 1669, at the age of sixty. —— [5] i. e., England, Ireland, and Scotland. —— [6] Psalms, ii. 10. —— [7] "Cette péroraison est le sommet de l'éloquence moderne. Les anciens n'ont pas de tels accents." LAMARTINE. —— [8] First Epistle of John, v. 5. —— [9] Of Bossuet as an orator, we give the following words of Dussault, because they not only do full justice to the great divine, but to the capacity of the noble language in which his thoughts were clothed: "Sans les chefs-d'œuvre de Bossuet connaîtrions-nous toute la puissance de notre langue? Ce grand orateur n'en a-t-il pas révélé les ressources, découvert tous les moyens, montré toute l'étendue? Qu'elle est belle, cette langue, dans les monuments d'une telle éloquence! qu'elle a de majesté! mais c'est un fonds dont le génie de Bossuet n'a fait qu'exploiter les richesses: il n'eût pas à ce degré fertilisé un idiome stérile et pauvre; s'il semble s'être approprié, par le droit d'une sorte de création, tout ce qu'il a su y trouver, si l'on dit qu'il s'est fait une langue particulière qu'on nomme la langue de Bossuet, il est vrai de dire aussi que ce langage qui lui appartient n'est qu'un résultat des combinaisons merveilleuses auxquelles pouvait se plier avec succès l'heureuse nature de notre commun idiome. Il a tiré l'or de la mine; mais la mine existait: il a couvert le sol de moissons brillantes; mais le champ était fécond; et le sentiment de l'orgueil national est doublé, quand on réfléchit que si notre langue dut beaucoup à Bossuet, le génie et la gloire de cet homme prodigieux doivent également beaucoup à notre langue, accusée de faiblesse par quelques étrangers qui ne la connaissent pas, et même par quelques Français qui l'écrivent mal."

§ **12.** —[1] i. e., Louis XIV. The first Protector was Richelieu, the founder of the Academy, who was followed in that office by Chancellor Séguier. After the chancellor's death, Louis XIV. himself accepted the title. —— [2] i. e., Thomas Corneille, the author of several tragedies of considerable merit. His brother Pierre was called *the Great*, according to Voltaire, not merely to distinguish him from his brother, but from the rest of mankind. —— [3] "Corneille avait rendu riches les libraires et les comédiens, sans l'être devenu lui-même. Bien plus, il finit par connaître la détresse, et l'argent lui manqua tout à fait dans sa dernière maladie. Boileau, l'ayant appris, en fit aussitôt prévenir le roi, qui s'empressa d'envoyer deux cents louis à ce grand homme." FEUGÈRE. —— [4] This discourse was delivered before the Academy on the occasion of the reception of Thomas Corneille. Voltaire has said of it, "C'est ainsi qu'un grand cœur sait penser d'un grand homme."

§ **13.** —[1] The date of his birth is variously stated by different authorities, from 1639 to 1648. In the language of Feugère, "Il vécut par l'effet de sa modestie, presque obscur; de là beaucoup d'incertitude sur tout ce qui le concerne, et même sur la date de sa naissance." —— [2] The name of a species of tulip. —— [3] This was the name of a distinguished engraver of the 17th century. His works are known as *Callots*.

§ **14.** —[1] Louis XII., on his death-bed, speaking of the young Francis I. and the future of his beloved France, said, "That great boy will spoil everything." —— [2] Gr. § **74**, Ex. 3. —— [3] **Préoccupés contre**, ou bien *prévenus contre*. —— [4] Henry VIII. and Charles V. —— [5] It was in this battle, fought on the 24th of February, 1525, that Francis I. was taken prisoner; and in writing to his mother an account of the disaster, he used the expression which has since become famous, "*Madame, tout est perdu, fors l'honneur.*" —— [6] § **98**, 2. —— [7] That is, while imprisoned in Spain after the battle of Pavia. —— [8] **Ployer**, i. e., *plier*, except in poetry, or, as here, in elevated prose. —— [9] **Bétique**, ancient *Bætica*, modern *Andalusia*, the southern division of Spain. —— [10] **Bétis**, ancient *Bætis*, modern *Guadalquivir*. —— [11] **Tarsis**, an unknown region, where the fleet of Solomon sought the precious metals. —— [12] **Avant que de le punir**, before punishing him. "*Avant que de* se construit avec le présent et le passé de l'infinitif. *Avant de* se met plus souvent qu'*avant que de*." BESCHERELLE. —— [13] The present participle was formerly variable in French, as in Latin. The rule of modern grammarians is, that it does not change form except when used as a verbal adjective. The rule is sometimes of difficult application in the case of participles of neuter verbs which vary, i. e., become verbal adjectives, when they express *state*, but are invariable when they indicate *action*. —— [14] **Autrui**, which never changes form in French, but is generally used for *autres* when no definite reference is made to particular persons, is here used in the sense of *another*, instead of *others*. —— [15] **Six-vingts**: *six*, *sept*, and *huit* were formerly thus used with *vingt*, but this usage is now confined to *quatre-vingt* and its compounds. —— [16] When Fénelon was disgraced and banished through the influence of his rival and former master, Bossuet, all his writings which fell into the hands of Louis XIV. and Madame de Maintenon were indiscriminately burned, and *Télémaque*, which was saved by a happy accident, was construed into a satirical attack upon the great monarch's reign. No portion of the work could really be a greater satire upon a king who was ready to sacrifice everything for glory and renown, than this charming description of *the Utopia*, which our author locates in southern Spain. Alas, how little reality there is in such a description of such a people, cursed, as they have been for generations, with the worst of governments! Just now the eyes of the nations are turned upon them in hope: may they not look in vain.

§ **15.** —[1] The memb rs of the Academy of Sciences who died between 1699 and 1739. —— [2] This beautiful passage is from the preface to the History of the Academy of Sciences, which contains the famous eulogy referred to in the previous note. —— [3] **Méchanisme** is now more commonly employed in this sense. —— [4] The very great progress of science applied to the arts since the time of Fontenelle is abundant evidence of the truthfulness of these prophetic words. —— [5] And may we not suppose that, notwithstanding the immense progress made since that period, comparing the present with the developments which the future must inevitably bring, the remark of the author may be made with equal truth to-day. —— [6] This passage is from the *Eulogy of the Academicians* referred to in the first note of this section. —— [7] It must not, however, be supposed that Newton was received with favor on his first appearance. After the publication of his mathematical work announcing the discovery of the law of gravitation, upon which his glory chiefly rests, *twenty-seven years* were required to exhaust the first edition.

§ **16.** —[1] The influence of birth is here given as the chief incentive to emulation. In explanation of this it must be borne in mind that Massillon was preaching before the nobility of France. —— [2] **Aman**, Haman. See Esther, ch. vii. —— [3] Massillon did not always confine himself to general censures like this, but occasionally addressed the severest truths to the king himself. "My father," said Louis XIV. to him after one of his most powerful sermons, wherein he had uttered many plain truths, "I have had many eloquent preachers speak in my chapel, and have been well pleased with them; but after your sermons I am generally displeased with myself." —— [4] This passage is taken from Massillon's *Oraison funèbre de Louis XIV.*, one of his most remarkable productions. —— [5] It is difficult to imagine how the most enthusiastic admirer of Louis XIV., who was acquainted with his life and character, could use such language. It were surely enough to let the grave close over his frailties and his errors, without exalting him to the character of a saint. —— [6] These words of parting advice, which were framed above the head of the young king's bed, and which produced so little effect upon his after life, were as follows: "Mon cher enfant, vous allez être bientôt roi d'un grand royaume: ce que je vous recommande le plus fortement, est de n'oublier jamais les obligations que vous avez à Dieu. Souvenez-vous que vous lui devez tout ce que vous êtes. Tâchez de conserver la paix avec vos voisins. J'ai trop aimé la guerre: ne m'imitez pas en cela, non plus que dans les trop grandes dépenses que j'ai faites. Prenez conseil en toutes choses, et cherchez à connaître le meilleur conseil, pour le suivre toujours. Soulagez vos peuples le plus tôt que vous pourrez, et faites ce que j'ai eu le malheur de ne pouvoir faire moi même."

§ **17.** — [1] This parallel is taken from the "*Causes de la grandeur des Romains et de leur décadence*," to which reference is made in the notice of Montesquieu. — [2] While we cannot accept the conclusion of the author, it cannot be denied that there is, in this statement of the dangers which beset a republic, food for serious reflection. — [3] **Pour lors**, then, at that time.

§ **18.** — [1] This spirited description is taken from the History of Russia under Peter the Great. This and the History of Charles XII. are sometimes classed rather among historical romances than serious history. — [2] i. e., Peter the Great. — [3] Charles XII., of Sweden, at this period about eighteen years of age. — [4] **Kremlin**, a strongly-fortified place in the city of Moscow. Here Napoleon dwelt after taking that city in 1812. — [5] **Être aux mains**, to be engaged in a combat. — [6] **Que**, whether. — [7] **Amerighi Michel-Angelo di Caravaggio**, a distinguished Italian painter, born at Caravaggio, near Milan, in 1560, four years before the death of Michel-Angelo Buonarotti. *Christ at the Tomb* is his most remarkable work, and *The Gamblers*, a highly-esteemed work of his, is in the Sciarra Palace at Rome. — [8] **Francisco Albani**, a celebrated painter of Bologna, born in 1578, and died in 1660. His works are much less esteemed than in the time of Voltaire. — [9] This *chef-d'œuvre* of ancient sculpture is so called because it once formed a part of the collection made by the Farnese family at Rome, who were distinguished patrons of the fine arts. It was discovered in the ruins of the Baths of Caracalla, in the 16th century, and is now one of the chief objects of attraction in the Museum at Naples. — [10] This statue was found near the close of the 15th century in the ruins of ancient Actium. It is justly regarded as one of the most sublime works of ancient sculpture, and it receives its name from that portion of the Vatican in which it is preserved, a charming pavilion, enriched by Pius VI. with some of the most renowned antique statues. — [11] The statue of the beautiful young Bithynian, beloved by the emperor Hadrian. It is now in the Museum of the Capitol at Rome, in the hall of the Dying Gladiator, and next the renowned Fawn of Praxiteles.

§ **19.** — [1] The traveller on his way from Paris to Marseilles may well spend a few hours in the little village of Montbard, the birthplace of Buffon, where his tower, and gardens, and his "laborious retreat" are still proudly shown, and where the illustrious naturalist is held in fond remembrance. The little brick-floored study still stands on one side of the garden, close to the edge of the steep garden wall, and its windows command a charming view of one of the loveliest valleys in France — a scene well calculated to inspire this enthusiastic lover of the works of nature. — [2] His only son, a major in one of the royal regiments, perished at the age of thirty, a victim of the revolutionary tribunal. Before his condemnation, having been asked, as a matter of form, whether he had anything to say in his defence, he proudly replied, "*Rien, sinon que je me nomme* BUFFON." — [3] The general remarks of this character in which the writings of Buffon abound, show him to have been a profound philosopher, as well as an observing naturalist. — [4] This incomplete construction, called *anacoluthon*, or *non sequitur*, so far from being a defect, frequently, as here, renders a description more animated. — [5] Buffon mentions, as an evidence of this fact, the name of *Île aux Cygnes*, given to an island in the Seine, now a portion of the main land, below the Hôtel des Invalides, near the Champ de Mars. — [6] This charming description is one of the finest in Buffon's work on natural history, and shows that the title of poet may not inappropriately be added to that of naturalist and philosopher.

§ **20.** — [1] This is a letter of Rousseau to D'Alembert, one of the editors of the Encyclopædia, who had stated, in an article upon Geneva, that he was astonished that

that city had no theatre, and advised them to establish one. It is an able article, both as to substance and form, and was regarded by Rousseau himself, although it "cost him no effort," as one of his best productions. —— [2] Chrysostom, one of the fathers of the church, born at Antioch, A. D. 344. His sermons and homilies have given him a place among the first Christian orators. —— [3] Virgil. Eclogue II., 65. —— [4] This letter was written to a young man who requested permission to come and establish himself at Montmorency to profit by the instruction of Rousseau. The plain and wholesome advice herein contained — advice worth more than many a long course of lessons — has lost none of its value by the lapse of a century.

§ **21.** — [1] This description of Spring is taken from the principal work of Barthélemy, the *Voyage of the young Anacharsis in Greece.* —— [2] **Pensa** : this verb, followed by an infinitive without a preposition, signifies *to be upon the point of, to come very near.* —— [3] **A présent**, i. e., at the time when the journal of Anacharsis is supposed to be written. —— [4] Epaminondas, a Theban general, one of the greatest captains of antiquity, gained the battle of Leuctra, B. C. 371. He was mortally wounded at the battle of Mantinea, in ancient Arcadia, at the age of forty-eight.

§ **22.** — [1] See § 2. —— [2] **Vasco de Gama**, an illustrious Portuguese navigator, who first doubled the Cape of Good Hope in 1497. —— [3] i. e., *Cortez*, Mexico, and *Pizarro*, Peru. —— [4] **Fernando Magellan**, a celebrated navigator in the service of Charles V. of Germany, the discoverer of the strait, south of South America, bearing his name. —— [5] **Sir Francis Drake**, an English navigator, who died in 1593. —— [6] **Nicholas Copernicus**, a Prussian astronomer, who died in 1543, the discoverer of the received system of the universe. —— [7] **Tycho-Brahé**, a Danish astronomer, the master of the illustrious mathematician Kepler. —— [8] Galileo, the discoverer of the satellites of Jupiter and the spots on the sun, who deserves the appellation of the father of the science of astronomy as taught in modern times, died near Florence in 1642, the year in which Newton was born. His remains repose in the church of Santa Croce at Florence, opposite those of Michel Angelo. —— [9] **Bacon**, the most profound of English philosophers, the author of the *Novum Organum*, died in 1626. —— [10] **Isocrates**, a celebrated Greek orator, born at Athens, 436 B. C. Having no talent for speaking in public, he composed orations and instructed others in oratory. —— [11] According to Plutarch, Demosthenes was one of his pupils. —— [12] Philip II., of Macedonia. —— [13] After the battle of Chæronea, in Bœotia, fought B. C. 338, in which Philip gained the victory over the Athenians, Isocrates, then in his 99th year, starved himself to death that he might not witness the enslavement of his country. —— [14] **Quintilian,** an illustrious rhetorician, who taught eloquence at Rome in the first century of our era. —— [15] Not because he was a speaker himself, but because he gave the best precepts to orators. —— [16] **Dionysius of Halicarnassus**, a Greek historian, who came to Rome B. C. 30.

§ **23.** — [1] **Non** : this word, according to Boniface, is badly placed here, and should be immediately before *en face.* This decision may well be questioned, as the contrast is not between *en face* and *par derrière*, but between the two members of the sentence. —— [2] This refers to the mirage. —— [3] **Triple**, because of her three names, *Luna* in heaven, *Diana* upon the earth, and *Proserpine* in Hades. —— [4] This and the preceding article are taken from the last, and, in some respects, the crowning work of the author, the *Harmonies of Nature.* —— [5] **Dodona**, a city of Epirus, famous as containing the most ancient oracle in Greece, situated in a grove of oaks; the oracles of the gods were given by the wind blowing through the branches, and brazen kettles (*lebetes*, Virgil, Æneid, III., 466) were hung in their branches, which, clashing together, increased the sound.

§ **24.**—[1] This description of a man of letters is taken from an oration delivered by La Harpe on the occasion of his reception into the French Academy.——[2] This comparison between ancient and modern history is taken from the preface of La Harpe's translation of Suetonius' History of the Twelve Cæsars. The eminently just views of the author are especially commended to educators of the present day.

§ **25.**—[1] The Arveyron (now Arveiron), a branch of the Arve, unites with that river in the valley of Chamouni, in Savoy, near the village of that name, between one and two miles below its source, at the foot of the great glacier.——[2] This is frequently spelled *Glacier du Bois.*——[3] A high mountain on the southeast side of the valley of Chamouni, which travellers ascend by a winding path, commanding the most lovely view of the valley below, to visit the *Mère de Glace.*——[4] The name of the principal parish of the valley.——[5] **Levant** is more common in this sense than *élevant.*——[6] **D'où** is the proper expression in this connection.——[7] The annual change in the glacier as it advances into the valley and recedes, causes great changes in this wonderful cavern, and at present the stream issues from one side of the glacier, at a point considerably higher up, and the ice grotto has consequently lost much of its former interest.——[8] **Aroles**, whortleberries: the usual spelling of this word is *airelles.*——[9] **Aigue-marine**: this precious stone, the *aqua-marina*, is so called because its color resembles that of sea-water.——[10] **En se glissant**, or, in this sense, *en se laissant glisser.*——[11] The traveller at Montanvert, for the first time, in 1868, to whom all these wondrous scenes are fresh and new, can with difficulty imagine that this charming and truthful description was penned exactly one hundred years before.

§ **26.**—[1] For this portrait, the author is largely indebted to that unfailing source of information upon this topic, the History of the Twelve Cæsars, by Suetonius.——[2] **Sont**, immediately following *était*, in the same construction, is open to criticism, unless the author chose to change the tense to express emphatically what he regarded as an unquestioned truth.——[3] It is scarcely necessary to say that this man was Napoleon I.——[4] To speak of **ambition** as **gravée** is at least singular.

§ **27.**—[1] **Vivants**, i. e., *vivants encore.*——[2] This is a fine equestrian statue in bronze, by Falconet, a French sculptor. It is placed on the top of an enormous rock brought from a marsh some three leagues distant. This rock is said to weigh fifteen hundred tons.

§ **28.**—[1] Biographers vary as to the date of the birth of Fontanes, between 1752 and 1761.——[2] **Fructidor**, the twelfth month of the calendar of the first French republic; the 18th fructidor was the 4th of September, 1797, when the Directory, encouraged by Napoleon, who was then in Italy, violently dissolved the Legislative Assembly.——[3] **Brumaire**, the second month of the calendar of the first French republic; from October 23 to November 21. The 18th brumaire, 1799, was the day on which Napoleon I. overturned the Directory, and had himself appointed First Consul for a period of ten years.——[4] Washington having received the well-merited appellation of *Father of his Country.*——[5] **Force**: *puissance* would be a better word in this sense.——[6] The church at the *Hôtel des Invalides*, where this oration was delivered. The remains of Napoleon I. now rest in a sarcophagus of red granite beneath the centre of its dome.——[7] **Nicholas Catinat**, a marshal of France, died in 1712. His virtues earned for him the title of the *Cato of France.*——[8] The tattered flags, all faded and weather-worn, often riddled with bullets or stained with blood, flags brought back from many a battlefield, still hang in the Church of the Invalides, above the heads of the aged and wounded soldiers who worship there.

§ **29.** — [1] " Tous deux (Xavier et Joseph) laisseront un nom glorieux, malgré les réserves que nous pourrions faire à l'encontre du fougueux autoritaire Joseph de Maistre, auquel nous préférons hautement son frère Xavier." N. DAVID. —— [2] This fragment is taken from the author's work with this title, the production upon which his reputation chiefly rests. —— [3] Assembly of the principal citizens, occasionally convoked by the early French kings to express their opinion upon matters of public interest. —— [4] Upon this version of the tragic story of Orestes, and the numerous allusions in this selection, see a Classical Dictionary. —— [5] This thought, found in all literatures, common to all generations, is the natural expression of the human heart. —— [6] De Maistre was a native of Savoy, and the rugged scenery of the Alps was familiar to him from boyhood, and the chamber in which his celebrated voyage was made, was in the city of Turin, within sight of their snowy summits.

§ **30.** — [1] **Numide** : the Numidians were a nomadic people, the least civilized of Northern Africa. —— [2] " Madame de Staël devait traiter *ex professo* et avec amour tout ce qui se rattache à la conversation, car parler, causer, pour elle c'était vivre. Elle *parlait* dans les cercles, elle *parle* dans ses écrits ; l'exaltation qui provenait d'une conversation animée a fait tout son génie. Un mouvement machinal, semblable au pendule d'une horloge ou au balancier de l'équilibriste, entretenait chez elle le mouvement de la parole et celui de la pensée. Elle roulait dans ses doigts un cornet de papier ou la tige d'un arbuste : cet accessoire ne la quittait jamais ; ses gens avaient ordre de l'en pourvoir à tous les instants du jour." BONIFACE. —— [3] Since 1845 Venice has been connected with the main land by a substantial railroad bridge of two hundred and twenty-two arches. This great work was commenced in 1841, and completed at an expense of four million francs and the labor of one thousand workmen for four years. —— [4] A better form would be, *sortir ni de la ville ni de chez soi.* Since the construction of the bridge, this cutting off of the inhabitants from the main land by a storm could hardly occur. —— [5] The only horses now to be seen in Venice are a few saddle-horses, kept for exercising in the public garden. The traveller never meets them in the streets, and, indeed, neither the narrow, crooked streets nor the numerous bridges over the canals are adapted to the use of vehicles or horses. Nothing is more striking to a stranger visiting Venice than the silence of the streets at all hours of the day and night. —— [6] In the days of the Doges, the extravagance of the Venetians displayed itself in the gaudy equipments and brilliant colors of the gondolas. This was suppressed by law, and although the law is no longer enforced, the custom still remains, nearly all the gondolas, except a few of those kept solely for pleasure excursions, being of one uniform and gloomy black; but the black cabin is frequently removed, and light-colored awnings are raised to screen the traveller from the Venetian summer sun. —— [7] This article will be found in Mme. de Staël's work upon Germany, in a judicious and most excellent chapter upon the German universities. —— [8] **L'** here refers to *quantité,* instead of referring to the plural noun *choses,* which would seem to be the more natural construction.

§ **31.** — [1] The discovery of the source of the Nile within a few years by the English explorer *Speke* has deprived this wonderful river of that attraction which mystery always gives. The words of Michaud have hence lost a portion of their application; but the charming simplicity of the description renders it well worthy a place in our collection. —— [2] On the 7th of October, 1815, Murat, with a small band of followers, landed at this point on the Calabrian coast, in the vain hope of reconquering his kingdom of Naples. He was speedily overpowered, sentenced to death by the Bourbon Neapolitan court, and shot within half an hour after the sentence.

§ **32.** —[1] **Beauce** was a small province of France, a very fertile, wheat-growing district; Chartres was its capital.——[2] **Galata**, the largest suburb of Constantinople, north-east of the city, across the bay.——[3] And what a contrast! Italy, with all its petty princes and its deserted palaces, swarming with beggars, ignorant, priest-ridden, and degraded; Switzerland, with its republican government, a thriving and progressive people of the 19th century, happy, intelligent and free.——[4] This passage begins to-day, in 1869, to read like a prediction.

§ **33.** —[1] This just and able comparison of two distinguished naturalists, made by a third, whose theories have superseded those of his great predecessors, but who is a just and generous critic, is taken from the Prospectus of the Dictionary of Natural Sciences.

§ **34.** —[1] From the fourth volume of the History of the Italian Republics in the middle ages.——[2] **Pouille**, an ancient province of the kingdom of Naples, in the south-east part of Italy; the ancient division of *Apulia*, whence the name.

§ **36.** —[1] Napoleon was a firm believer in what he called his destiny. Few men have been more thoroughly imbued with the idea that they had a mission to perform.——[2] In Egypt, immediately after the death of any one, judges appointed for the purpose examined his life; if it was found to have been irreproachable, he was taken to the opposite side of the lake which separated Memphis from the Necropolis, or place of burial; otherwise he was simply deposited in a grave called Tartarus. This custom applied alike to kings and subjects.——[3] **Ossian**, an ancient Scottish bard, whose existence, like that of Homer, has been doubted by the critics.——[4] **Saxatiles**, an appellation of all kinds of plants which grow in stony places.——[5] **En élégance**, etc.: the more usual form would be *pour l'élégance*, etc.——[6] **Appréciation**: the more common word in this sense is *jugement*, or *sentiment*.——[7] **Toise**: see § **12**, [21].——[8] The ancient Caledonians believed that the souls of the dead wandered among the clouds and mingled with the storms.——[9] **Fingal**, the father, and **Oscar**, the son, of Ossian.——[10] One of the most famous champions of freedom in Scotland, and the hero of a romance by Scott.

§ **37.** —[1] **Guizot**: the usual pronunciation of this illustrious name, in Paris, is *Gwi-zo*, and he himself informs the editor, in a letter recently received, that he prefers this pronunciation; although in his native town of Nîmes the name of the family is pronounced *Ghi-zo*, as it is generally pronounced in America.——[2] **Herbert**, a commissioner of the government, who remained two years with the unfortunate monarch.——[3] **Whitehall**, a palace in London, near which the execution took place.——[4] **Juxon**, the archbishop of Canterbury, who accompanied the king upon the scaffold.——[5] The ribbon of the order of St. George.——[6] **De manière à ce qu'.** The following statement from very high authority can hardly be called absolutely correct, as Guizot cannot be refused the title of "*bon écrivain*:" "Le peuple dit, *de manière à ce que*, mais cette façon de parler ne se trouve pas dans nos bons écrivains." BESCHERELLE. The authorized form is *de manière que*.

§ **38.** —[1] **Se répercutait des**, etc. According to Boniface, Lamartine should have said *répercutait les*, etc.; but he probably chose, regardless of the literal fact, to represent the ruins as reflected by, rather than reflecting, the evening rays.——[2] **Jaillit**: this word expresses admirably the appearance of the city to the approaching traveller, for, on ascending the hill, it suddenly rises before him, as if starting out of the earth.——[3] **De là**, i. e., *de ce point de vue*.——[4] **A nu et crûment** = clearly and irregularly.

§ **39.** — 1 "La règle grammaticale, qui condamne ici l'emploi des compléments *leurs mœurs*, *leurs lois*, est souvent démentie par nos meilleurs écrivains." BONIFACE. —— 2 i. e., in his universal history. —— 3 **Saisi**: better *réuni*, or *assemblé*. —— 4 Saint-Evremont, a protégé of Mazarin during the troubles of the Fronde. He wrote observations upon the various Roman historians. —— 5 This statement has been criticised as conflicting with the remark above, "*il les exprime tous avec soin*," but the *rudesse* here referred to is entirely in harmony with the *soin* above mentioned, for it is very clear, from the passages which follow, that nothing more is implied than that the style is varied to suit the character of the subject of which it treats. —— 6 **Montaigne**, born in 1533, died in 1592. His reputation as a writer rests chiefly upon his "Essays," a philosophical work, evincing great knowledge and originality, but tinctured with sceptical views.

§ **40.** — 1 The Bastile, first a fortress and afterwards a state prison, was situated near the eastern side of the city of Paris. It was totally destroyed by the mob on the 14th of July, 1789. Its place is now occupied by a column called the Column of July, erected by Louis Philippe to the memory of those who fell fighting for liberty in the "Revolution of July." This column is surmounted by a Genius of Liberty in gilt bronze, holding in one hand broken fetters and in the other the torch of civilization. This figure is lightly and gracefully poised on one foot, thus resting, as liberty always has in France, upon a very unstable foundation. —— 2 **Cahiers**, books of instruction from the French people to their deputies, or the members of the "States General." —— 3 The electors of the deputies, in consequence of the disturbances on the 12th and 13th of July, 1789, met at the Hôtel de Ville, and concerted measures for the public safety. They were in session when the attack was made upon the Bastile. —— 4 It was but little more than a mile distant. —— 5 This name was given to a regiment of infantry whose special duty it was to guard the avenues to the place where the king was lodging. —— 6 See Note, § **28**, 3. —— 7 The *Constituent Assembly*, a name given to the "States General," which framed the constitution of 1791. The reformation of a long list of abuses of every kind is to be attributed to this body. It withdrew to give place to the *Legislative Assembly* on the 30th of September, 1791. —— 8 The *National Convention* was formed in September, 1792, and its power lasted until October, 1795. Under the auspices of this revolutionary tribunal, the reign of terror was inaugurated. —— 9 The *Directory* was an institution subordinate to the National Convention, for the exercise of the executive power; hence called also *Directoire exécutif.* It was abolished when the consular government was established in November, 1799. —— 10 The French defeated the Russians and Austrians at Zurich, in 1799, a few months before the return of Napoleon from Egypt. This victory was an exception, the tide of victory going generally against the French at that period. The battle of Marengo, between Napoleon and the Austrians, was fought in June, 1800, and was the first great victory gained by Napoleon after becoming First Consul for life. The battle of Hohenlinden was gained by the French and Bavarians, under General Moreau, in December of the same year. Napoleon was not present in person in this battle, but Moreau was one of his ablest generals, and had been intrusted by him with the command of the armies of the Danube and the Rhine.

§ **41.** — 1 Criminals, after a certain period of imprisonment, were placed under the control of certain families, on giving their parole of honor to subject themselves to certain restrictions. On breaking their word, called their *ban*, they were liable to severe penalties. It is from this custom that the figurative use of the word in the text is derived. —— 2 This passage, representing, by the peculiar combinations of the words, the various natural sounds in the mountainous region described, is a fine specimen of the figure called *onomatopœia.* —— 3 These "*thoughts*" are taken from that work which, perhaps better than any other, represents the literary life of the writer — "*Questions du temps*, etc.," referred to in the notice in the body of this work. Of this volume Vapereau says, "On sent que ce petit livre est moins un choix qu'une condensation, et qu'il avait pour but de nous montrer en réduction le professeur et l'écrivain tout entier."

§ **42.** — 1 John Holbein, a celebrated painter, born in 1498, near Basle, where he passed his early years, spent the last of his life in England, at the court of Henry VIII. He is said to have painted with his left hand. —— 2 We have given a place to this vivid description of a famous work of art, but the idea which underlies this great picture, making death thus gloomy and repulsive, and even hideous, although grotesque, belongs to another age. A Holbein of the 19th century might paint a "dance of death" of a very different character.

§ **43.** — 1 Let the pupil remember that, in many respects, there is a strong analogy between the senses of sight and hearing, that poetically speaking, at least, "*l'oreille aussi a sa vue*," and it will make intelligible the bold metaphors in which this article abounds. It is taken from the first volume of "Notre Dame de Paris," which every one should read before viewing the great capital from the towers of Notre Dame. —— 2 **Crécelle**, a species of wooden rattle with which the faithful were summoned to church on those days when the bells were not rung — Thursdays and Fridays of Holy Week. —— 3 In the southern tower is placed the **bourdon**, or great bell of Notre Dame. It weighs sixteen tons, is eight feet in diameter, and has a clapper which weighs more than 900 pounds. —— 4 **Sauteler**, an ancient word for the modern *sautiller*, to hop, to skip. The author, going back 400 years in his description, not inaptly draws a word from the ancient vocabulary. —— 5 In 1470 the gloomy prison stood where we now see the "Column of July," surmounted by the graceful figure of the Genius of Liberty. —— 6 Bescherelle and the Academy, often at variance, agree in making **trille** of the masculine gender. —— 7 **Coupetées**: this word, used here in the sense of *regularly-repeated blows*, is not found, so far as I am aware, in any dictionary. —— 8 "La strette est comme un dialogue pressé et véhément." BESCHERELLE. —— 9 **Aigrette d'étoiles**, a starry plume; a species of fireworks. See Note 1. —— 10 **Tutti**: this Italian word for *all* is used here in the sense of *concert*, *combination*. —— 11 More than 100 years after 1470 the population of Paris barely reached one quarter of a million; but poets and romancers are not limited by statistical tables, and *Notre Dame de Paris*, though full of beautiful and interesting truths, is a romance. —— 12 This is taken from the leading article in a voluminous work on Paris, in two large octavo volumes, called a Paris Guide, written by some of the ablest French writers of the present day, under the general direction of M. Louis Ulbach. It was published more especially to meet the demands of the Great Exposition of 1867, and is a literary monument of which Paris may well be proud. —— 13 **Quemadero** (a Spanish word), the fires of the Spanish inquisition. —— 14 **E pur si muove**, and yet it moves, the celebrated remark of Galileo after his recantation. —— 15 The inventor of the great Armstrong gun. —— 16 The place of Victor Hugo's voluntary exile. —— 17 A person named Bradley, executed as a criminal, but who is now believed to have been innocent. —— 18 **Tasmanie**, a name sometimes given to Van Diemen's Land and New Zealand, from Tasman, their discoverer. —— 19 **Malthus**, an Englishman, who died in 1834. He was the author of an "Essay on the Principle of Population, as it affects the future Improvement of Society." His theory tends to the prevention of the increase of population, lest the supply of food produced may ultimately fall short of the increased demand. —— 20 **Corrientes**, a river in the Plata confederation, in the southern part of South America. —— 21 **Octroi**, tax levied upon merchandise taken into or out of a city; a means of raising revenue very familiar in Europe, unknown in the United States.

§ **44.** —[1] This description of the first successful attempt to ascend Mont Blanc, made by Jacques Balmat, in 1786, is taken from *Impressions de voyage.* Dumas represents the intrepid guide as telling the story in his own language, having first recounted his two unsuccessful attempts, made a few weeks before. The credit of the first ascent to the summit of Mont Blanc is generally ascribed to De Saussure. —— [2] "*Le dôme du Goûter* est ainsi nommé parce que le soleil l'éclaire à l'heure où l'on fait ce repas." DUMAS. —— [3] **A peine si**, hardly, scarcely.

§ **45.** —[1] **Mâchicoulis**, or *mâchecoulis*, openings in the floor of projecting galleries of ancient towers and fortifications, through which the foot of the wall is seen, and great stones are thrown down upon the assailants. The Palazzo Vecchio in Florence presents a fine example of this species of fortification. —— [2] **Huerta,** a Spanish word signifying gardens enclosed by walls. —— [3] In the 14th century the pope, Clement V., took refuge in Avignon to escape the civil dissensions in Italy. During this century (1305–1378), called *the second captivity of Babylon*, seven popes succeeded each other in this new Rome. The Palace of the Popes now in Avignon was built by the third of these, Benedict XII., on the foundations of the palace raised by his predecessor, John XXII. It has been justly styled "one of the most vast, complete, and prodigious constructions of the middle age." Since 1815 it has has been used as a prison, and barracks for soldiers.

§ **46.** —[1] Whoever has rummaged among and pored over the piles of old books along the quays of Paris — a most attractive occupation, in which it is easy to while away the longest days — will well understand the application of the epithet "**poudreux**" in this passage.

§ **47.** —[1] **Tout enfant,** while yet a child. —— [2] A species of gallery for the lookout at the top of a mast. —— [3] This was the name of the vessel in which Paul was serving.

NOTES

TO

SELECTIONS IN POETRY.

THE references to sections in these notes, unless otherwise stated, refer to the rules of versification, in Part III.

---

§ **48.**—[1] §§ **3, 4, 8; 9,** R. 1; **30,** R. 2; **32,** 2; see also § **55,** 1–6. The six general rules for stanzas are here all observed.——[2] **Orra** (*oïra*), an ancient future of *ouïr*, to hear.——[3] **Merveille** is here employed in its primitive sense—that of astonishment.——[4] **Vergogne**: this ancient form, from the Latin *verecundia*, is the modern *honte*, shame, disgrace.——[5] §§ **39,** 6; **29,** 3 and Note.——[6] § **33,** 5, R. 1.——[7] **Exemplaire,** model. The word is now obsolete in this sense; its usual acceptation is a copy of a book, or engraving, a specimen of a medal, &c.——[8] § **34,** 1.——[9] **Dedans,** within, is here a preposition. In modern writers *au dedans de* is used in this sense.——[10] i. e., the protection of the king.——[11] § **34,** 7.——[12] **Heur,** good fortune. This word, now obsolete, has given rise to the adjective *heureux*, happy.——[13] Malherbe was introduced by his friend François du Perrier to the young princess when at Aix, on her way from Florence to share the throne of Henry IV. The result was this ode, which is one of the earliest and finest specimens of French lyric poetry.——[14] §§ **45, 63.**——[15] § **34,** 6.——[16] § 5.——[17] **Courages**: this word was formerly used in the sense of *esprits*, spirits.——[18] **Doute,** now masculine, was formerly feminine. Malherbe always used it as feminine, both in prose and verse.——[19] **S'alambiquer** belongs to the familiar style, and is equal to *se tourmenter*, to trouble one's self.——[20] **Climatérique**: this word, derived from the Greek κλιμακτηρικός, literally signifies, by steps or degrees. It is applied to human life, the climacteric years being the dangerous or eventful epochs in life, which are believed by some to be those years which are multiples of seven. In the passage in question, the term is applied to the *fleur de lis*, the emblem of the French nation.——[21] **Etruria,** or Tuscany, the native country of Marie de Médicis.——[22] **Oyaient,** the obsolete past progressive of *ouïr*, to hear. The proper form of *entendre* is now used instead.——[23] i. e., his career of conquest shall commence as soon as he arrives at years of maturity. The inversion of subject and verb (§ **34,** 6), and the prepositional phrases (§ **34,** 1), render this passage somewhat complicated.——[24] i. e., the Turkish nation.——[25] François du Perrier, a gentleman of Aix en Provence, an intimate friend of Malherbe.——[26] §§ **47, 57.**——[27] **Trépas** is frequently used for *mort* in poetry and elevated prose.——[28] § **40,** 1. These stanzas present an admirable illustration of the regular recurrence of the fixed, and the harmonious arrangement of the movable, accents.

§ **49.**—[1] *Epist.*, v. 8: "Si rationem posteritatis habeas, quidquid non est peractum pro non inchoato est."——[2] §§ **9**, R. 1; **10**, R. 1; **40**, 1; **59.**——[3] See Note, § **48**, [12].——[4] **Chenues** (a poetical word), hoary, white with foam.——[5] § **11**, R. 1, Ex.——[6] He was the son of Henry IV., surnamed the Great, and Marie de Médicis, and father of Louis XIV.——[7] §§ **45**, **63.**——[8] i. e., has triumphed over death; *monument* being used for *tombeau*, or *mort.*——[9] § **7**, *ieu*, 1.——[10] **Quoi que**, i. e., *quelque chose que.*——[11] This expression, now entirely obsolete, is equivalent to *quoique après*, or *bien que après.*——[12] **Assouvie de**, i. e., *comblée de*, loaded with.——[13] **Octroyer** is now rarely used; it is here equal to *accorder*, to grant, to accord.——[14] The ancient name of Constantinople.

§ **50.**—[1] i. e., his band of followers.——[2] §§ **9**, R. 1; **10**, R. 1; **32**, 1.——[3] **Lors**, for *alors*, common in the familiar style, was formerly frequently used in poetry; § **38**, 4.——[4] In this sense, *aider* is now used actively: *aider mon stratagème.*——[5] **Tous** being here used substantively, the *s* is sounded; but see § **16**, Note.——[6] **Avant que de**: instead of this form, *avant de* is more frequently used.——[7] **Alfange**, a Spanish word, signifying *sabre*, *cutlass.*——[8] § **34**, 1.——[9] The subject, *je*, occurs three lines back; for its omission, see § **37**, 1.——[10] § **39**, 6.——[11] § **26.**——[12] **Flavian**, a soldier of the Alban army.——[13] Curiatius was betrothed to Camilla, the sister of Horatius; and Sabina, the wife of Horatius, was the sister of Curiatius.——[14] **Miroirs** is here used in the sense of *models*, *examples.*——[15] i. e., would be ambitious to.——[16] **Consulter**, to deliberate, is here used in a neuter sense.——[17] This use of **faire**, to prevent the repetition of a previous verb, as *do* is used in English, once common, is no longer allowed in French.——[18] **Encore que**, for *bien que*, is now obsolete.——[19] **Faire vanité**, to vaunt one's self, to boast.——[20] § **39**, 5.——[21] The "pitiless patriotism" of these brave words has been greatly admired.——[22] Observe the contrast between the stern Roman and the soul of the Alban, though brave, yet full of natural affection.——[23] This construction is now used only in the most simple and familiar style.——[24] It would be necessary to use *à prendre* in prose, as the preposition should be repeated.——[25] § **33**, 5.——[26] § **38.**——[27] **S'efforcer de** would be used in this sense at the present day.——[28] *Valerius*, the accuser of Horatius, and a former suitor of Camilla.——[29] An affectation common in the time of Corneille. Even this great man did not escape the influence of the age in which he lived.——[30] § **39**, 2.——[31] **Souffrirai-je** is understood, and would be repeated in prose.——[32] The sound of *é* at the end of three successive hemistichs produces a disagreeable effect; see § **38**, 9.——[33] This is an allusion to the indiscriminate massacre ordered by Mithridates, king of Pontus, of all the Roman subjects in his kingdom.——[34] § **33**, 2.

§ **51.**—[1] § **53.**——[2] i. e., it is the wealth which is least likely to fail.——[3] **Venir à bout de** = to succeed in.——[4] **Oût**, an ancient word for *harvest*, because it was collected in the month of August (août).——[5] **Vous** is here redundant. It is the *dativus ethicus* of the Latin. Of its use in French, Bescherelle says, "Il n'ajoute rien au discours, il ne lui donne pas non plus d'élégance, de clarté, ni d'énergie; au contraire, il nuit au style loin de l'embellir."——[6] **Coche**, i. e., *une diligence*, a stage-coach: *coche* is obsolete in French in this sense, but it gives rise to the word *cocher*, a coachman, driver.——[7] This is generally regarded as among the best of the fables of La Fontaine, and was so considered by the author himself.——[8] **Cependant que**, used in poetry for *pendant que*, or *tandis que.*——[9] § **33**, 5.——[10] The student will be at once reminded of the *valida quercus* of Æneid IV. of Virgil: "—— quantum vertice ad auras."——[11] **Rodillard**, i. e., *rongeur de lard.* A cat of this name had been mentioned in a previous fable.——[12] **Attila**, king of the Huns (A. D. 434), who was called the "Scourge of God."——[13] **Au prix de** = *en comparaison de.*——[14] **Mitis**, a name invented by La Fontaine, from the Latin *mitis*, mild.——[15] **Affiner,** to deceive by a trick: this meaning is now obsolete.——[16] **Trotte-menu,** slow trotting; little used; applied by our author to rats and mice.

§ **52.**—[1] This admirable representation of a character not yet obsolete is taken from *les Fâcheux*, a comedy represented for the first time at a fête given to Louis XIV., by his Superintendent of Finances, the unfortunate Fouquet.——[2] § **33**, 1.——[3] § **33**, 5, R. 1.——[4] § **40**, R. 4.——[5] This Latin termination would ordinarily have the *s* sounded, and hence not rhyme with *vertus*; but see § **16**, Rem.——[6] § **21**.——[7] **Posture** is here used for *position*.——[8] § **36**.——[9] **Je fonde,** for *je me fonde*.——[10] **Mécène,** minister of Augustus, and patron of Virgil, Horace, and other literary men of his day: hence, in general, a patron of science, literature, or art.——[11] **Acrostiche,** acrostic. This word, as in English, refers to a brief poem, of which the first letters of the lines taken together form a proper name, phrase, &c. It will be seen that our *savant* proposes to take the first letter of each hemistich.——[12] **Céans,** here within, in this house, is now obsolete. It was seldom employed, except in comedy and other writings in the familiar style.——[13] **Vaugélas** was a distinguished grammarian of the time of Molière. His name was pronounced *vô-je-lâs*, and hence this is a "rhyme for the eye" (§ **16**, Rem.).——[14] § **26**.——[15] § **34**, 7.——[16] § **20**.——[17] § **38**.——[18] This selection is taken from *les Femmes savantes*, Act. III., Sc. 5.——[19] **Ithos** and **pathos** are words of Greek origin, the former anciently signifying language calculated to move gently, and the latter that calculated to move deeply, the mind of the hearer. The latter word only is now in use, in the sense of *bombast, fustian*. The final *s* of these Greek words is sounded, thus presenting another example of a "rhyme for the eye."——[20] **Rien** in this and the following lines is = *quelque chose*, i. e., it retains the affirmative meaning indicated by its derivation from the Latin *rem*.——[21] **Bouts-rimés,** rhymes given upon which to construct verses on a given subject, or a subject taken at will.——[22] i. e., a bad poet, whose rhymes are fit only to wrap packages (*balles*) of merchandise.——[23] i. e., to *mangle*, by a miserable translation of his verses.——[24] i. e., to *Boileau*.——[25] **Barbin,** a distinguished bookseller of that period.

§ **53.**—[1] i. e., in America.——[2] **Cuzco,** a city of Peru, formerly the capital of the Incas.——[3] In this "advice to poets," the author has imitated the *Ars Poetica* of Horace.——[4] Inferior poets of the time of Boileau.——[5] This Epistle was addressed to the Marquis de Seignelay, the son of Colbert, the famous Minister and Secretary of State under Louis XIV.——[6] **En un enfant**; § **39**, 6.——[7] § **31**.——[8] **Ais** (ès), a plank, board.——[9] Let down at the end of a rope from the top of a house upon which laborers are renewing the roof, to warn passers to take another direction.——[10] From this spirited description, one is half inclined to believe that, even in the time of Boileau, Paris had its Baron Haussman superintending the demolition of old buildings, to give place for new and spaciôus boulevards.

§ **54.**—[1] § **34**, 2.——[2] § **20**.——[3] § **53**.——[4] **Baal,** a Syriac word, signifying lord, prince, or king.——[5] This charming idyl was written in 1685, at the request of Seignelay, son of Colbert, when Louis XIV., at the acme of his renown, had conquered a general peace. It has been said, by some, to be the joint production of Racine and Boileau.——[6] The position of **Bellone**, between this and the previous verb, the subject of both, is quite irregular.——[7] The classical student will at once perceive the implied comparison between Augustus and Louis XIV. (See Virgil, Ecl. I. 6.)——[8] The city of Luxemburg, then, as now, an important stronghold, taken by Louis XIV. in the previous year.——[9] This is a translation of the cry with which the Romans saluted their emperors: "Cæsar! de nostris tibi Juppiter augeat annos!"——[10] The literal translation of this idyl into English presents a beautiful prose-poem.

§ **55.** — [1] A lyric in verses of different measures. —— [2] The date of the birth of Rousseau is variously stated, from 1667 to 1671. Feugère refers to a letter of Rousseau's dated July 2, 1737, in which he himself gives the date of his birth as 1671. —— [3] §§ **42**, **47**, **59**. —— [4] For a description of the changeable form of Proteus, see Virgil, Georgics IV., 405, and the lines following. —— [5] For a similar description of the influence of Apollo upon the Sibyl, see Virgil, Æneid VI., 46, and the lines following. —— [6] For a description of *Fama*, rumor, in several respects quite similar to this, see Virgil, Æneid IV., 174–188. —— [7] § **45**. —— [8] §§ **46**, **63**. —— [9] Psalm xix. 2. —— [10] Psalm xix. 4, 5. —— [11] Matthew xi. 29, 30.

§ **56.** — [1] See Note, § **48**, [1]. —— [2] § **16**, Rem. —— [3] §§ **44**, **63**. —— [4] § **17**. —— [5] The reference in this verse is to the description of the civil war between Cæsar and Pompey in Corneille's tragedy of *Pompée*. —— [6] This stanza refers to Racine's tragedies of *Esther* and *Athalie*. —— [7] See § **51**, Part II., *Le Chêne et le Roseau*. —— [8] *Boileau*. —— [9] *J. B. Rousseau*; see § **55**, Part II. —— [10] *Alcæus*, a Greek poet of Mitylene. Rousseau is so called because the metre generally employed in his lyrics is similar to the *Alcaics* invented by Alcæus. —— [11] *Orithyia*, daughter of Erectheus, sixth king of Athens, carried off by Boreas, who is hence frequently called by the poets the husband of Orithyia, and the winds her children. —— [12] A river of Asia Minor, between ancient Lydia and Caria, proverbial for its windings, and renowned for the swans which frequented it. See Virgil, Æneid VII., 699–702.

§ **57.** — [1] **Gaspard de Coligny**, a prominent leader of the Protestant party in France, opponent of the Guises, and one of the first victims of St. Bartholomew. —— [2] See Note, § **48**, [1]. —— [3] *Catharine de Medici*, the wife of Henry II. She was the chief instigator of the bloody massacre of St. Bartholomew. —— [4] Final *s* of **tous** would here be sounded in prose; but see § **16**, Rem. —— [5] *Charles IX*, the reigning king, son of Henry II. and Catharine de Medici. —— [6] Henry IV., surnamed the Great, and the hero of the *Henriade*, "le seul poème épique que la France possède." —— [7] The reader will not fail to recall to mind the description of the battle between Æneas and Turnus, Æneid XII., 704, and the lines following. —— [8] See the words of Mezentius, Æneid X., 773, 774: —

> "Dextra, mihi deus, et telum, quod missile libro,
> Nunc adsint."

—— [9] § **33**, 5. —— [10] § **24**, R. 3. —— [11] See Æneid VI., 493. —— [12] A son of the Duke of Guise, and a prominent leader of the Catholic party in France in the time of Henry IV. —— [13] **Richelieu**, prime minister of France during the regency of Anne of Austria and the minority of Louis XIV.

§ **58.** — [1] § **45**. —— [2] §§ **14**, **19**. —— [3] § **24**, R. 4. —— [4] § **27**, R. 1. —— [5] See Note, § **48**, [1].

§ **59.** — [1] See Æneid IV., 365, and the lines following; also 590, and the lines following. —— [2] See Note, § **48**, [1]. —— [3] §§ **45**, **63**. —— [4] *Orpheus*, torn into pieces by the Thracian women in their Bacchanalian orgies. —— [5] The laurel over Virgil's grave, at the entrance of the grotto of Posilippo, at Naples, persistently refuses to remain green, though often renewed by pious hands, among others by those of Petrarch. The last one, planted by a German scholar a few years since, was dead and leafless in the summer of 1868. —— [6] Rousseau died at Brussels; see § **55**, Part II. —— [7] This ode, and that of Racine fils upon the poets of the age of Louis XIV., have been characterized by La Harpe as two of the finest in the French language.

§ **60.** — [1] See Note, § **48**, 1.

§ **61.** — [1] See Note, § **48**, 1. —— [2] "Roue dentelée qui fait partie d'un moulin à café, à poivre, etc., et qui sert à broyer la graine." BESCHERELLE. —— [3] **Sugar,** formerly called by the French "Indian honey" (*miel indien*), and afterwards "cane honey" (*miel de roseau*). It was then used only in medicine. The French have no longer occasion to call sugar "American honey," as they have the best of sugar of their own extracted from the juice of the beet. —— [4] **Antigone,** the daughter of Œdipus and Jocasta, was a model of filial piety. She served as a guide for her father when he was blind and banished.

§ **62.** — [1] § 53. —— [2] The appropriateness of this term will be at once seen; and it is naturally associated with every landscape to one familiar with the interminable lines of poplars skirting the horizon on every side in Central and Southern France. —— [3] The student will at once recall to mind the beautiful lines of Gray's Elegy, —

"The ploughman homeward plods his weary way,
And leaves the world to darkness and to me;"

and the expression of a similar idea in the second Eclogue of Virgil, —

"Aspice, aratra jugo referunt suspensa juvenci,
Et sol crescentes decedens duplicat umbras."

—— [4] **Vasco de Gama,** a Portuguese adventurer, the first European who navigated the Indian Ocean, though Diaz incurred, ten years before him, the formidable dangers of the Cape of Good Hope. —— [5] § **59.** —— [6] **Melinda,** a seaport on the east coast of Africa, visited by De Gama in 1498, who met here Christian merchants from India, who guided him across the Indian Ocean. —— [7] The ancient name of the Island of Ceylon.

§ **63.** — [1] For this notice and several others, in whole or in part, in this portion of the volume, the editor is indebted to M. Bescherelle aîné. —— [2] § **57.** —— [3] § **16.** —— [4] § **33**, 3.

§ **64.** — [1] § 53. —— [2] The *s* is pronounced in prose. This is a "rhyme for the eye" (see § **16**, Rem.), so common a century earlier than the time of Bertin. —— [3] The fall of the Anio, or modern Teverone, is so rapid that throughout almost its entire course its rushing waters resemble a torrent at all seasons of the year, and the grandeur of the falls of Tivoli, where, on leaving its winding course among the mountains, it makes its final plunge before entering upon the level Campagna, must be seen to be appreciated.

§ **65.** — [1] § **43**, 1, 2, 3. —— [2] § **33**, 5. —— [3] § **19.**

§ **66.** — [1] § **46.** —— [2] § **53.** —— [3] **Rien,** without a negation = *quelque chose.*

§ **67.** — [1] See Note, § **48**, 1. —— [2] § **31**, and Rem. 3. —— [3] § **39**, 2, 6.

§ **68.** — [1] i. e., of his windmill. —— [2] Ancient *Vulturnus,* modern *Volturno,* a river of ancient Campania, flowing past the city of Capua. —— [3] **Que** is used here instead of repeating *pourquoi* from the previous line.

§ **69.** — [1] See Note, § **48**, 1. —— [2] The name of this mountain, which the traveller climbs on his ascent from Chamouni to the *Mer de Glace,* is now spelled *Montanvert,* which would, of course, be pronounced in the same way as the name in the text.——[3] The name of this little tributary of the Arve, which takes its rise in the crystal cavern at the foot of the *Mer de Glace*, is generally spelled *Arveiron* or *Arveyron*.——[4] The traveller descending the valley of the rapid Arve into the lovely region around Geneva, after a long sojourn amid the wild and rugged scenery of the *Tête Noire*, the *Col de Balme*, the *Flegère*, the *Breven*, *Montanvert*, and the various other places of interest in the vicinity of the great Monarch of mountains, will be prepared to appreciate the feelings of the poet who, just "escaped from the débris of chaos," saw suddenly before him "a newly-created earth in all its pristine youth and beauty."——[5] **Le jour des morts**, or, as it is more generally called, *la fête des morts*, All Souls' day; when the friends of the departed visit the cemeteries, and hang wreaths of everlasting upon the tombs. This custom is very generally observed in all Catholic countries.——[6] **Par degré**: the plural, *par degrés*, is more common, but the singular, sometimes used even in prose, is here demanded by the necessity of the rhyme.——[7] **Pierre Marquis de Villars**, a distinguished French general of the time of Louis XIV.——[8] **Francis Eugène**, known in history as *Prince Eugene*, grandson of Charles Emmanuel I., Duke of Savoy.

§ **70.**—[1] See Note, § **48**, 1.——[2] § **34**, 3.——[3] **Que** being here used for *pourquoi*, *pas* is omitted in the negation. "On supprime *pas* et *point* quand le *que* signifie *pourquoi* au commencement d'une phrase." BESCHERELLE.

§ **71.**—[1] § **45**.——[2] § **7**, R. 1.——[3] §§ **43**, **61**.——[4] **Mœurs**: the final *s* of this word is generally pronounced in prose, though many are disposed to reduce the pronunciation to the general rule. "Personne ne prétendra, sans doute, qu'il n'y a pas dans l'usage deux manières de prononcer ce mot. Les poètes font ordinairement rimer *mœurs* avec un mot dont le *s* est muet." BESCHERELLE.——[5] Where Lafayette, after acting a prominent part in the preparation for the approaching revolution, establishing "the sacred right of insurrection," was imprisoned by the Austrians until 1797.——[6] § **43**.——[7] § **61**.

§ **72.**—[1] **Gessner** (pr. ghès-ner), Solomon Gessner, a distinguished German poet.

§ **73.**—[1] §§ **46**, **50**, **61**.

§ **74.**—[1] §§ **45**, **57**.——[2] § **32**, 2.——[3] The reader will at once recall to mind the "Presentation in the Temple," by Titian. The original of this famous picture is in the Academy of Fine Arts at Venice.——[4] The reference is to the perfumed censers carried and swung in the Catholic churches by little children during the celebration of Mass.——[5] § **26**.——[6] § **45**.——[7] §§ **55**, Rem.; **62**.——[8] §§ **59**; **65**, 1. [9] § **63**.——[10] See Note, § **48**, 1.——[11] These lines were written in 1813.——[12] § **53**.

§ **75.**—[1] §§ **53**; **65**, 1.——[2] § **5**.——[3] § **34**, 1. It will be observed that the later writers make much more sparing use of licenses in arrangement than the poets of the age of Louis XIV.

§ **76.**—[1] See Note, § **48**, 1.

§ **77.**—[1] §§ **47**, 1; **61**, Note.——[2] The final *s* of **maïs** is pronounced in prose. Here the word rhymes with *pays* (pè-i) and *spahis* (spa-i), and is hence pronounced *ma-i* (§ **19**, Rem. 3).——[3] This poem, written in eight-line stanzas, or *octaves* (§ **54**, 4), presents the various measures, from that of *two* to that of *ten* syllables, except that of *nine*, which is rarely used (§ **44**). It is also a fine specimen of imitative harmony (§ **41**), the gradual swell and more stately rhythm of the lines of increasing length indicating the approach of the evil spirits, until we reach the climax with the stanza commencing, —

" Cris de l'enfer ! voix qui hurle et qui pleure ; "

and then, as the spirits depart, the verses decrease in length, the sound gradually diminishes, and finally dies away. —— [4] §§ **43-51**. —— [5] The omission of the final *e* here may seem unnecessary to an English ear; but it must be a masculine rhyme, and rhyme with *cor* and *or*.

§ **78**. — [1] §§ **54, 57**.

THE END.

www.ingramcontent.com/pod-product-compliance
Lightning Source LLC
LaVergne TN
LVHW021121110826
845150LV00005B/907

* 9 7 8 1 4 2 5 5 5 1 4 6 9 *